U1017390

法律和社会科学

LAW AND SOCIAL SCIENCES

第12卷　2013年　苏力主编　　　陈若英 执行主编

法律出版社
LAW PRESS·CHINA

法律和社会科学　　第12卷　2013年

主　　编： 苏　力（北京大学法学院）
副 主 编： 侯　猛（北京大学法学院）
贺　欣（香港城市大学法律学院）
本卷执行主编： 陈若英（北京大学法学院）

编辑委员会：

艾佳慧（南京大学法学院）
邓　峰（北京大学法学院）
胡　凌（上海财经大学法学院）
凌　斌（北京大学法学院）
汪庆华（中国政法大学法学院）
桑本谦（中国海洋大学法学院）
唐应茂（北京大学法学院）
赵旭东（中国人民大学人类学研究所）
朱晓阳（北京大学社会学系）
陈若英（北京大学法学院）
尤陈俊（中国人民大学法学院）
成　凡（华中科技大学法学院）
高丙中（北京大学社会学系）
李学尧（上海交通大学法学院）
强世功（北京大学法学院）
刘思达（威斯康辛大学麦迪逊校区社会学系）
沈　明（上海财经大学法学院）
赵晓力（清华大学法学院）
张芝梅（中国社会科学杂志社）
陈柏峰（中南财经政法大学法学院）
王启梁（云南大学法学院）

投稿信箱： lass@ideobook.com
本刊主页： http://lass.ideobook.com
主办单位： 北京大学比较法和法律社会学研究所

本卷各篇文章中的观点均属于作者个人，
并不必然反映主办单位或其他机构、个人的观点。

法律和社会科学　第12卷(2013)

“芝大法律经济学与中国”专号

纪念科斯(1910—2013)

LAW AND SOCIAL SCIENCES

Volume. 12　　2013

Symposium on "Chicago Law and Economics and China"
Tribute to Professor Ronald. H. Coase (1910 – 2013)

ARTICLES

COMMENTS

CRITIQUE: COASE AND POSNER

《法律和社会科学》(2013)
第12卷,第1~18页

芝大法律经济学与中国物权法

张永健*

摘要:本文的核心问题是,发源自芝加哥大学法学院的法律经济分析方法,对研究中国物权法问题,有无、有何启示。在引用学者对无主物先占、物权抛弃、时效取得的分析之后,可以发现虽然他们的理论无法直接套用到中国,但研究者如果能体察理论背后的假设条件、推论方式,就能够拓展既有的理论架构,并用以探讨中国物权法的燃眉问题。此外,针对科斯的新书,用产权经济学的视角,观察中国走向资本主义的蜿蜒长路,本文进一步点出科斯未竟的研究课题,并说明中国物权法的研究如何能回过头来影响法律经济学理论的发展。

* 中国台湾地区"中央研究院"法律所助研究员暨法实证研究数据中心副执行长;美国纽约大学法学博士。电子邮箱:kleiber@sinica.edu.tw。笔者感谢王宁教授对本文之宝贵批评意见。笔者并感谢芝加哥大学法学院,尤其是法律经济学中心主任 Omri Ben-Shahar 教授,给予笔者2012年7月在芝加哥大学法学院参与第一届法律经济学暑期学校的机会。没有暑期学校中的脑力激荡,就没有本文。也谢谢陈若英、侯猛之鼓励,使笔者能适时完成本文。笔者之中英文论文全文均可自个人网页免费下载(http://www.iias.sinica.edu.tw/ycc)欢迎各位中国同行先进批评指教。

一、导论

中国的私法体系师从以德国法为代表的大陆法,而美国属典型的普通法;中国物权法于 2007 年才刚刚出台,美国法制已经过数百年的发展,各种财产权规则源远流长;中国物权法具有“社会主义特色”,而发源于美国的法律经济分析将“资本主义”的理论发挥得淋漓尽致。为探讨美国法律问题而发展出的法律经济分析理论,真的对解决中国当下的财产权问题有帮助?答案是肯定的。本文之作,将以中国物权法的几个具体问题,辨明法律经济分析理论引入中国时应做的转化工作,并展现其强大的分析威力。

2012 年 7 月间,笔者有幸参加美国芝加哥大学法学院举办的第一届法律经济学暑期学校,与来自中国大陆、台湾、香港的数十位学者,共同修习芝大法学院的上乘法律经济学武功。课前课后,一个不断重复出现的讨论问题是:法律经济分析对中国真的有用吗?基于我对法律经济学的粗浅理解,以及研究美国、我国台湾地区物权法的一点点心得,我很乐观地认为,一定有用。那时,没有机会把这个问题从头到尾想清楚、讲明白。所幸,有侯猛教授与陈若英教授登高一呼,在《法律与社会科学》作一期“芝大法律经济学与中国”专辑,让我有机会认真思索,发之为文,并借此就教于中国学者。

第二、三、四节,分别讨论三位芝大法学院的法律经济学者 Richard Epstein、Lior Strahilevitz 和 Lee Fennell 针对美国物权法的三个问题发展出的理论。① 本文将点出中国物权法与美国物权法的不同之处,但同时展现:若能调整理论预设,芝大法律经济学者发展出之理论,依然可以应用到中国物权法,并扩展中国物权法之研究纵深。第五节探究

① 这三节的论述,是奠基在笔者一篇英文论文上。*See* Yun-Chien Chang, *Property Law with Chinese Characteristics: An Economic and Comparative Analysis*, 1 Brigham-Kanner Property Rights Conference Journal, p. 345 (2012).

Ronald Coase 新书对中国经济制度的描述与提问，并展现法律经济学理论如何能为中国以前与现在的产权问题提供解答，或进一步指引未来之研究方向。

二、Richard Epstein 的先占理论

“无主物先占”在大陆法国家通常被当成是所有权原始取得的一种方式，但在理论层面并不受重视。形成鲜明对比的是，“无主物先占”在美国普通法中被认为是所有权的根源。[①] 在大陆法系民法中，对“无主物先占”的忽视或许在中国物权法达到顶峰，因为此原则彻底缺席。中国的物权法学者对此有不同解释。申卫星副院长指出，“无主物先占”原则在中国物权法立法时，因为晦涩难懂且实用性不大，未被纳入物权法中。[②] 梁慧星教授与陈华彬教授则指出，无主物先占原则没有被纳入物权法，是因为担心可能导致国有财产流失，并鼓励不劳而获。[③]

正如申卫星教授所指出，将“无主物先占”原则排除在物权法之外，违反法学之体系化思想，且错误地用某个条文、原则被争讼之频率，作为其存在基础。[④] 类似的观点，在芝加哥大学法学院任教逾四十载，法律经济学的泰山北斗之一 Richard Epstein 教授，[⑤]也在他先前的论著中表达过“It is misleading to measure the importance of a rule solely by its

① *See* Carol Rose, *Possession as the Origin of Property*, 52 U. CHI. L. REV. 73 (1985); Richard A. Epstein, *Possession as the Root of Title*, 13 GA. L. REV. 1221 (1979).

② 申卫星：《物权法原理》，人民大学出版社 2008 年版，第 221 页。

③ 梁慧星、陈华彬：《物权法》，法律出版社 2010 年版，第 222 页。

④ 申卫星：《物权法原理》，人民大学出版社 2008 年版，第 221～222 页。梁慧星、陈华彬教授也认为，中国民法典立法时，应该纳入无主物先占。参见梁慧星、陈华彬：《物权法》，法律出版社 2010 年版，第 223 页。

⑤ Epstein 教授乃本卷执行主编陈若英教授在芝大法学院博士班的指导教授，并曾于 2011 年造访北京几所高校。

frequency in litigation"。[①] 原因是,纵使"无主物先占"原则在实务上甚少使用,但仍会有案件需要仰赖"无主物先占"作为所有权原始取得之依据。再者,因为世界各国均有无主物先占原则,中国物权法纳入此原则之立法成本甚低。相对地,中国的法院在个案中"创造"无主物先占原则的司法成本很高——不但要大费周章、从罗马法以来详尽说理,且要克服"历史解释"的困难。[②] 而若中国的法院基于前述理由没有创造无主物先占原则,又可能会产生无效率——无主物无法被私人拥有、利用。

虽然英雄所见略同,但仍无法让吾人体会到使用法律经济分析的重要性与必要性。在此,借用 Epstein 教授对"无主物先占"原则的先驱研究,应该可以给中国物权法的研究者一些新的智识刺激。详言之,Epstein 教授指出,在财产权利之原初状态,必然要在"无主物先占"与"公有资源"两种途径中择一或混合使用。采用后者,使资源公有,必然需要公部门的、集体的管制与掌控。[③] 而若采用无主物先占原则,则无主之资产,可以陆续通过先占而转为私有。两者相较,公有资源使得资源分配之权力集中在掌控公部门者之手,无主物先占则让资源分配之权力分散、去中央化(decentralize)。[④]

分散权力,还可以更进一步降低对信息之需求。曾在芝加哥大学

---

① *See* Richard A. Epstein, *Past and Future: The Temporal Dimension in the Law of Property*, 64 WASH. U. L. Q. 667, 673 (1986).

② 照传统法学的历史解释方法,无主物先占原则曾出现在中国物权法的草稿中,却在立法过程中被删去。这反映了立法者是"有意识地"排除本原则。因此,法院不应该自行创造无主物先占原则。

③ *See* Richard A. Epstein, *Possession as the Root of Title*, 13 GA. L. REV. 1221, 1238 – 39 (1979).

④ *See* Richard A. Epstein, Simple Rules For A Complex World 62 – 63 (1995). 也可参见另外两位知名物权法律经济学者 Tom Merrill 和 Henry Smith 之类似观点。*See* Thomas W. Merrill & Henry E. Smith, The Oxford Introductions To U. S. Law: Property 21 – 22 (2010). Tom Merrill 教授在一篇近作中,将分散化的资源分配机制,称为 property strategy 的一种表征。*See* Thomas W. Merrill, *The Property Strategy*, 160 U. PA. L. REV. 2061, 2087 (2012).

任教十余年之诺贝尔经济学奖得主 Friedrich Hayek，早就强调过这一点。[①] 在信息成本为正的世界，获取信息必须消耗资源；因为资源有限，有些信息就被迫无法取得。而没有法律机制所需要的充分信息，结果就是法律决策质量之低落，经济效率之不彰。

最后，无主物先占原则，使得资源可以从“公有”变为“私有”，避免著名的“公有悲剧”（the tragedy of the commons）。[②]

由此可知，无主物先占原则有诸多经济优点。那为何中国物权法不承认之？一个可能的原因是，1949 年以后，中国实行社会主义；而社会主义和资本主义有截然不同的人性假设。公有悲剧是资本主义下理性自利者追求私利的不幸结果；但在马克思的想象当中，若人人各尽其能、各取所需，早上当农夫、晚上变诗人，资源并不会耗尽。亦即，纵使草地为公有，每个牧羊人也只会让自己的羊吃“该吃”的适当分量；纵使渔场没有私人产权，每个渔夫也不会想着“若鱼不是我捕获，就是他人的网下亡魂；与其别人赚，不如自己拿”。公有悲剧，成了理想社会主义世界嘲笑现实资本主义社会的最佳范例。但马克思的人性预设与预测是否正确，中国经济改革开放前后的不同经济发展状况，早已提供了再清楚不过的答案。

中国物权法的立法者，显然也对 30 年来改革开放的历程与成果了然于胸，为何还是要拒“无主物先占原则”于千里之外？不止如此，中国物权法还想尽办法限缩无主物之范畴。且看中国《物权法》第 46 条至第 50 条之规定：城市土地、矿产、水资源、（法律指定之）野生动植物、频谱等资源，全部都被划定为国有，没有成为无主物之余地。依据《物权法》第 58 条，乡村土地及其他资源，则为集体所有，同样也不可能变为无主物。其背后的原因为何？我们再回到 Epstein 教授的洞见：无主物先占原则的替代品是中央集权，是政府部门掌控庞大的资源分

---

① F. A. Hayek, *The Use of Knowledge in Society*, 35 AM. ECON. REV. 519, 524 - 25 (1945). 在物权法领域中，强调分散资源分配权利，可以大大降低对信息之需求。*See* Thomas W. Merrill, *Property As Modularity*, 125 HARV. L. REV. 151, 156 (2012).

② *See* Thomas W. Merrill & Henry E. Smith, The Oxford Introductions To U. S. Law: Property 21 (2010).

配权力。或许,现阶段的中国立法者,还没有准备好将分配资源的权力下放到市场。

三、Lior Strahilevitz 的物权抛弃理论

大陆法系民法一般承认所有权人可以抛弃其动产或不动产;[①]但中国物权法却没有明白肯认一般性的“抛弃”物权之权(中国物权法称“抛弃”为“放弃”)。[②] 物权能否抛弃,看起来是枝微末节的问题。但芝加哥大学法律经济学派往往就在人所未见之处,开拓出一片宏大的新天地。甫卸下芝加哥大学法学院副院长职位的 Lior Strahilevitz 教授,就有两篇近作,从经济分析角度解释、重构物权抛弃的体系。[③] 本节将扩展 Strahilevitz 教授之理论架构,来分析中国物权法中的物权抛弃问题。

Strahilevitz 教授之理论点出抛弃动产物权涉及三种成本:混淆成本(第三人会因为不知道系争物是遗忘物、遗失物还是抛弃物而不知如何措其手足)、败坏成本(从抛弃的那一刻开始,到系争物再度被人利用之间,系争物[例如一罐被抛弃的牛奶]之状况会逐渐败坏)和竞赛成本(几组人马会竞相争夺,务求成为最先获取系争物者)。[④] 要知道

① 例如《德国民法》第 928 条(不动产)与第 959 条(动产);我国台湾地区“民法”第 764 条。*See also* Lior Strahilevitz, *The Right to Abandon*, 158 U. PENN. L. REV. 355, 394 - 98 (2010).

② 依据中国《物权法》第 177 条、第 194 条、第 218 条,担保物权人可以放弃其权利。崔建远教授也指出,只要不违反法律、行政法规的强制性规定、公序良俗等原则,建设用地使用权人可以抛弃建设用地使用权。参见崔建远:《物权法》,中国人民大学出版社 2011 年版,第 310 页。梁慧星、陈华彬教授更指出,原则上权利人得自由抛弃其物权。参见梁慧星、陈华彬:《物权法》,法律出版社 2010 年版,第 109 页。

③ *See* Lior Jacob Strahilevitz, *Unilateral Relinquishment of Property*, *in* Research Handbook on the Economics of Property Law 125, 142 (Kenneth Ayotte & Henry E. Smith eds., 2011);另一篇有趣的、关于物权抛弃的论文,请参见 Eduardo M. Penalver, *The Illusory Right to Abandon*, 109 MICH. L. REV. 191 (2010)。

④ *See* Strahilevitz, *supra* note 13, at 372 - 75; Strahilevitz, *supra* note 15, at 127.

Strahilevitz 教授之理论如何应用到中国物权法的抛弃动产问题,请看表 1。

表　抛弃动产之社会成本

<table>
<tr><td colspan="2" rowspan="2"></td><td colspan="2">无主物先占之实定法(de jure)权利</td></tr>
<tr><td>有</td><td>无</td></tr>
<tr><td rowspan="2">抛弃动产
之实定法
(de jure)权利</td><td>有</td><td>(1)
败坏成本:低[³]
混淆成本:高
竞赛成本:高</td><td>(2)
败坏成本:高
混淆成本:零
竞赛成本:零</td></tr>
<tr><td>无</td><td>(3)
败坏成本:零
混淆成本:低[Ü]
竞赛成本:低</td><td>(4)
败坏成本:零
混淆成本:零
竞赛成本:零</td></tr>
</table>

[³] 成本之高、低或零是比较各成本在四格中之高低,而非一格中各成本之高低。
[Ü] 没有抛弃权,仍有混淆成本,因为不是所有无主物都是抛弃物。

表 1 有两个局限,合先叙明。首先,表 1 只考虑市价为正之动产。不过,市价为负的东西,本来就会受到行政法规或刑法之管制,而且多数法律经济分析学者也会同意,若容许抛弃市价为负之物,会制造外部成本,故不应容许之。是故,因为本来就没有理由允许任意抛弃市价为负之物,所以表 1 毋庸探讨之。再者,表 1 假设人唯有在具备实定法(*de jure*)之抛弃权,才会抛弃动产;而若不具备抛弃权时,就会乖乖保有动产。然而,古今中外都有人乱丢垃圾,所以,表 1 之假设并不完全反映现实。不过,这仍是一个好的讨论出发点。

表 1 显示,中国物权法不承认一般性的抛弃动产权利,有其道理。Strahilevitz 教授在讨论抛弃动产物权时,关注第(1)格与第(3)格。事实上,Strahilevitz 教授也只能讨论这两种可能,因为无主物先占原则在美国普通法中太根深蒂固,以至于在美国的法律情境中,没有必要讨论其他可能性。正因如此,Strahilevitz 教授之理论架构不能直接套用到中国,但其思考理路依然有用。吾人只要消化吸收了 Strahilevitz 教授所考虑的三种成本为何,自然可以配合中国的情境(不承认无主物先占),创造出第(2)格与第(4)格。再将四格中的三种成本一一思考、比较一遍,很快就可以明白:给定没有无主物先占原则之前提,不承认抛弃动产之

权利,最有可能极小化社会成本。

至于抛弃建物(不动产)之权(在中国土地当然无从被抛弃),可以想见,即使中国立法者容认此种权利,也会用“被抛弃之建物,所有权自动归为国有(或集体所有)”之制度(英文称为 escheat system)。① 此种制度之社会成本甚低。首先,因为权利收归国有,一般人不会混淆,也不需要竞赛。建物不用当然会逐渐败坏,但只要将抛弃建物之权,规定为以通知不动产登记机关为前提要件,就可以将败坏成本压到最低。

本节都在谈论抛弃物权之社会成本,没有讨论社会收益。当然,对一个法律议题的完整分析,必然要成本、效益兼顾。Strahilevitz 教授指出,容许抛弃物权之主要社会利益为“降低交易成本与决策成本”。② 但理论层次难以清楚区辨:表1的哪一种制度选择最能增加社会利益,或增加多少社会利益。所以,既然社会成本比社会利益更清楚可辨,中国物权法的立法者决定只关注社会成本,而选择不承认一般性的物权抛弃之权,可以说是合理的立法选择。

四、Lee Fennell 的时效取得理论

中国物权法并没有将“时效取得”列为取得所有权的一种方式,③因为担心鼓励不劳而获、有悖于社会主义道德风尚、造成国有财产大量流失。④ 此外,所谓“统一说”与“非统一说”之争论尚未解决,也使得中国物权法的立法者对纳入时效取得制度踌躇不前。⑤ 本节要探讨,中国

① 关于“被放弃之宝藏自动收归国有”之经济分析,see Richard A. Posner, Economic Analysis of Law 46 - 47 (8th ed. 2010)。Posner 法官这本法律经济分析教科书,近四十年来出了8版,是芝加哥大学法律经济学派能声名远播的原因之一。

② *See* Strahilevitz, *supra* note 13, at 372.

③ 孙宪忠教授指出,现在多数人主张恢复时效取得制度。参见孙宪忠:《中国物权法总论》,法律出版社2009年版,第310页。

④ 参见梁慧星、陈华彬:《物权法》,法律出版社2010年版,第148页。

⑤ 参见申卫星:《物权法原理》,人民大学出版社2008年版,第233页。

物权法"违反世界潮流",将时效取得制度摒除在外,是否有碍经济效率?

美国的法律经济学者主张,时效取得制度可以用下列理由证立:原所有权人"让自己的权利睡着了";奖励辛勤的占有人;清理老旧请求权;整理地籍登记资料。[①] 然而,这些理由难以套用到中国的情境下(也难怪有人怀疑法律经济分析对中国的用处……)。中国的不动产登记系统,虽然还没有完全上轨道,[②]但正持续往"权利登载制"(registration)的方向走,而不像美国大多数州采用"契据登载制"(recording)。在契据登载制下,登记机关只是搜集物权交易契约,顶多加上索引,并不负责审查登记之内容,或整理各笔土地、建物之权利状态。所以,定时进行一次时效取得(性质为原始取得),可以让之后作"权利追索"(title search)的交易者,节省劳力费用。只要追索到上一次原始取得即可停止,不用再往前追索祖宗八代,因为权利状态由该次原始取得开始新的权利秩序。而在权利登载制之下,时效取得和买卖交易一样,都只是一笔登记记录,对于后手之信息成本毫无影响。

再者,中国物权法中没有形式意义的"未来利益"(future interests),例如美国普通法中搭配"终生地产权"(life estate)的"转归权"(remainder),[③]所以不会有绵延数十年、悬宕不决的物权(所以美国普通法才要有 rules against perpetuities)。纵使中国物权法有一些功能意义的未来利益,[④]也能透过登记揭示而大大降低信息成本。在此种机制中,

---

① *See* Merrill & Smith, *supra* note 12, at 37 – 38; Epstein, *supra* note 7, at 678; Thomas W. Merrill, *Property Rules, Liability Rules and Adverse Possession*, 79 NW. U. L. REV. 1122, 1128 – 31 (1984).

② 申卫星教授指出当前中国登记制度最大的问题是"多头登记"。参见申卫星:《物权法原理》,人民大学出版社 2008 年版,第 167 ~ 170 页。

③ 关于未来利益引入大陆法系民法可能发生的问题,参见张永健:"民法第 826 – 1 条分管权之法律经济分析——财产权与准财产权之析辨",载《台大法学论丛》第 40 卷第 3 期,第 1255 ~ 1302 页。

④ 中国物权法还是有"功能意义"的未来利益,像是土地承包经营权在期满之后,若无法继续承包,权利回归国家。此种"可能回归国家的权利",功能上就是一种未来利益。只不过,在普通法里,未来利益通常可以自由交易;但在中国,国家不可能把这种转归权让与私人。

自然不需要靠时效取得之成就来清理物权关系。

至于原所有权人没有积极防卫自己的权利,似乎也不是很有说服力,至少本身并非关键性的论证。毕竟,所有权人的"排他权能"(right to exclude),本来就是让所有权人决定用或不用已有之资源。为何所有权人已经登记了自己的产权,还要定时巡视呢?诚如芝加哥大学法学院资深讲师、法律经济学四大开山祖师爷①之一的 Judge Richard Posner 所言,现代社会之所以由"占有"改用"登记"作为确立不动产权利内容与范围之方法,就是为了降低社会成本、增进社会福利。占有是事实上管领力,毕竟可能时有变动,而资源多者可能只是保持管领力就分身乏术,遑论投资、开发、利用其资源。② 是故,要求不动产所有权人必须积极防卫其产权,则不啻从较有效率的登记路线,重回较无效率的占有路线。③

最后,奖励辛勤占有人,固然可能有助于资源的开发与利用,但要将其占有之物免费双手奉上并无道理。绝大多数资源的拥有者(或其被继承人),也都辛勤工作,但也都为了获取资源付出过代价(通常是市场价格),那为何时唯独效取得人可以免费取得资源?这也是学者提倡用"补偿原则"(liability rule)规范时效取得之原因。亦即,时效取得人必须补偿原所有权人,才能取得所有权。④

这些既有的、主流的法律经济学论述,都无法适用到中国,那法律经济学,何有以教我?芝加哥大学法学院多产⑤的财产法学者 Lee Fennell

① 这四个人是 Ronald Coase, Richard Posner, Henry Manne 和 Guido Calabresi。*See* Nicholas Mercuro & Steven G. Medema, Economics and the Law 94 fn. 2 (2d. 2006). Coase 和 Posner 长期在芝加哥大学法学院任教,而 Manne 从芝加哥大学法学院获得 JD 学位。

② *See* Richard A. Posner, *Savigny, Holmes and the Law and Economics of Possession*, 86 VA L. REV. 535, 561 (2000).

③ 相关论述可参见张永健:"占有概念重构:经济分析观点",草稿。

④ *See* Thomas W. Merrill, *Property Rules Liability Rules, and Adverse Possession*, 79 NW. U. L. REV. 1122 (1984); Yun-Chien Chang, *Optional Law in Property: A Theoretical Critique*, working paper (2012).

⑤ Fennell 教授不但多产,近年更有三篇论文登在 Harvard Law Review,两篇论文登在 Yale Law Journal,影响力与日俱增。

有很激进,但很有说服力的见解。[①] 她的出发点是恶意时效取得比善意时效取得更值得保护。这个见解非常违反直觉,也与过往主流的法律经济分析见解不同。[②] 她的核心论证是:物权法与经济分析的核心目标,是让资源能流动到最能利用者之手,亦即,达到"配置效率"(allocative efficiency)。善意时效取得人不知道自己没有产权,只是"盲目"地使用资源,故其行为没有揭露任何信息。因此,客观的第三者无法判断,到底是善意时效取得人还是原所有权人比较能珍惜此项资源。善意取得人也不是因为自认为更能利用资源才利用此项资源。反之,恶意时效取得人知道自己没有产权,他的行为才是经过成本效益分析后的理性决策。Fennell 教授用超速为喻:明知速限而超速者,(除非是天生喜欢飙车或有反社会倾向)是因为时间成本较高,宁可缴纳交通罚款——这类似契约法律经济分析常讲的"效率违约"(efficient breach)。但浑然不知速限而超速者,大概不是因为时间成本高,而只是心不在焉。是故,恶意超速比善意超速,更可能是有效率的决策。

当然,Fennell 教授并不是主张,凡是恶意时效取得,就应该鼓励,应该无条件给予所有权。为了便利符合"配置效率"的时效取得,阻挡不符合配置效率的时效取得,Fennell 教授的理论设下几道门槛:(1) 系争产权对时效取得人与原所有权人的价值必须相差很大;(2) 市场交易不可行(时效取得人必须证明自己曾尝试寻求交易,但实在无法找到原所有权人)。[③]

从 Fennell 教授之理论来看,中国物权法下允许不动产的时效取得,

---

① *See* Lee Anne Fennell, *Efficient Trespass*: *The Case for "Bad Faith" Adverse Possession*, 100 NW. U. L. REV. 1037 (2006).

② 过往主流之论述, *see*, *e. g.*, Robert C. Ellickson, *Adverse Possession and Perpetuities Law*: *Two Dents in the Libertarian Model of Property Rights*, 64 WASH. U. L. Q. 723 (1986); Epstein, *supra* note 7; Thomas W. Merrill, *Property Rules Liability Rules*, *and Adverse Possession*, 79 NW. U. L. REV. 1122 (1984)。

③ *See* Fennell, *supra* note 31, at 1040 – 41. Posner 法官也强调时效取得只有在高交易成本时,才能被证立。*See* Richard A. Posner, *Savigny*, *Holmes*, *and the Law and Economics of Possession*, 86 VA. L. REV. 535, 560 (2000).

是对是错?[①]当然,土地在中国是国家所有或集体所有,当然不可能被时效取得,这先不谈。问题是,建物、土地承包经营权,建设用地使用权,宅基地使用权以及地役权是否应容许被时效取得?依据Fennell教授的理论,用益物权时效取得不应该被容许,因为绝对不符合第二道门槛——土地在中国是公有或集体所有,想要用益物权者绝对没有找不到土地所有权人的问题。不过,Fennell教授的理论没有考虑到土地产权独占的情境(在中国就是如此)。若允许时效取得,是否会打破不动产用益权利独占的一种方式?这值得吾人进一步思索。至于建物之时效取得,因为中国的合法房屋必须登记,[②]找到建物所有权人应该不会太过困难。是故,要符合Fennell教授理论的两种条件,虽非不可能,但应该不常见。或许,时效取得会发生最多争议的场域是小产权房的时效取得。但立法政策上是否要让小产权房借由时效取得制度(原始取得)而"漂白",又是值得深思的问题。以中国中央政府目前对小产权房的严打态度,恐怕不可能容许小产权房的时效取得。

总之,依据Fennell教授之理论,给定中国的土地国有、集体所有政策,不承认任何形式之时效取得,应该是有效率的选择。虽然在少数情况下,允许时效取得或许可以提升社会福祉,但通案性地不允许时效取得,也有简化法律适用、减少相关争讼之优点。再者,物权法惯用"财产原则"(property rules),[③]而时效取得是财产原则之例外。不纳入例外规定,使物权法维持单纯的基本原则,也可以降低法律系统用户之思维负担。

---

① 梁慧星、陈华彬教授即认为,中国制定民法典时,应该要纳入时效取得原则。参见梁慧星、陈华彬:《物权法》,法律出版社2010年版,第148页。

② 参见《物权法》第9条;崔建远:《物权:规范与学说——以中国物权法的解释论为中心》,清华大学出版社2011年版,第76~77页。

③ 关于物权法惯用财产原则,*see*, *e. g.*, Henry E. Smith, *Property and Property Rules*, 79 N. Y. U. L. REV. 1719, 1722 (2004); Richard A. Epstein, *A Clear View of the Cathedral: The Dominance of Property Rules*, 106 YALE L. J. 2091, 2092 (1997); Richard R. W. Brooks, *The Relative Burden of Determining Property Rules and Liability Rules: Broken Elevators in the Cathedral*, 97 NW. U. L. REV. 267 (2002); Robert C. Ellickson, *Adverse Possession and Perpetuities Law: Two Dents in the Libertarian Model of Property Rights*, 64 WASH. U. L. Q. 723 (1986); Carol M. Rose, *The Shadow of the Cathedral*, 106 YALE L. J. 2175 (1997)。

五、Ronald Coase 的中国经济制度理论①

2012 年中,1991 年诺贝尔经济学奖得主 Ronald Coase 教授与王宁教授,出版其合著新书 How China Became Capitalist。Coase 在法律经济学、新制度经济学、公司理论等领域之崇高地位以及他的 102 岁高龄,都使得这本书未出版先轰动。Coase 自 1964 年起任教于芝加哥大学法学院,至今仍偶尔出现在校园中。② 他对产权理论之影响犹深,本文最后一节探讨 Coase 新书对中国物权法理论发展之影响,不但恰当,而且必要。

How China Became Capitalist 有不少有趣的论点。③ 例如:Coase & Wang(下称"两位作者")认为,中国的经济改革有两股主要的力量,一股由政府领导,一股是民间自发。④ 而两位作者认为正是这两股力量双轨并进,才使得中国走向市场经济。⑤ 又如,两位作者点出:虽然中国共产党领导人坚持产权公有制⑥,不断攻击产权私有制,但公有制与中央计划经济不能画上等号。中国思想界从孔子以来、一直到清末康有为一直有"天下为公"、"大同"的思想。这些反私有的论述,深深影响到毛泽东与其他共产党领导人。⑦ 然而,地方分权一向是中国政治的传统实

---

① 关于 Coase 法律经济学的论述,参见简资修:"科斯经济学的法学意义",载《中外法学》第 24 卷第 1 期,第 190 ~ 203 页。

② 2012 年 7 月芝加哥大学法律经济学夏日学校的学员,都见到 Coase 本人,并聆听其演说!

③ 此外,张五常与 Coase 交情匪浅。因此,How China Became Capitalist 中对张五常理论(蜻蜓点水式)的批评,令人觉得饶富兴味,但又意犹未尽。张五常的理论,参见张五常:《中国的经济制度》,花千树出版有限公司 2008 年版;张五常:《中国的前途》,花千树出版有限公司 2008 年版,第 203 ~ 291 页。Coase & Wang 之批评,*See* Ronald Coase & Ning Wang, How China Became Capitalist 138, 164 (2012).

④ *See* Ronald Coase & Ning Wang, How China Became Capitalist 160 (2012).

⑤ *See* Ronald Coase & Ning Wang, How China Became Capitalist 167 (2012).

⑥ 另外,两位作者引用商君书与申子思想指出,若政府能"依法行政"(rule of law),则国有企业的问题不会很严重。然而,社会主义经济政体中的政府,很少不让自己超越法律。*See* Ronald Coase & Ning Wang, How China Became Capitalist 182 – 83 (2012).

⑦ *See* Ronald Coase & Ning Wang, How China Became Capitalist 177 (2012).

践,所以毛泽东以降的中国共产党领导人(与俄国共产党的领导人不同),并不强烈偏好中央集权或计划经济。①

本文更关心的是How China Became Capitalist对产权理论或法律经济学之论述。关于此,两位作者提供了不少事实素材,也有一些理论分析;但或许因为Coase年事已高,很多论点无力继续发展。然而,就像Coase之前的学术贡献一样,Coase提出的理论或许不是最完整的,但他总是能在所有人都"不疑处有疑";亦即,点出问题、开创新领域。再者,How China Became Capitalist的未竟之处,正为当代中国的法律经济学者,提供了一盏指引/照视研究方向的明灯。且让我举几个例子抛砖引玉,吸引更了解中国产权问题的学者研究:

第一,大跃进时期,许多地方的农民纷纷主动改用私有生产②——农民大概不懂产权理论,但他们知道私有产权才能有效率生产,集体生产或人民公社很难行得通。不过,此处两位作者留下一个未解的问题:集体生产行不通,是因为有搭便车(free-riding)与卸责(shirking)等策略性行为。但在大跃进时期面临饥荒、面临生死一线间的挣扎时,农民为何仍然无法找出办法,克服高交易成本?或许这不是一个谜团,而是再次证明私有产权的效率与集体生产的无效率。不过,两位作者在书中又描述:1982年取消生产队之后,江苏与天津仍有集体农场持续运作。③但究竟是什么因素,使得这些地方的集体农场可以成功,且使当地农民自愿继续集体生产?本文没有开示读者。④

---

① *See* Ronald Coase & Ning Wang, How China Became Capitalist 20–21, 177–178 (2012). 关于地方分权是中国政治传统这个论点,个人浅见以为,本书并没有给予足够清楚的阐述,并提供古代思想家的论述或描述某朝代的政治体制来佐证。至少,这和笔者阅读中国历史所得之印象,似乎正好相反。笔者当然不是中国历史的专家,但希望未来能有经济、法律、历史专业的学者,能进一步发展这个论题。

② *See* Ronald Coase & Ning Wang, How China Became Capitalist 49 (2012).

③ Ibid.

④ 此外,两位也提到在集体生产与私人生产之间,有许多不同的"中间契约型态"(intermediate contractual forms)。*See* Ronald Coase & Ning Wang, How China Became Capitalist 50 (2012). 若能更进一步研究这些契约型态的系谱,并探究其局限条件、成本与效益,将可能对产权理论作出巨大贡献。

第二，两位作者指出，在一般的经济理论中，政府的功能是划分产权。产权界定之后，政府退居二线，让私人间自由交易。① 但中国的情形不然，中国在经济发展的过程中，把上述划分产权与配置(allocate)产权两个步骤合一。两位作者一方面认为，“两步并作一步”对中国的经济发展是好事，因为这加速了中国引入市场力量的脚步。② 但另一方面，两位作者又指出，中国政府所划给人民之产权，往往不能流转，所以在产权到期或内容需要调整或产权需要流转时，不断地需要政府出面干预或调整。③ 两位作者并没有很明白地点出此种产权体制是否有效率，或何种可行之替代方案可以有效地降低交易成本。本文认为，这种产权体制中纵使有市场力量，也甚为稀薄。利伯维尔场，相对于政府掌控，最大的优势之一就是生产并利用私人信息。现实上，政府根本不可能了解数亿人民中谁最需要某种资源。若产权可以流转，产权拥有者自然会有诱因要找到最能利用该资源者，因为唯有如此他才可以谋得好价钱。而潜在的买主也不需要走后门、靠关系或用嘴巴说得天花乱坠——谁出的价高，谁就真的最能利用此项资源。

再者，关于“两步并作一步”之问题，熟悉法律经济学文献的读者，一定能马上联想到 Guido Calabresi & Douglas Melamed 在 1972 年提出的 Entitlement 划分理论。④ 在 Calabresi & Melamed 的架构中，Entitlement (在此姑且可以想成产权)界定的第一步就是划分 entitlement 的拥有者，

---

① *See* Ronald Coase & Ning Wang, How China Became Capitalist 172 (2012).

② Ibid.

③ *See* Ronald Coase & Ning Wang, How China Became Capitalist 172 – 73 (2012).

④ *See* Guido Calabresi & A. Douglas Melamed, *Property Rules*, *Liability Rules and Inalienability*: *One View of the Cathedral*, 85 HARV. L. REV. 1089 (1972). 中文文献，参见叶俊荣：“出卖环境权”，载《环境政策与法律》，元照出版有限公司 2010 年版，第 56 ~ 58 页；王文宇：“从经济观点论保障财产权的方式”，载《民商法理论与经济分析》，元照出版有限公司 2000 年版，第 34 ~ 86 页；简资修：“一物二卖：有效率之不履约或债权之侵害”，载《人文及社会科学集刊》第 13 卷第 1 期，第 65 ~ 88 页；张永健：“动产‘加工’与‘毁损’之法律经济分析”，载《法令月刊》第 56 卷第 8 期，第 16 ~ 17 页。芝大法学院的 Fennell 教授，有一篇近作针对 nuisance 的情境，扩展了 Calabresi 和 Melamed 的分析架构。See Lee Anne Fennell, *Property and Half-tort*, 116 YALE L. J. 1400 (2007).

第二步是决定保护 Entitlement 的方式是,“财产原则”(property rule)①、“补偿原则”(liability rule)②还是“禁制原则”(inalienability rule)。③ Calabresi & Melamed 之后的文献,④多半都是比较财产原则与补偿原则之优劣。有趣的是,因为中国的社会主义体制,如 Coase & Wang 所说,产权被禁止流转,是故禁制原则在中国法律经济学中,应该要有更显著之地位——甚至在中国的情境下,应该发展更细致的禁制原则谱系。⑤

值得强调者,Calabresi & Melamed 的 entitlement 划分理论,主要还是在 Coase & Wang 讲的第二步。Coase & Wang 第一步的划分产权,比较着重于什么样的资源可以用什么样的形式私有化、产权化。这一点在 Calabresi & Melamed 的理论架构下,被隐然假设为给定而未讨论。⑥ Calabresi & Melamed 和 Coase & Wang 的理论架构,是否可以整合,以及整合后可以如何更贴切地解释中国的产权实况,有待学者继续努力。

第三,全书只有一次提到中国土地国有或集体所有。这对于 Coase 产权理论的追随者来说,未免失望。张五常向来主张,只要有私有的使

① 财产原则之定义为“the state guarantees property right assignments against infringement through the threatened use of its police powers”。Louis Kaplow & Steven Shavell, *Property Rules Versus Liability Rules: An Economic Analysis*, 109 HARV. L. REV. 713, 715 (1996)。

② 补偿原则之定义为“A liability rule gives at least one party an option to take an entitlement non-consensually and pay the entitlement owner some exercise price”。Ian Ayres & J. M. Balkin, *Legal Entitlements as Auctions: Property Rules, Liability Rules, and Beyond*, 106 YALE L. J. 703, 704 (1996)。

③ 禁制原则的经典文献,see Susan Rose-Ackerman, *Inalienability and the Theory of Property Rights*, 85 COLUM L. REV. 931 (1985)。

④ 参见拙著之回顾与批评:Yun-Chien Chang, *Optional Law in Property: A Theoretical Critique*, working paper (2012)。

⑤ 但财产原则与补偿原则(在正交易成本的世界中)不可能从物权法中消失。试想在中国,大多数动产可以自由流转,并不受他人干涉,这是财产原则。动产如汽车遭人毁损,车主仍可请求侵权者赔偿,这是补偿原则。

⑥ 这并不奇怪,因为美国普通法也接受“物权法定主义”(the *numerus clausus* principle),而产权的初始分配也早已完成,所以当然没有必要特别强调 Coase & Wang 的第一步。关于物权法定主义之经济分析,*see* Thomas W. Merrill & Henry E. Smith, *Optimal Standardization in the Law of Property: The Numerus Clausus Principle*, 110 YALE L. J. 1 (2000)。

用权、私有的收入享用权、自由的转让权,业主就有完整的产权;所有权本身归国有,无妨。[①] 但在How China Became Capitalist中没有探讨的中国"物权法",就只给业主限制重重并附期限的使用权,也常常不允许自由转让。在此种情况下,有无所有权就有很大的差别。但没有完整的产权,为何中国仍能走向市场经济?这是大哉问。Coase & Wang没有回答,[②]而这正是当代中国学者可以发挥拳脚之处。

六、结论

本文运用了芝加哥大学知名法律经济分析学者Richard Posner、Richard Epstein、Lee Anne Fennell、Lior Strahilevitz和Friedrich Hayek等之理论,分析中国的时效取得、无主物先占、物权放弃三个具体问题。这些都是大题目,这篇短文的分析当然也只能蜻蜓点水。但分析本身之完整性倒是次要,这篇短文之主要目的,是展现法律经济分析在探讨中国物权法问题的适用性与适当性。

美国学者当然多半不够了解中国,无法提出直接切合中国情境的理论架构。然而,法律经济分析奠基在对人性的普世假设(而非对"美国人"的民族性的特殊假设),以及对成本的关注上(传统法学则通常只重视法益、利益这种效益面,或只讲究权利)。只要肯承认资源有限,法律政策因而必须要考虑社会成本,法律经济分析就不容忽视。只要肯认"书本上的法律"(law in books)与"行动中的法律"(law in action)有所不同,而后者对于法律的有效治理至关重要,就必须要将社会科学方法带入法学,法律经济学因而不可或缺。

总之,法律经济分析方法超越国界。这套理论对美国有用,对实行

---

① 张五常:《二十一世纪看中国的经济革命》,花千树出版有限公司2002年版,第61~62页;张五常:《经济学的缺环》,花千树出版有限公司2002年版,第75~79页。

② 王宁教授是How China Became Capitalist作者之一,他向笔者表示:私有产权虽有助于效率,但竞争(即便在没有私有产权下的竞争)也同样可以促进有效率的资源分配——而竞争的角色甚至比产权结构更重要。

社会主义市场经济的中国也同样有用。只不过,法律经济学在美国已经风行半个世纪,对美国法律体系各面向之经济分析,已经相当完整;若干领域的研究,甚至趋近饱和——所以又有法学实证研究(empirical legal studies)运动兴起,以数据验证法律经济学理论。反观法律经济学进入中国时间未久,投入者虽与日俱增,但尚未能遍地开花。对当代中国有志于法律经济分析者,最重要的课题之一,是消化美国法律经济分析之基础理论,再反刍出切合中国情境的论证。本文第二、三、四节,就是此种研究路径的展现。

但中国法律经济分析学者也不是永远都要做法律经济分析理论的下游供货商。本文第五节探讨 Ronald Coase 新书时,就点出一些中国特殊的历史经验与法律架构。这些有别于其他国家的制度环境,正好可以让中国法律经济分析学者拿来测试美国法律经济分析理论的极限。假以时日,中国的法律经济分析学者,有机会借由中国经验,修正、扩展、拓深法律经济分析理论,进而成为法律经济分析理论的顶尖生产者。芝加哥大学法学院的暑期学校是个开端,这一卷的“法律和社会科学”又点燃了火苗。且让我们把法律经济分析的火炬,传送到华人世界的各个角落!

《法律和社会科学》(2013)
第12卷,第19~47页

中国土地征用中的强制性因素研究

李杰伟*

摘要:本文通过分析与土地征用相关的国家法律、上海市的实施细则和地方性法规,发现中国土地征用中有一套完整的强制性程序。依据依据法意网公布的上海市"房屋拆迁安置补偿合同纠纷"的1779个判决,研究发现法院对土地征用的判决不仅体现了强制性程序,在法律、政策没有规定的地方,政府强制征地的原则依然存在,这可以称之为单方效率原则。这一套完整的系统使国家能够顺利推进经济建设。系统的建立可能来源于后发国家实施的"赶超战略"。

小霸王周通未经对方及父亲同意,撇下二十两黄金和一匹锦缎为定礼,说晚间来入赘庄上,后人谓之强抢民女。①

* 上海海事大学经济管理学院讲师,电子信箱:ljwwenjian@163.com。

① 故事选自《水浒传》第四回"小霸王醉入销金帐 花和尚大闹桃花村"。

一、引言

在2012年芝加哥大学法律经济学暑期班上,Saul Levmore教授曾讲到一个公路的案例:在美国,高速公路弯弯曲曲,因为美国在建设公路时,建设部门或企业要跟每一个土地所有者谈判,如果谈判不成,就得绕道而行;而当他们一行到中国考察与地方政府交流时,却惊奇地发现,如果要建一个经济开发区,地方政府会选一个比较好的地址,然后在开发区和城市之间画一条直线——这就是公路,直通经济开发区。

我们可以用一个简单方法来考察中国高速公路是否比美国更加直:用Google地图,取一定长度的公路,在这段公路中随机取相同长度的10份,将每一份的公路距离除以直线距离,将这个值加总,并除以10,就得到一个可以代表弯曲度的值。对比中国和美国的这两个值,就可以看出弯曲度的区别。但是,我们看到地图后发现美国的高速公路要比中国的要直很多,这一事实是如此明显,以至于根本不需要计算并对比弯曲度。后来,Saul Levmore教授回信说,他指的是纽约长岛的高速公路。同样,对比地图可以看到,长岛的高速公路比中国的省内和省际高速公路都要弯曲很多。对于省际或者州之间的高速公路,或许中国的地形、历史等原因导致中国的高速公路更加弯曲,这需要通过更加严谨的统计分析才能找出原因。然而,Saul Levmore教授提到的美国高速公路开发时需要谈判,而中国不需要谈判或许也是一个重要原因。那么,我们就来看看中国在建设公路时所适用的法律、政策以及法官判决背后的逻辑等是否具有强制性,从而会使公路可以建得很直。①

我们所考察的范围限于上海。如此选择的原因在于:首先,法意网

---

① 严谨的实证研究应该用计量方法分析出这种强制力是否显著地使公路更直。由于实证暂时无法完成,我们退而求其次,考察一下这种强制力是否存在。如果存在的话,留待以后考察它是否显著地影响公路的弯曲度。

公布的全国土地拆迁安置判决中，有一半以上是上海法院的判决。其次，上海有比较完整的法律、政策，能够更加全面地考察强制性因素。再次，上海的拆迁安置程序及执行在合规性方面比较完善，补偿的强迁等严重问题相对于其他省份要少一些。因而针对上海的分析基本上可以代表中国强制拆迁的底线。如果上海存在强制性程序，那么在一定程度上可以证明全国拆迁安置中强制力的存在。最后，合规的程序也使分析相对简单。我们所考察的法律包括中央关于土地政策的法律，上海相关的法律实施细则以及政府政策。但是由于法官在判决时，有些问题是法律没有明确规定的，因而法官有一定的裁量权。所以在法院判决中，可以更清楚地看到土地产权的边界，因而我们也考察关于土地征用的判决——取自法意网 2012 年 12 月 6 日之前①关于土地拆迁安置的判决②。虽然本文要考察的是关于交通基础设施中土地的征用，但是所搜集到的判决中，关于交通基础设施的判决共有 59 个，其逻辑与其他拆迁安置的案例是一致的。因此，为了更全面地考察土地征用的逻辑，我们选取了 2012 年 12 月 6 日之前所有上海的“房屋拆迁安置补偿合同纠纷”的判决，而非仅限于针对交通基础设施的判决。

由于法意网的判决是搜集者从各地搜集的，而法院没有完全公开所有的判决③，因而我们的实证分析不可避免地存在偏差。不过，由于本文并非论证土地征用的强制性因素对公路建得很直是否有显著的影响，而仅仅是考察土地征用过程中是否存在强制性因素这个因素如果存在，可能会对中国的公路建设产生重要影响。我们的目的只是在于确定这一因素是否存在，因此没有搜集到所有完整的判决对结果的正

① 因为法意网的判决文书是不断更新的，本文所选取的时间是文章收集判决文书结束的时间，因而不具有特殊意义，仅仅是在这个时间之前所能搜集到的所有判决。最早的判决见于 1993 年 12 月 30 日，但是除了少数几个，基本上的判决都出现在 1998 年以后。

② 关于土地征用的判决都包含在“房屋拆迁安置补偿合同纠纷”的判决中，而法意网上并没有单独关于土地征用的分类，因此本文选取所有的“房屋拆迁安置补偿合同纠纷”作为分析的样本。

③ 中国的法院并无公开判决书的法定义务。

确性影响就要小很多。①

分析中国土地征用的文献汗牛充栋,涉及各个方面。有对土地征用中信息公开的分析,②有对农村土地征用中福利与满意度的分析③,有对农村土地征用过程中土地发展权及农民意愿的研究④,有对征地程序的分析⑤,也有对于征地制度和土地产权的一般性分析⑥。这些文

① 没有完整判决的问题在于可能存在一些判决,它们跟现有的判决逻辑上不一致,那么就不能证明我们发现的强制性因素是存在的。但是现有的判决中只有少数几个与其余的逻辑上不一致,而且基本上都出自同一个法院、同一个法官,所以文中的结论还是比较可靠的。

② 陈若英:"信息公开——强制征地制度的第三维度",载《中外法学》2011年第2期。

③ 刘祥祺等人的文章刘祥祺、陈钊、赵阳:"程序公正先于货币补偿:农民征地满意度的决定",载《管理世界》2012年第2期使用了17个农业大省的微观调查数据,其中,关于农民满意度的衡量是问卷中的主观设定;有一部分文章做了关于福利的一般性分析,包括经济补偿、住房安置、社会保障以及心态的焦虑等等:陈莹、张安录:"农地转用过程中农民的认知与福利变化分析",载《中国农村观察》2007年第5期;更多的文章是关于征地补偿的分析,以及土地产权受损的分析:陈莹、谭术魁:"征地补偿的分配模式与困境拜托:武汉例证",载《改革》2010年第1期;史清华、晋洪涛、卓建伟:"征地一定降低农民收入吗:上海7村调查——兼论现行征地制度的缺陷与改革",载《管理世界》2011年第3期;陈莹、谭术魁、张安录:"公益性、非公益性土地征收补偿的差异性研究——基于湖北省4市54村543户农户问卷和83个征收案例的实证",载《管理世界》2009年第10期;肖屹等:"土地征用中农民土地权益受损程度研究——以江苏省为例",载《农业经济问题》2008年第3期;肖屹、钱忠好:"交易费用、产权公共域与农地征用中农民土地权益侵害",载《农业经济问题》2005年第9期。

④ 主要有:黄祖辉、汪晖:"非公益性质的征地行为与土地发展权研究",载《经济研究》2002年第5期;汪晖、陶然:"论土地发展权转移与交易的'浙江模式'——制度起源、操作模式及其重要含义",载《管理世界》2009年第8期;钱忠好、肖屹、曲福田:"农民土地权认知、土地征用意愿与征地制度改革——基于江西省鹰潭市的研究",载《中国农村经济》2007年第1期;康岚:"失地农民被征用土地的意愿及其影响因素",载《中国农村经济》2009年第8期。

⑤ 主要有:汪晖、黄祖辉、公共利益:"征地范围与公平补偿——从两个土地投机案例说起",载《经济学》(季刊)2004年第4期;晋洪涛、史清华、俞宁:"谈判权、程序公平与征地制度改革",载《中国农村经济》2010年第12期。

⑥ 主要有:叶剑平等:"2008年中国农村土地使用权调查研究——17省份调查结果及政策建议",载《管理世界》2010年第1期;廖长林、高洁:"残缺的农民集体土地产权与征地制度改革",载《管理世界》2008年第7期;张曙光:"城市化背景下土地产权的实施和保护",载《管理世界》2007年第12期;钱忠好、曲福田:"规范政府土地征用行为 切实保障农民土地权益",载《中国农村经济》2004年第12期;钱忠好、曲福田:"中国土地征用制度:反思与改革",载《中国土地科学》2004年第5期;钱忠好:"土地征用:均衡与非均衡——对现行中国土地征用制度的研究",载《管理世界》2004年第12期;李平、徐孝白:"征地制度改革——实地调查与改革建议",载《中国农村观察》2004年第6期。

献除了陈若英的文章之外，都是将中国土地征用过程中的强制性即强制征地作为既定前提，进而展开分析。而对中国土地征用中强制性逻辑的文献则相对较少，周其仁老师在其《经济观察报》的专栏“城乡中国”中论述了中国城市建设中土地征用的逻辑。其在考证中发现，我国城镇化的制度基础是三大支柱——“国有土地才可以合法出让；城市土地属于国家所有；经由行政审批设立城市”和一把利器——“征地权”。“只有国有土地才可以合法出让”，那么各级地方政府为了获得出让土地的巨额财政，就需要把更多的民地（集体所有）变成官地（国有土地）；而在获得土地的方式中，城市化是一条不错的路径，因为“城市的土地属于国家所有”（1982 年《宪法》），而城市则只能由行政审批设立。因此，行政权就可以通过审批扩张城市，从而合法获得国有土地；这样也就有了巨额的土地出让收入。但这“惊险的一跃”需要通过国家的征地权这一把利器来获得。因为哪怕是经过审批使得土地被划入城市版图，土地仍然在村民手里，属于集体所有，需要有一套程序将其变为国有土地。中国政府的征地权恰好满足了这一要求。“为了公共利益的需要”，国家可以征用土地。“被征地社队的干部和群众应当服从国家需要，不得妨碍和阻挠……征用的土地，所有权属于国家”。[①]《中央人民政府政务院关于国家建设征用土地办法》（已经失效）还首次规定了征地的程序。

然后，问题是：第一，“为了公共利益的需要”含义模糊。虽然公路、铁路等基础设施是明确的公共利益，但是收费的高速公路[②]能否界定为公共利益？更有甚者，商业利益也必须通过征地的渠道才能实现。那么在实践中，修建基础设施（包括高速公路）、开发新城区（如临港新城）、改造老城区，法律、政策是否也有强制性程序；更加重要的，出现纠纷或者没有法律依据时，法院的判决是否也显示强制性征用。第二，中国的土地在被界定为国有，并且为了公共利益可以征用土地，但是并

① 参见 1982 年的《国家建设征用土地条例》。

② 中国高速公路的快速发展得益于公路收费，由此引入了社会资本。也因为这个原因，全球 14 万公里高速公路收费里程中国有 10 万公里。（2007 年世界银行报告）

没有法律明确规定可以一并征用土地上的建筑物(即所谓的“房地分离”)。那么,究竟是行政权力长驱直入,拆迁房屋,还是民权扩展,阻挠征地的实现,就取决于双方的力量。即民间有合法的理由阻挠征地的实现。而在中国乡村,宗族的力量依然存在,很多地方还很强大。如果补偿不到位,宗族就会阻挠征地的实现。[①] 还有其他社会力量,形成了所谓的钉子户群体。征地能否实现,真实的土地权利边界在哪,需要通过详细的法律、政策以及具体的实施情况来判定。[②]

本文就以上海为例,考察国家法律和上海的法规、政策、实施细则,分析法律、政策层面是否存在强制的程序。另外,因为调解、仲裁是以法院为最终的节点,所以我们也以上海各级法院的判决为基础,考察征地过程中强制力的情况,以及土地权利的真实边界在哪里。

二、对法律、政策的分析

(一)所选取的法律

我们的分析以国家关于土地拆迁安置的法律、政策,以及上海市相关的地方性法规、政策、实施细则为主。

国家的法律主要有:《宪法》(1982年,2004),《物权法》(2007年),《土地管理法》(1986年,1988年,1998年,2004年)和《土地管理法实施条例》(1998年),《城市房地产管理法》(1994年,2007年),《政务院关于国家建设征用土地办法》(1953年),《国家建设征用土地条

---

① 江西宗族就曾经阻挠过,现在各地也正在上演。See Tsai, L. L., 2007. Accountability without Democracy, Cambridge, UK: Cambridge University Press.

② 各地可能有很大差别。行政权力大的地方,政府可以不给予补偿,就将土地征为国有(各省的判决都出现过,如“曹某等28人与某市建设局全文”“陈士敏与确山县人民政府全文”“陈士杰与确山县人民政府全文”“陈毛与确山县人民政府全文”“曹得水与确山县人民政府全文”“高玉梅与确山县人民政府全文”等;现实中也屡见不鲜),变成道路、开发区,盖上高楼,比比皆是。而民权比较盛、经济又发达的地方(如上海、江浙、福建一带),一旦拆迁,百姓可以一夜暴富获得高额补偿。因此会有有些地方极力阻挠拆迁,而有些地方天天盼望拆迁的差别。

例》(1982年),《城市房屋拆迁管理条例》(1991年,2001年)和《国有土地上房屋征收与补偿条例》(2011年)。

上海市的法规和政策主要有《上海市城市房屋拆迁管理实施细则》(1991年,2001年)和《上海市国有土地上房屋征收与补偿实施细则》(2011年),《上海市房屋租赁条例》(2000年,2010年),《上海市城市房屋拆迁面积标准房屋调换应安置人口认定办法》(2006年),《关于贯彻执行〈上海市城市房屋拆迁管理实施细则〉若干意见的通知(政府授权解释)》(2001年),《上海市征用集体所有土地拆迁房屋补偿安置若干规定》(2002年),《上海市住宅建设征用集体所有土地农业人口安置办法》(1994年)和《上海市人民政府关于废止〈上海市住宅建设征用集体所有土地农业人口安置办法〉的决定》(2003年),以及《上海市劳动局关于征地单位适用〈上海市住宅建设征用集体所有土地农业人口安置办法〉的通知》(1994年,1995年废止),《上海市劳动局关于征地单位适用〈上海市住宅建设征用集体所有土地农业人口安置办法〉及安置补助费问题的通知》(1995年),《上海市房屋土地资源管理局关于〈上海市征用集体所有土地拆迁房屋补偿安置若干规定〉若干应用问题的通知》(2002年),《上海市危棚简屋改造地块居住房屋拆迁补偿安置试行办法》(已失效)(1998年)。

(二)对国家法律、政策的分析

《宪法》(1982年)第一次规定:"城市的土地属于国家所有。农村和城市郊区的土地,除由法律规定属于国家所有的以外,属于集体所有;宅基地和自留地、自留山,也属于集体所有。"①但是,同时也规定了"国家为了公共利益的需要,可以依照法律规定对土地实行征用"。②在基本法层面,政府已经有了强制的力量。

但此时的土地还不可以流转。直到1990年国务院颁布《城镇国有土地使用权出让和转让暂行条例》开始,土地流转才有法可依。但是,此时规定的,并一直沿用到现在的是"土地使用权可以转让",城市土

---

① 参见《宪法》第10条。

② 同上。

地所有权依然属于国家。政府名义上可以对自己的土地进行处置,也就有了强制的力量。但对于土地上的房产,却没有明确规定可以处置。

与此相对应的《物权法》规定:"为了公共利益的需要,依照法律规定的权限和程序可以征收集体所有的土地和单位、个人的房屋及其他不动产。"并规定:征收集体所有的土地,应当依法足额支付补偿,并安排被征地农民的社会保障;征收房屋、不动产,应当依法给予拆迁补偿;征收个人住宅的,还应当保障被征收人的居住条件。①

《土地管理法》(1998年):"国家为公共利益的需要,可以依法对集体所有的土地实行征用。国家依法实行国有土地有偿使用制度。但是,国家在法律规定的范围内划拨国有土地使用权的除外。"②

《房地产管理法》(1994年):"国家对土地使用者依法取得的土地使用权,在出让合同约定的使用年限届满前不收回;在特殊情况下,根据社会公共利益的需要,可以依照法律程序提前收回,并根据土地使用者使用土地的实际年限和开发土地的实际情况给予相应的补偿。"③

其中的逻辑是一致的:城市土地属于国有;为了公共利益,可以征用包括集体所有的土地在内的所有土地,但要给予相应的补偿。政府有强制力量可以征用,只是没有明确的手段而已。

具体的征用办法,最早见于1953年《中央人民政府政务院关于国家建设征用土地办法》(以下简称《办法》),虽然没有明确的强制性措施,但是仍可以看到一些强制手段的苗头。

例如第2条规定:"国家兴建厂矿、铁路、交通、水利、国防等工程,进行文化教育卫生建设、市政建设和其他建设,需要征用土地的时候,都按照本办法的规定办理。"第3条规定:"国家建设征用土地,既应该根据国家建设的实际需要,保证国家建设所必需的土地,又应该照顾当地人民的切身利益,必须对被征用土地者的生产和生活有妥善的安

---

① 参见《物权法》第42条。

② 参见《土地管理法》第2条。由于绝大部分判决都集中在1998年之后的年份,所以我们以1998年适用的《土地管理法》为主,之后的版本在这方面没有变动。

③ 参见《房地产管理法》第19条。之后的版本在强制征用这一点上的逻辑相同。

置。”《办法》还规定了程序性内容：如何批准，申请核拨用地时需要交送的材料，向群众解释、宣传，给予相应的补偿以及补偿的方法。为之后的拆迁条例奠定了框架。

而到了1982年的《国家建设征用土地条例》（以下简称《条例》），强制性开始增加。如第4条规定：国家建设征用土地，凡符合本条例规定的，被征地社队的干部和群众应当服从国家需要，不得妨碍和阻挠。第5条规定：“征用的土地，所有权属于国家，用地单位只有使用权。”《条例》第7条还规定了详细的程序：“一、申请选址。用地单位持经批准的建设项目设计计划任务书或上级主管机关的有关证明文件，向拟征地所在地的县、市土地管理机关申请，经县、市人民政府审查同意后，进行选址。在城市规划区范围内选址，还应当取得城市规划管理部门同意。二、协商征地数量和补偿、安置方案。建设地址选定后，由所在地的县、市土地管理机关组织用地单位、被征地单位以及有关单位，商定预计征用的土地面积和补偿、安置方案，签订初步协议。三、核定用地面积。建设项目的初步设计经批准后，用地单位持有关批准文件和总平面布置图或建设用地图，向所在地的县、市土地管理机关正式申报建设用地面积，按本条例规定的权限经县、市以上人民政府审批核定后，在土地管理机关主持下，由用地单位与被征地单位签订协议。四、划拨土地。征地申请经批准后，由所在地的县、市土地管理机关根据计划建设进度一次或分期划拨土地，并督促被征地单位按时移交土地。”从这套程序我们可以发现，在得到批准划拨土地之前，政府和用地单位无须跟土地所有者协商——即谈判的过程是可以不存在的。

虽然此时强制性开始增加，但到这里为止，都没有具体的强制性措施。而到了《城市房屋拆迁管理条例》（以下简称《条例》）（1991年）①，则开始有了详细的程序以及具体的强制性措施。详细的程序主要有：取得拆迁许可证，公布、宣传、解释，与被拆迁人签订合同，实施拆迁。虽然，《条例》没有规定如何取得拆迁许可证。但是，却明确了具

① 其后版本的《条例》逻辑相同。

体的强制措施。第 14 条规定:“拆迁人与被拆迁人对补偿形式和补偿金额、安置用房面积和安置地点、搬迁过渡方式和过渡期限,经协商达不成协议的,由批准拆迁的房屋拆迁主管部门裁决。被拆迁人是批准拆迁的房屋拆迁主管部门的,由同级人民政府裁决。当事人对裁决不服的,可以在接到裁决书之日起十五日内向人民法院起诉。在诉讼期间如拆迁人已给被拆迁人作了安置或者提供了周转用房的,不停止拆迁的执行。”第 15 条规定:“在房屋拆迁公告规定的或者本条例第十四条第一款规定的裁决作出的拆迁期限内,被拆迁人无正当理由拒绝拆迁的,县级以上人民政府可以作出责令限期拆迁的决定,逾期不拆迁的,由县级以上人民政府责成有关部门强制拆迁,或者由房屋拆迁主管部门申请人民法院强制拆迁。”

由此,在国家层面,一套完整的强制性程序就产生了。

(三)对上海市法规、政策的分析

在上海市与此相关的法规、政策中,最重要的是《上海市城市房屋拆迁管理实施细则》(以下简称“细则”),共有 1991 年、2001 年和 2010 年三个版本。2001 年版第一次对拆迁安置过程有了详细的规定。由于我们所看到的判决大多集中在 1998 年之后,因此我们只选取 2001 年的“细则”进行分析。

首先,对于房屋拆迁许可证的申请。“细则”第 12 条规定,需要拆迁房屋的建设单位应当先申请取得房屋拆迁许可证,但重要的是申请时应提交的文件:“(1)建设项目批准文件,(2)建设用地规划许可证,(3)国有土地使用权批准文件,(4)拆迁计划和拆迁方案,(5)本市银行出具的补偿安置资金专用存款账户的存款证明,(6)产权清晰、无权利负担的安置用房证明。”

上述文件完整的,市房地资源局和区、县房地局应当自收到拆迁房屋申请之日起 30 日内,对申请事项进行审核。经审核符合条件的,由区、县房地局颁发房屋拆迁许可证(第 13 条)——即取得拆迁许可证的整个过程,房屋所有者(被拆迁人)是不需要知道的。也就是说,在没有取得房屋所有者知晓的情况下,政府和拆迁方就可以合法地将房屋定性为可拆迁的。

“细则”第 14 条规定：区、县房地局颁发房屋拆迁许可证的同时，应当将房屋拆迁许可证中载明的拆迁人、拆迁范围、拆迁期限等事项，以房屋拆迁公告的形式予以公布。此前，房屋所有人依然不知晓，只有公布该地块要拆迁了，房屋所有者才知道自己的房屋要被拆，这期间可以没有谈判存在。而政府和拆迁人需要做的只是“区、县房地局和拆迁人应当及时做好拆迁政策、拆迁方案的宣传解释工作”。

如果房屋拆迁许可证第一次经批准的拆迁期限届满，仍无法通知到被拆除私房的所有人的，拆迁人做好被拆除房屋的勘察记录，向公证机关办理证据保全、补偿费提存，并提出对房屋使用人的临时安置方案，经区、县房地局核准后，可先行拆迁腾地。也就是说，如果找不到私房所有人，在做好记录的情况下，可以不经房产所有人同意，强制拆迁。

如果没有经过房屋所有者同意，那么该房屋所有者是否就可以谈判，甚至拒绝拆迁——做所谓的“钉子户”呢？“细则”第 23 条规定：拆迁补偿安置协议订立后，被拆迁人、房屋承租人未在协议约定的搬迁期限内完成搬迁的，拆迁人可以依法向仲裁机构申请仲裁，也可以依法向人民法院起诉。第 24 条规定，拆迁人与被拆迁人或者房屋承租人达不成拆迁补偿安置协议的，经当事人申请，由被拆除房屋所在地的区、县房地局裁决。此时，马上就有了强制性的措施。

并且第 25 条规定，裁决后可以强制执行：被拆迁人或者房屋承租人在裁决规定的搬迁期限内未完成搬迁的，经区、县房地局申请，由区、县人民政府责成区、县房地局和公安机关等有关部门强制执行；或者由区、县房地局依法申请人民法院强制执行。由此，政府也就合法地拥有了强制拆迁的权力。[①] 关于集体土地征用的其他政策、法律，其逻辑与征用城市土地是一样的。

回望一下整个过程，从申请拆迁许可证开始，直到房屋被拆，民众

① 这里其实只是细则，但执行力跟法律是一样的。

都没有过合法的谈判地位。在房屋确定被拆迁并被告知之前,房屋所有者是不知道的。而从确定被拆迁直到最终被拆除,房屋所有者可以跟拆迁人讨价还价签订协议。但是一旦无法达成协议,拆迁人就可以依据细则和法律强制拆除房屋,同时按照评估价给予一个补偿——这里双方的谈判地位不是对等的。而这与诺斯(Douglass C. North)等人之前用合约来分析的政府行为不同,①政府在其中拥有绝对的强制力,可以推进土地征用的完成。

三、对判决的分析

虽然中国的法律为大陆法系,判决依据法条。但是,第一,针对法律没有规定的问题,各个地方的判决不同,因而产权真正的边界也就不一样。第二,对于法律规定模糊的地方,比如公共利益的界定,以及对于法律本身存在的缺漏的地方,比如房地分离,拆迁安置最终的执行往往取决于政府和民众之间力量的对抗,因而在不同的地区表现出来可能完全不一样。因此,我们有必要考察判决。看看土地产权最后的边界在哪里。产权的边界由法律规定到谈判,到裁决,到法院判决,到执行,最终的一步才能算是真正的边界。② 由于执行成本的存在,执行情况是产权最终的边界;但是由于材料有限,我们退而求其次,用法院的判决来代替。

我们选取法意网2012年12月6日之前所有上海的“房屋拆迁安置补偿合同纠纷”的判决,共1779个。除去撤诉的236个,拒不到庭、未交

---

① 周其仁老师在分析香港土地征用时也发现了这一点。

② 张五常认为产权是在法律的限定范围内的。拥有汽车并不一定就能超速,拥有土地并不一定就能转让、就能盖足够楼层的房子、并不一定就能交易——产权的边界是由法律确定的。但是法律确定了产权的边界,如果没有实施的能力,那么人们对某个物品所采取的行为就在法律之外,甚至可以直接侵犯产权。一个不恰当的例子:观察中国的红绿灯设置并不能了解过马路的规定。因此,只有法律的执行才能看出产权保护在实施过程中最终的边界。暑期班上,Douglas Baird教授用一个非常有趣的例子向大家展示了这个最终边界存在的地方。

费等按撤诉处理的12个，发回重审的12个，二审的22个，冻结财产与解除冻结的3个，各种理由驳回上诉的15个，一共有1479个有效判决。

对判决的考察中，我们发现绝大部分的判决都与拆迁细则规定的相符。谈判僵持不下的也出现了政府的裁决以及裁决之后的强制实施，而裁决和强制拆迁的威慑力使得拆迁安置协议更容易达成。而补偿的标准则是依据评估出来的"市场价"。但是在法律没有明确规定的地方，政府也表现出了强制力：如土地或房屋由多人共有，一个所有人与拆迁方签订协议，只要没有损害共有人利益则协议有效；如果没有拆迁许可证而先行签订协议或者拆迁，只要补偿符合细则规定，则协议同样有效；在没有裁决的情况下强制拆迁，只要事后补偿符合细则规定，拆迁同样可以追认为有效。

（一）绝大部分判决都与拆迁细则相符

由于出现的情况大部分都在细则规定的范围内，所以绝大部分判决与细则的规定相同。由此，也可以看出法律以及细则的逻辑——土地的产权边界是由政府的强制力所决定的。

在我们找到的案例中发现了以下几种情况：裁决，强制拆迁，强拆的威慑以及未经谈判的"市场价"。说明细则所规定的几种强制力的确在现实中发挥了作用。

1. 最重要的裁决：15个判决中，我们发现了政府的裁决。典型的有"上海W有限公司与杨甲全文"、"张德勇与上海市浦东新区土地资源储备中心、上海浦东新区城市建设动拆迁有限公司全文"等，房产所有者并不同意拆迁，在裁决做出、拆迁完成之后，也曾多次上访，最后上诉至法院，并被驳回。所谓的钉子户，最后还是难逃被拆除的命运。

2. 强制拆迁：在14个判决中我们发现了强制拆迁。如果当事人迟迟不与用地单位达成协议，那么就可以申请裁决和强制拆迁。典型的如"范某、侯某与某公司全文"，裁决之后房屋所有者一直不服，导致无法达成协议，最后法院强制执行。而比较激进的如"沈娟芳与上海嘉城兆业房地产有限公司全文"："2002年6月8日，原告尚在与佘山度假区协商动迁安置协议之时，被告竟于凌晨突然动用大型机械、几十名民工对原告住宅几百平方米的建筑物、家具家电、生活所有器具进行毁灭性摧毁,并推入河道掩埋填土。”①

在强制执行之前,也有各种方法强迫签约,从而利于执行。“张某与上海金桥(集团)有限公司全文”中,被拆迁人在综合考虑拆迁人的业绩之后,认为对方无房屋安置,拒绝搬迁,拆迁人发出通知“2002年4月30日就要断水、断电,被告强迫原告签约”;“李德弟、潘秀芳、李卫、蔡建与上海轨道交通十一号线南段发展有限公司、上海周康拆迁有限公司全文”中,被拆迁人认为拆迁人利用社会闲散人员威逼利诱,强迫其签订协议。②

因为并不是所有的裁决和强制拆迁都会最终走上法庭,所以这里看到的只是冰山一角。但是,从中可以看到法律和细则的重要影响。

3. 强拆的威慑:最终裁决和强制执行的存在还有另一个影响,它们影响了谈判过程。拆迁人与被拆迁人签订合同时,很多房屋所有者(被拆迁人)对房屋的要价高于拆迁人的出价,谈判过程往往进行不下去。但是因为有拆迁裁决的威胁存在,很多人就会选择妥协,最终签订一个补偿合约。一个合理的推测是,这个合约规定的房屋拆迁安置的价格应该低于房屋所有者最初的要价。

在“陆甲与上海市土地储备中心、上海市杨浦区土地发展中心全文”③“张某与上海某储备中心、上海某动迁公司全文”④“余某与上海某有限公司全文”⑤中,以及“殷某某与某工程建设处、某拆迁服务有限公司全

---

① 从房地产公司的了解中,作者发现这是很正常的手段。而且一般都会各方协调,要求当事人工作的公司那几天不派当事人执行风险比较高的工作——如开车,在特定时间将其支开等,保证强拆的顺利执行。

② 而这些手段,早已经是公开的秘密。但是还没有具体的统计实例作为证据。

③ “该裁决生效后,上海市杨浦区人民政府于2008年11月17日向陆甲和原审第三人发出房屋拆迁强制执行通知书。2009年3月18日……签订《上海市城市居住房屋拆迁补偿安置协议》。”

④ “双方因无法达成协议经过了行政裁决,裁决后又进行协商才达成了现在的安置方案,现方案比原裁决的安置方案更优惠,协议双方均已履行完毕。”

⑤ “因与原告户无法达成协议,被告向原上海市卢湾区房屋土地管理局申请裁决,该局作出裁决后,原告户与被告于2008年5月6日达成了包括本案被诉协议在内的四份协议。”

文”“陈某与上海某置业发展有限公司、上海某企业(集团)动拆迁置业有限公司全文”“张某与上海世博土地储备中心全文”“沈某某与上海市浦东新区高行镇人民政府、上海千众房屋动拆迁有限公司全文”等判决中,均出现过以上情况。

而强拆威胁的另一个作用是,如果进入裁决以及强制执行程序,那么将没有安置补偿中的“速签奖励费”“过渡费”等。在拆迁安置中,补偿的费用明目很多,包括“速签奖励费(有时分为‘一次性签约奖’‘集体签约奖’)、搬家补助费、设备移装费、过渡费、居住困难户货币补贴款……”。速签奖励费是其中重要的一块,用于奖励某一期限之前签订协议的房产所有者,数额巨大,从几万元到几十万元不等。而如果强制拆迁的话,很多费用包括速签奖励费都没有。这对于被拆迁人来说是巨大的损失。所以,由于强拆的存在,被拆迁人预期房子最后还是会被拆除;但是随着时间的推移,被拆迁人的谈判地位会越来越受损。被拆迁人往往选择妥协;甚至即使家庭内部不统一,但是怕时间拖延损失各项费用,家庭某个成员也会出来与拆迁人签订协议。[①]

4. 市场价。拆迁安置补偿中,一个很重要的概念是“市场价”。拆迁补偿安置可以实行货币补偿,与货币补偿金额同等价值的产权房屋调换,以及以房屋建筑面积为基础在应安置面积内不结算差价的异地产权房屋调换。而这三种补偿的基础就是“货币补偿金额应当根据被拆除房屋的房地产市场评估单价和被拆除房屋的建筑面积确定”。货币补偿金额的计算公式为:(被拆除房屋的房地产市场单价 + 价格补贴) × 被拆除房屋的建筑面积。其中“被拆除房屋的房地产市场单价为房地产市场评估单价,房地产市场评估单价低于最低补偿单价标准的,按最低补偿单价标准计算。最低补偿单价标准,为被拆除房屋同区域已购公有居住房屋上市交易的平均市场单价”。“已购公有居住房屋上市交易的平均市场单价,由各区、县政府按其划定的区域范围定期公布。价格补贴标准,由市价格主管部门会同市建委、市房地资源局制

---

① 而在单方效率原则的影响下,哪怕该成员只是一人非法代表全家签订协议,只要安置协议没有损害其他人的利益,协议就是有效的。

定。”由于价格补贴标准由政府确定(一般为30%),最重要的指标就是市场平均价格和市场评估单价。

因此,细则中规定“本细则中涉及的居住房屋的房地产市场评估单价和非居住房屋的房地产市场价,由拆迁人委托具有市房地资源局核准的房屋拆迁估价资格的房地产估价机构评估……拆迁当事人对评估结果有争议的,一方当事人可以向上海市房地产估价师协会组织的房屋拆迁估价专家委员会申请鉴定。”因此,整套强制性措施的依据就是核准的市场价格。这个价格看起来非常合理,既保证了政府征地的顺利完成,又保证了被拆迁人的利益。但是其背后的逻辑很值得推敲。所谓市场价格,并不是一个确定的价格,而是市场中所有交易方进行讨价还价,确定出来的价格。由于个人偏好不同、商品有差异、价格歧视的存在,市场中的价格千差万别,同一商品的价格也可能差别很大。而对某一个商品,所谓的市场价,就是商品的买家和卖家谈判的结果——如果双方对该产品评价高,出价也高;如果评价低,出价也低。① 但很重要的是,偏好只有自己心里知道。② 也许一个房屋,对卖方有特殊的意义或特殊的效用,比如房屋的通风朝向对所有者的身体很好,报价就会很高;也许一个房屋,所有者急于出售,报价会很低。如果以一个第三方的评估为标准,而不以谈判方为标准,可能会出现巨大的偏差,从而损害被拆迁人的利益。③ 只有当事人自己知道房屋的价值,而一个评估的客观标准,则容易损害被拆迁人的利益,也就是偏离了真正的市场价格。④ 但是它却为政府的强制力提供了一个进入的通道,它给政府的强拆提供了最后的保证。有了这一个客观标准,政府的强制力就可以一马平川,进入拆迁安置领域,而不需要长时间的谈判。

---

① 当然,还有信息、敲竹竿等其他因素。

② 科斯认为,如果我们想要知道他的心理,出价是一个极好的办法。

③ “胡柳春与崇明县住宅建设公司全文”中,房屋所有者住进安置房后,发现安置房间距过窄,采光不够,但是当时又没有类似的鉴定标准,所以在原有的标准之内安置房是合理的,认为未损害当事人的利益。

④ 或者也有可能损害拆迁人的利益,这需要通过实证证明。我们需要知道政府部门或开发商得到土地的价格与市场价的差异,再证明是拆迁补偿高于(或低于)市场价的数量。两者相减,看看政府部门或者开发商是否受损。

(二)单方效率原则一

在暑期班 Omri Ben-Shahar 的课堂上,Omri 教授讲述了产权原则与效率原则。① 这两种方式都是为了使商品达到最高的价格。效率原则中,每个人都可以随时拿走物品,并给予更高的补偿。在拆迁安置中,只有政府和拆迁人单方面拥有这种权力,所以是单方效率原则:只要是按照“客观标准”达成协议,并没有“侵犯”当事人利益的,协议就是有效的,而无须通过跟产权当事人谈判或者签订协议。

在众多案例中,有许多判决是在法律规定之外的,那么此时法院的判决就成了产权最终的边界。其中重要的一类判决是:在土地产权所有者不明确的情况下,如何签订合约?如果双方签订了合约,合约是否有效?

这类案例总共有 97 个。其中,典型的是房屋由父母或者祖上所有,长辈过世之后,子女没有对遗产进行分割,因此产权并不明确,子女都属于房屋的共有产权人。此时,用地单位与其中的一方签订了合约,那么合约是否有效呢?在 97 个判决中,只有 7 个是判决合约无效。而这 7 个判决中,有 4 个是同一个法院判决,其中有 3 个是同一个人判决,1 个是 2010 年新的《上海市国有土地上房屋征收与补偿实施细则》下属于细则规定的范围,还有 2 个是因为签订协议时没有安置有产权但是没有加入协议的人,侵犯了他的利益。其他的 90 个都判决协议有效。而且,判决的逻辑基本相同:“协议约定的补偿安置内容未违反相应法律规定,也不影响其他未签约共有产权人享受拆迁安置补偿优惠政策,未侵犯共有产权人的实际利益,可以认定该安置协议有效。原告如果认为其为该房屋的共有产权人,可以另行主张要求分割该补偿款。”②

原本《上海市房屋租赁条例》(2000 年)规定,“第四十一条 (二)居住房屋承租人死亡的,其生前共同居住人可以继续履行租赁合同。公有

---

① 文献见于 Louis Kaplow and Steven Shavell, Property Rules versus Liability Rules: An Economic Analysis, Harvard Law Review, 1996(Feb.)。但 Omri Ben-Shahar 教授认为效率原则也需要经过当事人同意。

② 很多判决中都同时出现了类似的语言,甚至措词都是一致的,可能业内已经认同这种判决。

居住房屋承租人死亡的,其生前的共同居住人在该承租房屋处有本市常住户口的,可以继续履行租赁合同;其生前的共同居住人在该承租房屋处无本市常住户口或者其生前无共同居住人的,其生前有本市常住户口的配偶和直系亲属可以继续履行租赁合同……前款第(二)项规定中可以继续履行租赁合同者有多人的,应当协商确定承租人。协商一致的,出租人应当变更承租人;协商不一致的,由出租人在可以继续履行租赁合同者中确定承租人。"如果是公租房,那么政府有权在承租人中确定承租人,并与之签订协议,合法地拥有强制性。"张某某与沈某某、上海某某房地产有限公司、上海某某房地产动拆迁公司全文"中,在共有人达不成协议的情况下,被告是承租人的配偶,作为第一顺序人进行签约,虽然被告持有的是伪造签名的委托书,但法院判定协议有效。①

但如果是私房,则没有相应规定。但是在几乎所有的判决中,协议依然有效。即使没有其他产权共有人的委托书,甚至伪造了委托书,只要协议中将所有的产权人进行了安置,那么协议依然有效。

典型的如"李××与上海市市政工程管理处、李×运、李玉×、李春×、李×中全文"中被告私自在委托书上签名并私刻印章,因而委托书无效,但是因为协议仍然将共有产权人都作为安置对象,法院认为没有侵害共有产权人利益,因而协议有效。② "遂顾某与上海某开发公司、

---

① "由按照上海市房屋租赁条例的规定可以继续承租该公房的同住人签订补偿安置协议,同住人有多人的,应协商确定签订补偿安置协议的代表,协商达不成一致的,按照顺序确定签约人。本案的被拆迁房屋原承租人胡某某已死亡,该房屋的同住人未达成一致意见推举签约代表,被告沈某某系被拆迁房屋原承租人之配偶作为签约人符合上海市城市房屋拆迁管理实施细则和上海市房屋租赁条例有关规定精神,虽然被告沈某某持有非原告本人签名的委托书进行签约,但不能否定该系争协议的有效性。原告可以通过其他的民事诉讼途径解决其与签约人的纷争。"

② "至于委托书,因被告李×运明确表示委托书中李××的签名系李×运所签,李××的印章系李×运所刻,而李××未予认可这一签名与印章,同时李×中明确表示委托书中李玉×的签名系李×中所签,李玉×的印章系李×中所刻,而李玉×未予认可这一签名与印章,故本院对委托书不予采信。但是,被告市政管理处与被告李×运签订的安置协议虽未征得共有产权人李××、李玉×的同意,在协议的签约主体上遗漏了共有产权人李××、李玉×,然而安置协议内容上仍然将其作为安置补偿对象,且协议约定的补偿安置内容未违反相应法律规定,也不影响未签约共有产权人享受拆迁安置补偿优惠政策,可以认定该安置协议有效,原告要求撤销安置协议的诉讼请求,本院不予支持。"

上海某拆迁公司、王某全文”中提供虚假委托书，法院认为补偿时未损害共有产权人利益，因而协议有效。① 或者判词只是简单地写“故委托书尽管有瑕疵，但并不影响协议有效成立”。②

但有意思的是，有了这样的判决作为先例，拆迁安置过程中就出现在拆迁安置协议签订过程中，如果房产所有人家属达不成一致，导致协议迟迟不能签订时，除了用裁决进行威胁之外，还可以直接找一个房产共有人签订协议，并且给其他人代签（或者伪造一个委托书），安置时以同一标准安置所有的人。如果被告上法庭，就可以确认协议有效。在“居某甲、吴某与上海某有限公司、居某乙全文”中，“始终未能协商确定房屋拆迁补偿安置协议的签订代表，原告等人更提出其曾向动迁组告知要求亲自到场解决补偿安置事宜而不授权委托任何人。在同住人始终无法协商确定签约人的情况下，被告某公司考虑到被告居某乙系原承租人之子又是系争房屋的户籍户主，且该房屋由居某乙一家三口实际居住的情况，以居某乙为签约人并与其签订了被诉的房屋拆迁补偿安置协议，该协议是签约双方真实意思表示，协议根据被拆迁房屋情况所约定的补偿安置内容和方式符合相关拆迁法律法规及政策条件，更在拆迁规定的范围之外将两原告的丈夫核入作为安置人口，又在大病补助、优惠减免和一次性补偿等诸多方面给予了相应的照顾，充分

① “本案涉诉的《补偿安置协议》及《补充协议》，存在签约方擅自将被拆迁房屋的建筑面积分割后进行安置，未征得全部共有人同意；顾伟林冒用顾某签名、虚假提供顾某的《授权委托书》，导致拆迁人将顾伟林作为顾某的委托代理人，并与之签订《补偿安置协议》的事实。但是从该基地有关补偿标准及该房屋《补偿安置协议》、《补充协议》之补偿金额，结合上海某开发公司与王某、顾伟林签订的《补偿安置协议》、《补充协议》所得安置款的客观情况来看，上海某开发公司对陕西南路550弄55号房屋中共有产权人之一王建福名下份额实际补偿款总数已超原房屋评估价为标准的应安置补偿款。有鉴于此，协议约定的补偿事项并未损害顾某的经济利益……故协议中所确定的权利应当归被拆迁房屋的权利人和应安置人共有。至于顾某和王某、王某等人对拆迁补偿款的占有份额，应通过其他途径予以解决。”

“陆×林、陆×高、陆×巧、陆×珍与上海瑞虹新城有限公司、上海中虹（集团）动拆迁实业有限公司、陆××全文”“秦甲与秦乙、上海华运房地产开发有限公司、上海中盛房屋动迁有限责任公司全文”也是非常典型的效率原则。

② “范福贞与范福华、上海市虹口区建设和交通委员会、上海新虹动拆迁有限公司全文”“居、吴与居、上海乐复房地产有限公司全文”。

保障了原、被告、第三人等同住人的被补偿安置权利,协议中将两套选购房屋的产权明确为居某乙、殷某和居某乙,所有也符合其一家三口的人员结构和实际居住房屋的状况,未违反房屋拆迁的相关禁止性规定,故该协议应为有效”。

可见,签订的协议只要是按照了一个“客观标准”就可以认为没有损害其中一方的利益。

(三)单方效率原则二

如果拆迁人没有拆迁许可证,并提前签订了协议,那么协议是否有效?

如果签订拆迁安置协议时,双方都知晓没有拆迁许可证,那么签订协议的双方都是平等的民事主体。但是他们的协议等于是在法律规定的框架之外进行房屋和土地的交易。如果一栋房子所有人都与另一个公司签订拆迁安置协议,那么等于这栋房子所有的住户一起将房子卖给公司,并由其在该土地上开发。而土地是属于国家所有,没有经过招投标的过程,因而是违法的。①

但是,在判决中,此类协议是合法有效的。“李某与上海松江工业区某开发建设有限公司全文”中,被告签订协议时并未取得拆迁许可证,法院认为协议是依法成立的合同,受法律保护,因而协议有效。②而上海市青浦区人民政府、上海青浦工业园区房屋动拆迁有限公司则被集体告上法庭。以“朱甲与上海市青浦区人民政府、上海青浦工业园区房屋动拆迁有限公司全文”为例,判决认为:“本案中,因指挥部不具有拆迁许可证,故其与朱甲签订的拆迁安置补偿协议应认定是平等

① 一个可能的原因是,交易双方一起窃取了土地的收益。因为土地的使用是有管制的,当开发商变换土地用途时,或者重新开发改变使用权的年限时,可以获得土地的增值收益。而如果仅仅按照“市场价”对房产所有者进行补偿,商家将获得变更土地使用权带来的收益。而如果是以高于“市场价”的价格对房产所有者进行补偿,则双方一起瓜分土地的收益。

② “依法成立的合同受法律保护,对当事人双方具有同等约束力。原、被告之间作为平等的民事主体,所签订的《房屋拆迁安置协议》系双方当事人真实意思的表示,现原告在双方已履行完该协议、系争房屋已被拆除之后,再以被告在动迁时未取得拆迁许可证为由主张拆迁协议无效,缺乏依据。”

主体间签订的民事协议,本案为民事合同纠纷案件,指挥部是否具备拆迁许可证并不影响本案民事合同的效力。”

这些协议有效的一个原因是后来公司都补上了拆迁许可证。在协议签订时,这种行为应属违法。一个合理的推测就是,为了推进建设的顺利进行,同时按照“客观标准”没有损害被拆迁人的利益,所以所有这类判决都判定合同是有效的。

如果签订拆迁安置协议时,被拆迁方并不知晓对方没有拆迁许可证,而仅仅是被告知有拆迁许可证就签订了协议,那么此合同不仅仅是违法,还存在欺诈的行为。但是同样,判决都判定合同是合法有效的。典型的如“何甲与上海A房地产开发有限公司全文”中,被告在协议中声明已经取得拆迁许可证(事实上没有),让原告在协议上签字。但法院在认为补偿并未损害原告的利益后,判定协议有效。[①] 这里同样关键的一点是,协议没有损害被拆迁人的合法财产利益,即依然是按照“客观标准”进行补偿的。这与单方效率原则一所述的逻辑是一样的。

(四)单方效率原则三

与前两条单方效率原则逻辑一致,即按照客观标准补偿,则有效,单方效率原则三是更加激烈的是“对行为的追认”。

在没有裁决或者获得强制执行的许可的情况下,强制拆除房产,之后按细则规定的“标准”进行补偿即可。如“刘嗣钰、刘嗣、刘嗣镐等与海市黄浦区绿化管理局全文”中,黄浦区绿化管理局未经产权人同意就强拆其房屋,事后被告上法庭,也只需要按照细则规定的标准赔偿就可以。“毛甲、邱某某、毛乙、张某、毛丙等与上海宝祥置业有限公司、上海永大房地产开发经营有限公司、上海新虹口市政建设有限公司全

---

① “被告在该协议中声称已取得了拆迁原告住房的房屋拆迁许可证,致使原告受骗并在该协议上签字,但经调查,原告于××××年×月知道被告于××××年×月×日才取得合格的法人资格……原告作为具备完全民事行为能力的当事人,理应对系争协议约定的相关权利义务内容深思熟虑并知晓签约的法律后果,对自己的签约行为亦应承担相应的法律责任。因此,系争协议体现了双方的真实意思表示……系争协议也未损害原告的合法财产权益,故系争协议合法有效,应受法律保护。原告主张撤销系争协议的诉请,本院依法不予支持。”

文”中毛甲等人申请了裁决,但是没等行政裁决做出,拆迁人就擅自强拆,而且事后一直没有行政裁决。虽然法院认为拆迁人属侵权行为,但是最终按照拆迁安置补偿,并加以一定的赔偿款作为赔偿。而“卞甲与上海中虹(集团)有限公司、上海中虹(集团)动拆迁实业有限公司全文”中,“因中虹公司与卞甲等共有人达不成补偿安置协议,中虹公司遂对卞家宅某号房屋进行了财产保全公证,并予以拆除”。事后同样只要按照标准进行赔偿,那么协议、安置依然是有效的。“李秀芬、李婉存、张国华等与上海共安置业有限公司、上海众立房地产开发有限公司全文”中“李秀芬户在办理安置房进户手续时,得知该安置房已被其他房产公司出售,未能进户。之后,双方又多次协商变更安置房源,因故未成。……现共安公司、众立公司要求变更安置房源,且提供的车站新村的房源,在面积上、地段上均优于原协议中的安置房源,并无不妥,可予准许”。变更方案之后,只要认为赔偿优于原有标准,协议依然有效。可以先把房子强拆,然后按照客观标准给予补偿,那么行为是被允许的。类似于先把东西抢走,只要之后按照一个客观标准“市场价”进行赔偿,那么依然是合法的。

一个推测是:一切的判决都是向着能推进拆迁的方向发展,只要是有利于推进经济建设的,那么可以牺牲权利。

四、强制系统背后的逻辑分析

从前面的分析来看,征用土地是一套完整的强制性系统。从立法、政策的出台,到实施,到法院的裁决与执行,看起来都浑然一体。那么这套完整的系统背后是什么逻辑呢?为什么高层①会设计出一套这样的系统?还是这并非政府的刻意设计和安排,而是社会长期筛选的结果,背后有其逻辑必然性?

---

① 包括中央和上海政府。因为中国地方政府虽然分权,很大程度上只是执行中央的意志。

(一)土地开发的逻辑

以房屋为例,产权是70年,现土地被征用,用于建造其他设施。原先房屋所有者拥有房产、在这块土地上的居住权利,这只是使用权中的一种,他们本身不具有开发的权利。这里有两笔交易:拆迁人和房产所有者;拆迁人和政府。拆迁人从房产所有者手中购买房产和土地上的居住权,拆迁人从政府手中购买土地开发权。[①] 出资的土地开发者——他们用资金和异地的土地上的居住权、房产换得拆迁处的土地上的居住权、房产,房产所有者得到了安置——他们以房产和附属的土地上的居住权换得资金或者新的房产和土地上的居住权,政府用土地开发权换得土地出让金。对于开发商来说,由于投资市场是完全竞争的,土地的招投标也是完全竞争的,所以开发商在拆迁安置中,获得的是经济利润;而政府对土地开发权有垄断的权力,政府在招投标中能获得土地开发权的垄断租金。对于房产所有者,假设对房产所有者的补偿和房产的价格(包括土地居住权)是等值的,那么他们获得了房产的市场价格[②]。如果补偿高于房产价格[③],由于开发商在竞争中获得的利

---

① 在拆迁安置中,如果是货币安置,则是拆迁人从房屋所有者中以评估的市场价从房产所有者手中购买了房产、附属的土地上的居住权;如果是以房产作为安置,则是用安置处的另一套或几套房产和附属的土地上的居住权来换取拆迁处的房产和土地上的居住权;并且以招标的方式从政府手中获得了开发土地的权利。

② 由于价格的分布差别很大,这里所说的市场价格是统计意义上的一个市场价格,如果补偿偏离市场价格的均值在正常的范围之内,我们就说补偿是与市场价格等值的。

③ 以上分析虽然可以用模型精确化,但是在没有市场之前,只能是一个假设。但是我们可以用一些常识来进行简单的推测。在一部分地方,比如上海、浙江、江苏、福建一些富裕的地区,人们都欢迎动迁,因为一旦动迁就可以获得高额的收益。从他们的反应推测,给予房产所有者的补偿应该要高于房产的市场价(在市场上出售的价格)。另外,如果政府或者相关部门评估的市场价没有偏离房产的价格很多(评估程序是双方都可以知晓的),那么加上速迁奖励费(从几万元到几十万元不等,一般金额比较高)等,也可以推测出给予房产所有者的补偿也要高于房屋市场价。那么这部分钱从哪里来?开发商在投资市场上是完全竞争的均衡时,他们获得了经济利润。因此,如果说房产所有者的补偿高于市场价,就是政府在招投标时给予开发商一个过低的价,然后又通过开发商补偿给房产所有者,相当于政府用一部分出让土地使用权的垄断利润补偿房产所有者。这种补偿的一个好处就是,它保证了拆迁安置过程的顺利进行。相当于政府转让一种界定出来的权力——土地开发权,获得高额租金,并用这种租金的一部分补偿房产所有者来保证拆迁安置的顺利进行。这样,政府、房产所有者、开发商实现了三赢。

润是经济利润,那么实际上是政府用一部分垄断租金来补偿房产所有者的拆迁;如果补偿低于房产价格,那么政府不仅获得了土地开发权的垄断租金,还用法律政策在谈判中窃取了房产所有者的一部分收益。政府交易过程中,房产和附属的土地上的居住权是原先就存在的。而土地开发权则是原先在市场上并不存在的一种权利,政府出让土地开发权,实际上是驱赶这种原先并不存在的要素进入市场,由此获得了这种要素的巨额租金。这既带来了巨额财政收入,也通过把这种要素带入市场,诱使开发商的资金进入市场,带来巨额投资。这实际上是将土地开发这一市场激活,提高了GDP。

(二)征地的逻辑

国有土地才能进入市场进行流转,不管是城市土地还是集体土地都只有经过政府才能进行流转。土地上的房产所有者没有土地的所有权,也没有出让土地开发权的权利。按照一般的程序,城市国有土地流转需要政府先期规划才可以招标,继而拆迁、开发,这等于土地以市场价格为基础的调节机制并不存在。[①] 在这种情况下,政府的规划和流转出来的土地就是所有的土地供给,而政府也就成为土地的唯一供给方。[②] 政府作为土地的唯一供给方,拥有开关闸门的能力:在市场需求旺盛的情况下——由于中国土地稀缺,城市土地几乎任何时候都是需求旺盛的——政府供给土地就会有后续的招标、拆迁、开发等巨大的商业行为,经济也就能够快速增长;由此政府也获得了调节经济增长的巨大能力。但是政府土地供给要完成,需要政府有强制征地的能力。只有拥有了这个能力,政府规划之后才能从民间顺利地征得土地,继而将它投放到市场,即虽然政府有控制闸门的能力,但是只有拥有了强制征地的能力,水池里才能有水。所以这一整套系统的一个优点就是政府作为土地的唯一供给方,拥有了调节经济的巨大能力。

---

① 但是价格仍然会对政府行为产生影响。价格高时,政府更有卖地的冲动。但是政府部门是多目标的,并不是唯一的以利润为基础,因而他们的约束条件更多。

② 与土地所有权归属私人不同的是,政府作为土地供给方实际上取代了市场中无数细微的土地产权所有者的作用。

但是中国政府的管理模式是行政集权和财政分权。地方政府在财政上与中央分成,拥有相对独立的财政能力。其中土地出让的收入作为预算外收入,归属地方所有。前述法律政策也规定,县级及以上政府拥有拆迁安置的权利,即拥有征用土地的权力。而地方政府是有自己独立的利益的。[①] 因此,地方政府时时有获得土地财政、发展本地经济的冲动。土地出让的收入构成了土地财政的来源;而经济发展指标则成为官员晋升最主要的基础。因此,地方政府时时有突破中央规定、出让土地的冲动。[②] 另外,地方政府虽然获得了调节经济的巨大能力,但是中国地方政府官员的任期是5年一任,而且一般不超过两届。这样地方政府官员就有追求短期经济利益的冲动,在任期之内更多地出让土地,开工建设,[③]甚至不惜涸泽而渔。这会成为经济增长的一个巨大动力,却也会成为损害长期经济增长的隐患。

(三)直通经济增长

20世纪80年代一批中国学者赴日本考察,日本的经济界和政界人士在向中国学者介绍日本的土地制度时,讲到了日本很多土地所有者宁可将农田抛荒,房屋每年回去住一个月,也不愿意出售,阻碍了工业的发展——不禁感叹土地私有制是日本经济发展的毒瘤;而中国政府高层在设计土地框架、制定法律时,也考虑到了类似的情况。在许崇德先生所著的《中华人民共和国宪法史》[④]中记载了1982年修宪时,城市土地是如何被划为国有所有的。其出发点是国家工业化大规模展开与农民土地之间的“扯皮”。但是宣布所有土地国有化的震动太大,权衡之下,“先把城市定了”,城市土地属于国家所有。同时支持《土地征

① 周黎安:《转型中的地方政府——官员激励与治理》,格致出版社·上海人民出版社2008年版。

② 江苏铁本事件是一个典型的案例。

③ 一个典型的例子就是《华尔街日报》报道的“武汉3000个项目同时开工”。

④ 思路来源于周其仁:《城乡中国27:城市土地国有是全盘土地国有第一步》。

用条例》用渐进的办法实现土地国有。[①] 这是在权利和经济发展之间的权衡取舍。如果没有强制执行,中间的谈判可能是一个十分困难的过程。“台北市中心相当破旧,据说已经动员拆迁20年,仍然因为有不动产主索价过高而无法谈成拆迁协议。高雄到台北高速铁路,因为征地困难,不得不绕走偏远山区。日本成田机场因为居民不愿搬走,僵持几十年,造成的经济损失可能要以百亿美元计。”[②]而这套强制征地的系统保证了重大项目的建设、经济开发区的完成,进而保证了经济增长。在这一千多个判决中,涉及的重大项目有“虹桥枢纽”、“临港新城”、“世博拆迁”、“地铁项目”、“大学建设”等。套系统的存在,保证了这些项目的顺利完成。

张鹏飞[③]证明了在追求“赶超战略”的发展中国家要素禀赋中资本相对稀缺,或者这个国家政府追求的“赶超程度”非常大时,国家就会使用干预的政策:压低要素价格、计划配置资源、剥夺企业微观自主权等。因此,这套强制征用的系统很可能来源于后发国家的“赶超战

① 几个委员的发言比较有代表性:方毅:“国家企业、事业要发展,要用地,而土地有限,郊区和农村土地归集体所有,变成他们向国家敲竹杠、发洋财的手段。一亩地索要上万元,靠卖地生产队可以安排社员一辈子、三辈子都过好日子,不需要劳动了。草案虽然规定‘任何单位和个人不得买卖’,但他可以变相卖地,提出交换条件,如给他办工厂,招收农民当工人,包养到死。矛盾发展到武斗,你盖他就拆。科学院盖房用地,付了三次钱,国家财政开支就成了无底洞。现在国家征地比登天还难。而农民自己盖房,却大量占用好地。郊区农民自盖旅馆的很多,有的大队不种地,单靠出租旅馆赚大钱。这样下去,富了农民,穷了全民,矛盾越来越尖锐。我国矿藏发现较少,发现了要开采就与农民发生矛盾,要花很大的代价,限制了国家的发展。因此,建议土地一律归国家所有,集体只有使用权”。钱昌照:“我国人口太多,污染严重,要建卫星城,要开发资源,要建港口,现在规定了土地是集体所有,将来就会扯皮。建议写明:届时国有。”胡子婴:“国家挖矿藏,都在草地下面,胜利油田、迁安铁矿,挖掉一棵树就要给农民1000元。那不行。还要求把它们全部老少都包养到老。胜利油田给农民盖了房子,安了灯,每年还闹个没完。社会主义国家土地应该国有,使用权可以固定,以利于乡村建设。”彭真:“你要用地,他1亩地要你30万(荣毅仁插话:要100万)!”

② 贺雪峰:《地权的逻辑——中国农村土地制度向何处去》,中国政法大学出版社2010年版。

③ 张鹏飞:“发展中国家政府干预的制度结构”,载《世界经济》2011年第11期。

略"[1],为此,放弃了权利的保护。

但是一个问题是:更长远地看,这一强制性系统是否阻碍了经济发展? Acemoglu[2] 认为一般而言,通过掠夺性制度快速推动经济发展,可以维持一段时间,但是这些国家如果没有及时实现转型,那么经济增长将会停滞。杨小凯等人[3]与林毅夫[4]的争论或许更能启发思考:林毅夫认为先进行经济领域的改革,等到条件成熟再逐步实行政治体制等的改革比较可行;而杨小凯认为如果先进行经济领域改革,而不进行宪政改革,那么会形成利益集团,从而阻碍政治改革和发展,因此先进行宪政改革长远来看是有利的。

五、结论及研究展望

本文通过分析与土地征用相关的国家法律、上海市的实施细则和地方性法规,发现了中国土地征用中有一套完整的强制性程序:国家为了公共利益[5]可以强制征用土地,既包括收回土地使用权并征用房产,也包括征用集体用地;在政府部门或开发商得到批准取得拆迁许可证之前,房产所有者可以不知晓;而一旦确定需要拆迁,如果能够签订安置协议的则安置,如果不能达成协议的,拆迁部门可以申请政府裁决,裁决之后就可以强制拆迁。而补偿则是基于第三方评估的"市场价",

---

① 林毅夫、蔡昉、李周:《大国的奇迹:发展战略与经济改革》,格致出版社·上海三联书店·上海人民出版社 1999 年版。

② Acemoglu Daron, James A. Robinson, Is State Capitalism Winning?, http://www.project-syndicate. org/commentary/why-china-s-growth-model-will-fail-by-daron-acemoglu-and-james-a-robinson.

③ Jeffrey Sachs 胡永泰、杨小凯:"经济改革和宪政转轨",载《经济学》2003 年第 7 期;杨小凯:"经济改革和宪政转轨:回应",载《经济学》2003 年第 7 期。

④ 林毅夫:"后发优势与后发劣势——与杨小凯教授商榷",载《经济学》2003 年第 7 期。

⑤ 实际上中国的公共利益界定是很不清楚的。城市化扩张、经济开发区建设、老城区改造也可以定义为公共利益,这需要另一篇文章详细考察现实中是如何操作的。

而并非双方谈判的结果。另外,通过分析法意网公布的上海市“房屋拆迁安置补偿合同纠纷”的1779个判决,本文发现法院对土地征用的判决不仅体现了上述强制性程序;在法律、政策没有规定的地方,政府强制征地的原则依然存在,本文称之为单方效率原则。如土地或房屋由多人共有,一个所有人与拆迁方签订协议,只要没有损害共有人利益,则协议有效;如果没有拆迁许可证而先行签订协议或者拆迁,只要补偿符合细则规定,则协议同样有效;在没有裁决的情况下强制拆迁,只要事后补偿符合细则规定,拆迁同样可以追认为有效。综合来说这是一套完整的系统,能够保证国家征地、拆迁能够顺利完成。

我们暂时还无法评判这套系统的好坏。这套系统使国家能够快速推进经济建设,有利于后发国家实施“赶超战略”;但是它也使中国地方政府官员在任期比较短的条件下,为了追求短期政绩和财政收入,过度开发,补偿不足,损害民众的利益。

我们在考察香港、台湾地区以及日本和美国纽约州的征地法律时发现,香港地区征地程序中强制性并不弱于大陆地区,而我国台湾地区、日本则是以调节为主,没有最后的裁决和强制实施,但日本对公共利益是有非常详细的界定的。但是实施过程到底怎么样,调节的结果如何,还需要进一步考察。介于各国和地区的差异,我们有必要详细考察世界各国、各地区的征地法律、法院判决和其他的实施情况,以发现其中的强制性因素,再看看它们对基础设施建设、长期经济增长等有没有影响。这样可以更加清晰地看到强制征地的优劣性。

其次,各个国家和地区不管征地过程中强制性如何,无一例外都规定为了公共利益需要可以强制征地。那么首先公共利益的界定就是一个重要问题,界定的范围越宽就表示国家的强制力越强。但是单纯从法律上很难看出规定模糊的公共利益,同样,我们需要考察各国和地区的实施情况。其次各国、地区为什么要让渡一部分强制的权力给政府?这是可以伤害它们自己的权力,而且有些国家、地区在没有集体行动①

① 巴泽尔(Barzel)在A Theory of The State中认为国家的成功有赖于国家拥有权力保护产权和合约的执行,但是需要集体行动的机制——比如议会——来限制国家的权力。

来限制政府之前就已经让渡了这部分权力。是奥尔森所说的公共物品的提供中为了防止搭便车,强制性是不可或缺的,还是在奥斯特罗姆考察了公共品提供的案例后,认为强制性只是其中的一种选择而已?抑或是科斯在“企业的性质”(the Nature of the Firm)中认为的用一个合约代替一系列合约,从而节省了交易成本?这需要一个国家一个国家地去考察,从而看看他们背后的逻辑。①

① 这个思考方法来自于科斯的指导。

《法律和社会科学》(2013)
第12卷,第48~71页

法律教育与法律决策的内在一致性
——基于实验的研究

刘 庄 冯 时 *

摘要:已有研究发现,人们作出与法律相关的决策时,存在系统性背离内在一致性的现象。这些研究着眼于英美法系国家的实践,围绕与陪审团相关的法律决策展开。本文关注的问题更进一步,也更为本土化:经受法律教育的人,在法律决策中是否也出现这种现象?研究采用两个心理实验,分析五大组共769名受试者。基本发现是:受过法律教育的人在进行法律决策时也会出现折中效应、对比效应等系统性的背离内在一致性的现象。这种现象根植于人的理性局限,与年龄、学历、教育背景等因素联系较弱。这些发现对特定的法律现象(如公众舆论与审判的关系)有较强解释力,在一定意义上,也向律师提供了改进辩护策略的建议。更重要的是,从根本上质疑了现有法律决策公正("同等情况,同等对待")的可能性——如果不改进法律决策过程,人的理性局限将很可能导致不公正。

---

* 刘庄为北京大学法学院博士研究生、芝加哥大学法律科学博士候选人,电子信箱:lfjohnliu@ gmail. com;冯时为北京大学国家发展研究院博士研究生。

不论人们如何定义理性[①],“内在一致性”都是这一概念的基本方面。[②] 内在一致性在其最弱的形式指:当决策者(decision maker)作出选择时,任意两个选项的排序(即偏好的顺序)不因其他选项的增加或减少而改变。[③] 举例而言,一个喜欢苹果多于香蕉的人,并不因荔枝也加入可选项的集合中,就变为喜爱香蕉大于苹果了。这符合常识。不过,这种看似浅白而合理的对理性的假设有时候并不那么真切。以往的研究发现,现实生活中人们的决策行为并不总是符合内在一致性的要求。比如,经济学和心理学的研究发现了消费者选择中背离内在一致性的行为,并将其总结为“情境依赖”现象[④]。在法学领域,20 世纪 90 年代,法律学者卡尔曼,心理学家罗藤斯里奇、特沃斯基(以下简称

---

① 对理性的规范性的和实证性的研究,是行为科学(包括经济学和心理学)的一个重要课题。主流的新古典经济学的整个理论大厦都建立在理性人(rational agent)假设上。20 世纪 50 年代后,这一假设受到了各种批评和修正,如西蒙(Herbert Simon)以及卡尼曼(Daniel Kahneman)和特沃斯基(Amos Tversky)的研究。一个很好的综述,见卡尼曼获诺贝尔经济学奖后在《美国经济评论》上的回顾性文章。See Daniel Kahneman, Maps of Bounded Rationality: Psychology for Behavioral Economics. The American Economic Review, Vol. 93, No. 5 (Dec., 2003), pp. 1449 - 1475. 当然,本文探讨的理性,是指工具意义上的理性,也就是作为经济学前提假设的理性。本文不讨论哲学意义上“使人之所以成为人”的理性。在后一传统中,如亚里士多德所述,“人的功能就是灵魂合乎理性的实现活动”。

② 这是作为新古典经济学基础的萨缪尔森的显示性偏好弱公理(Revealed Preference Theory)中的隐含假设。Paul Samuelson, A Note on the Pure Theory of Consumers' Behaviour, Economica, 5, pp. 61 - 71. 社会选择学派的理论中也普遍承认这一假设,如 Kennedy Arrow, Social Choice and Individual Values. New York: Wiley, 1963, 2nd edition。对理性假设内涵批评最深刻的森,实际上也承认这是理性的最基本方面。参见阿玛蒂亚·森:《理性与自由》,李风华译,中国人民大学出版社 2002 年版,第 117 ~ 123 页。Amartya Sen, Internal Consistency of Choice, Econometrica, Vol. 61, No. 3 (May, 1993), pp. 495 - 521. 显然,这一假设也在最低限度上符合常识:颠三倒四、前后不一的行为,无论如何也不能称之为理性。

③ 其前提有二:第一,人意图通过决策实现的目的未变;第二,选项间是独立的,或者说,选项的变动不给原有的选项带来新的信息。下文的实验分析中,将结合森的学说进行详细讨论。

④ “情境依赖”是一类现象的总和,包括“折中效应”“反极端选择效应”“对比效应”“替代效应”等。行为科学中已经出现了对其进行模型化的尝试,见 Amos Tversky and Itamar Simonson, Context-Dependent Preferences, Management Science, Vol. 39, No. 10 (Oct., 1993), pp. 1179 - 1189。

"KRT")尝试证明:人们作出法律决策[①]时也出现了系统性的情境依赖现象,背离了内在一致性的要求。[②]

这种背离给法律实践带来重要问题。一方面,与消费者选择不一定具有明确目的的情形不同(试想:对多数人而言,吃苹果或吃香蕉其实两可),立法者为法律制定了既定的目的,或者希望通过法律实现一定的社会功能。而作出法律决策的人(尤其是法官),如果不能保持内在判断的一致性,会使得法律决策不时地、不自觉地偏离立法目的。[③] 另一方面,与前者相关的,法律的原则要求"同等情况,同等对待"[④]——这也正是内在一致性的要求。如果作出法律决策的人违背这一要求,法律的这一基本正义原则将在实践中受到冲击。重要的是,这种冲击根植于人的理性缺陷,是系统性的和不易被发现的。

不过,回顾KRT的研究,其仍存在一些未尽事宜。更重要的是,KRT的研究对象是未经法律教育和训练的学生。而在实际生活中,特别是在包括中国的大陆法系国家的实践中[⑤],作出法律决策的一般是经过多年法律教育的法官、律师和其他从业者。我的问题是,法律教育

---

① 本文的法律决策,指与法律直接相关的,或能让人即刻联想到的法律决策。可以把法官的判案、仲裁员的仲裁、律师辩护策略的选择都纳入到这一概念中。实际上,这并不是一个清晰地界定。但是很可惜,心理学中也没有对此清晰的界定。比如,根据一般的分类方法,与法律相关的选择,是属于直觉判断(intuitive)还是推理判断(reasoning)?(这一分类,参见Daniel Gilbert, Inferential Correction, in Thomas Gilovich, Dale Griffin, and Daniel Kahneman, eds., Heuristics and Biases: The psychology of intuitive thought. New York: Cambridge University Press, 2002, pp. 167 – 184。)不过,这一简单界定足以使我们讨论本文的问题了。

② See Mark Kelman, Yuval Rottenstreich & Amos Tversky, Context-Dependence in Legal Decision Making. The Journal of Legal Studies, 25(2), p.287. (1996).

③ 同上,第296页。

④ 这一原则被我国的宪法和刑法确认,《宪法》第33条规定:"中华人民共和国公民在法律面前一律平等。"《刑法》第4条规定:"对任何人犯罪,在适用法律上一律平等。"对这一原则的重要性和基础性,似乎不必加以赘述。

⑤ 在英美法系中,未经法律教育的人常常需要作出与法律相关的选择。比如,由未经法律教育者组成的陪审团需要经常对罪行的轻重作出判断。但在大陆法系国家,比如中国,作出法律决策和判断的一般是经过法律教育的人。

是否使人们在法律决策中表现出更多的内在一致性和理性、更少的情境依赖呢？为了对此进行探讨，我以心理实验的方式研究了769名受试者。

本文第一部分进行研究综述，介绍消费者行为和法律决策中的背离内在一致性的现象；第二部分介绍本文实验方法；第三部分和第四部分介绍五个组别的实验结果和结论；第五部分探讨实验结果和结论对现有理论和实践的可能影响。

一、情境依赖：消费者选择和法律决策中的背离内在一致性现象

实证研究发现了消费者选择中几种背离内在一致性的现象。这些现象可以用"选择的情境依赖"来概括①，具体而言又可以分为两大类：折中效应现象和对比效应现象。② 这些效应也被证实在法律决策中出现。③

折中效应指的是这样一种现象：考虑同样一个选项时，当它处于

---

① Tvershy & Simonson, 1993.

② 对这两种效应，不同的研究有不同的命名，如"替代效应"(substitution effect)，"反极端现象"(extremeness aversion)等，但其实质大同小异，此处不赘述。一个已经翻译成中文的通俗介绍，参见丹·艾瑞里：《怪诞行为学》，赵德亮、夏蓓洁译，中信出版社2010年版，第3~16页，书中称这种现象为"相对论"。相关实证研究文献，可参见 Joel Huber, John W. Payne & Christopher Puto, Adding Asymmetrically Dominated Alternatives: Violations of Regularity and the Similarity Hypothesis, 9 J. Consumer Res. 90 (1982); Joel Huber & Christopher Puto, Market Boundaries and Product Choice: Illustrating Attraction and Substitution Effects, 10 J. Consumer Res. 31 (1983); Itamar Simonson & Amos Tversky, Choice in Context: Tradeoff Contrast and Extremeness Aversion, 29 J. Marketing Res. 281, 282 (1992); D. A. Redelmeir & E. Shafir, Medical Decision Making in Situations That Offer Multiple Alternatives, 273 J. Am. Med. Ass'n 302 (1995)。有趣的是，这种现象不仅在人类身上出现，也存在于一些动物身上，比如蜜蜂和灰噪鸟的行为也表现出这种特点。Sharoni Shafir, Tom A. Waite, Brian H. Smith, Context-dependent Violations of Rational Choice in Honeybees (Apis mellifera) and Gray jays (Perisoreus canadensis), Behav Ecol Sociobiol (2002) 51: pp. 180 - 187.

③ 见第50页注脚②。

一组选项的中间位置,比当它处于两端时,能获得更高的评价。折中效应的推论是,两个选项之间的相对排序,依赖于有或者没有其他的选项。表现这种效应的典型实验是:参与实验者作为消费者购买美能达相机,第一组实验者只能在中端和低端美能达相机中作出选择,结果两种相机各有接近50%的概率被选中;第二组则有高端相机作为第三个选项,在这一实验中,有72%的人选择了中端相机。①

对比效应更是广泛存在,如图1所示,同样大小的两个圆,一个被大圆环绕,显得较小,另一个被小圆环绕,则显得较大。对比效应的实质是,同样一个选项,当存在一个相近但明显劣于它的选项时,往往能获得更高的评价。因此,人们对一个选项的判断,往往基于有无其他选项的存在:在真实世界的人类判断过程中,由于对比效应,苹果和香蕉的偏好排序可能因为劣质苹果(或劣质香蕉)也加入可选项中而改变。这一现象也被许多实验所证明,比如,"购买和推迟购买实验"中的对比效应:对一个可选商品,另一个可选商品性价比相似时,人们倾向于不作决定,即不马上购买;另一个可选商品性价比远低时,人们则倾向于马上购买。这期间对同一商品的偏好发生显著改变。②

不难发现,对比效应和折中效应的本质相似,都指向同一个核心:人的偏好会根据可选项组合的变化而变化。在经济学研究中,这一现象给新古典经济学的基础——理性选择理论带来了很大的困难。

本文关注的是法律领域的相应现象给法律实践和法律研究带来的问题。实证研究已经发现法律决策中也存在着折中效应和对比效应。KRT以斯坦福大学心理学系的学生为受试者,向他们提供了五个与法律相关的案例。他们发现人们作出法律决策时系统性的出现背离内在

① 见第51页注脚②。

② Tversky A. & Shafir E., Choice under Conflict: the Dynamics of Deferred Decision. Psychological Science, 1992, 3, pp. 358-361. 一个本土化的对折中效应的研究,参见陈峻松、符国群、邬金涛:"诱导性信息对消费者选择的折中效应的影响",载《管理学报》第8卷2011年第3期。其他例子,见第51页脚注②中的文献。

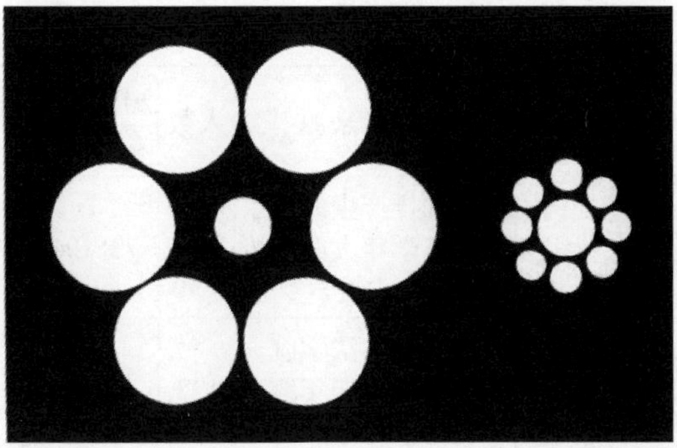

图 1

一致性的现象。① 这一研究的一个问题是：在实验设计的方面，它给美国学生（实验对象）阅读的是美国的案例和法律——这难以避免实验对象固有的法律知识对实验结果的影响。而对中国本土化的实践而言，以未经法律教育的受众作为研究对象，对中国语境下相应问题的探索意义不大。可以理解，在英美法系国家，未经法律教育的普通人可能成为陪审团的一员，在法庭上决定与法律和事实相关的问题。但在我国，作法律决策的主要是受过严格法律教育的法官。因此，对于我国而言，研究经过法律教育的职业群体的内在一致性程度就显得相对重要。就此，本文设计了新的实验案例和实验过程以开展对这一系列问题的研究。

二、实验方案

为了研究法律人作法律决策时的内在一致性，本文设计了两个心理实验。在每一个实验中，各有 5 组受试者。这些受试者的来源如下：

---

① 见第 50 页、脚注⑤。

表 1

组别	组名	受试者来源	人数	男女人数(男:女)	平均年龄(岁)(标准差)
第 1 组	非法学院大四年级本科生	随机抽样产生的北京大学某学年大四年级本科生,非法学专业	177	73:104	21.9(1.0)
第 2 组	法学院大四年级本科生	北京大学法学院某学年大四年级本科生	122	52:70	22.2(0.8)
第 3 组	法学院大二年级本科生	北京大学法学院某学年大二年级本科生	131	57:74	20.4(1.3)
第 4 组	法学院硕士二年级学生	北京大学法学院某学年二年级法律硕士研究生	165	83:82	24.5(1.2)
第 5 组	法学院硕士一年级学生	北京大学法学院某学年一年级法律硕士研究生	173	57:116	23.4(1.4)

受试者来源于不同的群体。第 1 组的 177 名受试者是非法学专业的北京大学大四年级本科生。第 2 组的 122 名受试者,是北京大学法学院的大四年级本科生,他们接受了本科 16 门法学必修课程的训练;根据中国司法部的规定,这部分学生已经有资格参加国家司法考试,并可以成为法官、律师等法律执业者。第 3 组的 131 名受试者,是北京大学法学院的大二年级本科生,他们本科法律教育的完成度为 40% 左右。第 4 组的 166 名受试者,是北京大学法律硕士二年级的学生,他们的本科专业不是法律,仅在研究生阶段开始接受法律教育,学制为三年;到实验时为止,他们已经接受了大部分的法律教育,法律训练水平与法学院大四年级本科生相近。第 5 组的 173 名受试者,是北京大学法律硕士一年级的学生;到实验时为止,他们接受了一定的法律教育,法律训练水平与法学院大二年级本科生相近。

5 组受试者互相作为对比组,控制因素是法学教育程度、年龄、有无复合学科背景等。比如,第 1 组和第 2 组对比实验,可以验证法律教育是否使同一年龄段、同等学历的学生保持更多的内在一致性。第2组和第3组,以及第4组和第5组对比实验,可以验证更多的法律教育是否能增进内在一致性。将第2组、3组和第4组、5组对照后的结果互相比较,则能验证年龄因素的影响。

实验的具体方法是:实验人员向受试者发放问卷,要求受试者在8至13分钟内阅读案例并回答相关问题。问卷中包括实验一、实验二两个案例。问卷在显著位置标注"请不要依赖您固有的法律知识,仅根据案件中给出的事实和法律进行判断即可"。为了保障问卷填写质量,在非法学院大四年级本科生组,受试者通过随机走访产生,填写问卷后赠送小礼品一份①;在四个法学院学生组,由该年级学生或该年级专业课助教发放并回收问卷,发放人员经统一培训。显然,前者是一个心理回馈监督机制,后者是一个熟人监督机制。

三、非法学院学生组的实验过程和结果:法律决策的背离内在一致性现象

我们先来看非法学院学生组(第1组)的实验过程和结果。尽管实验案例和方法不同,但这一实验的目的与KRT的研究相似,其受试者都是非法学专业的本科学生,以测试社会一般大众在法律决策中的内在一致性背离现象(KRT的研究中称之为"情境依赖"现象)。不过,在本文几组实验中,这一组仅是研究的起点,其目的是寻找能够与其他实验组进行对比的参照点。

(一)实验一

在实验一中,第1组的受试者被分为1、2、3三个小组,各59人。3个小组的受试者都看到以下材料:

下面是对一起杀人案件的描述。请阅读事实梗概和可能的判决。

① 礼品为:女性受试者,某品牌面膜一副;男性受试者,某品牌云腿月饼一块。价值均为人民币7元左右。

然后,请作为法官作出判决。以下事实已经得到证实:

"2011年12月10日18时,被告珍妮的丈夫哈伯(被害人)回到家中,因家庭琐事与正在做晚饭的珍妮发生争执,并殴打珍妮。晚饭时,哈伯喝了一瓶酒,又与珍妮争吵,再次辱骂并殴打珍妮,并扬言要杀了她。随后,哈伯让珍妮再拿一瓶酒给他,而珍妮去厨房取回一瓶酒,里面混入了一小半的农药。

在饮用后的几个小时内哈伯死亡了。在他生命的最后几个小时里,他经历了巨大的身体痛苦。被告供认,在他倒下后,她在他的电脑上打了一个自杀的日记,她这样做是想让警察认为他的死和她无关。而且她承认,她给他毒酒就是想置他于死地。

珍妮事后说,最近的两年里,两人几乎每一两个月都要发生严重争吵和厮打。珍妮承认,她无可奈何,早就有杀死哈伯的打算,并且,她也想过,杀死哈伯就能够继承他的一大笔金钱。被告也承认,在她丈夫死亡六个多月前,她已经和别的男人有染。但是,珍妮也说,当天晚上她连续受到两次殴打,她害怕极了。"

受试者被告知案件在甲国发生,审判也在甲国进行,并被要求作为法官试对该违法杀人认定级别,以确定罪过的程度。

在第1小组中,在甲国,与这个案例相关的杀人行为有两个等级,分别是:

A. 谋杀。谋杀是指存在主观故意、蓄意图谋的情况下,对他人生命的不合法剥夺。被告应被判处15年以上徒刑或终身监禁,期间存在被假释的可能。

B. 一般杀人。一般杀人是指,由于存在合理的解释或原因,在心理或情感波动的极端影响下实施的杀人行为。a."合理的解释或原因",要从行为人的立场出发,设身处地的确定。但是,在经历了严重的情绪波动后,如果已经经过足够长时间的冷静,被告可能会被认为情感波动不会导致杀人行为。b. 一般杀人应判处8年监禁。

而作为对比组,第2小组的受试者则被告知,在甲国,与这个案例相关的杀人行为有A、B、C三个等级。B和C选项与第1小组的A和B

选项相同,分别为“谋杀”和“一般杀人”。而不同的选项则为:

A. 情节特别严重的谋杀。

(1)谋杀,是指存在主观故意、蓄意图谋的情况下,对他人生命的不合法剥夺。

(2)如果发现一项或几项特别严重的情节,被告应被定罪为情节特别严重的谋杀,处20年以上徒刑、终身监禁或死刑,并不得假释。

(3)特别严重的情节指的是:①为金钱利益而蓄意谋杀。②行为极其可憎、凶暴或者残忍,表现出特别的道德败坏。如果犯罪对受害者进行了不必要的折磨,那么这个判断是恰当的。③被告通过使用毒药而实施杀人。

在这个实验中,依照内在一致性预测的结果应该是,在第1小组和第2小组中,选择定罪为“一般杀人”的人数比例,在统计上大致相同。为什么呢?因为内在一致性假设预测人的偏好不因选项的增多或减少而发生变化。那么,在第1小组中偏好是“一般杀人”大于“谋杀”的人,在第2小组中的偏好也应该是“一般杀人”大于“谋杀”,且大于“情节特别严重的谋杀”——这是因为,第2小组中“谋杀”和“情节特别严重的谋杀”,实际上都属于第1小组中“谋杀”的范畴。

然而,根据折中效应对此有着相反的预测,它预测人的偏好将发生改变。实验的结果支持了折中效应的预测。如下表所示:

表2

	谋杀(A)		一般杀人(B)	人数
第1小组	33(56%)		26(44%)	59
	情节特别严重的谋杀(A)	谋杀(B)	一般杀人(C)	
第2小组	24(41%)	20(34%)	15(25%)	59

在第1小组中,有44%的人选择了“一般杀人”,而在第2小组中,这一比例降至25%。可以想见,在这一同质化群体中,有19%左右的人的偏好由“一般杀人”大于“谋杀”转变为相反的排序。且促使这一转变的唯一因素就是可选项目的增多。(卡方值 $X^2 = 4.52$, $p < 0.05$)

在得出结论前,我们必须在此停顿。在经济学的研究中,“内在一致性”还有一些更为精细的前提。在此,我们必须对这些前提进行检验。

首先,如森所批评的,选择的内在一致性依赖于选择的动机。① 森举出了两个相似的经典例子,这里列出第一个。一个人坐在餐桌旁边,面临两个选择:一个是吃掉果篮里的最后一个苹果;另一个是不吃,放弃那个诱人的苹果。最后他决定保持体面,不吃那个苹果。但是如果果篮里有两个苹果,他则有三个备选项:不吃、吃掉一个苹果以及吃掉两个苹果。这时,他可以很自然的吃掉一个苹果,而不违背行为体面的要求。同时,以上两个看似矛盾的决策并非对内在一致性的偏离。②

森的批评对消费者行为来说是恰当的:研究者永远难以彻底把握消费者的消费动机。但在法律研究领域时,法律决策的特殊性恰恰消解了森的批评。这是因为,如文章开端所述,法律决策必须带有、也一般带有一致的动机;这一动机是立法者决定并希望执法者在法律决策中加以体现的。因此,研究法律决策中的非一致性有着较为夯实的理论基础。

其次,内在一致性判断的另一个前提是可选项间相互独立。③ 这意味着,如果新的选项带入了与旧选项相关的新的信息,此时选择发生的改变并不一定表示决策者违背内在一致性。举例而言,在菜馆点菜时,服务员推荐给甲两个菜,分别是宫保鸡丁和酱爆肉丝,甲选择了酱爆肉丝;这时朋友乙来到座位,又向甲推荐了水煮鱼和毛血旺。在增加这两个可选项后,甲改变了决定,选择了宫保鸡丁。乍看,这一选择似乎违背了决策的内在一致性;但实际上,乙的推荐选项很可能给原有的选项带来了新的信息:这一菜馆的川菜做的较为好吃。在获得新的信息后,甲改变了选择。

抽象来说,如果备选项之间不独立,那么很难判断一个决策是否违背内在一致性。这也是以上实验的一个困难。为了解决这个问题,我们

---

① 阿玛蒂亚·森:《理性与自由》,李风华译,中国人民大学出版社2002年版,第117~123页。

② 同上,第122页。

③ 可选项相互独立,是许多与选择相关的理论的前提假设,比如它是阿罗不可能定理的一个假设。

设计了作为对比组的第 3 小组。在第 3 小组中，受试者得到了这样的提示：

在一些国家，法律规定了情节特别严重的谋杀：

(1)谋杀是指存在主观故意、蓄意图谋的情况下，对他人生命的不合法剥夺。

(2)如果发现一项或几项特别严重的情节，被告应被定罪为情节特别严重的谋杀，处 20 年以上徒刑、终身监禁或死刑，并不得假释。

(3)特别严重的情节指的是：①为金钱利益而蓄意谋杀。②行为极其可憎、凶暴或者残忍，表现出特别的道德败坏。如果犯罪对受害者进行了不必要的折磨，那么这个判断是恰当的。③被告通过使用毒药而实施杀人。

不过，第 3 小组的受试者被告知，在审判进行的国家，法律没有关于情节特别严重的谋杀的规定。因此，对争议的杀人行为的可能分级只能是与第 1 小组一样的两个选项：谋杀和一般杀人。选择的情况如下表所示：

表 3

	谋杀(A)	一般杀人(B)	总人数
第 3 小组	26(43%)	33(57%)	59

在这一实验中，以上提示的内容与第 2 小组受试者看到的 A 选项信息相同。实验的结果显示出，第 3 小组的选择情况与第 1 小组的选择情况非常相似。这间接地说明在第 2 小组中，新的信息并不是人们改变选择的原因。($X^2 = 11.38$, $p > 0.05$)

(二)实验二

实验二是实验一的补充。在实验一之后——即便是第 3 小组的实验完成后——上述第二点批评仍然使人忧虑：实验一第 2 小组选项多出了一项“情节特别严重的杀人”，这一选项是否给原有的选项带来了额外的信息，比如立法者更倾向于重判这一罪行。或是，多出的选项仅仅是提醒受试者更加重视“一般杀人”和“谋杀”在逻辑上的区别，使受试者更清醒的做出了选择？第 3 小组的实验实际上已经回答了这些问题，

不过,为了更令人信服地展现折中效应,我们还运用了另一个案例开展了实验二的研究。实验二中,两小组受试者都看到这样的材料:

下面是对一起杀人案件的描述。请阅读事实梗概和可能的判决。然后,请指出哪一个判决是正确的。以下事实已经得到证实:

被告艾迪·沃特是一位非裔移民,一天凌晨1点,他走在一条临近大学校园的街道上。10分钟前,相邻两条街外,一对学生情侣被抢劫了,嫌疑犯朝着沃特所在的街道方向跑来并消失了。学生报告了学校保安。不过,抢劫并不是沃特干的。

有一名保安,他是学校雇用的一名不当班的警察,走近沃特,对他说这里发生了抢劫,问他是否介意被搜查。保安想检查他身上是否有抢劫用的工具,以及是否有赃物。保安知道他没有正当的理由扣押沃特。但是当沃特拒绝时,保安不由分说的抓住了他,并且感到在他大衣口袋里有一个突出的东西,那后来被证明是一把匕首。沃特试图挣脱保安,尖叫:"你没权力不让我走!"然后保安喊:"别动,你这个畜生! 黑鬼!"沃特听到后非常恼怒,挣脱并把保安推开,然后掏出匕首刺向保安胸口。保安当场死亡。

沃特自己也承认,他是有意杀死被害人的。

两组被试者都被告知,他们需要作为本案的陪审员,根据法律规定以及法官的指导对这一杀人行为进行定级。

杀人行为被定义为不合法的剥夺他人生命的行为。在审判进行的丙国,有四个杀人罪的级别。注意,根据法律规定,法官的意见只是用来指导你进行定罪,你可以同意也可以反对。

第1小组得到的四个选项是有着对定罪量刑有着较重暗示的一组,这种暗示体现选项A和D的字里行间:

法律的规定如下:

A. 情节特别严重的故意杀人。如果故意杀人,并且被害人是正在履行职责的警察,这种情况构成情节特别严重的故意杀人。对这种故意杀人,应判处终身监禁或死刑。

检察官(本案的控诉方)指出,这个案件中的行为应定为情节特别严重的故意杀人，理由是：不论是否当班，警察始终有拘捕犯罪嫌疑人的正当权利。这位行使职权的保安，其行为正如其是警察本身的行为，所以应当被视为正在履行其职责的警察。

B. 故意杀人。故意杀人是指有意剥夺他人生命的行为。谋杀应被判处 15 年以上徒刑或终身监禁，期间有假释的可能。

C. 一般杀人。由于存在合理的解释或原因，在心理或情绪波动的极端影响下而实施的杀人行为，应被认定为一般杀人。对一般杀人，最高应处 8 年监禁。

检察官认为沃特并没有达到一般杀人必要的被激怒程度，沃特并不是在心理或情绪波动的极端影响下而行为的。

沃特的律师指出，沃特被激怒杀人，不仅是由于非法、无端的拘捕，而且还由于保安使用了带有种族歧视的称呼，这足以使心理或情绪受到极端影响。

D. 非故意一般杀人。如果主观上认为为了保护自己而使用致命的武器杀人（即使是非理性的），那么非故意一般杀人成立。

但是，法官认为在法律上沃特没有权利使用致命的武器来反抗无端的拘捕，也没有确信的证据表明，沃特认为他有这样的法律权利使用武器保卫自己。因此，这个行为不能被判定为是非故意一般杀人。

第 2 小组的四个选项是对定罪量刑有着较轻暗示的一组，这一暗示也同样只存在于选项 A 和 D 之中。以下是第 2 小组得到的可选项（注：B 和 C 两选项与第 1 小组相应选项完全相同，此处不具体列出）：

法律的规定如下：

A. 情节特别严重的故意杀人。如果故意杀人，并且被害人是正在履行其职责的警察，这种情况构成情节特别严重的故意杀人。对这种故意杀人，应判处终身监禁或死刑。

但是，法官认为根据法律，不当班而作为私人保安的警察，不是履行其本来职责的警察。因此，本案涉及的杀人行为不能被判定为情节特别严重的故意杀人。

B.（略）

C.(略)

D. 非故意一般杀人。如果主观上认为为了保护自己而使用致命的武器杀人(即使是非理性的),那么非故意一般杀人成立。

法官认为,在法律上沃特没有权利使用致命的武器来反抗无端的拘捕。但是,如果沃特错误地认为,他有权利使用致命的武器保卫自己,那么这个杀人行为应该被判定为非故意一般杀人。

两组选项的B和C两个选项是相同的,不同在于A和D两个选项。按照理性人的假设预测,在两组受试者中选择B和C的人的比例应是大致相同的,不会出现统计显著性偏差。为什么呢?首先,在实验开始前我们有理由相信,根据本案的案情选择A"情节特别严重的故意杀人"和D"非故意一般杀人"的人数将很少,因为人们很难相信,学校雇用的不当班的警察是"正在履行职责的警察"(选项A的条件),也很难相信被告是"为了保护自己而使用致命武器杀人"(选项D的条件)。那么,选择B和C选项的,应该是受试者的绝大多数;进而,在受试者这一同质化的群体中,人的偏好或是"故意杀人"大于"一般杀人",或相反。理性假设预测,如果把第1小组的选择视为既定的,第2小组的偏好情况在统计上也应大致与第1小组相似,而不应受到不同类型选项暗示的影响。

而实验结果与上述理性选择预测相悖反映了很强的折中效应和对比效应。如下表所示:

表4

	选择人数(占总人数比例)				总人数	B/B+C比例
	情节特别严重的故意杀人A	故意杀人B	一般杀人C	非故意一般杀人D		
第1小组	4(4%)	39(45%)	44(49%)	2(2%)	89	46.99%
第2小组	3(3%)	25(28%)	55(63%)	5(6%)	88	31.25%

可以看到,B和C比例从46.99%转变为31.25%。这说明,在统计

上，偏好发生改变的可能性显著（$X^2 = 4.23$, $p < 0.05$）。这一结果显示受试者在进行法律决策时表现出明显的折中效应现象和对比效应现象。一方面，符合折中效应预测的是：在第1小组的选项有对定罪量刑有较重的暗示时，人们心中可选项的预期是A、B、C三个选项，并比较倾向于选择B（45%的人选择B）；在第2小组的选项对定罪量刑有较轻的暗示时，人们的心中可选项的预期是B、C、D，并倾向于选择C（63%的人选C）。另一方面，符合对比效应预测的是：在第1小组中，A选项被暗示为一个可选项，而A选项与B选项在内容上较为相似，这时人们倾向于选择与A较为相似的B；在第2小组中则正好相反。实际上，以上两方面也正好说明，折中效应和对比效应在本质上是一致的——都是决策中对具体情境的依赖。

综合来看，实验二为实验一提供的补充是：实验二补充证明了，可选项目间相互独立时确实存在情境依赖现象。这是因为，实验二的四个选项都是给定的，选项暗示的变化并未给选项本身带来任何新的信息。这种情况下，法律决策者也表现出了对内在一致性的系统性背离。

四、法学院学生组的实验过程和结果：法学教育和法律决策的内在一致性

以上实验中的受试者是未经法律教育的学生。在这些受试者身上，我们观察到了法律决策中明显的背离内在一致性现象。下面我们进入本文的核心问题：受过法律教育的人群，在法律决策时是否表现出更少的情境依赖和更多的内在一致性呢？我们仍然用实验的方法探究这一问题。实验的具体过程与前文实验一和实验二一致，不过，受试者是第2至5组学生，他们都是北京大学法学院的在校学生。

（一）大四年级法学院本科生组

第2组是法学院大四年级本科生122人。第2组是作为第1组的最直接的对比组出现的。这是因为，我们有理由猜测，智力水平、阅历、年龄

和受教育时间都能影响这个实验的结果。而第2组和第1组的学生,都是北京大学大四年级的本科生,完整的接受了北京大学的本科教育,年龄都在22岁左右(第1组平均年龄21.9岁,第2组22.2岁)——两组学生除了在是否曾接受法律教育这一点上有所不同外,其他条件基本一致。

在实验一中,他们分为3个小组;在实验二中,他们分为2个小组。两个实验的结果如下所示:

表5

	谋杀(A)		一般杀人(B)	人数
第1小组	23(51%)		20(49%)	43
	情节特别严重的谋杀(A)	谋杀(B)	一般杀人(C)	
第2小组	11(28%)	18(46%)	10(26%)	39
	谋杀(A)		一般杀人(B)	
第3小组	20(53%)		18(47%)	38

表6

	选择人数(占总人数比例)				人数	B/B+C比例
	情节特别严重的故意杀人A	故意杀人B	一般杀人C	非故意一般杀人D		
第1小组	4(6%)	28(43%)	30(46%)	3(5%)	65	48.28%
第2小组	2(3%)	16(30%)	35(60%)	4(7%)	57	31.37%

非常遗憾,以上的实验显示第2组这些经过法律教育的受试者,在法律决策过程中也表现出明显的背离内在一致性的倾向。在实验一中,第1小组选择"一般杀人"的为49%,在第2小组中,则降为26%($X^2 = 3.84$, $p < 0.05$)。第3小组作为对比组,结果也显著($X^2 = 4.23$, $p < 0.05$)。在实验二中,选择故意杀人(选项B)占选择B、C两项总人数的百分比也从48.28%降至31.37%($X^2 = 3.22$, $p < 0.05$)。对这两组实验如何反应折中效应和对比效应的分析与前文一致。

在接下来的三组对比实验中,我们都发现了明显的偏离内在一致性的现象。实验结果和分析如下。

(二)大二年级法学本科组

第三组(大二年级组)的实验目的有两个:第一,在完成第2组(大四年级法学本科组)实验后,我们仍然有所顾虑:横向上,经过法律教育和未经法律教育的四年级本科生,同样表现出对内在一致性的偏离;但是,在纵向上,接受过四年本科教育的学生是否比接受法学教育时间较短的本科学生表现出更多的理性呢?也就是说,法学教育是否部分改变了法律决策中偏离理性的现象呢?第二,第2组的受试人群规模不算太大,增加第3组可以扩大受试者规模,以观察更大范围的实验情况。第3组的实验结果如下两表所示:

表7

	谋杀(A)		一般杀人(B)	人数
第1小组	19(42%)		26(58%)	45
	情节特别严重的谋杀(A)	谋杀(B)	一般杀人(C)	
第2小组	18(39%)	20(43%)	8(18%)	46
	($X^2=15.85$, $p<0.05$)			
	谋杀(A)		一般杀人(B)	
第3小组	17(43%)		23(57%)	40
	($X^2=14.93$, $p<0.05$)			

表8

	选择人数(占总人数比例)				总人数	B/B+C 比例
	情节特别严重的故意杀人 A	故意杀人 B	一般杀人 C	非故意一般杀人 D		
第1小组	1(2%)	29(46%)	32(52%)	0(0%)	62	47.54%
第2小组	0(0%)	20(29%)	42(60%)	8(11%)	70	32.26%
	$X^2=2.99$, $p<0.1$					

可以看到,两个实验都表现出受试者明显的折中效应和对比效应现象。在实验一中,选择"一般杀人"的比例从58%骤降至18%。实验二中,选择"故意杀人"(选项B)占选择"故意杀人"和"一般杀人"两项总数的百分比也从47.54%降至32.26%。

实际上,由于缺乏工具,我们很难判断是大四年级的法学本科生更为理性还是大二年级较为理性。也就是说,法律教育对理性是否增益,我们通过以上两组实验较难回答。但是,我们至少可以断定,完整的法律教育也不足以带来法律决策中的内在一致和理性。

(三)法律硕士二年级组

在法学院还存在另一种模式的法律教育,那就是法律硕士教育模式。法律硕士的本科专业不是法律;在硕士阶段,他们学制三年,用以完成法学本科生四年的法律训练。在最后两组实验中,我选取了两个年级的法律硕士学生作为受试者,来看看法律硕士的教育模式是否能增益法律决策的内在一致性。另外,法律硕士与法学本科生所受训练相同,不同的是年龄和本科所学专业。这两组实验也可以观察这两个因素对理性程度的影响如何。

表9

<table>
<tr><td></td><td colspan="2">谋杀(A)</td><td>一般杀人(B)</td><td>人数</td></tr>
<tr><td>第1小组</td><td colspan="2">25(44%)</td><td>32(56%)</td><td>57</td></tr>
<tr><td></td><td>情节特别严重的谋杀(A)</td><td>谋杀(B)</td><td>一般杀人(C)</td><td></td></tr>
<tr><td>第2小组</td><td>12(24%)</td><td>19(37%)</td><td>20(39%)</td><td>51</td></tr>
<tr><td></td><td colspan="4">($X^2=3.08$, $p<0.05$)</td></tr>
<tr><td></td><td colspan="2">谋杀(A)</td><td>一般杀人(B)</td><td></td></tr>
<tr><td>第3小组</td><td colspan="2">23(40%)</td><td>35(60%)</td><td>58</td></tr>
<tr><td></td><td colspan="4">($X^2=4.84$, $p<0.05$)</td></tr>
</table>

表 10

	选择人数(占总人数比例)				总人数	B/B+C比例
	情节特别严重的故意杀人A	故意杀人B	一般杀人C	非故意一般杀人D		
第1小组	2(2%)	43(50%)	38(45%)	3(3%)	86	53.09%
第2小组	1(1%)	29(36%)	46(58%)	4(5%)	80	38.67%
	($X^2=3.25$, $p<0.05$)					

(四)法律硕士一年级组

表 11

<table>
<tr><td></td><td colspan="2">谋杀(A)</td><td>一般杀人(B)</td><td>人数</td></tr>
<tr><td>第1小组</td><td colspan="2">25(45%)</td><td>31(55%)</td><td>56</td></tr>
<tr><td></td><td>情节特别严重的谋杀(A)</td><td>谋杀(B)</td><td>一般杀人(C)</td><td></td></tr>
<tr><td>第2小组</td><td>15(26%)</td><td>23(40%)</td><td>20(34%)</td><td>58</td></tr>
<tr><td></td><td colspan="4">($X^2=5.02$, $p<0.05$)</td></tr>
<tr><td></td><td colspan="2">谋杀(A)</td><td>一般杀人(B)</td><td></td></tr>
<tr><td>第3小组</td><td colspan="2">28(47%)</td><td>31(53%)</td><td>59</td></tr>
<tr><td></td><td colspan="4">($X^2=3.87$, $p<0.05$)</td></tr>
</table>

表 12

	选择人数(占总人数比例)				总人数	B/B+C比例
	情节特别严重的故意杀人A	故意杀人B	一般杀人C	非故意一般杀人D		
第1小组	4(5%)	42(49%)	37(43%)	3(3%)	86	53.16%
第2小组	2(2%)	29(33%)	50(58%)	6(7%)	87	36.7%
	($X^2=4.32$, $p<0.05$)					

在以法律硕士为受试者的两组实验中,我们都观测到了明显的折中效应和对比效应。分析过程与前文的实验相同。就此而言,法律硕士的法律教育也并未对受试者理性程度有任何影响——两组受试者至少表现出了相似的对内在一致性的偏离。

(五)实验结论

有必要总结以上五组实验。我们从实验中至少能得出以下几个基本结论:

第一,在所有实验中,受试者都表现出了法律决策中偏离内在一致性的行为倾向。这可以说明,人们做法律决策与做消费者选择相类似,都实际存在着理性背离的现象。

第二,法律教育未能增益法律决策中的内在一致性。五组实验中,后四组展现了经过法律教育的受试者的内在一致性程度。显然,后四组受试者在保持内在一致性这一点上并不比第1组非法学专业的受试者要强。另外,从纵向上看,受过四年法学教育的本科生,也并不比仅受过两年法学教育的本科生表现出更多的内在一致性;这种情况在法律硕士群体中是同样的。

第三,年龄也并不是影响内在一致性的主要因素。在后四个实验组中,第2组和第4组、第3组和第5组受到的法律教育程度相似,区别在于年龄。但是年龄较大的组别(第4组和第5组,平均年龄分别是24.5岁和23.4岁)也并不比年龄较小的组别(第2组和第3组,平均年龄分别是22.2岁和20.4岁)保持了更好的内在一致性。

第四,交叉学科的教育也不能增益法律决策中的内在一致性。法律硕士教育的核心在于交叉学科的训练,试图借助不同学科的训练增进法律硕士在学习中对法律的理解。但从保持内在一致性这一点来看,法律硕士学生并不比法学本科学生表现出更多的优势。

五、解释、讨论和应用

以上的研究至少有两个方面的贡献:第一,研究发现了一种法律决策的特性或规律,使我们能更好地理解或判断法律决策者的行为。我们发现并预测,做出法律决策的人,系统性的偏离内在一致性要求,并显示出很强的情境依赖,具体表现为折中效应现象和对比效应现象。第二,法律教育并不能改善或增进理性的这一重要方面,不论是本科的法律教育还是硕士法律教育。显然,第二个结论是否定性的。留有遗憾的是,本文的研究并不能回答什么因素能增进人们在法律决策中的内在一致性。但目前的发现已经足够吸引人了,并很可能在法律实践中显示出很强的重要性。以下我试图展示这些发现的解释力和应用。

最直接的实际应用是在律师的执业领域。以上的研究显示,法律决策者的决策很可能被决策的可选项的组成所操纵。这种行为模式的规律至少为律师的执业提供了指导。在刑事和民事辩护中,律师的主张实际上为法律决策者——法官——提供了心理上的可选项。了解折中效应和对比效应,使得律师能更好地引导审判朝自己有利的方向发展。一些西方的实证研究已经证实了在陪审团审判中,运用折中效应能更好地引导陪审团定下较轻的罪名。[①] 而根据本文的研究,这显然也适用于我国的律师实践。据此,我们可以理解为什么在许多案件中,律师坚持无罪辩护。[②] 在这些案件中,审判者和辩护人对案件并不一定存在重大分歧,但从辩护技术来看,无罪辩护给法官提供了一个定罪较轻的选项,自折中效应角度讲是一种明智的策略。特别是,当无罪辩护激发了公众和知识界的共鸣时,借助舆论,辩护律师向法官和法院输送可选项的力量就更强了,从而法官更可能减轻处罚。[③] 显然,以上也为我们理解律师行为提供了一个新的视角。律师的名声,不论是在文学作品中,还是在历史和现代的生活中,一直不佳。[④] 一个传统的解释是,律师娴熟于法

---

① 见第51页,脚注③。

② 如吴英案。参见"吴英辩护律师:重审仍进行无罪辩护",载 http://business.sohu.com/20120420/n341179804.shtml,最后访问时间2012年5月27日。

③ 当然,这里的假设是司法独立,法院和法官仅依据法律和内心判断判案,排除了有其他人为因素影响吴英案判决的可能性。虽然现实中这种可能性是有的,但是,这不影响我们以吴英案为例说明折中效应和内在一致性的背离。

④ 比如,莎士比亚在《亨利六世》中写道:"我们要做的第一件事,就是杀死所有的律师!"(The first thing we do, let's kill all the lawyer!)或者是卡夫卡《审判》中的律师形象。

律技术,能钻法律空子,为坏人辩护等。本文的研究实际上为这个解释提供了心理角度的支持。

以上的分析中,我们已经初步发现了如何从折中效应或理性偏离角度理解大众和传媒对司法的影响。这是一个很普遍的问题,适用的情况很多。比如,在药家鑫案中,大众呼吁适用死刑,实际上向法官的可选项组合中添加了一个极端选项。这样,法官在心理倾向上便更偏向于倚重的判罚。[①] 这里让人特别难以发现的,也是我们应当特别注意的是,即便法官并未按照大众和舆论的意见做出判罚,他实际上也很可能受到折中效应潜移默化的影响,偏向了大众期待的那一个判罚方向。

这引出的重要问题是,在系统性的偏离内在一致性的趋势下,如何保持法律决策的公正?偏离内在一致性,其本身就意味着"同案不同判"或"同等情况不能得到同样处理"。而实际上,法官的心理是很容易受到可选项组成的影响的。这种影响来自检察官、律师、社会媒体、大众呼声等。这些影响也截然不同于其他影响法官独立判案的外部因素,它们内嵌于法官的理性之中,因而是系统性的和难以被发现的。法律的专业判断当然希望通过训练法官使用推理技巧来稳定法官的心理倾向,但在个案中,这种心理倾向仍然是明显的。而恰恰是个案中的法律判断影响了每一个具体当事人的利益。在理论上,精细的判例指导系统、更为详尽的立法(比如美国的量刑指南,对不同罪行的量刑进行了统一的、可比较的数量化处理)似乎是解决的这些问题的途径。但解决方案的提出仍需要具体的实证研究做支持。本文提出这一问题,不再深入探讨。

最后一个问题是背离内在一致性现象对立法的启示。对立法而言,折中效应等现象告诉我们,如果我们改变了名义上的(即立法中的)定罪量刑的范围,会对司法实践具体产生什么影响。比如,废除一个罪名的死刑,改变的不仅仅是刑罚的实体分类,而且是法官对这整个罪行和刑罚的认识,它将系统性地迁移法官的判决。这也被一些实证研究所佐证,比如,白建军教授的两篇重要论文,在实证上发现了"量刑中线"的

---

① 此处笔者无意评判药家鑫案的判决是否公平合理,仅借此说明大众和舆论对法官判决的可能影响。

具体数值——法官是以最高刑和最低刑的平均值为依据量刑的。[1] 就此而言，增加或删减一个刑罚，很可能改变的就是这一量刑中线。而本文的研究，则也为量刑中线概念提出了一个一般理论上的支持。对于所有刑事和非刑事立法，法律决策中决策者（法官）内在一致性的偏离都是一个必要的考虑因素。

总结而言，本文验证了法律决策中的背离内在一致性现象，并部分发现了法律教育与这一现象的关系。一些结论在实践中也有较强的解释力和应用性。但更重要的，本文留给了我们许多待解决的问题。本文的研究最好被视为一个起点，仍有许多理论和现实问题留待细细考量。

① 参见白建军："裸刑均值的意义"，载《法学研究》2010 年第 6 期，第 135～142 页；白建军："量刑基准实证研究"，载《法学研究》2008 年第 1 期，第 97～105 页。

《法律和社会科学》(2013)
第12卷,第72~105页

破产法实施中的利益集团博弈

王佐发*

摘要:利益集团博弈是一种有效的法律实施分析工具,其逻辑前提是立法过程的利益集团博弈和司法过程的独立性。中国破产法的立法和司法过程虽然并不完全符合这种逻辑前提,但是却呈现出独特的利益集团博弈特征。这种独特的利益集团博弈在很大程度上塑造了破产法的实施效果。它不仅促成了破产法实施中出现的许多问题,而且将影响破产法实施的未来走向。

引言

我国当前适用的《破产法》是2006年通过,从2007年开始实施的。这部法律曾经被指称为"新《破产法》"。之所以新,是相对于1986年《破产

* 吉林师范大学政法学院,中国人民大学法学院博士后,电子邮箱:longcuplchinese@hotmail.com。原文用英文写成,提交到2012年芝加哥大学法律经济学暑期学校研讨,译成汉语时相应地省略了某些内容。本文系教育部人文社会科学研究青年基金项目"上市公司重整中债权人和中小股东的法律保护"(11YJC820128)的阶段性成果。

法》而言的。1986年《破产法》旨在规范国有企业的破产，带有浓厚的计划经济色彩；新《破产法》（以下简称《破产法》）是在广泛借鉴美国等成熟市场经济国家破产法的基础上，结合中国经济转型的具体环境制定的，以市场经济为导向的现代破产法。该法顶着这些耀眼的光环，曾经被社会各界人士寄予厚望。

但是，破产法在实施中却出现许多问题，其实施效果与人们对其预期之间差距很大。多种因素造成了破产法的实施困境。破产法实施中不同利益集团之间的博弈是其中的一个因素，也是观察问题的一个好视角。透过这个视角，有助于我们深刻理解破产法实施中面临的问题及其未来走向。本文将描述破产法实施中不同利益集团之间的博弈，并分析它们如何影响破产法的实施效果及其未来走向。

本文包括五个部分。第一部分介绍法学界对市场经济背景下利益集团分析方法所持的基本观点，以及在中国语境下利益集团分析方法面临的基本问题。第二部分描述破产法在实施中遭遇的基本困境。第三部分描述利益集团的博弈如何影响破产法的实施。第四部分阐述利们益集团博弈的效果。第五部分对破产法的未来发展走向进行尝试性的预测。

一、司法过程的利益集团博弈及其对破产法的适用

（一）美国破产法中的利益集团博弈

西方法律界对利益集团分析的研究主要关注立法过程。利益集团分析的核心观点是集中的利益集团（concentrated interested group）一般可以在立法博弈中谋取利益，让分散的利益集团（diffused interested group）承担成本，即便后者对所要制定的法律的具有更大的利益攸关性。[①] 这种分析方法，尤其是其对个人利益最大化的假定，也对相关的

① David A. Skeel, Public Choice and the Future of the Public-Choice-Influenced Legal Scholarship, 50 Vand. L. Rev. 647, p. 651.

领域提供了重要的分析工具,比如,分析官僚机构的激励和司法程序的实质。①

司法过程中,可以从利益集团分析中获得洞察力的一个领域就是司法审查。因为利益集团比普通的投票者更具有信息优势,而且是政治捐款的重要来源,立法者具有相当的激励回应利益集团的诉求。②分散的群体在立法的过程中就遭遇不平等待遇。立法功能的失败引发对司法审查的各种评论和建议。比如,一种意见认为法院应该拒绝适用成文法解决那些立法条文没有解决的问题;③而另一种观点认为如果问题的合宪性不清晰,法官应该顺从利益集团的影响而不是寻找宪法权利。④

对立法和司法过程适用利益集团分析建立在两个假设前提之上:第一,假设立法是一个利益集团或者其代表自由谈判博弈的过程。以美国破产法为例,其变迁史就是一部律师、法官、投行和证券交易委员会(Securities Exchange Commission, 以下简称SEC)这些利益集团博弈的历史。⑤ 第二,假设法官在解释制定法的时候完全超脱并保持客观。⑥法官这样做的前提是司法独立。但是,这两个假设在中国语境下均不成立。中国语境下的立法和司法过程是一幅什么样的图景呢?我们同样以破产法为例加以说明。

(二)《破产法》的立法过程

1. 针对职工债权与担保债权清偿顺序的博弈

在破产法立法过程中,一个被激烈争论的问题是职工债权和担保

---

① 第73页脚注①,p.653.

② 第73页脚注①,p.652.

③ Frank H. Easterbrook, The Supreme Court 1983 Term-Foreword: The Court and the Economic System, 98 Harv. L. Rev. 4, pp. 14 - 18(1984).

④ Richard A. Posner, Economics, Politics, and the Reading of Statutes and the Constitution, 49 U. Chi. L. Rev. 263, pp. 284 - 85(1982).

⑤ See David A. Skeel, Jr., Debt's Dominion: A History of Bankruptcy Law in America, Princeton University Press, Princeton and Oxford, 2001. See also Aric A. Posner, The Political Economy of The Bankruptcy Reform Act of 1978, 96 Mich. L. Rev. 47.

⑥ 第73页脚注①,p.662.

债权的优先清偿顺序。职工债权包括工资、社保以及企业欠雇员的赔偿金。[①] 为职工债权争取优先清偿顺序的主要利益集团是中华全国总工会和人力资源与社会保障部。因为主要的担保债权人是银行,所以中国银行业协会和中国人民银行是代表担保债权人的主要利益集团。

经过激烈的讨价还价,《破产法》在第三次审议的时候得到通过。在三次审议的过程中,职工债权和担保债权的清偿顺序不断变动。第一次审议的立法草案文本规定担保债权的清偿顺序优先于职工债权,第二次审议的文本则发生逆转,[②]而第三次审议的立法文本又恢复到第一次的规定。

尽管博弈看上去很激烈,但是他们很难直接影响对立法草案的投票。他们只能通过在媒体上表达意见或者召开研讨会表达观点的方式间接对立法草案的投票施加影响。比如,在把职工债权顺位放到担保债权之前的立法草案第二稿提交审议之前,中华全国总工会副主席对该草案表示欢迎,并称赞这种规定"将保护职工权益并有助于维护社会稳定"。[③]与此同时,中国银行业协会针锋相对地召开一次特别研讨会批评草案第二稿对担保债权利益的损害。[④]

2. 针对破产管理人制度的博弈

除了利益集团在破产法的立法过程中针对职工债权和担保债权清偿顺序问题进行的间接的"准博弈"之外,我们没有看到利益集团针对技术性问题有过任何讨价还价。《破产法》中的一些技术性问题很大程度上是在参与起草立法的学者中间的争论和妥协的基础上得到解决的。这些技术性问题中对《破产法》的实施影响最大的是破产管理人制度。[⑤]

---

① 李曙光:"破产法进入三审关键之争:担保债权与职工债权孰优先?",载《21 世纪经济报道》,2005 年 5 月 30 日版。

② 陈欢:"新破产法出台有望工资债权优先",载《21 世纪经济报道》,2005 年 5 月 26 日版。

③ 同上。

④ 付平:"职工债权不宜优先于担保债权受偿——中国银行业协会举办一个破产法有关问题研讨座谈会",载《金融时报》,2005 年 8 月 30 日版。

⑤ 具体影响将在后面讨论。

现行破产管理人制度是两派破产法学者争论和妥协的结果。① 一派偏好美国式的破产法制度,提议把美国的 DIP 制度完整地移植过来。他们对破产管理人制度所持的基本观点是:应该区分清算管理人和重整管理人,前者应该以强制性规则(compulsory rule)的形式写进破产法,后者应该是预置性规则(default rule)。另一派对欧洲破产法制度怀有强烈的偏好,他们坚持认为破产管理人应该控制破产程序,建议不区分清算和重整程序,把破产管理人作为强制性规则写进破产法。他们坚持认为不论破产案件是清算还是重整,只要进入破产程序就应该强制性地指定破产管理人接管程序。②

接下来的争论是如何指定管理人。前者主张由债权人指定管理人。其理由是破产法的目标在于保护债权人,而债权人有激励寻找最优的保护其利益的管理人。后者坚持由法院指定管理人。其理由是中国当前的信用水平很低,只有选择一个中立的机构指定管理人才能避免欺诈,维护正义。在他们的眼里,法院就是完美的中立机构。③ 中国式的立法博弈结果是,立法部门的官员在两派学者中间选择妥协。妥协后的管理人制度框架是这样的:

《破产法》第 13 条确立了管理人制度的基础,即"人民法院裁定受理破产申请的,应当同时指定管理人"。这一条奠定了《破产法》的基调,即不论是清算还是重整,只要进入破产程序,法院就行使其司法权力强行指定管理人,实施对破产程序的控制。在司法实践中,法院对这一条贯彻得非常坚决。

《破产法》以第 13 条为基础,对管理人的权力进行具体建构,使其不仅有权管理破产财产,而且可以监督并掌控债务人。例如,第 17 条

① 这个信息是作者同参与破产法立法的一位学者讨论得到的。

② 所谓 DIP 制度,简而言之,是指债务人申请重整之后不丧失对企业的经营管理权,由债务人原来的控制人(管理层或者控股股东)继续保留经营管理权。在 DIP 制度下,一般不再另行指定管理人,如果需要对债务人进行特别的监督,则指定监督人。但是,监督人只有监督权,不干涉债务人的经营管理活动。

③ 这里存在一种可能性,即某些学者因为个人利益驱使为了讨好法院而提出此观点。因为在中国,学者还不能独立于政府部门完全中立地研究学术问题;和法院系统搞好关系不仅可以创造出某些"学术利润",而且还能带来可观的经济利润。

规定:“人民法庭受理破产申请后,债务人的债务人或者财产持有人应当向管理人清偿债务或者交付财产。”

《破产法》第8章专门规定重整制度,第8章里的第73条允许使用DIP制度,即“在重整期间,经债务人申请,人民法院批准,债务人可以在管理人的监督下自行管理财产和营业事务。有前款规定情形的,依照本法规定已经接管债务人财产和营业事务的管理人应当向债务人移交财产和营业事务,本法规定的管理人的事务应该由债务人行使”。但是这种规定仍然预设破产管理人先控制债务人的财产和营业。也就是说,管理人控制是原则,DIP制度是例外。这种制度设计上的妥协为《破产法》的实施埋下隐患。

《破产法》对管理人制度的另一个妥协性规定是清算组制度。《破产法》第24条规定:“管理人可以由有关部门、机构的人员组成的清算组或者依法设立的律师事务所、会计师事务所、破产清算事务所等社会中介机构担任。”那么清算组这个术语是怎么来的呢?这个术语是在中国经济转型的背景下产生的。在中国经济转型期,许多国有企业经过政策性破产。[①]政策性破产必须解决一些复杂的历史遗留问题,比如下岗职工安置。解决这些问题必须依靠政府部门的介入,清算组因此应运而生。所谓清算组,即由政府部门抽调人员组成的解决国有企业政策性破产中历史遗留问题而组成的小组。

《破产法》实施的时候,政策性破产尚未结束。为了融合正在进行的政策性破产,允许《破产法》清算组担任管理人。但问题是《破产法》没有详细规定清算组的权力范围,这样,清算组就可能以管理人的法律身份控制破产程序。而且,政府部门可以透过控制清算组来控制破产程序。

管理人制度构成中的最后一部分是管理人的指定程序。《破产

---

① 政策破产是指这样一种事实,即从计划经济向市场经济转型时期,许多国有企业的破产伴随着计划经济时期遗留下来的很多问题,比如职工安置问题;为了解决这些历史遗留问题,国务院发布了许多政策支持这些国企的破产。因为政策破产需要政府支持,所以才成立清算组处理政策破产。清算组的成员由政策破产所涉及的政府部门派人组成。

法》第22条规定由法院指定管理人,并把具体的指定程序委托给最高人民法院制定司法解释。

以上简要描述了中国破产管理人制度的由来。尽管这很大程度上是立法过程中几位学者之间博弈的结果,但是却对后来的破产法实施带来深远的影响。①这种制度设计导致管理人控制破产程序,因为管理人由法院指定,所以法院在破产程序中扮演控制角色。只要破产程序启动,债务人就失去了对营业的控制权,哪怕债务人申请按照DIP模式重整也改变不了其命运。这种破产程序的控制机制直接影响了破产法的司法程序。

(三)破产法的司法过程

1. 法院的独立性被削弱

尽管自从20世纪70年代末期以来,中国立法数量繁多,司法力量不断扩张,中国法院的独立性依然脆弱。学者和观察者们发现党委领导下的政府(party-state,以下简称政府)对法院实施直接或者间接控制:法官在财政收入上依然依附于地方政府,他们的专业性受到限制,地方保护主义对法院的影响很严重。这种情况下,法院沦为政府的忠实附庸,谨小慎微地执行政府分配的任务;它们既没有意愿,也没有能力抵制政府的干预。②

最近几年,法院独立性似乎变得更恶化了。法院系统里两位高级官员最近两年的做法就是充分的证据。前最高人民法院院长王胜俊在2011年和2012年在向全国人民代表大会提交的年度报告里均未提及司法独立。他的报告仅仅提及司法公正,而回避司法独立。③多年来一直致力于推进中国民主法治建设的江平教授对此现象的解读是:"司法独

① 据本文作者了解,破产法立法过程中学者的争论模式基本上是这样的:某位学者提出一种观点或者制度设计,学者提出反对意见并提出自己的意见;最后,全国人民代表大会主持的立法官员在不同意见中寻求妥协,确定取舍。这种模式虽然看起来有些不严肃,但实际上就是这样。

② See Xin He, Why Did They Not Take on the Dispute? Law, Power and Politics in the Decision-making of Chinese Courts, International Journal of Law in Context, p. 1.

③ 报告参见:http://www.court.gov.cn/qwfb,最后访问时间2012年3月27日。

立倒退的信号。”①

吉林省高级人民法院院长张文显教授走得更远，他提出“联动司法”这个创新性思想。他认为，如果某个社会里超过10%的人参与法律诉讼，这个社会就是诉讼型社会。按照他搜集的数据，中国已经进入诉讼型社会了。②他顺藤摸瓜，进一步论证，提出在诉讼型社会背景下，中国应该推广联动司法的理念并付诸实践，而不应该拘泥于司法独立的传统观念。他把联动司法解释为：“人民法院行使审判权并作为司法机构履行其职能时，应该服从党的领导，依靠党委的政治优势协调不同利益主体；应该服从人大的监督，依靠人大的支持克服对司法的非法干预并维护司法的独立性；还应该努力寻求政府的支持与合作，以便实现司法权和行政权的和谐与合作。”③

2. 利益集团之间的博弈活跃

制度上缺乏司法独立的土壤，加上喧嚣甚上的所谓司法联动等为司法不独立背书的观念，使得司法过程中利益集团的博弈非常活跃。司法过程中参与博弈的利益集团主要包括地方法院、地方政府、诉讼主体、高级人民法院和最高人民法院。

破产案件中的利益集团博弈相对其他案件更强烈。这一方面是破产案件中涉及的利益集团更多。破产案件，尤其是大公司破产案件影响到地方经济、就业和社会稳定，所以地方政府积极介入破产案件。比如，破产案件中形成的“潜规则”之一是，上市公司破产需要地方政府、证监会与最高人民法院联合批准，法院才敢接手。这样，除了地方政府外，证监会和最高人民法院也卷入破产案件的司法程序中，成为重要的博弈参与人。

此外，在当前的立法体制下，最高人民法院的司法解释对司法产生

---

① 江平认为司法公正的前提是司法独立，所以，只强调司法公正而回避司法独立是错误的。参见江平：“法治的核心是保护私权”，载 http://video.caixin.com/2012-03-14/100367916.html，最后访问时间2012年3月27日。

② 张文显：“联动司法：诉讼社会境况下的司法模式”，载《法律适用》2011年第1期，第2页。

③ 同上，第4页。

重要影响。因为最高人民法院的司法解释对破产法的司法实践更具有时效性和回应性，其对利益集团博弈比破产法本身产生的影响反而更大。所以，最高人民法院作为一个利益集团，在破产法司法过程中享有更多的话语权。债务人、债权人、律师事务所和投资银行等私法主体也是破产法司法过程中的重要博弈参与人。他们通过一种独特的中国模式影响着最高人民法院司法解释的制定，进而影响破产法的司法过程。最后，破产法学者在破产法司法过程中继续扮演博弈角色。

通过以上描述，我们发现破产法的立法和司法博弈很有个性。在此背景下，破产法的实施状况如何呢？利益集团在破产法实施过程中如何博弈呢？这种博弈将如何塑造破产法未来的走向？本文将顺着这个思路逐步展开分析。

二、破产法实施中的问题与分析

破产法制度框架（regime）由两部分构成：破产法及其司法解释。前者由全国人民代表大会制定，后者由最高人民法院制定。为了便利破产法的实施，最高人民法院制定了一系列司法解释，包括：最高人民法院《关于〈中华人民共和国企业破产法〉施行时尚未审结的企业破产案件适用法律若干问题的规定》[①]；最高人民法院《关于审理企业破产案件指定管理人的规定》[②]；最高人民法院《关于审理企业破产案件确定管理人报酬的规定》[③]；最高人民法院《关于债权人对人员下落不明或者财产状况不清的债务人申请破产清算的案件如何处理的批复》[④]；最高人民法院《关于审理民事案件适用诉讼时效制度若干问题的规定》[⑤]；最高人民法院《关于适用〈中华人民共和国企业破产法〉若干问

① 2007 年 4 月 23 日，法释〔2007〕10 号。
② 2007 年 4 月 4 日，法释〔2007〕8 号。
③ 2007 年 4 月 4 日，法释〔2007〕9 号。
④ 2008 年 8 月 4 日，法释〔2008〕10 号。
⑤ 2008 年 8 月 11 日，法释〔2008〕11 号。

题的规定(一)》。①

与1986年《破产法》相比,《破产法》在立法上的进步是显著的:其适用范围扩大到全部法人实体;②借鉴《美国破产法》第11章,引进了重整制度;引进独立的管理人制度以取代1986年《破产法》规定的清算组制度;③《破产法》还通过债权人会议以及债权人委员会等制度设计提高了对债权人的保护力度。

但是,破产法案件数量并没有如预期的那样增加。从1998年到2011年中国法院每年受理的破产案件可以从下图得到直观的反映:

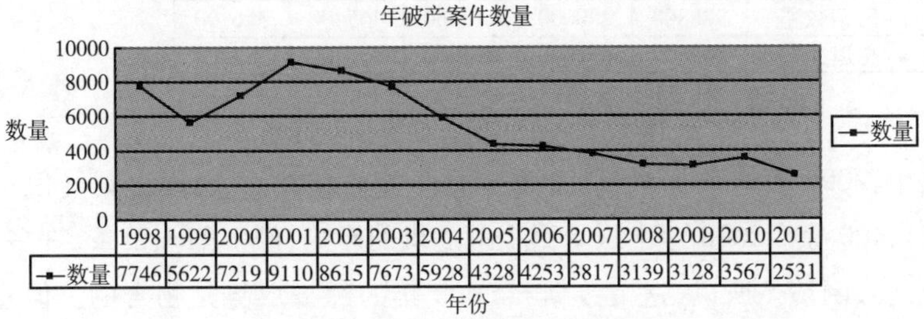

图1　年度破产案件走势

根据图1,从1998年到2001年,年度审理的破产案件基本呈现增加的趋势。2001年达到峰值9110件。从2001年到2005年,年度破产案件从9110件直线下滑到4328件。从2005年到2006年,数据尽管有所下降,但是比较平缓。但是,从2007年,即《破产法》实施的时间开始,年度破产案件数量不升反降,从3817件一直下滑到2011年的2531件。

另一组数据有助于我们解读《破产法》的实施状况。下图展示的数据说明,从2005年到2009年中国市场上每年退出市场的企业的数量是非常庞大的。

图2显示从2005年到2009年每年平均有80万家企业退出市场。

---

① 2011年9月9日,法释〔2011〕22号。

② 1986年《破产法》只适用于国有企业。尽管2006年《破产法》没有明确规定适用于其他经济组织,除了企业法人之外的其他经济组织的破产完全可以类推适用这部破产法。

③ 根据1986年《破产法》,破产案件由清算组处理,清算组由行政部门委派的官员组成。

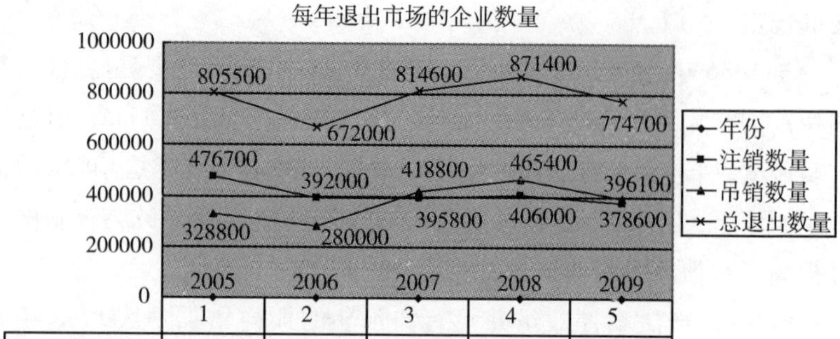

年份	2005	2006	2007	2008	2009
注销数量	476700	392000	395800	406000	378600
吊销数量	328800	280000	418800	465400	396100
总退出数量	805500	672000	814600	871400	774700

图 2　每年退出市场的企业数量

其中,2006 年的数据最低,为 672,000 家。2008 年数据达到峰值,为 871,400 家。2008 年中国受到金融危机的影响,经济陷入萧条,许多企业陷入困境。所以,这个数据和 2008 年的经济形势是吻合的。但是,诡异的是,从 2007 年到 2009 年法院受理破产案件持续下跌而退出市场的企业数量大幅度上升。这个反差反映了《破产法》实施面临的尴尬,值得进一步分析。

根据《公司法》、《破产法》以及相关的行政法规,企业可以通过两种方式终止营业:或者依据其章程主动终止,或者被工商局强制终止。终止营业的企业仍然具有法人资格,它在向工商局申请注销之前必须经过清算程序。清算结束后如果还有剩余财产,剩余财产将在股东中间进行分配,然后到工商局申请注销;如果企业现有财产不足以清偿所有债务,根据《公司法》进行的清算程序转化成《破产法》下的清算程序,即破产清算程序。债权人按照破产法规则分配财产。

但是,有理由怀疑相当数量的企业为了逃避债务或者由于其他原因,没有经过清算程序就退出了市场。① 我们从经济形式上看不出 2010 年到 2011 年中国企业生存环境有任何改善。以温州为例,自从

① 参见吴晓峰:"新破产法实施以来破产案件不升反降",载 http://www.legaldaily.com.cn,最后访问时间 2011 年 2 月 11 日。

2010 年温州民间金融链条断裂以来,许多企业主选择跑路,而不是申请破产。据统计,从 2010 年 1 月到 10 月,为了逃避债务而跑路的企业主超过 90 位。①但是温州并非个案,近几年为讨债而“跑路”的报道在全国各地都有。如果我们进一步把全球经济不景气对中国的影响考虑进去,中国 2011 年的金融和经济状况绝不会好于 2010 年。但 2011 年的破产案件数量却明显少于 2010 年。

综上,我们有理由推测 2007 年《破产法》实施以来年度总破产案件受理的数量和符合破产条件应该申请破产的企业的数量之间可能存在偏差。

三、破产法实施中的利益集团及其激励

正如上文所述,《破产法》的立法过程并未太多涉及利益集团的正式博弈。唯一涉及博弈的职工债权和担保债权的清偿顺序问题也似乎没有对其司法程序产生太多影响。但是,破产法学者之间的“博弈”及其妥协结果却对《破产法》的实施造成了影响。本部分将在管理人制度运行的背景下讨论《破产法》实施中的利益集团及其激励。之所以选择这种背景是因为管理人制度为破产法司法过程中的利益集团提供了一个集中博弈的平台。

《破产法》规定管理人控制破产程序,管理人由法院指定。而且,在有影响的破产案件中,允许由政府部门的官员和破产专业人员组成的清算组担任管理人。这就把来自不同政府部门的官员引进来,参与司法博弈。这样,参与《破产法》实施的博弈主体可以划分为三个部分:一部分来自法院,包括地方法院和最高人民法院;另一部分来自市场主体,包括债权人、债务人和中小股东;还有一部分来自行政机构,包括地方政府、证监会和国资委。

① 严格、古其铮、赵晓燕:“跑路还是破产? 温州企业如何应对金融危机?”,载 http://www.chinanews.com/fortune/2011/10-14/3389855.shtml,最后访问时间 2012 年 3 月 30 日。

(一)参与博弈的法院及其激励

中国的法院体系由四个层级组成,即基层人民法院、中级人民法院、高级人民法院和最高人民法院。那么审理破产法的法院体系如何呢?根据《破产法》第3条,破产案件由债务人住所地人民法院管辖。因为中国没有专门的破产法院,破产案件由法院的民事审判庭审理。所以,破产案件应该遵循一般的民商案件审理原则。一审一般由基层人民法院,即那些位于县城或者市管辖区的法院审理;如果一审破产案件有重要影响,就应该交给中级人民法院审理。只有在特殊情况下一审破产案件才能由高级人民法院审理。

截至2011年,33例上市公司破产重整都是由中级法院审理的;截至2011年,162例非上市公司重整的案件中,40例由基层法院审理,1例由高级法院审理,剩下的都是由中级法院审理的。①

清算案件的受理法院的级别也没有与案件的重要性表现出明显的联系。比如,在东部沿海经济发达地区,很多一审破产案件涉及的债权金额大,债权人数量多,而且分布在全国各地,可谓"有重要影响",但是仍然由基层法院审理。例如,宁波市北仑区法院三年内审理了8例破产案件。这些案件涉及的债权总额超过150亿元人民币,债权人数量超过1500人。②再如,广州顺德区法院于2008年受理了一起破产清算案件,该案涉及债权额超过8400万元人民币,涉及超过104位债权人,且分布在全国各地。③

《破产法》也对破产中的某些事项提供了上诉权。比如,第12条规定如果一审法院不受理破产申请或者驳回破产申请,当事人可以上诉。但是,本文作者仅发现一例破产上诉案件,而且上诉没有成功。④

---

① 数据参见李曙光、郑志斌主编:《公司重整法律评论》(第2辑),法律出版社2012年版,附录部分。

② 董晓军等:"北仑法院积极行使司法权力服务于社会管理创新",载《宁波日报》,2011年4月3日版。

③ 陈志义、于景鹏:"一个破产案件涉及全国范围内一百零四人",载《南方日报》,2011年6月2日版。

④ 即东星航空破产案,中国第一例民营航空公司破产案。

所以,本文的讨论忽略上诉法院。

地方法院对破产案件的激励包含两个方面。一方面是受理破产案件的激励。地方法院缺乏受理破产案件的激励。这是由两个因素造成的:一个因素是中国的法院制度。因为中国法院制度具有准行政化性质,在这种制度下,法官被定性为公务员,其业绩由行政量化机制评价。也就是说,法官的业绩由其审理的案件数量衡量。破产案件一般比较复杂,而且耗时,受理破产案件对法官来说比较吃亏。在此背景下,法官没有激励审理破产案件是很自然的。另一个因素是地方政府的干预。地方政府倾向于干预那些他们认为重要的案件。破产案件在许多方面影响地方政府,因而在地方政府眼里是不折不扣的重要案件。所以,法院受理破产案件必须忍受地方政府的干预。为了避免受到干预,理性的选择是不受理破产申请。

另一方面是地方法院受理破产案件之后的激励。尽管法院不愿意受理破产案件,但是一旦受理之后,法院自然就产生控制案件的激励。《破产法》赋予破产管理人相当的破产程序控制权,法院又有指定管理人的权力。这样,部分是基于地方保护主义,部分是基于寻租的激励,地方法院有很强烈的激励操控破产案件。为了操控破产案件,成本最低的办法就是指定本地的中介机构以及中介人员担任管理人。①

中国的法院体制按照行政治理的模式运行。这种行政治理的法院体制把不同层级的法院置于不同层级的政府组织体系。从横向看,地方法院只不过是地方行政体系中的一个单位而已。它们在人事、预算等事务中受制于地方政府的控制。但是从纵向看,最高人民法院不仅依仗其准行政权力有能力控制地方法院,而且有能力对地方政府施加影响,这是因为最高人民法院的行政级别高于地方政府。

一方面,最高人民法院有强烈的激励鼓励地方法院受理更多的破

① 根据本文作者对破产专业人员的访谈,在指定管理人方面产生的寻租并不罕见。尤其是在某些服务费高昂的大公司重整案件里,寻租很激烈,腐败很严重。为了贿赂法院获得担任管理人的资格,有些破产中介机构(人员)所用手段五花八门,从金钱轰炸到美女肉弹,应有尽有。

产案件,因为受理案件越多意味着法院系统的业绩更鲜艳。[①]另一方面,最高院又担心某些破产案件可能引发社会不稳定,自己因此可能要承担责任。[②] 所以,最高人民法院也担心地方法院和地方政府在破产案件中可能因为违规行为造成不公平,因而造成上访,最终影响最高人民法院的业绩。这种矛盾的激励影响着最高人民法院的行为。

(二)参与博弈的市场主体及其激励

参与破产的债权人主要包括贸易债权人和融资债权人。贸易债权人因地域不同而激励不同。在经济发达地区,贸易债权人在重整中一般愿意做出让步;但是在落后地区,比如西部某些地区,在重整中就很难说服贸易债权人调整其债权。[③] 融资债权人,尤其是大公司的融资债权人主要是银行。中国的商业银行部门主要由国有银行组成。国有银行的结构一般是由一个总部和建立在各个省市的分行组成。那些分行一般没有谈判能力,没有权力自行决定调整债权,尤其是大额债权。同时,分行又受到地方政府的影响。

债务人在破产中的地位受到管理人制度的影响。《破产法》赋予管理人控制破产程序的权力。同时,《破产法》及其司法解释又把指定管理人的权力交给法院。尽管《破产法》规定了DIP制度,但是法律把DIP制度作为一种例外,而且把DIP置于管理人的监督之下。这种制度设计的结果是,只要进入破产程序,债务人就失去对其财产和营业的控制权。这种制度设计使得债务人轻易不愿意主动申请破产重整。[④]

① 在每年的"两会"上最高人民法院都要向全国人民代表大会作报告,这是集中展示业绩的机会。报告的必备内容之一就是法院系统上一年度受理并审结了多少案件。

② 最高人民法院是上访的访民聚集的热门部门之一。

③ 据一位破产专业人员讲,ST钛白是一家位于甘肃的上市公司。在处理这家公司重整的过程中,破产专业人员发现很难说服当地的贸易债权人,比如原料供应商通过削减债务等办法达成债务重组。这些贸易债权人在长期的交易活动中已经和债务人形成固定的交易关系。但是,他们对于削减债务等提议感到"很生气",认为这样做很"没良心"。

④ 根据一位破产专业人员的观察,浙江省很多民营企业主不敢适用重整程序摆脱经营或者财务困境。因为他们担心一旦申请重整自己的企业就被法院指定的管理人控制,自己就失去了控制权。所以,他们宁愿等到最后一刻,直到企业形式已经恶化到不可收拾,才选择跑路或者被债权人强制申请破产。本文作者判断这是江浙一带发生大量破产潮和企业主跑路潮,但是申请重整保护的案件相对稀少的原因。

中小股东在上市公司破产重整博弈中扮演独特的角色。他们在上市公司治理中角色脆弱,没有发言权,容易成为大股东和管理层侵占资产的牺牲品。[①]有意思的是,尽管在上市公司重整博弈中,中小股东仍然是弱势群体,[②]他们却是影响法院裁判的一个重要因素。这是因为中小股东人数众多,他们对公司重整的反应被视为影响社会稳定的一个重要因素。所以,很大程度上因为担心一旦上市公司重整不成功被清算将导致数量庞大的失去股权价值的中小股东可能选择上访,地方政府、证监会和最高人民法院等公权力部门似乎达成一项默契,即陷入困境的上市公司不能破产清算,只能重整,而且重整必须成功!这也许就是为什么破产法实施以来我们只看到上市公司重整,却没有一例上市公司清算案件。这不能不说是中小股东影响的结果。

即使在重整博弈中,中小股东仍然扮演一种特别的角色。一方面,他们仍然是弱势参与人。《破产法》没有为他们提供太多的博弈资源。[③]另一方面,那些强势参与人必须在作出决策的时候考虑他们的反应。所以,地方法院、地方政府、最高人民法院和证监会在决策时必须把他们考虑进去。[④]

出于对维稳的考虑,法院有时会要求重整计划照顾中小股东的利益,保全中小股东的股权。这种预期造成上市公司重整中投机盛行。[⑤]但是《破产法》并没有为中小股东提供充分的参与重整博弈的机会,许

---

① 几乎在每一起公司欺诈或者丑闻中,中小股东都是大股东或者管理层掠夺公司资产的受害者。这方面的案例很多,比如大庆联谊、银广夏等。

② 中小股东一般在上市公司重整中没有发言权。

③ 根据《破产法》第85条,股东一般只能列席债权人会议,只有当股权面临调整的时候股东才能组成类别组参与投票和谈判。

④ 在一个极端的上市公司重整案件里,法院向管理人发出强制性指示,作为其制定重整计划的指南。因为上市公司重整一般涉及股东转让其部分股权给债权人或者重组方,法院强行要求管理人调高控制股东转让股权的比例,而降低中小股东转让股权的比例。当然,法院这样做不是出于对中小股东的仁爱,而是出于维稳的考虑,即避免引起中小股东的抵触情绪并发生冲突。最后,管理人决定中小股东转让股份的10%,而控制股东转让100%。

⑤ 当陷入困境的上市公司宣布法院受理其重整申请时,其股价往往涨停,因而引发ST公司股票炒作现象。

多纠纷由此产生。

《破产法》及其司法解释强制性规定管理人是破产程序的控制人。根据《破产法》,律师事务所、清算事务所、会计师事务所、投行等市场中介机构都可以申请注册取得管理人资格。法院有权力审查这些申请人并决定其命运。

在《破产法》实施的初期,破产中介机构对其充满期待,认为市场经济取向的法律将给市场中介机构创造很多机会。但是后来的实践越来越令人失望。他们先是对清算案件失去了兴趣,因为他们发现很难从清算案件中获得利益,有的甚至赔本。于是,他们纷纷转向重整业务。因为重整业务,尤其是大公司重整可以带来丰厚的利润。这样,破产清算案件成为鸡肋,对公司重整案件的竞争越来越激烈。

(三)参与博弈的行政机构及其激励

地方政府在中国当前的政治经济环境中所扮演的角色之一是维稳。近年来维稳已经成为地方党委和政府的主要任务。维稳如此重要,以至于从中央到地方专门成立了维稳的政府部门。①

地方政府的另一个主要角色是发展地方经济。地方政府之间的竞争主要是地方GDP的竞争。GDP的竞争转而把地方政府塑造成公司。市长或者县长越来越像CEO,地方党委书记越来越像董事会主席。这种现象被称为地方政府的商业化和公司化。②

以上地方政府所扮演的两个角色决定了其对破产案件的激励。因为地方政府担心破产清算将损害地方经济并造成社会不稳定,所以,他们倾向于限制当地企业申请破产清算。相反,对地方企业实施成功的

---

① 于建嵘:"无法承受的成本",载http://english.caixin.com/2011-01-19/100218601_2.html,最后访问时间2012年4月22日。

② 李曙光:"改善顶层设计,激励中小企业",载http://www.oeeee.com/a/20120305/1045783.html,最后访问时间2012年4月22日。

重整不仅给地方政府带来经济上的好处,而且给其政治形象和业绩加分。①这种激励导致地方政府热衷于干预破产案件,并极力促成企业重整。②

在目前的大环境下,作为中国资本市场的主要监管部门,证监会把维护资本市场的稳定作为其首要监管目标。这样,证监会就对上市公司退市非常敏感,这种敏感反过来又影响到上市公司破产案件。

尽管中国资本市场上越来越多陷入困境甚至资不抵债的上市公司沦为 ST 公司,③但是自从《破产法》实施以来尚未出现因资不抵债而破产退市的案件。④所以,我们仍然看到许多失去营业能力只剩下空壳的上市公司傲骄地屹立在资本市场,等待排队买壳的重组方。

但是,证监会对公司重整也有一些担心,比如担心某些上市公司在重整的掩盖下实施欺诈性交易。这种担心使其在批准重整的时候又显得格外小心。证监会的这种稍显矛盾的激励将影响法院对上市公司重整的裁判。⑤

国资委是国务院下属的专门为管理我国巨额国有资产而设立的部门。中央国资委直接归属国务院领导,地方国资委既接受地方政府领导,又受到中央国资委的垂直领导。根据《企业国有资产法》,中央和地方国资委代表国务院和地方政府履行国有资产出资人的义务。⑥中

① 比如,鑫安科技是一家位于河南焦安市的上市公司。这家公司重整时,其清算组的组长就是焦安市工业局局长。重整成功后,作为清算组组长的工业局长晋升为该市主管经济的副市长。

② 除了深圳之外,我们在其他地方的公司重整案件里都能看到地方政府的参与。

③ 根据 2010 年沪深两市证券交易所的资料,该年度资本市场上陷入困境的 ST 公司数量达到 171 家。

④ 自从沪深证券交易所成立以来,只有 39 家上市公司被退市摘牌。参见 http://www.cninfo.com.cn/disclosure/szdelistinglist.jsp,最后访问时间 2011 年 10 月 18 日。

⑤ 破产法引进重整制度以来,上市公司重整案件在维稳等政策目标的指引下,经过地方政府、证监会和最高人民法院的长期博弈,已经形成了一个约定俗成的程序。即重整申请人先从地方政府拿到一份保证函,保证上市公司重整不会造成地方不稳定;当事人用保证函换取证监会的批准文书,再到最高人民法院用证监会的批准文书换取一份最高人民法院的批准;地方法院只有看到最高院的批准时候才肯受理重整申请并宣布重整。

⑥ 参见《企业国有资产法》第 11 条、第 12 条。

央国资委负责监督中央级国有企业,地方国资委监督地方国企。国有企业按照国家控股划分为三种形式,国家可以做国有企业的独资股东、控股股东或者普通参股股东。① 不管采用什么样的股权投资形式,只要企业里存在国有股权,国资委就有权参与这种企业的破产程序。

中国当前国有资产数量庞大。②这使得国资委成为破产案件博弈中的重要参与人。在实践中,我们发现地方国资委经常作为清算组的成员参与企业破产案件,发挥着举足轻重的作用。

四、利益集团博弈的效果——破产法实施的现状

利益集团在破产法实施中的博弈塑造了破产法实施的现状。这个现状从表面上看表现为破产案件受理率低。清算案件受理率低可以归结为几个因素,其中与利益集团博弈有关的因素有两个:一个是地方政府把高破产清算率作为经济业绩差的表现,因而担心高破产清算率影响政治形象;低破产清算率与地方政府的总体激励相容。另一个是陷入困境的企业没有激励积极申请重整保护。因为他们担心根据目前的管理人体制,一旦申请重整将失去对自己的企业的控制权。这样,很多本来应该及时拯救的企业得不到及时拯救。从深层级上分析,我们首先发现破产案件趋于政治化。

(一)破产案件趋于政治化

因为涉及太多的公权力部门的博弈,从而在商业行为中掺杂太多的政治考虑,导致破产案件出现政治化倾向。这种政治化具体表现在以下几方面:

---

① 严格地说,除了国有独资企业可以成为“国有企业”,国家控股或者参股企业不是“国有企业”。但是,因为长期以来人们已经习惯了这种称谓,所以,本文统称“国有企业”。

② 例如,中央国资委目前控制 117 家巨无霸型央企。这些央企或者本身就是上市公司,或者是资本市场上很多上市公司的控制股东。

1. 地方政府的意愿影响了企业破产模式的选择

尽管前文提到地方政府偏好重整，但是有时候清算反而符合他们的政治偏好。三鹿集团破产案件就是一个典型。三鹿集团曾经是中国最大的婴儿奶粉生产企业。由于在奶粉中添加三聚氰胺的丑闻在2008年9月被曝光，许多受害者家属纷纷提前诉讼，导致三鹿奶粉销售陷入困境。2008年12月18日，一位债权人向石家庄中院申请三鹿破产，法院受理了破产清算申请。2009年2月12日，法院宣布三鹿破产。

法院指定清算组作为破产管理人。三鹿主管部门和地方政府等行政机构在清算组中占主导地位。这种管理人模式为政府影响三鹿破产案件的具体处理奠定了基础。三鹿破产案涉及的一个关键的问题是：如何保证未来潜在的三聚氰胺受害儿童的医疗救助及其赔偿费用？针对三鹿这种涉及大量潜在未来侵权债权人(future tort claimants)的破产案件，国际上的通行做法是走重整程序，在重整的框架下设立专门的基金用来对潜在的未来侵权债权人进行有序赔偿。即使企业没有能力继续营运，走重整之路相对于破产清算也对潜在的未来侵权债权人有利。①

对地方政府来说，以清算的方式了结三鹿案件似乎就能了结此事。但是，那些受害者的诉讼并没有停止。2009年11月27日，也就是法院宣布清算结案之后的几天，一位受害婴儿家长在北京顺义法院对三鹿提起民事侵权赔偿之诉。遗憾的是，因为三鹿已经被强行清算，这种诉讼以失败告终。② 这也意味着三鹿清算完全剥夺了受害者得到赔偿的机会。

2. 地方政府深度介入重整程序

地方政府介入公司重整的最优方式就是进入清算组，通过控制清

---

① See Yair Listokin and Kenneth Ayotte, Protecting Future Claimants in Mass Tort Bankruptcies, 98 Nw. U. L. Rev. 1436 (2003-2004).

② 参见黄秀丽："三鹿破产'金蝉脱壳'舆论呼吁政府赔偿"，载《南方周末》，2009年12月3日A3版。

算组控制重整。尽管破产法允许以清算组的形式组成管理人的初衷是作为一种临时的过渡性安排,但是这种清算组模式在实践中却深受欢迎。上市公司重整基本上都是由清算组作为管理人,而且清算组成员又被政府官员主导。

当然,在中国目前的政治经济环境下,地方政府参与公司重整有其合理和有利的一面。第一,大部分上市公司里存在国有股份。国有股份当然需要中央或者地方国资委代表,因此,国资委派人进驻清算组参与重整博弈具有法律正当性。第二,某些行政性安排,比如安置职工是法院裁判破产重整案件的前提。地方政府不把这些事情解决,法院不敢做出裁判。

问题是,政府也具有私利,如果政府在参与重整的时候谋取私利,就有违正当性,会伤害法治的尊严。不幸的是,很多时候政府参与重整掺杂了大量的私利。有时候,即使政府没有参与重整的权利,也为了私利越权,强行干预重整。我们以银广夏重整为例。银广夏是一家上市公司,其股东都是私人股东,不存在国有股。尽管银广夏是一家地地道道的私人公司,法院批准银广夏重整之后还是指定清算组作为管理人。清算组的组长和副组长分别由宁夏回族自治区国资委的主任和副主任担任。

宁夏国资委控制了银广夏的重整。尽管有多家投资者愿意竞争参与对银广夏的重组,宁夏国资委还是“选择”了当地的一家国有企业作为银广夏的重组方。多数债权人和股东反对国资委选择的重组方。他们的反对理由是宁夏国资委选择的重组方提出的报价低于其他投资者的报价,而且他们不看好该重组方未来的盈利能力。他们要求通过招标竞争选择重组方。此时,在行政力量的压力下,法院动用破产法中的“强裁”规则强行批准了重整计划。①

3. 重整案件成为不同政府部门之间的博弈平台

重整案件的政治化使得重整变成不同政府部门之间的博弈平台,

---

① 参见陈莹莹:“法学泰斗批银广夏重组猫腻;提请强裁违背破产法”,载《证券时报》,2011年11月11日版。

而作为私人民事主体的破产专业人员在这些政府部门中间穿梭,争取自己的博弈空间。

地方法院处于博弈的中心。这是因为:第一,地方法院有权指定管理人控制重整中的债务人;第二,地方法院被地方政府控制;第三,地方法院还受到高级法院和最高人民法院的影响。

中国的法院系统可以定性为半司法半行政体制。在这种体制下,法院系统在长期的司法演变中发展出一种有趣的"潜规则(norm)"。即如果案件出现疑难问题,下级法院倾向于向上级法院汇报,听取上级法院的指导。这种汇报可以一直延伸到最高人民法院。在这种汇报规则下,上级法院可以通过提供案例指导的形式影响下级法院。最高人民法院根据这种规则制定了很多司法指导,其中某些指导已经被赋予司法效力,成为下级法院未来受理类似案件的法律依据。在公司重整中,上级法院,尤其是最高人民法院对地方法院施加的影响更大。

另一个关键博弈参与人是地方政府。地方政府一般情况下具有支持公司重整的政治和经济激励。这样,地方政府参与了大部分大公司,尤其是上市公司重整案件。在这些重整案件中,参与重整的官员往往是主管经济的副市长。有时候,甚至省级官员也被卷入重整谈判。①

最高人民法院通过两种方式参与重整博弈。一种很具有中国特色的方式是最高人民法院组织一些官方研讨会,通过研讨会发布一些"共识"。最高人民法院针对公司重整组织了几次重要的研讨会,其中最重要的是2007年10月1日的"昆山会议"。来自最高人民法院和证监会的官员、破产法学者以及某些破产专业人员参加了这次会议。这次会议的主题之一就是讨论公司重整中的管理人制度。参会者针对此问题形成两派意见:一派主张由法院指定重整中的管理人,另一派主张完全吸收《美国破产法》第11章的DIP制度。最后的结果是相当模糊的妥协,即由清算组担任重整管理人。此外,最高人民法院还通过制定并发布司法解释影响重整。正如前文已经提到的,最高人民法院还专

① 例如在浙江玻璃,这家在香港上市的大陆民营企业破产重整案件中,为了解决重整中的某些问题,浙江省和甘肃省的副省长出面谈判!

门针对管理人制度制定了两个司法解释。

此外,最高人民法院对上市公司重整中的某些关键问题拥有批准权。这是最高人民法院施加其影响力的重要杠杆。中国上市公司重整的基本做法是地方法院批准上市公司重整以及在重整中行驶强裁权力都需要得到最高人民法院批准。①例如,在上市公司ST兰宝重整案件中,长春市中级人民法院就是在取得最高人民法院和证监会的批准之后才受理重整申请的。②

根据《公司法》以及相关的法规,证监会对上市公司的重大资产重组以及非公开定向发行股份等事项有批准权。因为上市公司重整必然涉及资产重组以及非公开发行股份,证监会通过这种权力参与重整博弈。地方法院也要求当事人先拿到证监会同意重整的证明才会批准重整计划。当然,这种制度安排不是基于任何法律或者法规,而是重整参与人在博弈中达成的默契。我们不妨把这些默契作为一种行规(norm)。

债务人如何参与重整博弈因个案而异。如果债务人的大股东是国资委,则国资委控制并代表债务人。这种债务人在博弈中处于强势。如果债务人主要股东是私人股东,但是其破产失败又被认为可能影响地方政治和经济稳定,或者债务人被指控违反了法律或者法规,则地方政府一般会选择强势介入,成立清算组,控制债务人。债务人原来的管理层或者控制股东被撤换,甚至接受司法审查。此时,代表债务人博弈的实际上是地方政府。③

但是,值得注意的是,在深圳这种市场经济成熟的地方,政府一般

---

① 有趣的是,这些做法根本没有任何法律依据,完全是实践中博弈出来的规则(norm)。这也许是考察地方法院与最高人民法院在处理大公司重整时博弈的一个完美案例。地方法院通过这种方式可以把行政压力转移给最高人民法院,从而减轻自己面临的地方政府压力。

② 参见徐强:“兰宝破产案中的法律智慧”,载《法制日报》,2008年1月27日A10版。

③ 一般的做法是地方政府先成立一个解困小组接管陷入困境的企业。解困小组申请破产重整,法院随即指定解困小组作为清算组,控制重整中的债务人。太子奶、浙江玻璃破产重整就是这样操作的。

不介入私人公司的破产。只有在这种情况下作为债务人的私人公司才会以私人主体的身份参与重整博弈。ST 盛润破产重整就是一个典型的案例。盛润公司是一家在深圳注册成立的上市公司。盛润重整是由其大股东莱英达公司发起的。债务人向深圳中院申请重整时,要求以 DIP 的形式重整,法院经过审查,批准了其申请。

国有银行往往是上市公司的主要债权人,所以他们也往往是上市公司重整中的博弈参与人。尽管中国国有商业银行形式上都已经上市成为公众公司,但是他们实际上在公司治理层面仍然遵循某种官僚体制的运营模式,比如,分行的主要业务需要总行批准。在重整中,上市公司所在地的分行行长无权决定重整谈判中的重大事项,比如削减债务或者延期偿债。所以,为了推动重整进程,能否和总行的官员取得联系就显得格外重要。①

4. 破产专业人员穿梭于公权力参与人中间

以上我们提到的都可以大致归类为公权力参与人。作为私人主体的破产专业人员,比如律师和投行则穿梭于这些公权力参与人中间,提供专业服务并附带扮演准博弈参与人角色。尽管在公司重整中担任管理人的破产专业人员负有最大化破产财产价值的信托义务,②但是他们的行为受到同在清算组的其他官方成员的限制。这样,他们能够在多大程度上履行其信托义务很大程度上取决于他们如何平衡参与重整博弈的官员的利益和其他对破产财产具有请求权的人的利益。如果清算组被政府官员控制而且私人破产专业人员沦为官员的附庸,破产专业人员的利益倾向于和政府官员的利益一致,他们就很难保证能够履行其信托义务。我们以上文提到的银广夏重整为例。宁夏国资委的官员控制了清算组,清算组里的律师和其他专业人员失去了独立性。小

---

① 比如在河北沧化破产重整中,尽管债务人是河北公司,其主要的金融债权人也是位于河北的工商银行河北分行,但是管理人却向工商银行总行的首席风险官汇报重整计划,因为分行没有资格批准处置计划中涉及的对债权做重大调整的规定。

② 因为清算组担任重整管理人,清算组里的破产专业人员以市场中介的身份负责提供专业服务,所以他们必须承担管理人应该承担的信托义务。关于管理人在公司重整中的信托义务,可参见 In re Delta Petroleum (P. R.), Ltd., 193 B. R. 99,110(D. P. R. 1996)。

股东指控清算组里的律师没有以破产财产最大化作为其行为准则。[①]

如果破产专业人员能够保持其职业独立性和职业操守,他们就可以朝着对破产财产价值最大化以及维护那些对破产财产有利益关系的人的利益的方向影响清算组。例如,在华源重整案,担任财务顾问的投行不仅提供财务服务,而且在国资委、国有银行等政府部门中间积极协调,最大限度地履行其信托义务。因为财务顾问有能力和公权力机构打交道,所以便利了重整谈判,有助于博弈参与人对重整计划达成一致。

从以上描述,我们可以发现破产专业人员在重整,尤其在大型上市公司重整中扮演着尴尬的角色。他们能否尽到公司法和破产法中的信托义务很大程度上取决于职业道德的自律约束,而不是法律的约束。

(二)破产政治化运作的后果

在破产案件政治化背景下,法院丧失应有的独立性,破产法的基本原则和运作模式被违反。其中遭到违反且直接影响破产法实施的原则和规则包括管理人制度和强裁制度。

1. 管理人制度遭到破坏

根据上文所述,破产法实施中实际担任管理人的人员可以划分为两类:一类是政府官员,另一类是破产法专业人员。我们不妨把前者称为公权力管理人,把后者称为私人管理人。

立法将指定私人管理人的权力配置给地方法院。这种规定是基于这样一种判断,即法院是公正的。但是,地方法院在破产法实施中有其私人利益。立法者的主观判断(实际上是预设,本文作者注)和现实的差距造成了破产法实施中的诸多挫折。这些挫折集中表现为管理人制度遭到破坏。

---

① 根据本文作者对银广夏重整中的中小股东的访谈,银广夏的控制股东和管理层在公司申请重整之前很长时间里一直进行着掏空公司、损害公司利益的交易。而且这些交易对公司沦为破产具有直接的联系。破产专业人员有义务审查这些欺诈性交易,以便维护破产财产的价值。可是,清算组里的那些破产专业人员不仅没有对这些交易做尽职调查,而且协助来自宁夏国资委的官员制定重整计划,并说服持异议的债权人和中小股东接受国资委官员炮制的重整计划。

地方法院倾向于指定本地的管理人。对于大公司或者复杂的破产案件,立法允许法院在全国范围内通过公开招标竞争遴选管理人。而且公司重整,尤其是DIP重整模式的基本逻辑要求债务人和债权人在正式申请重整之前就聘请专业人员。那么合理的逻辑应该是在申请重整之后法院指定那些已经介入重整的专业人员担任管理人。但是在很多重整案件中,法院尽量指定本地的管理人,甚至撤换之前一直参与重整谈判的破产专业人员。①

这种在指定管理人上表现出来的地方保护主义不仅增加了重整的成本,损害了重整的效率,而且在破产专业群体中间造成不公平。而且,有时候债务人为了保护其自行聘请的破产专业人员不得不把其他的政府官员拉进来抗衡地方政府,增加了博弈的成本和不确定性。例如,在华源重整案中,尽管债务人在申请重整之前就聘请法律和财务人员协助其制定重整计划;但是申请重整之后,地方法院又另行指定新的地方中介机构担任管理人,以替代之前的那些专业人员。为了保护自己的利益,这些即将被替代的专业人员建议债务人用中央国资委抗衡地方政府。债务人要求国资委"建议"地方法院指定之前已经参与重整的专业人员继续担任管理人。最后,地方法院接受了国资委的"建议"。②

这种管理人指定制度也滋生了法院寻租现象。市场上早已传出很多有关法院在指定管理人上受贿的抱怨,而且经过法院恩准上任的管理人的公正性也经常遭到损害。已经出现一些极端的例子,即法院指定的管理人按照地方政府的意愿协助地方政府滥用重整程序。③

---

① 鉴于中国法院受贿案件比较普遍,我们有理由怀疑法院这样做的主要激励在于从当地管理人处捞到租金,毕竟,从熟悉的人手里受贿的交易成本低,风险也小。

② 我猜想地方法院之所以屈从于国资委的意志可能是因为国资委的行政级别比该法院高得多。

③ 典型的案例是太子奶重整案。太子奶重整前后,当地政法部门指控太子奶创始人李途纯侵占公司资产、挪用公司现金。李途纯被关押一年之后被宣布无罪释放。但是,在太子奶重整期间,其清算组内的律师居然协助政法部门搜集材料证明李途纯有罪。参见侯斌雄:"比吴英幸运的李途纯:年过半百,从头再来",载 http://finance.ifeng.com/news/special/taizinai_ltc/20120419/5961291.shtml,最后访问时间2012年5月2日。

总之,在中国目前的政治和经济环境下政府官员进入清算组参与公司重整具有某些合理性和正当性。比如,政府可以帮助协调解决职工安置问题;政府可以帮助协调与国有银行谈判解决债务重组问题;[①] 政府作为国有股权所有人参与重整,保护国有资产。[②] 但是,因为立法没有对政府官员参与重整的权利和义务做出准确的界定,政府官员往往为了私利滥用其作为管理人的角色。结果是,只要作为公权力管理人的政府官员滥用了其权力,公司破产重整制度就遭到破坏。

2. 强裁规则被滥用

强裁已经成为中国破产法实施以来一个流行的术语。[③] 在前述列举的 33 例上市公司重整案中,有 6 例是靠法院强裁结案的。[④]重整中被强裁的对象可能是债权人,也可能是中小股东。债权人反对重整计划的原因可能是主张债权之间的待遇不公平,或者是主张债转股的比率不公平。中小股东反对重整计划的原因主要是主张股东之间在转让股份给债权人和重组方上转让的比例不公平。

强裁被频繁地使用,以至于即使有时债权人对重整计划不满意,也不愿意提出反对。因为他们预期即使反对,法院也会通过强裁强制通过重整计划。法院之所以频繁地使用强裁,主要还是因为受到行政压力。法院受到的基本压力是担心如果不强裁,上市公司被清算,法院将不得不为所有带来的问题背黑锅。这些问题包括下岗工人安置、地方经济的损失和地方政府形象的损害等。这些政治压力完全超出了地方

① 中国的国有银行行长都是有行政级别的官员,这使得私人市场主体很难平等地和他们谈判,尤其是涉及敏感的债务重组问题时。

② 在这种情况下,代表 DIP 的不是管理层,而是控制股东。

③ 所谓强裁,是指法院不顾某一(类)债权人或者股东的反对,强制批准重整计划。强裁必须满足一定的条件,比如遵循对被强裁者的公平原则、保护被强裁者的最大利益原则等。如果违背这些原则无节制地强裁,则损害了重整制度的根基。对强裁的具体讨论参见王佐发:“上市公司重整中对债权人强裁的公平原则”,载《政治与法律》2013 年第 2 期。

④ 这些强裁案例包括 ST 沧化、ST 帝贤、ST 锦化、ST 光明、ST 银广夏和 ST 钛白重整案。

法院的承受能力。所以,法院的理性选择只能是滥用强裁。①

因为强裁作为一种破产规则牵涉太多的政治效果,强裁的程序也变得政治化了。这种政治化的强裁程序再一次来源于利益集团的博弈,而非立法的规定。其程序是这样的,申请强裁的当事人先去拜会证监会,证监会批准之后,申请人拿着证监会批准的证明到最高人民法院换取最高人民法院的批准。只要申请人拿着最高人民法院的批准回到地方法院,地方法院就会放心地执行强裁了。②

可见,正是由于破产案件的政治化运作以及基本破产原则和规则得不到遵守,使得破产法的实施充满不确定性,当事人对申请破产的后果缺乏信心。这些因素促成了破产案件受理率偏低的结果。

五、哪些力量可能塑造破产法的未来?

从以上描述,我们可以看出破产法的实施和立法预期相去甚远。破产案件受理率整体偏低,主要的破产原则和规则遭遇滥用,破产的市场化也遭遇挫折。在此情况下,修正并改善破产法成为必须。那么,这些参与破产博弈的利益集团中哪些有动力参与改善破产法的另一场博弈呢? 或者说,哪些力量可能塑造破产法的未来?

(一)各个利益集团对参与修改破产法的激励

尽管在破产法实施过程中涉及的利益主体很多,但是其中有激励参与改善破产法的并不多。对于债务人和普通债权人来说,尽管他们是破产法实施的重要利益攸关者,他们作为分散的利益集团没有激励改善破产法。其主要原因是参与成本与收益不匹配而导致的理性冷漠以及搭便车心理。而且,作为个体存在的债务人和债权人

---

① 根据《破产法》第88条,如果重整计划不能得到法院批准,重整程序将被终止,债务人将被清算。

② 根据某律师的亲身体会,证监会和最高人民法院对强裁的批准很大程度上是走形式。但是这种形式必须走,因为只有通过这种“走形式”才能让三个部门分担强裁可能产生的风险。

在没有真正面对具体的破产案件之前也不会预期未来自己可能陷入破产案件。即使他们真的在具体的破产案件里遭遇困难,他们也只是关注眼前的具体案件;案件结束后,他们倾向于忘记曾经的遭遇。[①]这些认知心理学因素导致债务人和普通债权人一般缺乏参与改善破产法的激励。

尽管金融债权人是相对集中的利益集团,而且有自己的代表,他们也鲜有改善破产法的激励。其他像地方政府和国资委等有影响的利益集团因为在当前的破产法实施博弈中占据优势地位,也没有改善破产法的激励。

那些有激励修订并改善破产法的博弈参与人必须具备两个条件。第一,他们必须是集中的利益集团。集中的利益集团是这样的群体,其成员拥有一个或多个共同分享的利益,而且成员对某个事项具有重大的利益攸关性。规模小的集中利益集团更有能力搜集信息,协调行动,并积极参与政治过程。[②]第二,他们或者对当前破产法的实施情况不满意,或者可以从破产法实施的改善中得到直接的利益。

当前,符合以上两个条件的包括主要破产专业人员、破产法学者、最高人民法院和证监会。以下简要分析这几个利益集团的博弈局势。

1. 破产法学者的博弈局势

中国法律学者偏好参与立法。参与立法不仅有助于提升他们在学术界的地位,拓展其学术资源,而且还会带来直接和间接的经济利益。[③]除此之外,参与立法为学者提供了一个垄断性的机会,把自己的知识和思想最大限度地表达出来。这种表达带来的自我实现感对法律学者来说就是一种实实在在的效用。

破产法学界过去曾经有几位固定的学者参与破产法立法。立法结束之后,仍然有学者持续消费之后的破产法实施中的资源。他们密切

---

① See David A. Skeel, Jr., Debtor's Dominion: A History of Bankruptcy Law in America, Princeton University Press, 2001, pp. 80 – 84.

② Id., at page 81.

③ 学者可能从参与立法中获得的经济利益是很可观的比如出书、走穴讲课等。

关注破产法实施中出现的问题并表达观点。他们也和那些与破产法实施相关的法律和行政部门持续保持紧密的合作。这些学者自然成为破产法修订中的重要角色。他们经常和其他的参与人合作召开研讨会并发表观点,以此影响着破产法修订和改善的进程。

2. 破产市场专业人员的博弈局势

对破产法的实施具有利益攸关性的破产专业人员主要包括律师和投行人员。他们可以通过两种方式把自己"集中起来",打造成集中性的或者准集中性的利益集团。一种方式是召开学术或者实务性研讨会,另一种方式是加入固定的学术组织。

比如,最高人民法院、全国律师协会、炜衡律师事务所和中国人民大学法学院每年就举行一次破产法研讨会。当然,醉翁之意不在于学术,而在于打造一个平台,让破产专业人员、法官、行政官员有机会就破产法的修改和改善交流意见,并通过媒体发出声音。此外,中国政法大学的破产法与企业重组研究中心也为破产法学者、专业人员、相关部门的官员提供了一个定期交流的平台。本文作者就曾经参与了该中心承接的一个课题,对破产法的管理人制度提出修改意见,并上报给最高人民法院。

这种很有中国特色的"抱团"组成集中性利益集团的模式有助于把分散的破产专业人员联合起来和其他利益集团博弈,并使得彼此之间建立联系。[①]通过这种交流平台,最高端的破产专业人员、破产法学者、最高人民法院的法官以及来自证监会和国资委的官员结成相当温馨的个人和职业关系。

3. 最高人民法院的博弈局势

根据本文作者的观察,最高人民法院是改善破产法实施的最积极的推动者。最高人民法院改善破产法实施的激励来自于几个方面。第一个激励是追求优秀的业绩。优秀的业绩是最高人民法院的一种重要效用。因为中国法院系统具有准行政化特性,最高人民法院要和其他

① See Jonathan R. Macey & Geoffrey P. Miller, Toward An Interest-Group Theory of Delaware Corporate Law, 65 Tex. L. Rev. 469, p. 502. (1987).

行政部门竞争业绩。而年度业绩考核集中在最高人民法院院长在两会上对全国人民代表大会所作的报告上。行政部门的业绩必须量化。对最高人民法院来说,最重要的量化指标就是受理和审结的案件以及制定的司法解释的数量。这就是最高人民法院的GDP。既然破产法实施效果这样差,最高人民法院为了提高其年度GDP必然有强烈的激励改善破产法的实施状况。

第二个激励是推动经济发展和社会稳定。最高人民法院不仅是司法部门,而且具有行政特征,是准行政部门。作为准行政部门,最高人民法院主要协助国务院及其下属行政部门解决争议或者实现某些特定时期的行政政策。比如,如果国务院及其下属部门执行某些经济政策,最高人民法院可以通过向法院系统发布通知或者规制的形式提供协助。① 这种现象在2008年金融危机时期表现得尤为突出。当时,中国经济和社会稳定被认为受到经济危机影响。最高人民法院从2008年到2009年连续发布了几个通知和司法解释,配合中央政府应对金融危机的努力。②

第三个激励是保护法院系统的个人利益。法院系统里的法官在破产法实施过程中也有个人利益,保护个人利益自然成为一个激励因素。就法官而言,最大的个人利益是维护对破产案件的控制权。而维护案件控制权最有效的抓手就是保留指定管理人的权力。

4. 证监会的博弈局势

证监会只是在上市公司破产案件里存在利益攸关性。所以,它只对上市公司破产方面的立法修改有参与激励。作为资本市场的监管部门,证监会的激励是通过改善资本市场的表现给其业绩加分。证监会影响破产法实施的直接方式就是针对上市公司破产重整中的问题发布

---

① 参见侯猛:《中国最高人民法院研究——以司法的影响力切入》,法律出版社2007年版,第67~69页。

② 最高人民法院在2009年密集出台了14个以应对金融危机为目标的司法解释或者通知。其中有一个司法解释直接专门针对破产清算问题。地方法院积极响应最高人民法院,制定了很多地方性的应对危机的规则。

规章。[①] 证监会还可以通过管制问题上市公司的退市间接影响破产法的实施。因为目前许多被重整的上市公司都是只具有壳价值的 ST 公司。如果证监会收紧对 ST 公司的退市标准,将会对上市公司的重整带来相当大的影响。

当然,正如前文所述,证监会也经常被邀请参与其他博弈主体召开的各种会议,通过这种平台参与破产法修改的博弈。[②]

(二)利益集团博弈背景下的破产法未来走向

破产法的实施和修改相互补充。破产法实施中的博弈不仅发生在具体案件里,而且发生在破产法的修订和改善中。这就是从公共选择的角度观察中国破产法的实施所看到的基本图景。这样,破产法实施的利益集团分析的关键点就不仅需要描述利益集团对具体案件的博弈,而且要探索利益集团将如何为争取未来破产法的改善而博弈。

最高人民法院在改善破产法实施的博弈中处于主导地位。这是因为改善破产法的实施依靠最高人民法院出台司法解释。最高人民法院的这种主导地位将至少维持到下一次全国人民代表大会修订破产法。其他参与人围绕着最高人民法院起到辅助和补充的作用。最高人民法院也的确尽到了博弈主角的义务,针对破产法实施中的问题,一直致力于制定司法解释应对。最高人民法院计划出台一系列的司法解释回应破产法实施中出现的问题。其中,为了回应破产案件受理率低的问题,这一系列中的第一部司法解释已经出台。

司法解释系列中的第一个司法解释,即最高人民法院《关于适用〈中华人民共和国企业破产法〉若干问题的规定(一)》已经于 2011 年 8 月 29 日通过,9 月 26 日起正式实施。该司法解释明确了法院确定债务人是否符合破产条件的权力。它通过明确受理破产申请的条件鼓励

---

① 这种规章一般局限在纯技术层面。比如,证监会于 2008 年 11 月 11 日发布的"关于破产重整上市公司中的资产重组股票定价的补充规定"。

② 2012 年 3 月 22 日,最高人民法院和证监会联合举办了一场研讨会,讨论两个部门之间如何协调上市公司破产重整中的某些关键问题。从会后公开发布的消息我们不难推断,双方之间在权力与责任的配置上进行了激烈的讨价还价。参见:http://www.court.gov.cn/spyw/mssp/201203/t20120331_175546.htm. 1,最后访问时间 2012 年 4 月 9 日。

地方法院受理破产案件。①

因为最高人民法院有权通过制定司法解释应对破产法实施中出现的问题,其他博弈参与人最优的策略选择就是用他们的思想观点影响最高人民法院,说服最高人民法院把自己的观点贯彻到司法解释中。一个典型的例子是上市公司重整市场上的一家有重要影响的投行通过各种方式影响最高人民法院,希望最高人民法院未来的司法解释朝着有利于他们的方向发展。这家投行垄断了上市公司重整中财务顾问业务的一半以上。但是因为前文所述的破产法管理人制度的缺陷,该投行在处理破产重整案件中遇到越来越多的问题。为了矫正当前破产法规定的僵化的管理人制度,并全面引进DIP制度,该投行邀请一些学术机构联合最高院等公权力机构开展课题研究。本文作者也全程参与了该课题研究。在课题研究过程中,该投行及其邀请的科研机构联合最高人民法院、证监会和国资委召开了很多研讨会。最后,课题的研究成果制作成报告,并把报告提交给最高人民法院。该报告关于重整管理人制度以及DIP制度的研究结果至少会对未来最高人民法院制定相关的司法解释产生影响。②

但是,法院也有其个人利益和偏好。有时候法院的偏好与破产专业人员的偏好会冲突。以管理人制度为例,既然法院从当前的管理人制度中受益,说服最高人民法院完全改变目前的管理人制度,转向完整的DIP制度可能会有困难。③所以,未来的博弈结果可能是在两种制度

① 因为破产法对申请破产的条件只做了原则性规定,所以地方法院往往以债务人不符合破产条件为借口回避受理破产申请。为了回应这种困境,最高人民法院不得已通过司法解释细化受理破产案件的条件,以此给地方法院施加压力,使其受理更多的破产案件。

② 某些其他大型有实力的破产专业组织也积极和政府部门沟通。这种现象和公共选择理论中的一个重要假设是吻合的,即集中性的利益集团(concentrated interest groups)倾向于通过参与立法过程为自己谋取利益。最高人民法院制定司法解释的过程可以看作一种准立法过程。

③ 最高人民法院的法官们到目前为止仍然倾向于把公司重整中出现的问题归结为管理人水平低下,因而主张加强对管理人的培训。不难发现,这种思路是典型的中国式的官僚主义思维。这种思维和法院系统的个人利益又是高度吻合的。但是,这种做法和破产专业人员的想法又是对立的。后者希望彻底清除法院对指定管理人的强制性权力,走市场化的DIP道路。这种对立能否通过所谓的博弈找到均衡点?本文作者的态度是悲观的。

中间达成一定的妥协。

六、试探性结论

破产法立法以及司法过程中都涉及复杂的利益集团博弈。但是,因为中国目前的社会状态下行政力量占主导地位,利益集团并非以平等的身份博弈。

中国的司法不独立。法官不能使用其司法权矫正立法中的缺陷。相反,法官必须在法律的实施过程中和行政权力博弈。而且,中国破产法的司法过程伴随着司法解释的制定过程。这个过程具有准立法的特质。这样,破产法的司法过程中的利益集团博弈又伴随着准立法的博弈。

如果中国的基本立法和司法模式不发生根本的改变,这种独特的博弈将长期保持下去。这是认识中国破产法实施中的所有问题的前提。实际上,不仅破产法,其他法律的实施也面临类似的问题。

《法律和社会科学》(2013)
第12卷,第106~129页

手机生产准入管制为何废除*

——技术革新的影响

廖志敏 陈晓芳**

摘要:本文分析一项创造了巨额租金的准入管制突然被废除的原因。基本观点是,一项新技术的发明提高了执法成本,鼓励了更多的非法进入,使得原来支持着管制的租值消散了。1998年,中国建立了手机生产的牌照管制。该制度为牌照获得者创造了巨额垄断租金。2003年,一个集成芯片技术发明出现,显著降低了手机生产成本。紧接着,数以千计的无牌照生产者开始生产手机。由于竞争加剧,持有牌照的生产者遭受巨额损失,许多濒于破产。由于新技术使生产成本剧减,维护牌照垄断的执法成本则急升。监管者曾尝试寻求地方政府和电信网络运营商的协助以打击非法手机,但是后两者不愿提供帮助,因为他们都是繁荣的非法手机产业的受益者。

---

* 本研究受到上海市"曙光计划"项目资助。

** 廖志敏为华东政法大学国际金融法律学院副教授,电子信箱:liaozhimin@ sina. com。陈晓芳为华东政法大学国际金融法律学院助理研究员。

一、序论

本文试图回答:中国手机制造的牌照管制——该管制前后持续9年,并为利益集团创造了巨额垄断租值——为什么迅速崩溃了?

1998年,中国政府对手机生产实行了严格准入管制。获得手机生产牌照的大部分国有企业实际上都不生产手机;相反,他们靠出租牌照获得巨额利润。一些政府官员和企业管理人员通过复杂的交易分享了垄断租值。此后,从2005年开始,准入管制开始放松,并于2007年被废除。什么因素导致管制被取消?我们的调查发现,原因是一项技术创新极大地提高了执法成本,进而使支持牌照制度的垄断租值消散殆尽,因此相关的利益集团失去了维持管制的激励。

手机生产成本曾经很高昂。但在2003年年底,一项来自台湾的集成芯片技术显著地降低了生产成本。该集成芯片将手机生产的门槛降低变得非常低,以至于监管者发现他们很难阻止非法厂商蜂拥进入市场。无数没有牌照的手机工厂开始出现,廉价的非法手机迅速涌进市场。这些非法手机的强劲竞争,使得所有合法制造商从2004年开始损失惨重。为打击非法手机,管制者曾向地方政府和电信网络运营商求助,但后者不愿配合,因为他们都获益于非法手机产业。在随后的两三年中,大部分持有牌照的生产商被逼向破产边缘。来自非法手机的竞争以及随之而来的租值消散,解释了2007年牌照管制的迅速取消。

我们的研究与关于管制和解除管制(deregulation)的庞大文献相关

联。由 Stigler[①],Posner[②],Peltzman[③]和 Becker[④]等人创建的管制经济学理论表明,管制的维持通常是为了保护某些利益集团的、而非公众的利益;但 20 世纪 70 年代发生在美国的"解除管制"运动,似乎使上述理论遇到了挑战。Noll 和 Owen[⑤]在考察了 20 世纪 70 年代美国的解除管制运动后,发现一些因素减少了监管者为特殊利益群体服务的激励或能力。例如联邦政府的宪政设计,学者群体对监管政策的监督以及监管者缺乏直接的经济激励去扮演卡特尔经营者的角色。但是,在中国这个案例里,这些因素都无法解释管制的解除。中国是一个缺乏代议制民主的国家,监管者并不受到公众的强烈监督;也没有证据表明中国的学者在发现(手机产业准入)管制的负面效应和推动改革方面起到了作用;并且,监管者和政府在维持管制问题上有着直接的经济利益,因为他们控制或拥有这些手机生产企业。

管制经济学理论后来又有了新的发展,以揭示管制解除的其他原因。首先,管制的取消可能是因为可用于再分配的租值过少,难以提供维持管制所需的政治报酬。[⑥] 来自其他服务提供者的竞争,是导致租值消散的一个重要力量。[⑦] 比如,货车行业的兴起产生了促使铁路行

① Stigler, George, 1971, The Theory of Economic Regulation, *The Bell Journal of Economics and Management Science*. 2: pp. 3 – 21.

② Posner, Richard A, 1971. Taxation by Regulation, *Bell Journal of Economics and Management Science* 2: pp. 22 – 50.

③ Peltzman, Sam, 1976, Toward a More General Theory of Regulation, *Journal of law and Economics* 19: pp. 211 – 40.

④ Becker, Gary, 1983, A Theory of Competition among Pressure Groups for Political Influence, *Quarterly Journal of Economics*, 98: pp. 371 – 400.

⑤ Noll, Roger G. and Bruce M. Owen, 1983, The Political Economy of Deregulation: Interest Groups in the Regulatory Process. Washington, D. C.: American Enterprise Institute for Public Policy Research, p. 158.

⑥ Becker, Gary, 1983, A Theory of Competition among Pressure Groups for Political Influence, *Quarterly Journal of Economics*, 98: pp. 371 – 400.

⑦ Peltzman, Sam, Michael E. Levine and Roger G. Noll, 1989, The Economic Theory of Regulationafter a Decade of Deregulation. Brookings Papers on Economic Activity, Microeconomics. 1989: pp. 1 – 59.

业取消管制的巨大压力。① 再如,由于场外交易市场(off-board market)的融资成本更低,其从纽约证交所吸引走了大量的大宗交易,后者感受到巨大压力,被迫取消了佣金管制。② 中国手机产业的案例也与此相似:无牌照手机的竞争,使得支持着准入管制的垄断租值基本消散掉了。但该案例所展现的租值消散模式又略有不同:技术革新引起了执法成本的上升,从而迅速摧毁了准入障碍。

关于管制的经济学理论还有一种看法,即对立利益群体之间的力量变化,是导致管制解除的压力之一。③ 比如在纽约证交所案例中,机构交易(institutional trading)的猛增也一定程度地迫使纽约证交所取消了佣金管制。④ 我们的研究结果也支持这种理论;后文将说明,手机生产商和电信网络运营商这两大利益对立群体经济地位的变化,可能改变了他们在管制决策过程中的政治影响力。

本文分析所依据的数据、事实来自于年鉴、政府网站、手机公司和证券交易所的财务报表,彭博(Bloomberg)等商业数据库,杂志、报纸和网络媒体,以及我们对监管机构官员、电信行业的管理人员和工程师的访谈。

下文结构如下:第二节回顾准入管制的历史及其在创造、维持国有手机企业垄断方面扮演的角色;第三节介绍集成芯片的技术发明,其对手机生产成本的影响,以及山寨机(即未获得牌照的)手机产业的兴起;第四节分析山寨机对国有手机企业利润的影响;第五节解释为什么

---

① Peltzman, Sam, Michael E. Levine and Roger G. Noll,1989. The Economic Theory of Regulationafter a Decade of Deregulation. *Brookings Papers on Economic Activity. Microeconomics.* 1989:pp. 1 –59.

② Jarrell, Gregg A, 1984, Change at the Exchange: The Causes and Effects of Deregulation, *Journal of Law and Economics* 27:pp. 273 –312.

③ Peltzman, Sam, Michael E. Levine and Roger G. Noll,1989,The Economic Theory of Regulationafter a Decade of Deregulation. *Brookings Papers on Economic Activity, Microeconomics.* 1989:pp. 1 –59.

④ Jarrell, Gregg A, 1984, Change at the Exchange: The Causes and Effects of Deregulation, *Journal of Law and Economics* 27:pp. 273 –312. Peltzman, Sam, Michael E. Levine and Roger G. Noll, 1989, The Economic Theory of Regulation after a Decade of Deregulation. *Brookings Papers on Economic Activity, Microeconomics.* 1989:pp. 1 –59.

监管部门无法消灭山寨机;第六节讨论国有手机企业从2005年到2007年间的每况愈下,以及牌照管制的最终废除;第七节考察留存的强制技术测试和入网许可管制;第八节是结论。

二、准入管制的历史

1949年新中国成立后,中国在全国范围内逐步建立起国有经济体制,所有行业都为国有企业垄断。在邓小平于1978年发动经济改革以前,私营企业没有合法生存空间。1978年后,大部分行业逐渐对私营经济开放,但一些被认为在经济政治上具有重要意义的行业仍为国企垄断,比如电信、银行、石油、天然气、铁路、航空等。

移动通信是其中之一。在20世纪90年代末,中国移动通信行业快速发展,每年增长率达到80%至100%;1998年,移动通信用户数超过2200万,手机网络成长为世界第三大网络。① 但是,与大部分其他行业的市场化改革趋势相反,政府通过国有企业保持着对该行业的垄断。

1998年12月31日,国务院发布了业内所称的"5号文"②。依据该5号文,手机生产实行严格的准入管制。打算生产手机的企业必须先获得行政许可。有关的主管部门是信息产业部(以下简称信产部)和国家发改委。准入管制包括两部分:手机生产牌照制度以及入网许可。发放生产牌照的权力由信产部和发改委分享:信产部负责审查建立手机生产企业的申请文件,审查通过后,由国家发改委给予正式批文。所谓入网许可,是指每个手机型号都需要经过权威机构的强制技术检测,之后方被允许接入网络。此外,"5号文"还规定,国内手机产

① 《国务院办公厅转发信息产业部国家计委关于加快移动通信产业发展若干意见的通知》(国办发〔1998〕5号)。

② 《国务院办公厅转发信息产业部国家计委关于加快移动通信产业发展若干意见的通知》(国办发〔1998〕5号)。

量由监管部门决定，且严格限制国外手机进口。为什么要设立上述管制？一些公开的理由包括“避免重复建设”①，“保护弱小的国内产业免遭外国企业的竞争”②以及“保护消费者利益”③。

从“5号文”颁布到2001年，主管部门颁发了49张牌照④，之后不再发牌。这些牌照发给了38家企业⑤。这些企业要么是国企，要么是国企与国外公司如摩托罗拉、诺基亚的合资企业。拥有牌照的这些国企，要么是信产部的下属或关联企业⑥，要么由其他政府机构控制⑦。一些企业没有实际生产能力，不做电信业务，或者根本没有生产线的企业也得到了牌照。私营企业没有一家得到牌照。⑧

管制为牌照持有者创造了巨额垄断租值。一种获得租值的办法是与国外手机巨头建立合资公司。因为准入管制，外国公司如果不选择

---

① 《国务院办公厅转发信息产业部国家计委关于加快移动通信产业发展若干意见的通知》(国办发〔1998〕5号)。

② 参见张筱梅：“奥克斯引发连锁反应 手机市场准入谁说了算？”，载《中华工商时报》，2004年11月24日版。

③ 参见《电信设备进网管理办法》(中华人民共和国信息产业部11号令)。

④ 熊廷辉：“牌照魔力如此之大？直击国产手机牌照寻租黑洞”，载《IT时代周刊》，2003年7月4日版。

⑤ 王冀、于晓媚、胡强：“手机核准制落幕前后，新监管体系放权于民”，载《通信产业报》，2007年10月22日版。

⑥ 一个例子是宁波波导公司。2003年，波导的销售额在全国手机企业中排名第一。(参见信息产业部经济体制改革与经济运行司：“2003年电子信息产业经济运行统计公报”，载《中国电子报》，2004年2月6日版)之前，波导只是一个濒于破产的小公司。但是，因为与地方政府和信产部的良好关系，波导很早就获得了一张牌照。(熊廷辉：“牌照魔力如此之大？直击国产手机牌照寻租黑洞”，载《IT时代周刊》，2003年7月4日版)。波导的一个大股东是宁波电子信息集团公司，后者的前身是信产部(原电子工业部)的下属单位(据波导公司2001年报)。另一个大股东是普天集团，中国最大的国有信息技术设备制造商，也曾经是信产部(电子工业部)最大的下属企业(据波导公司2001年报)。再如中国电子信息产业集团，这是由信产部(原电子工业部)设立的、中国最大的国有信息技术集团公司，该集团拥有4张手机牌照。(参见应华根、李冰：“手机牌照寻租费惊人，一年提留费多达30亿”，载《中华工商时报》，2004年9月10日版)。

⑦ 比如，波导、TCL、康佳、海尔和厦新公司由地方政府控制，联想和中国科健隶属中科院系统，大唐电信是国务院直属大型企业。熊廷辉：“牌照魔力如此之大？直击国产手机牌照寻租黑洞”，载《IT时代周刊》，2003年7月4日版。

⑧ 熊廷辉：“牌照魔力如此之大？直击国产手机牌照寻租黑洞”，载《IT时代周刊》，2003年7月4日版。

与国内企业合资,就很难进入中国市场。① 这样,后者就可以利用外国制造商的资本和技术获得利润。第二种方法是出租牌照。几乎所有国内手机企业都在出租他们的牌照。② 据报道,只有十余家国内手机企业实际在生产手机,其他企业只是靠出租牌照牟利。③ 比如,中国电子信息产业集团被业内人士称为“专业借牌人”,意思是说其持有的手机牌照主要是用于出租牟利。④ 另外,有一百多家企业通过租借牌照方式进入了手机市场。⑤

牌照管制创造的租值有多少?我们很难获得直接数据,只能根据公开数据测算。据报道,每部手机价格中蕴含的牌照租借成本大约从人民币 60 元到 100 元不等⑥;而 2003 年国内手机产量为 1.86 亿部⑦。这意味着当年牌照租金大概为人民币 112 亿元到 186 亿元之间(相当于国内手机用户人均负担人民币 42 元到 70 元⑧,约等于中国居民两天的平均工资)。⑨ 这笔钱相当于当年国内手机总销售额的 8%

---

① 据我们网络检索的结果,大部分外国手机商都与国内国企有合资,比如摩托罗拉与中国普天,诺基亚与中国普天,飞利浦与中国电子信息产业集团,阿尔卡特与 TCL,东芝与中国普天。

② 熊廷辉:“牌照魔力如此之大? 直击国产手机牌照寻租黑洞”,载《IT 时代周刊》,2003 年 7 月 4 日版。

③ 陈志刚:“行政许可纠缠 5 号文,信息产业部再受问责”,载《21 世纪经济报道》,2004 年 8 月 31 日版;朱伟东:“贴牌手机联盟酝酿‘炮轰’信产部 期待核准制”,载《北京娱乐信报》,2004 年 11 月 26 日版。

④ 应华根、李冰:“手机牌照寻租费惊人,一年提留费多达 30 亿”,载《中华工商时报》,2004 年 9 月 10 日版。

⑤ 陈志刚:“行政许可纠缠 5 号文,信息产业部再受问责”,载《21 世纪经济报道》,2004 年 8 月 31 日版。

⑥ 熊廷辉:“牌照魔力如此之大? 直击国产手机牌照寻租黑洞”,载《IT 时代周刊》,2003 年 7 月 4 日版;刘世昕:“游戏规则不尽合理 手机牌照成为稀缺垄断资源”,载《中国青年报》,2004 年 8 月 24 日版。

⑦ 中国通信年鉴编辑委员会编:《中国通信年鉴 2004》,中国通信年鉴编辑部 2004 年版,第 77 页。

⑧ 2003 年中国手机用户数为 2.69 亿人。参见中国通信年鉴编辑委员会编:《中国通信年鉴 2004》,中国通信年鉴编辑部 2004 年版,第 1 页。

⑨ 关于中国居民的平均工资数据,参见国家统计局国家统计数据库,网址:http://219.235.129.58/welcome.do。

到 13%。[①] 而据另一个报道,每个牌照租借者每年所付租金取决于其实际产量,大约从 1000 万元到 1 亿元不等。[②]

监管者可能通过各种途径分享了部分垄断租值。首先,在监管部门和手机行业之间存在着“旋转门”。不少手机国企高层人员曾经在主管部门任职;一旦从政府进入企业,他们可以享受到较好的薪水或职务消费。其次,强制性的入网许可技术检测程序,也为租值分享创造了机会。位于北京的泰尔实验室是唯一的有权检测机构,该机构隶属于信产部电信研究院。该检测通常费时两三个月,费用大约在人民币 50 万元。[③] 检测机构每年收取的检测费共约人民币六亿元[④]。已经公开的司法案例,表明一些租值通过一些错综复杂的交易进入了私人腰包[⑤]。

从 2000 年年初开始,中国无线通信市场发展迅猛(参见图 1)。持有牌照的企业因此具有强大的激励来维护牌照管制及其垄断权利。持有牌照的国企享受着巨额利润,而私营企业则得不到牌照。[⑥] 虽然牌

---

① 2003 年国产手机总销售额为 1409.9 亿元人民币。参见《中国电子信息行业分析报告》,载 http://whlg.cei.gov.cn/doc/hyl20/2004030702411.pdf,最后访问时间 2009 年 3 月 7 日。

② 陈志刚:“行政许可纠缠 5 号文,信息产业部再受问责”,载《21 世纪经济报道》,2004 年 8 月 31 日版。

③ 史秋实:“山寨手机的是与非”,载《中国高新技术产业导报》,2009 年 8 月 19 日版。

④ 2011 年 4 月,国家发改委要求将手机入网检测费降低 25%;该政策每年将为申请者节省 1.5 亿元检测费。(参见国家发改委:《关于规范和降低手机检测收费有关问题的通知》(发改价格〔2011〕890 号);林其玲、钟晶晶:“发改委通知降低手机检测费用”,载《新京报》,2011 年 4 月 23 日版)这意味着之前每年的检测费收入达到 6 亿元人民币。

⑤ 媒体披露了一个已进入司法程序的案例:根据规定,每部通过入网检测许可的手机都要贴上一个入网许可标签。该标签的生产被外包给一家国企,随后,该业务又被分包给该国企负责人实际控制的一家合资企业。事后的司法审计表明,每枚标签的生产成本为 7 厘,售价为 1 毛 7,为生产成本的 24 倍。从 1999 年到 2007 年,该业务创造的总利润为 3.12亿元人民币。参见陈志刚:“行政许可纠缠 5 号文,信息产业部再受问责”,载《21 世纪经济报道》2004 年 8 月 31 日版。

⑥ 熊廷辉:“牌照魔力如此之大?直击国产手机牌照寻租黑洞”,载《IT 时代周刊》,2003 年 7 月 4 日版。

照制度受到了广泛批评,[①]监管部门却表示他们不会放松牌照管制。[②]

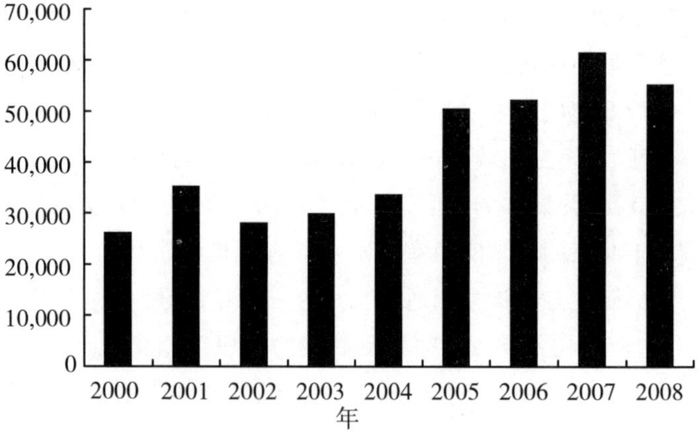

图 1　中国移动公司年收入增长情况(单位:百万元)[③]

但此后不久,事情开始变化。从 2000 年以来,一直没有新牌照发放,但 2005 年 8 月开始,主管部门开始批准新的牌照申请;截至 2007 年 4 月,共有 41 家企业获得了新牌照。数月之后(2007 年 10 月),手机被排除出需要国家审批的项目名单。[④] 持续九年之久的牌照管制至此终止。考虑到该管制为有关利益群体创造出的巨额垄断租值,我们不得不问,为什么这项管制被抛弃了?

---

① 比如,全国工商联向国务院提交了一个报告,请求放松牌照管制;某行业领先的电子企业向全国人民代表大会上书请求放松管制;奥克斯集团申请牌照屡屡被拒,一怒之下起诉信产部;先科通讯、维科电子、奥克斯、金立通讯等一些企业组成"联盟",向政府吁请废除牌照管制。参见陈志刚:"行政许可纠缠 5 号文,信息产业部再受问责",载《21 世纪经济报道》,2004 年 8 月 31 日版;朱伟东:"贴牌手机联盟酝酿'炮轰'信产部 期待核准制",载《北京娱乐信报》,2004 年 11 月 26 日版。

② 2004 年,面对业内批评,信产部回应称牌照制度不会改变,并拒绝了无牌手机企业的入网许可申请(参见陈志刚:"行政许可纠缠 5 号文,信息产业部再受问责",载《21 世纪经济报道》,2004 年 8 月 31 日版)。2005 年 2 月,国家发改委公布的手机牌照许可条件仍然很严格,包括 3 年以上的从业经验,2 亿元人民币的最低资本金要求,一个合格的研发中心等。参见国家发改委:《关于印发〈移动通信系统及终端投资项目核准的若干规定〉的通知》(发改高技〔2005〕265 号)。

③ 数据来源:《中国移动年报》(2000 ~ 2008 年)(股票代码 941),香港交易及结算所有限公司。

④ 参见国务院《关于第四批取消和调整行政审批项目的决定》(国发〔2007〕33 号)。

三、联发科芯片与山寨机的兴起

一些证据表明，牌照管制的废除与一项技术创新有关。该技术创新极大地降低了手机的生产成本，使得生产门槛大大降低，而牌照制度的执法成本急升。在2004年前，手机的生产成本很高，这使得主管部门很容易维持牌照管制。

为说明这一点，需简单介绍一下手机生产流程。简单而言，一部手机包括两部分：硬件和软件。硬件主要是指芯片，其性质和功能类似于计算机的中央处理器。软件包括提供通信功能的协议软件，提供闹钟、时钟、音乐播放、计算器、游戏等功能的各种应用软件，提供菜单功能的操作软件。此外还有附件如外壳、照相机、扬声器、耳机、电池等。在2003年前，手机制造商须从几个大的芯片生产商如英特尔、德州仪器、飞利浦等购买芯片。[①] 然后，他们需要雇佣一个设计公司或建立他们自己的研发部门进行软件设计。这些软件随后被整合到芯片上，再在大规模生产中安装外壳、照相机等附件。

软件开发需耗费巨额金钱和时间的固定成本。生产商需建立自己的研发中心和生产线。从一款手机的开始研发到进入大规模生产，非常耗时。根据《经济学人》（Economist）杂志的报道[②]，将一款手机成功推向市场，需要研发资金2000万元，百余名工程师，以及至少九个月时间。而诺基亚研发一款手机通常需要数百名工程师工作一年半[③]。

巨额的生产成本有助于维持牌照管制。由于固定成本很高，非法

---

① 黄河："国产手机幕后操纵者联发科：7年光景火箭速度"，载《环球企业家》2007年12月。

② *Economist*, MediaTek and Mobile Phone Chips: Fabless and Fearless. August 6, 2009.

③ 中央电视台《经济半小时》栏目："揭秘山寨机"，载 http://www.cctv.com/program/jjbxs/20080610/101183.shtml，最后访问时间2008年6月10日。

生产者一旦被抓住,将遭受巨额损失。而且,漫长的生产周期也提高了被抓住的可能性。因此,如果没有合法的牌照,很少有企业敢于投资从事地下生产。

但是,一项技术创新改变了上述局面。2003年,一家名为联发科(英文缩写为MTK)的台湾半导体公司发明了一种手机集成芯片,极大地简化了手机生产流程。① 联发科芯片将所有常用的应用软件如语音、短信、相机、MP3、MP4播放器、触摸功能、蓝牙等全部集成到芯片上。这项创新芯片技术被称为"一揽子解决方案"(total solution plan)或"交钥匙"(turn key)方案,因为它一劳永逸地为手机生产商解决了几乎所有技术问题。② 手机商再也不必从国外购买昂贵的芯片,也不必花费巨资于手机研发了。

不久之后,手机生产分工进一步发展,深圳出现了一千多家专业的手机设计室。这些设计室购买联发科的芯片,设计出手机主板(芯片和软件的物理载体),然后做出完整的一款手机模型。其他手机生产商向这些设计室购买手机模型,建立工厂生产模具,然后大规模生产。这种产业模式使手机制造成本降低至不超过四百万元。③ 与此前2000万元的成本相比④,手机制造生意所需的投资减少了80%以上。至于更低端的手机,制造过程就更简单了。许多小的手机商到市场上购买标准化的主板和各种附件,然后简单地组装起来。手机生产几乎就成了简单的手工活,"在一个租用的民房里,三五个工人一天可以组装一千台手机"。⑤ 生产周期方面,联发科芯片将周期从一年多削减到3个月甚至1月;一个观察者戏称,有了联发科芯片,3个人就可以组建一

① 谢鹏:"山寨制造幕后玩家",载《南方周末》,2008年8月21日版。连晓东:"MTK:联发科模式决胜芯片市场",载《中国电子报》,2007年9月11日版。

② 谢鹏:"山寨制造幕后玩家",载《南方周末》,2008年8月21日版。

③ 史秋实:"山寨手机的是与非",载《中国高新技术产业导报》,2009年8月19日版。

④ *Economist*, MediaTek and Mobile Phone Chips: Fabless and Fearless. August 6, 2009.

⑤ 参见"揭开黑手机成本超低之谜:成本只有真品价格1/5",载《新京报》,2008年1月24日B08版。

个手机公司:一个人购买联发科芯片和附件,另一人找个工厂去组装,第三个人拿去销售。① 该芯片迅速地被引进到中国大陆,为许多初创企业提供了生产手机的平台。不久,数以千计的小手机工厂建立起来,它们大部分位于深圳市郊。这些基于联发科芯片技术生产出的手机被赋予了一个名称:“山寨机”。②

许多山寨机厂商颇有创意。他们将手机装配上大喇叭、宽屏、或配备双卡双待功能,使其可以同时使用两个电话号码;有的手机可以接收电视信号;有的还有望远镜功能。③ 手机外观上则花样百出,有的看起来像模型跑车、熊猫、怀表、打火机,甚至香烟,其实是手机。也不乏模仿甚至侵权之作:一些仿制的苹果 iPhone、诺基亚 N95 手机,从外观到功能都惟妙惟肖。

与合法手机相比,山寨机的便宜令人印象深刻。他们的生产成本和零售价格,通常是合法手机的五分之一。低价源于两方面:首先,他们的制造成本很低。联发科芯片价格比合法手机所用的进口芯片便宜很多,而且,与合法手机厂商相比,山寨机没有那么高昂的研发成本。其次,因为山寨机厂商基本不会申请生产牌照或入网许可,他们也节省了租牌和入网检测等费用(详细的对比见表 1)。

---

① 黄河:“国产手机幕后操纵者联发科:7 年光景火箭速度”,载《环球企业家》2007 年 12 月。

② “山寨”系“土匪”、“强盗”之喻,意指这些手机的非法地位以及强大的生命力(竞争力)。

③ *Economist*, MediaTek and Mobile Phone Chips: Fabless and Fearless. August 6, 2009; Barboza, David, In China, Knockoff Cell Phones Are a Hit. *New York Times*, April 27, 2009.

表 1　合法手机和山寨机的生产成本和售价对比①

	合法手机	山寨机
生产成本	118	39.56
生产周期	9~12 月	1~3 月
人工	数百名工程师	无工程师
芯片组/主板	57~77(芯片组)	20.59(主板)
附件	N/A	18.97
与监管有关的成本	81	0
技术检测费	每款 44,000~74,000	0
牌照租赁费	8.8~14.7	0
其他费用	有	无
售后服务	有	无
增值税	有	无
总成本	199	40
零售价		
苹果 iPhone	500~600	100
诺基亚 N95	882	96~147

说明:1. 货币单位为美元,原文献用人民币计价的,则按汇率 6.8:1 换算为美元;2. 对较低端的山寨机而言,总成本最低可至 20 美元(Barboza, David. 2009. In China, Knockoff Cell Phones Are a Hit. *New York Times*, April 27);3. N/A(Not Available):数据缺失;4. 牌照租赁费数据只适用于租牌生产的生产商;5. 技术检测费按"款"收取,因每款产量不同,每部手机包含的检测费成本差异较大。

① 数据来源:Barboza, David, 2009, In China, Knockoff Cell Phones Are a Hit, New York Times, April 27;曹增光:"与黑手机有染,联发科遭指责冤不冤",载《中国经济时报》2006 年 9 月 6 日版;中央电视台《经济半小时》栏目:"揭秘山寨机",http://www.cctv.com/program/jjbxs/20080610/101183.shtml,最后访问时间 2008 年 6 月 10 日;*Economist*. MediaTek and Mobile Phone Chips: Fabless and Fearless. August 6;李方:"山寨机,搅乱正牌手机市场",载《市场报》,2008 年 5 月 5 日版;李好宇:"凶猛山寨机:黑白前世今生",载《电脑报》,2008 年 5 月 12 日版;吴俊:"价格低廉销售火暴 山寨机能否转正",载《经济参考报》,2009 年 2 月 11 日版;熊廷辉:"牌照魔力如此之大? 直击国产手机牌照寻租黑洞",载《IT 时代周刊》,2003 年 7 月 4 日版。

低价和时髦的设计,使得山寨机风靡一时,特别是受到低收入群体的欢迎。该产业遂蓬勃发展起来。2004 年,深圳市郊簇拥着成千上万家手机企业,一个巨大的手机交易市场在深圳出现了。[①] 其他大城市如北京、成都、广州等地,也出现了繁荣的山寨机市场,山寨机又从这些市场进一步流向更边远的乡村市场。即使到了 2000 年,手机因其昂贵,还一度是财富或社会地位的象征。但 2005 年之后,中国各地的农民、工人,甚至街头的乞丐都使用手机聊天了。

四、山寨机对合法手机厂商的影响

2004 年,几乎所有的国内合法手机制造商都开始由盛转衰,有的甚至濒临破产。从当年媒体的头条标题中,可以窥见这些厂商的困难局面:“科健换帅”,“易美崩盘”,“手机狂人下课”[②]。[③] 这种惨淡气氛,与此前的国产手机黄金时代形成鲜明对比。仅仅一年前,大部分的国内手机厂商都正攀上利润的高峰。

让我们以其中两个最大的国产手机厂商波导和科健为例,来说明这种变化。从 2000 年(即牌照管制建立一年后)开始,波导的营业收入迅速攀高;但到了 2004 年,其营业收入和利润都急剧下跌。科健的情况也极为相似(参见图 2、图 3)。

---

① 彭勇:“黑手机为何屡打不绝 暗访深圳华强北”,载 http://news.xinhuanet.com/tech/2007-08/30/content_6629478.htm,最后访问时间 2007 年 8 月 30 日。

② 按:指当时 TCL 的首席执行官辞职事件。

③ 焦立坤:“国产手机去年日子难过,20% 厂商或被淘汰出局”,载《北京晨报》,2005 年 2 月 16 日版。

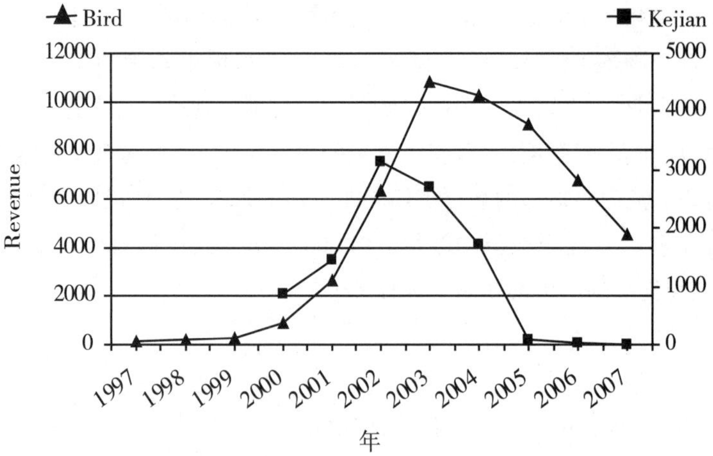

图 2　波导和科健历年营业收入(单位:百万元人民币)①

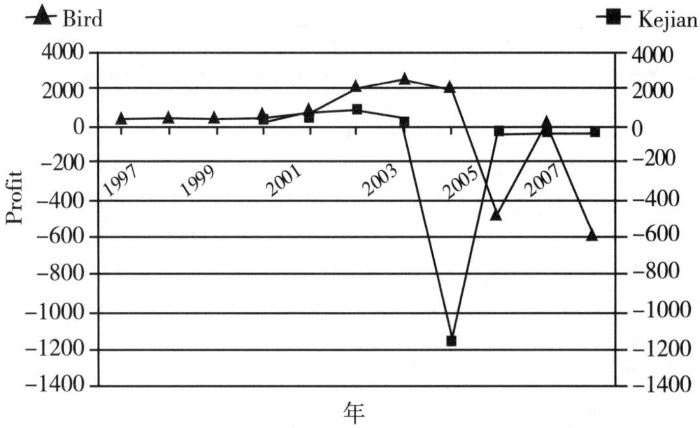

图 3　波导和科健历年利润(单位:百万元人民币)

与国内手机厂商的惨淡相比,台湾联发科公司的收入却迅速攀升(见图 4)。② 2007 年,联发科手机芯片产量为 1.5 亿支,2008 年达到 3

① 波导公司营收数据来自其 2000～2007 年年报(上海证交所);科健公司的数据来自彭博数据库(股票代码 000035)(http://www.bloomberg.com/quote/000035:CH)。

② 图 4 数据来自彭博数据库(股票代码 2454)(http://www.bloomberg.com/quote/2454:CH)。

亿支。[①] 联发科成为世界第三大芯片制造商。[②] 联发科的成功主要是归功于迅速发展的山寨机产业。该公司并未披露其被使用于山寨机的芯片的比例;但是,一些证据显示,其大部分芯片是被山寨机市场消化的:有媒体称90%的联发科芯片销售到了中国大陆;[③]联发科的创始人蔡明介,在业内有"山寨机产业之父"之称;[④]同时,联发科2007年的芯片产量(1.5亿)约等于当年中国大陆基于联发科芯片生产的手机产量。[⑤]

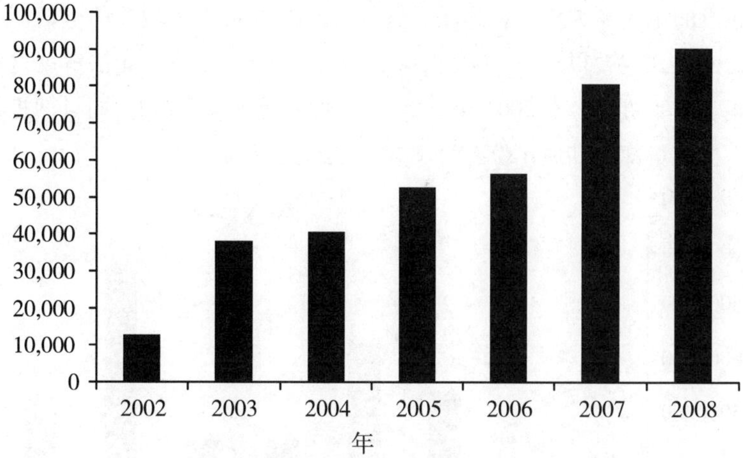

图4　联发科历年营业收入(单位:百万新台币)

来自山寨机的竞争,是合法手机厂商业绩突然由盛转衰的最可能的原因。如前所述,联发科芯片的发明是在2003年,深圳出现庞大的山寨机产业是在2004年,后者正是大部分国内手机厂商开始遭受财务损失的年份。

将不同渠道的数据综合起来,可看出山寨机市场增长非常迅速,给

---

① 夏勇峰、贺志刚:"山寨机狂欢",载《IT经理世界》,2008年9月24日版。

② 孙燕飚:"联发科7月收入3.29亿美元 同比增25.77%",载《第一财经日报》,2009年8月12日版。

③ 单斌:"外资厂商筑墙围剿 中国山寨手机出口量锐减五成",载《赢周刊》,2009年11月20日版;转引自新浪财经:http://finance.sina.com.cn/roll/20091120/17046995245.shtml。

④ 谢鹏:"山寨制造幕后玩家",载《南方周末》,2008年8月21日版。

⑤ 任思强:"中国电信收购山寨机之父联发科?",载《每日经济新闻》,2008年12月16日版。

合法手机造成巨大的压力:2005年,山寨机产量超过1500万部,而2006年达到1亿部[①],超过当年国内手机总产量(4.8亿部[②])的20%;2006年山寨机国内销量达3000万部,占全行业手机销量的30%;[③]2007年,山寨机产量达1.5亿部,约等于当年全行业手机销售量。[④]

其他因素无法解释国内合法手机厂商收入的突然减少。比如说,从市场需求形势来说,对手机厂商本来是很有利的。2004年前后,对于移动通讯的市场需求仍然在膨胀。这从同时期逐年快速增长的电信网络运营商收入就看得出来(参见图1)。来自国外的竞争也无法解释这种变化。当手机国企在2004年至2005年间蒙受巨额亏损时,同时期进口的手机数量却比其他年份有明显减少(参见图5)。

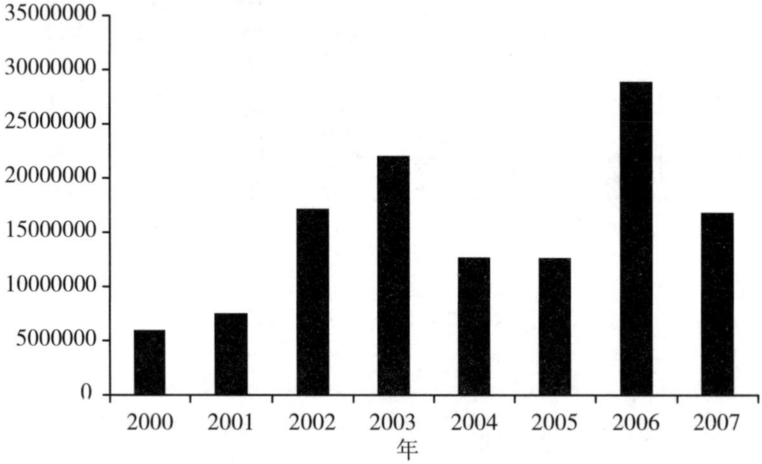

图5 历年进口手机数[⑤]

① 彭勇:"黑手机为何屡打不绝 暗访深圳华强北",载http://news.xinhuanet.com/tech/2007-08/30/content_6629478.htm,最后访问时间2007年8月30日。

② 《中国信息产业年鉴》编辑部:《中国信息产业年鉴》(通信卷),2007年,第77页。

③ 参见"黑手机利润竟高达200% 国产手机到生死关头",载《中国青年报》,2007年7月10日版。

④ 中央电视台经济半小时栏目:"揭秘山寨机",载http://www.cctv.com/program/jjbxs/20080610/101183.shtml,最后访问时间2008年6月10日。

⑤ 数据来源:中华人民共和国海关总署:《中国海关数据年鉴》系列(2000-2008年),现代出版社。

来自合资手机企业的竞争因素也应当被排除。在山寨机出现之前，尽管面临着摩托罗拉、诺基亚、爱立信、三星等合资手机的强力竞争，国产手机行业的市场份额仍然从1999年的11%迅速增长到2002年的30%①，再到2003年中的50%②。2003年，波导公司的国内销量超过了所有外国品牌手机。③ 而且，2004年后，许多外资品牌的财务状况也不好，暗示着他们也受到了山寨机的竞争压力。④

五、为什么监管者无法阻止山寨机？

监管部门曾经尝试阻止山寨机产业的发展。在2005年11月，信产部在全国范围内开展了一次打击山寨机行动。行动在北京、深圳、广州等大城市展开，但是，效果并不显著。行动结束数月后，媒体发现山寨机交易仍然火爆。⑤

为什么监管者难以摧毁山寨机产业呢？一个原因是剧增的执法成本。联发科的新技术消除了大部分手机制造的固定成本（如建立研发中

---

① 中国电子工业年鉴编辑委员会：《中国电子工业年鉴2000》，电子工业出版社2000年版，第1页；《中国电子工业年鉴2004》，电子工业出版社2004年版，第3页。

② 夏芬娟："连续两年半亏损 波导战斗机何处着陆"，载《今日早报》，2009年9月8日版。

③ 信息产业部经济体制改革与经济运行司："2003年电子信息产业经济运行统计公报"，载《中国电子报》，2004年2月6日版。

④ 以日本手机品牌为例。2005年后，日资手机品牌都陆续退出了中国市场。2005年3月，东芝撤回了其在中国合资公司的资本。2005年12月，松下关闭了在中国的手机工厂和研发中心；2006年6月，三菱宣布撤离其在华手机部门；2006年11月，NEC停止在中国的手机生产。杨章玉："日系手机在华几乎全线溃败仅剩京瓷"，载《信息时报》，2006年11月23日版）2008年3月，京瓷——在华的最后一家日资手机品牌——出售其在华手机业务。（焦立坤："京瓷撤出中国 日系手机商在华全军覆没"，载《北京晨报》，2008年1月30日版），至于摩托罗拉，这家手机巨头的在华业务也在萎缩；2007～2008年间，其解雇了万余名员工（冯禹丁、陈楠："别了，摩托罗拉"，载《商务周刊》，2008年5月30日版）。2008年，摩托罗拉出售了其在北京CBD的办公大楼以缓解其财务压力（参见"山寨机逼摩托罗拉卖大楼"，载《数字商业周刊》，2008年9月21日）。

⑤ 谭贻国等："手机市场再调查，打黑之路仍漫长"，载《中国电子报》，2008年4月13日A4版。

心和生产线的成本),从而使得违法生产者被抓住的成本低了很多。显著缩短的生产周期,也减少了被抓住的机会。相应地,非法生产者的数量迅速增长,监管部门有限的执法力量应付不暇。

第二个原因是监管者得不到地方政府的支持。例如在深圳,违法生产者的急剧增加,使得监管部门非常依赖于当地政府的执法力量。但是,深圳地方政府缺乏关闭山寨机产业的动力,因为山寨机已经成为当地重要的收入和就业机会来源:2007 年,深圳有 39 个手机市场,大概 6800 家手机店铺[①]和 20 万从业人员[②]。该产业的年销售额估计达到 400 亿元人民币[③],该数字等于深圳当年地全市财政收入(802 亿元人民币)的 50%[④]。部分归功于山寨机产业的兴起,深圳已经成为中国的手机制造业基地。[⑤] 这样,地方政府官员并不愿意对山寨机采取严厉行动。相反,他们试图说服信产部放松手机准入管制,将山寨机合法化。[⑥]

另一个问题是,为什么网络运营商不拒绝山寨机入网呢? 每个合法手机都有个唯一的“国际移动设备身份识别”(international mobile equipment identity, IMEI)号码。理论上讲,运营商可通过 IMEI 号码的甄别来识别山寨机并拒绝其入网络,因为山寨机未经过信产部审批,没有合法的 IMEI 号码。

这个办法有一个技术困难。许多山寨机都冒用合法手机的 IMEI 号码。一个 IMEI 号码同时在数百台、甚至数千台山寨机上使用的情况很

---

① 彭勇:“黑手机为何屡打不绝 暗访深圳华强北”,载 http://news.xinhuanet.com/tech/2007-08/30/content_6629478.htm,最后访问时间 2007 年 8 月 30 日。

② 吴俊:“价格低廉销售火暴 山寨机能否转正”,载《经济参考报》,2009 年 2 月 11 日版。

③ 周玲:“深圳政府摸底‘山寨机’,万余企业等待招安”,载《东方早报》,2008 年 7 月 23 日版。

④ 乔家华:“关于深圳市 2007 年预算执行情况和 2008 年预算草案的报告”,载《深圳特区报》,2008 年 4 月 28 日 A8 版。

⑤ 一个深圳地方官员对媒体表达了忧虑,认为如果监管部门严厉打击山寨机,深圳的手机工业可能转移到邻近地区,深圳将失去其手机生产中心的地位(周玲:“深圳政府摸底‘山寨机’,万余企业等待招安”,载《东方早报》,2008 年 7 月 23 日版)。

⑥ 孙燕飚:“助山寨机转正 工信部促检测费下调 33%”,载《第一财经日报》,2008 年 8 月 13 日版。

常见。运营商无法分辨这些共用IMEI号的手机中,哪个是山寨机,哪个是合法手机。如果一概拒绝入网,又会面临合法手机使用者的抱怨。此外,由于存在庞大的二手手机市场,拒绝山寨机入网会损害众多不慎购买了山寨机(甚至被冒用了IMEI号码的合法二手手机)消费者的利益。[①]

而且,禁止山寨机并不符合运营商的利益。便宜的山寨机为运营商带来了更多的顾客和收入。以中国移动为例,[②]当山寨机在2004年出现后,中国移动的年收入增长幅度跃升了一个台阶(参见图1)。[③]

如果运营商不愿拒绝山寨机,监管部门很可能没有力量迫使他们配合。两家运营商只是在业务上受电信监管部门指导,但行政上并不隶属于监管者。作为特大型国有企业,他们直接由国务院(通过国务院国资委)管理。[④] 监管者无法控制他们的管理、人事或财务。

问题是,既然监管者也是国务院下属机构,他们为什么不能通过国务院对运营商施压呢?我们无法知道答案。中国高层政府的决策过程对公众来说仍然是神秘的。但是,根据一些报道,对于中央政府来说,运营商增加的收入足以抵消国有手机企业的亏损而有余。[⑤] 作为参考,我们不妨将两个群体中的领头企业——中国移动和波导——作粗略比较。2007年,中国移动收入是3570亿元人民币[⑥],这是波导的营业收入(45

---

① 孙鹏:"手机入网先要检测 为防君子不防小人",载《互联网周刊》,2008年7月14日版。

② 中国当时有两家手机网络运营商:中国移动和中国联通;前者的规模是后者的数倍。

③ 一个分析人士评论道,打击山寨机对运营商并非好事,因山寨机已占据了20%的国内市场。如果它们被消灭,运营商将失去20%的需求;一个运营商的高管对媒体说:"我们没有打击山寨机的义务,除非有政府要求,我们不会拒绝我们的顾客的接入请求。"参见方南:"印、巴山寨机IMEI码锁喉一招致命,中国电信运营商保持沉默",载《南方都市报》,2009年4月15日GC11版。

④ 国务院《关于组建中国移动通信集团公司有关问题的批复》(国函〔1999〕143号),载中国通信年鉴编委会编:《中国通信年鉴2003》,中国通信年鉴编委会出版,第5~6页。

⑤ 夏勇峰、贺志刚:"山寨机狂欢",载《IT经理世界》,2008年9月24日版。

⑥ 据中国移动公司2008年年报。

亿元人民币;见图 2)的 80 倍。而从行业整体来看,两家运营商的总收入是人民币 4573 亿元[①],远超过当年国内手机企业的总收入[②]。运营商在经济上的成功,可能增强了他们——相对于一群走向衰落的手机企业——的政治影响力。[③]

再一个问题是,既然通过网络运营渠道获得租值比限制手机生产准入更有利可图,为什么中央政府在 1998 年会批准设立准入管制呢? 沿用前述的“收入”理论,一些可能的原因就浮现出来。首先,有关证据表明,在准入管制设立之时,运营商的收入还很少[④],相比当时的手机厂商而言,并不具有明显的经济(从而政治)上的优势[⑤]。因此,运营商当时可能难以说服中央政府不采用准入管制。其次,如果不管制准入,来自运营商渠道的净收入(运营商收入减去设立管制将带给手机厂商的额外收入)将会增加多少呢? 在管制设立之初,这其实很难估计。这取决于一些难以捉摸的因素,例如对移动通信服务的需求弹性。特别是,没有人能预见到 2003 年联发科芯片技术的发明以及这项发明将给运营商带来的大量消费者和收入。因此,中央政府的决策者不太可能相信,不管制倒能使他们的经济利益最大化。相反地,管制准入可以为手机企业带来巨额租值,这却是显而易见的。这些因素也许解释了为什么中央政府当初选择了支持手机企业而不是运营商。

---

① 据中国移动公司 2008 年年报,中国联通 2008 年年报。

② 如前所述,波导是国内最大的手机企业,当时国内一共只有 38 家合法手机企业,并且他们大部分还是处于亏损状态。

③ 这与前述股票经纪行业管制解除的故事很相似:在 1960 年到 1976 年间,大宗交易者在纽约证交所交易量中所占的份额翻了番;这部分解释了固定佣金管制的解除。See Jarrell, Gregg A, 1984, Change at the Exchange: The causes and Effects of Deregulation, Journal of Law and Economics 27: pp. 273 – 312.

④ 运营商 1999 年的总收入(386 亿元人民币)只有 2007 年总收入(5428 亿元人民币)的 7%(中国移动 2000/2008 年报;中国联通 2008 年报)。

⑤ 2000 年,运营商的收入(874 亿元人民币)比当年手机企业的总收入(960 亿元人民币)还要少一些。(参见中国移动 2001 年报;中国联通 2001 年报;信息产业部经济体制改革与经济运行司:“2001 ~ 2002 年电子信息产业发展概况”,载《中国信息年鉴 2002》,http://202.99.241.246/ezine/xxnj2002/cyfz_1.htm)

六、国有生产商的失败和牌照管制的废除

2004年山寨机突然兴起后，手机产业整体在蓬勃发展，但是合法国内手机公司的状况却持续恶化。许多公司挣扎在破产边缘，有的退出了市场。2008年1月，波导出售了其手机业务①；2008年3月，联想集团出售其手机业务。其他做手机的企业如康佳、科健、海信、海尔和熊猫的情况也不见佳；他们异口同声地将他们的失利归结于山寨机的冲击，并抱怨政府没有采取有效措施打击山寨机。② 国有手机企业的大面积失败是一个信号，显示着支持着准入管制的垄断租值在消失。

联发科芯片的发明、山寨机的兴起、国内手机厂商的失败以及牌照管制的崩溃，这些事件在时间上的高度关联性，吻合我们的假说，即联发科芯片技术和山寨机是导致牌照制度消亡的原因。山寨机的兴起吸引走了大量合法手机的顾客，侵蚀了他们享有的垄断租值，使他们难以承受寻求政治支持的成本。如果说一开始他们还抱有希望的话，当他们后来意识到山寨机的兴起已无法改变，这些拥有牌照的企业就没有动力再继续支持管制了，因为后者如今只能带给他们净成本（如他们寻求监管支持的花费）。

对于这个假说，还有其他的一些支持性证据。2005年8月，当国家发改委开始发放新牌时，每次公告中都包含着诸如此类的警告：手机市场已经饱和，许多企业已经处于破产边缘，新的进入企业要对商业风险保持足够警惕等。这表明牌照已经不能给持牌企业带来垄断租值了。

此外，还有监管者对于牌照管制前后矛盾的态度。如前所述，2004和2005年间，即国内合法手机厂商开始出现亏损时，监管者最初的态度是不放弃管制权力。但是，仅仅两年以后，这套管制体制就被废除了。

---

① 宁波波导公司2009年报（上海证交所）。

② 董毅："波导厦新前三季巨亏四五亿，国产手机亮红灯"，载《新快报》，2007年11月1日版。

如果不考虑山寨机的出现以及随后两年国内手机企业风雨飘摇的状况,很难解释为什么监管者的想法改变得这么快。

我们还考虑了其他导致管制解除的可能解释。例如,是不是中央政府在宏观层面上决定放弃准入管制以加速中国的市场化改革?这种可能性不大,因为石油、天然气、电力、银行、铁路、航空、教育、医疗等政府高度垄断的行业仍然没有放开准入。[①] 是否中央政府想引入市场竞争以提高电信行业的效率?这仍然说不过去。就在之后的 2008 年 5 月,中央政府还将原来的六家电信服务企业合并成了三家,使得电信市场的垄断程度反而加剧了。据说,合并的目的是为了"阻止电信行业的过度竞争和重复建设"[②]。总之,如果不是山寨机和租值消散,很难解释为什么有关利益群体会放弃准入管制。

七、入网许可管制及其后果

虽然手机生产的准入管制取消了,但是入网许可的强制检测还保留着。漫长的检测周期和巨额检测费,使山寨机在寻求合法化的门槛前望而却步。[③] 大多数企业选择在没有入网许可的情况下生产和销售手机。这可能导致一些让人有所隐忧的后果。例如,考虑到随时可能被查处和关闭,山寨机厂家总是尝试尽可能快地收回投资。他们通常用现金进行

① 同时,这些行业也没有出现过与手机产业类似的技术创新。

② 工业和信息化部、国家发改委、财政部:《关于深化电信体制改革的通告》,载 http://www.gov.cn/gzdt/2008-05/24/content_991345.htm,最后访问时间 2008 年 5 月 24 日。

③ 对于多数山寨机型来说,检测费用将占一款手机总成本的 20%。(乔枫:"工信部下调手机入网测试费",转引自 http://tech.sina.com.cn/t/2011-07-14/09115779084.shtml,最后访问时间 2011 年 7 月 14 日;参见林其玲、钟晶晶:"发改委通知降低手机检测费用",载《新京报》,2011 年 4 月 23 日版)需检测项目多达一千余种。(参见网易科技:"泰尔实验室称手机入网检测最快可缩至两周",载 http://tech.163.com/09/0311/18/54574R40000915BE.html,最后访问时间 2009 年 3 月 11 日)

交易，并且对于进行大规模市场推广或做广告没有什么兴趣。[①] 由于受到身份合法性的困扰，他们没有什么激励花费巨资于产品研发。相反，他们只注重那些能够以较低成本改进的产品要素，只在时髦的外壳和花样百出的附件上下工夫（例如将手机"伪装"成香烟或怀表，或者配备望远镜头）。这部分地解释了，为什么山寨机在人们印象中已经被定位为低端手机，以及为什么他们通常有着格外时髦的、引人注目的外观。

八、结论

我们为中国手机产业准入管制的废除提供了一个解释。我们的证据显示：一项技术创新急剧地降低了手机制造成本，降低了行业的进入门槛，从而急剧提升了准入管制的执法成本。当非法竞争者难以排除时，原有手机企业享有的租值被侵蚀了，无法弥补其寻求政治保护的成本。不同政府机构或组织间的利益冲突也在其间扮演了角色：地方政府和网络运营商因为在山寨机产业的蓬勃成长中有自己的利益，他们不愿协助主管部门执行准入管制。这些结果看来与通常的假定相反：人们通常认为，有着政府和利益集团支持的准入管制有很强的顽固性，很难被改变。[②]

该案例与传统管制经济学理论的推断吻合，即行业从业者和监管者的利益——而非公众利益——驱动着管制以及解除管制的运动。该案例也提供了一些事实，细致地展现了技术变迁与政府执法机制之间的相互作用行业与行业监管者之间的相互作用以及政府系统中的不同组成部分之间的相互作用。

---

① 夏勇峰、贺志刚："山寨机狂欢"，载《IT 经理世界》，2008 年 9 月 24 日版。

② 例如，尽管不少学者认为取消出租车牌照管制有助于减少拥堵和打车费用，但该管制很难取消。因为管制已创造出一个利益群体（如出巨资购买了牌照的车主或出租车公司），除非政府花钱赎买，否则他们将强烈反对取消牌照。

《法律和社会科学》(2013)
第12卷,第130~152页

合同执行的变化
——来自西部某区法院的经验研究

贺　欣*

摘要:虽然现有文献普遍认为中国法院在执行方面问题非常严重,但实际情况未必那么不尽如人意。基于对内陆落后地区某基层法院60起收债案件的深入调查,本文发现大多数原告通过法院收回了欠款。虽然地方保护主义仍然存在,但似乎都在法律规则内运行。但在另一方面,落后地区的经济发展水平的确限制了一些核心改革措施的有效实施。与发达地区不同,法院外经济发展的力量还没有大到能够重塑法院内部权力结构的程度。不过总体的情况表明,中国法制改革的努力,包括颁布实体法和加强制度建设,已经对日常收债案件的有效执行起到促进作用。

引言

中国法院的执行问题似乎非常严重。最高人

* 香港城市大学法律学院教授,电子信箱:lwxin@cityu.edu.hk。

民法院前院长肖扬承认这几乎是无药可治的“慢性病”。[1]最高人民法院执行办公室主任葛行军认为,民商事案件在基层法院、中级法院和高级法院的执行率分别只有40%、50%和60%。[2]《人民日报》报道称:“中国法院的民事判决一般停留在纸上。”[3]根据最高人民法院的报告,2003年全国审结的民事、经济案件中,34.97%没有找到可执行的资产。[4] 执行难和差已成为研究者的共识。大家普遍认为执行不力是地方保护主义、法外力量干预、法院人员不称职和广泛的腐败等因素的结果。[5]

然而,这一观点最近受到多方面的质疑。比如,根据三类合同判决执行的全国数据统计,一项研究认为贸易双方能够运用正式法律机制来保障合同执行。[6]其他一些研究表明,大部分人相信法院能够解决纠

---

① 参见 China Law and Governance Review 2004,载 http://www.chinareview.info/issue2/pages/legal.htm,最后访问时间2007年4月19日。

② 同上。

③ "Half of China's Civil Court Rulings Remain on Paper," available online at http://english.people.com.cn/200403/13/eng20040313_137390.shtml, accessed 20 April 2007. 该文标题表明法院判决的一半都未执行,并特别指出,根据一些官方估计,国有企业从银行贷款的合同的履行率只有12%。

④ 童济:“2003年中国法院的审判和执行状况”,载《人民司法》2004年第3期,第77~78页。

⑤ See Donald Clarke, The Execution of Civil Judgments in China, *China Quarterly*, No. 141 (1995), pp. 65-81; Economic Development and the Rights Hypothesis: The China Problem, *American Journal Comparative Law* Vol. 51 (2003), pp. 89-111; Jerome Cohen, Reforming China's Civil Procedure: Judging the Courts, *American Journal Comparative Law*, Vol. 45 (1997), pp. 793-805; Stanley Lubman, *Bird in a Cage* (Stanford: Stanford University Press, 1999); Minxin Pei, Does Legal Reform Protect Economic Transactions? Commercial Disputes in China, in Peter Murrell (ed.), *Assessing the Value of Law in Transition Economics* (Ann Arbor: The University of Michigan Press, 2001), pp. 180-210; Michael Trebilcock and Jing Leng, The Role of Formal Contract Law and Enforcement in Economic Development, *Virginia Law Review* Vol. 92, No. 7 (2006), pp. 1517-80; Michael Moser (ed.), *Managing Business Disputes in Today's China: Dueling with Dragons* (Kluwer Law International, 2007); Benjamin Liebman, China's Courts: Restricted Reforms, *The China Quarterly*, No. 191 (2007), pp. 620-38.

⑥ Guanghua Yu and Hao Zhang, Adaptive Efficiency and Financial Development in China: The Role of Contracts and Contractual Enforcement, *Journal of International Economic Law*, Vol. 11 (2008), pp. 459-94.

纷,特别是民事与经济纠纷。根据一项全国调查,法院的公信力在 12 个政府和法律机构中排名第三;①通过法院解决过经济纠纷的人中有 90% 将来还会再求助法院。②中国人对法院的印象也比美国人更积极。③ 虽然改革初期案件数量并未大幅增加,但全国法院每年受理五百多万起一审民商案件的事实本身就很难说法院是运作不良的。④

更重要的是,在发达地区进行的一系列系统的经验调查发现很多积极的变化:执行结果合理、审判和执行效率很高,而地方保护主义也并不严重。⑤这些研究也提出了这些变化背后的原因。比如,为了提高其工作表现,珠三角地区的法院实施了建立一个相对独立的执行局、审判与执行分离和提高聘用初级法官的门槛等多项改革措施。⑥而且,珠三角地区的经济很大程度上已经私有化和多元化。随着很多国有企业的私有化和政企分离,地方政府不必偏向保护合同纠纷中的某类特定企业,地方保护主义因而减弱。⑦

但发达地区的情况很可能与其他地区不同。考虑到全国各地巨大

---

① Pierre Landry, The Institutional Diffusion of Courts in China, in Tom Ginsburg and Tamir Moustafa (eds.), *Rule by Law: The Politics of Courts in Authoritarian Regimes* (Cambridge: Cambridge University Press, 2008), pp. 207 – 234.

② 同上注。

③ Ethan Michelson, *Popular Attitudes towards Dispute Processing in Urban and Rural China* (Oxford: Foundation for Law, Justice and Society, 2008).

④ 对改革期间案件数量变化的分析,参见贺欣:“我国近期经济案件数量意外下降的考察”,载《现代法学》2007 年第 1 期,第 3 ~ 13 页。

⑤ See Randall Peerenboom, Seek Truth from Facts: An Empirical Study of the Enforcement of Arbitral Judgments in the People's Republic of China, *American Journal Comparative Law*, Vol. 49, No. 2 (2001), pp. 249 – 327; See Minxin Pei, Zhang Guoyan, Pei Fei and Chen Lixin, A Survey of Corporate Litigants in Shanghai, in Judicial Independence in China, in R. Peerenboom ed., *Judicial Independence in China*, New York: Oxford University Press (2009forthcoming); Xin He, Enforcing Commercial Judgments in the Pearl River Delta of China, *American Journal of Comparative Law* Vol. 57 No. 2 (2009), pp. 419 – 456.

⑥ 关于司法改革对上海地区法院的影响的评价,See Mei Ying Gechlik, Judicial Reform in China: Lessons from Shanghai, *Columbia Journal of Asian Law*, Vol. 19, No. 1 (2006) pp. 97 – 137。

⑦ He, Enforcing Commercial Judgments.

的地理、人口、社会和经济差异，以及不同地区的法院在制度上的差异，[1]很难断言发达地区的变化也会在落后地区发生。发达地区经济多元化、制度建设强化和法官职业化提高等三方面的变化，都受惠于地方经济发展以及由此带来的充足财源。但这种变化似乎都未在落后地区出现。比如，落后地区的法院缺乏发达地区法院进行制度建设和法官职业化的必要资金。[2]因此，缺乏对落后地区的系统经验调查，就不能确定地回答有关中国司法制度以及法律与发展关系的重要问题。这些地区审判与执行的情况如何？哪些问题影响了法院的表现？财富或其他因素是怎样以及缘何影响了法院的执行状况？落后地区会像发达地区那样逐步摆脱困境吗？

本文经验地考察了陕西省某基层法院合同债务案件的执行情况。之所以选择收债案件是因为它们是法院处理的简单而又占主要地位的案件类型；法院执行这类案件的能力一直被认为是贸易的重要保证和经济持续发展的前提。[3] 之所以选择基层法院是因为大多数案件都在基层解决。

一、背景与方法

所调查的法院位于陕西省渭河平原中部。作为多个王朝的都城，法院所在的城市是中华文明的发源地之一。尽管历史辉煌，但该地区的经济发展比较落后。虽然改革开放初期当地经济有所发展，但自20世纪90年代开始就停滞不前；到2002年，人均国内生产总值仅为人民

---

① 朱景文编：《中国法律发展报告》(1979～2004年)，中国人民大学出版社2007年版。

② 贺欣："司法财政与司法改革——两个基层法院的比较"，载《中国法律》2009年4期。

③ Douglass C. North, *Institutions, Institutional Change, and Economic Performance* (Cambridge: Cambridge University Press, 1990); Oliver Williamson, *The Economic Institutions of Capitalism* (New York: Free Press, 1985); *The Mechanisms of Governance* (Oxford: Oxford University Press, 1996).

币5226元。[①] 由于渭河和泾河流域的肥沃土地和适宜小麦等农作物生长的气候,农业是该地区的支柱。虽然很多国有企业已重组和私有化,它们仍是地方经济的主要力量。在该地区2002年大型企业创造的人民币220亿元国内生产总值中,国有企业仍占三分之一。[②]

作为影响法院和地方政府财政关系的重要政策之一的"收支两条线"在该法院从未实施过。[③]由于法院收取的行政费用还不够负担自己的成本,当地财政部门从来没有麻烦它履行这一要求。所以,法院的运作开支主要来自诉讼费和刑事罚金。在2007年新的诉讼费标准实施之前,这部分数额每年大约为人民币300万元。[④]他们因此有极大的动力提高诉讼费金额,特别是因为建设新办公楼还有人民币780万元的欠款。[⑤]

由于法院员工收入与法院财政直接相关,与发达地区相比,该院员工收入非常低。员工收入包括三部分:基本工资、地方津贴和案件津贴。前两者由当地政府承担,第三部分直接来自法院。每月1200元人民币的地方津贴直到2007年中央政府补贴之后才得以实现。案件津贴也称为燃油费和修理费,每起案件补贴150元人民币,用于法院车辆燃油和修理费用。每名员工大概每月得到130元人民币。大体上,在2004年,一名中级法官的每月总收入在人民币1000元左右。

低水平的收入当然对法院员工的结构和素质产生一定影响。截至2004年,包括两个派出法庭的人员,该法院有111名干警。大约60%的员工有本科学位;约30%是退伍军人。法院处理债务纠纷的民二庭

---

① 根据珠三角调研,该地区的国内生产总值2002年时高达5700美元。See He, Enforcing Commercial Judgments, at 424.

② 所有社会经济信息均来自当地年鉴。

③ 对这一对司法行为有极大影响的政策的演变,参见朱景文编:《中国法律发展报告》(1979~2004年),中国人民大学出版社2007年版。

④ 参见《诉讼费用交纳办法》,国务院颁布,2007年4月1日生效,同日最高人民法院1989年发布的标准废除。

⑤ 参见廖永安、李胜刚:"我国民事诉讼费用制度之运行现状",载《中外法学》2005年3期,第304~327页。又参见He, Enforcing Commercial judgments。但该院的受访法官表示,由于2007年中央政府开始补贴内陆地区的经费,这种做法因而基本上被抛弃了。

有8名干警,都有本科学位。执行局有16名干警,也都有本科学位。

我们主要按案卷编号顺序,从2004~2005年度结案的800起商事案件中,每8件选1件,共选取了100件。[①]如果最初按照案号选中的案件不是关于欠款的,我们就选案卷序号中的下一件代替。因为有些被告会出于种种原因在法院采取强制手段之前偿还债务,所以要调查法院的总体执行能力,显然不能只关注法院强制执行的案件。我们于是从立案和审判程序就开始跟踪案件的整个过程。

在通过法院判决收集了诉讼当事人性质和标的额等关键信息后,我们就通过电话访谈诉讼当事人。虽然我们的重点是原告,但如果有被告的联系方式,也电话访谈了一些被告。受访的往往是相关经济组织或个体商业户的管理者,但也有它们的代表律师和法律援助提供者。

我们询问了诉讼当事人解决纠纷的经过,包括与贸易伙伴之前的交易、调解解决的和哑忍的争议、到法院的、由法院调解结案的、走完审判程序并判决结案的、之后又调解解决或哑忍的、进行强制执行程序的、执行的(和执行程度)和没有得到执行的,以及所有这些决定和结果的原因。我们还询问了相关的诉讼费用和起诉的动机。按照我们的调研设计,我们在电话访谈一开始就声明,本调查是与该法院合作的研究项目,旨在发现法院的问题和提高法院的业务能力。我们还强调本项研究的纯学术性质,完全不影响所涉案件。除了少数几位受访者拒访,或者试图通过提问法院和执行庭庭长的姓名来核实我们的身份以外,大多数受访者都同我们进行了坦诚地交流。然而,100件案例中,我们只与60位原告进行了有效对话。多数情况是因为案卷没有记录诉讼当事人的电话号码,或者有些电话号码过期了;还有些情况是接电话的人不了解诉讼情况;还有一位诉讼当事人已经去世了。在我们收集了第一轮信息后,我们又给几位当事人打电话以听取对一些意外情况的解释。

第一轮和第二轮调查分别在2008年5月和11月进行,大约是案

---

① 统计学认为,样本量达到60~80个时就与正态分布相似。

件终结之后三年。三年让债权人和法官有充足的时间收回债务。另外,三年又不算太长,当事人还不至于忘记案件的具体细节。

为了更全面地了解情况,我们还访谈了五位当时负责审判和执行的法官(见表1)。我们向他们询问了法庭内外阻碍成功执行的因素、他们在促成主动撤诉和司法调解方面的经验以及司法改革对执行的影响等问题。

二、积极的执行结果

像发达地区一样,陕西省的数据也表明大多数原告获胜。[①] 已判决结案的18起案件中,只有两名原告因证据不足而败诉(其中一名在上诉中获胜)。除了纠纷解决过程中的一些误算或减免利息的情况,判决的金额基本上反映了所诉求的金额。

21起案件通过撤诉或法院调解解决;这两种结果共占被调查案件的70%,比珠三角地区高得多。这表明落后地区的法院可能更重视运用传统而非审判来解决纠纷。虽然促成当事人和解本身特别费时,但由于相对较低的案件量(每月每位法官大约3件,只是珠三角地区法院工作量的三分之一),该法院的法官有更多时间这样做。值得注意的是,当这些案件在2004年到2005年审理时,法院系统再一次要求提高"调诉率"。[②]

主动撤诉和法院调解往往发生于债务人收到起诉通知就偿还了欠款的情形:债务人只是要拖延付款。在这种情况下,法官通常采取非常积极的态度:他们要么真心实意地寻找能为双方接受的方案;要么出于

---

① 张维迎、柯荣柱:"诉讼过程中的逆向选择及其解释——以契约纠纷的基层法院判决书为例的经验研究",载《中国社会科学》2002年第2期,第31~43页;He, Enforcing Commercial Judgments.

② 2002年9月,最高人民法院颁布了关于司法调解的政策,重新强调"调撤率"。见"关于审理涉及民事案件的有关规定"。

法官自身的利益,强行压服双方接受调解。①如果被告倾向于调解,一些法官要求它立即支付一部分债务,以表示诚意。作为折中办法,调解的金额通常略低于要求偿还的金额:或者免除利息,或者延长偿还期限。②

但不是所有调解的或撤诉的案件都有满意的结局。调查数据显示有4件以调解终结的案件完全没有得到执行。其中3件在法院采取强制措施后发现被告没有可执行的财产。在另外一件案件中,原告一直没有时间从被告那里运回调解约定的货物。在21件撤诉案件中,有4件完全没有执行,这或是因为证据不足,或是因为原告不知去向。有10件因为原告作出妥协之后,只执行了一部分标的。有的撤诉是因为原被告达成协议,即如果原告撤诉,被告愿意支付大部分欠款。还有的撤诉是因为法院会返还撤诉案件一半的诉讼费,但不会退还调解或判决案件的诉讼费。然而,这表明法院的介入对债务履行有很大影响。确实,很多原告说一旦法院介入,被告立即愿意结算欠款。

虽然总体上调查结果不如珠三角地区那么好,陕西省的执行状况并非不尽如人意。如表2所示,60起被调查案件中有27起(45%)得到完全执行。这包括7件撤诉和11件调解案件。在47起案件或者说78%的案件中,原告收回了一些欠款;这一结果再次说明,认为中国法院执行不力的观点可能有点夸大其词。另外,其余13起案件中的原告一无所获;这说明执行还有很大改善空间。在调查的60起案件中,18起或30%的案件进入执行阶段。而进入执行程序的案件中,9位债权人(50%)有所收获。

在5起没有收回任何欠款的判决案件中,3名债务人是因为出于"三角债"而拒绝偿付:除非上一家先偿还它的债务,它才会偿还下一家的。另一案件中被告没有可执行的财产。另有一家省级国有企业声称争议是计划经济的产物,不能由法院或法律解决——原被告双方曾经属于同一单位。用被告的原话,就是如果应该给原告还钱的话,那么

---

① 这样做的好处在于更低的上诉率和更简单的判决文书。

② 对法官A的访谈,2008年11月14日。

中央政府就应该给被告还钱。对于这个案件法院似乎无能为力。这表明计划经济时期的遗留问题对合同执行仍有影响(见表2和表3)。

三、地方保护主义内涵的变化

如表4所示,大多数诉讼当事人是私营企业或小型个体工商户(占原告的53%、被告的50%)。但国有企业仍然扮演重要角色,占16个被告中的10个。很多私有企业实际也是由国有企业私有化和重组而成的。这表明由于全国性的经济改革,该地区的经济也已私有化和多元化。但与发达地区私营经济占主导地位不同,在该地区仍有较多的国有企业。

一般认为,越多的国有企业涉及诉讼,地方保护主义就会越严重,①特别是在地方政府的运作成本主要依赖当地国有企业时。本研究是印证了还是质疑了这种观点?

本节将从诉讼当事人的印象、数据得出的结果和对相关法官的访谈三个方面探讨这一问题。下文将展示,诉讼当事人普遍认为地方保护主义非常严重。但数据结果和法官访谈发现,地方保护主义的内涵发生了变化,更多地与私人关系而不是地方企业与政府的关系相连。

就地方保护主义而言,可以将数据中的诉讼当事人分成两类。第一类没有直接介入本地与外地的诉讼中。虽然他们的观点不能在数据中体现出来,但因为他们以前的经验影响了他们的总体印象,仍然不能忽略。这类当事人通常认为地方保护主义普遍存在。一家大型国企的法律顾问的表述可能非常典型:"地方保护主义无处不在,全国各地都一样。我们倾向于在当地法院诉讼,因为我们和这个法院比较熟悉,从而会处于有利的地位。"②

第二种诉讼当事人直接介入了本地与外地的对抗之中。这些诉讼

---

① Pei, Does Legal Reform Protect Economic Transactions? pp. 180 - 210.

② 访谈。

当事人的印象是建立在案件具体事实基础上的，所以应该更可靠。我们的访谈表明他们的认知与案件结果大体一致。那些赢了官司并执行成功的当事人很少提及地方保护主义，但那些输了官司的人很容易认为地方保护主义是很重要的原因。一名输给本地原告的外地被告人对法院的表现评价很低，他说："我们认为这个案子办得很差。一是诉讼时效已经过了；二是所有证据都是伪造的。很明显，发生这些事情都是因为地方保护主义，这可以理解。"输给外地对手的本地人同样倾向于用法律外的因素来解释失败。一名财产被法院冻结而被迫付款的本地被告也从另外一个方面提到地方保护主义的存在，他是这么说的："人人都说有地方保护主义，但这个案子里法院竭尽全力去保护外地人，而不是我们本地人的利益。据说如果有人在外地法院起诉，很难要回钱。但这个案子里，我们的法院在外地公司起诉后很快就冻结了我的钱。这不太正常。"他讽刺地补充道："我想法院太依法办事了。"这种"异常"的情况同时被认为是法官和另一方勾结。该被告说："后来我听说原告贿赂了一名法院工作人员。否则我们的银行账户怎么会在钱汇入后那么快被冻结？"

这些看法在多大程度上可信？数据结果没有支持它们。在数据中，只有 10 件案子是外地被告，12 件是外地原告。这些数字很小，很难准确地表明地方保护主义的程度。不管怎样，如表 5 所示，当两组案件比较时，执行结果和对法院的印象都没有很大差别。在本地企业作为原告的 12 件案子里，有 4 件完全未能执行。在本地企业作为被告的 10 件案子里，有 2 件完全没有执行，其余 8 件基本执行。这表明本地被告比本地原告的境遇还要好一些。诉讼当事人对法院的印象也体现了类似结果：外地原告似乎没有仅从他们的地域来衡量法院的表现。所有这些至少说明"地域"在描述执行结果或对法院印象时远不是一个决定性因素。

如何理解以上相互矛盾的结果？我们对法官的访谈表明，理解这种差别的关键在于地方保护主义的确切含义。现有文献通常将地方保护主义理解为，由于地方政府和企业之间存在财政联系，地方政府对法院施加的法外干预或压力,以保护当地企业。但地方保护主义也可以指基于法院人员和诉讼当事人的关系而带来的“便利”或对诉讼当事人的好处。受访法官很少持第一种观点,而比较普遍持第二种观点。

法官C说:“对于有关系的人,当然会有一些便利,特别是当存在不同司法解释的空间时。这就是为什么法院会争夺管辖权。我举个例子。今天你们在这里调研,我们必须腾出下午的时间给你们,因为我们是朋友。但日常工作就不得不推迟。”一位在该法院工作了19年的女法官(法官A)说:“人情是你逃避不了的事情。我在派出法庭工作的时候,诉讼当事人会把自己地里种的蔬菜送给我。一个老太太给了我5个鸡蛋,用手绢包着。虽然这种礼物不值钱,但我们不能拒绝,否则我们会伤害他们的感情。他们是真想让我们收下。”

法官B曾是一名陆军中尉,在法院里被认为非常擅长执行事务。他说:“当当事人通过某种关系联系你时,你自然会更加尽力。有时候这真得具体情况具体对待。”接下来他用十分钟讲述了他如何成功地在远离陕西的湖南省执行的一个案子。这个案子的关键问题是被告人用不同的名称注册,也符合法律规定;严格来说,法院不能采取行动。但原告和陕西法院相信两个机构实际由同一个人运作,于是特别向湖南的相关法院解释并寻求协助。而湖南的法院并没有保护自己辖区的人,也愿意协助执行。在当地法院的压力下,被告让步并付清欠款。“我们做的第一件事情,”法官B笑着说:“就是给湖南法院的车辆加满油。因为我们知道法院通常没有足够的钱负担这些成本。”

法官们通常淡化由于地方政府和法院间的财政联系所产生的直接法外影响。而他们都强调以上这些便利都在法律或规定之内。那位用我们的调研来解释出于人情而提供便利的法官C说:“我们确实因为你们的到访而推迟了日常工作,但推迟处理案件并不意味着违法了。同样,争夺管辖权也不一定意味着有违法的偏袒,因为规定通常比较模糊,可以作不同的解释。”法官A说:“向领导做汇报时,领导总是强调法律法规、确凿证据以及我们能有的空间。当人大和检察院等监督单位来调查某些投诉时,也是这样。我们的领导通常说:‘如果规定允许,找一些补救办法;如果不允许,就向他们礼貌地解释规定。'有一些界限是高官们也不能轻易逾越的。"尽管法官 A 本人没有受过正式的法律教育,但她经常援引医生的工作与法官作类比:"这是一个非常要求技术的领域,就像治病一样。无论官员的职位多高,医生的话才重要,特别是疑难杂症。"法官 E 说:"底线是必须在规则之内。过去法院在社会上的名声太差了。任何异常的行为都有可能成为媒体攻击或上级法院批评的靶子。这个工作收入不高,但体面而稳定。没有多少人愿意冒险丢掉工作。"

法官们虽然淡化了地方保护主义对日常案件的影响,但从未否认直接与地方政府相关的案件中存在不可避免的不当影响。在该法院工作六年的法官 D 说:"我们能冻结地方政府的账户吗?当然不能。有个案子,仅仅涉及地方街道居委会。我在执行局局长的陪同下去了他们办公室,耐心、有礼貌地向他们解释案件,强调了我们工作的困难。街道居委会这才最终付款。但如果他们不付款,我们也无能为力。"

但即使这个故事也表明了规则的重要性。法院人员去居委会办公室执行判决,居委会最终选择付款,这一事实说明了法律还不是那么没用。法院人员清楚知道他们不能对政府采取任何强制措施。但他们当然也不能——或者至少不想——作出完全偏袒政府的决定或者完全放弃执行。他们也希望甚至是必须遵循规则办案。这就是他们为什么对执行措施和方式谨小慎微的原因:执行局局长亲自到场并进行解释。

实际上,当对地方保护主义的内容作不同的解读时,我们发现法官和诉讼人的立场基本相同。那位认为地方保护主义无处不在的法律顾问说:"我们处于一个有利地位,因为我们和法院的人熟悉。"①作为一个负责为企业追债的法律顾问,她还说:"法院是唯一的选择,因为行政手段都没用了。"她的优势似乎仅限于熟悉法院人员。在上述输给外地企业的本地企业的访谈中,虽然他声称一个法官被外地当事人收买了,但实际上,法院冻结其银行账户的行为也是依法进行的。

---

① Pei, Does Legal Reform Protect Economic Transactions? pp. 180 – 210.

因此,关键问题在于有多少直接涉及地方政府的案件。虽然所选取的100起案件中有很多国有企业,有些甚至是省级国有企业,但没有一起案件直接涉及省级政府。受访法官也承认这种案件很少。多数案件直接、小额、简单、证据确凿(见表6)。在这些日常案件中,不争的事实是法律规则弥散开来,法院人员和政府官员的行为也更注重规则。

上文表明地方保护主义的内涵发生了变化。社会关系所提供的便利并不是地方政府收入与地方企业之间财政联系的直接结果。它的存在仅仅因为本地人更容易从地方法院找到关系。虽然农村法院的资金短缺现象仍然存在,当地国有企业的收入和法院的运作开支间的联系已经弱化。比如,20世纪90年代末所推行的预算改革[①]使地方财政局与当地法院的关系更正式。最近,国务院专门为落后地区留出特别预算。[②]由于需要增加收入,落后地区可能存在更多的制度腐败和不当行为。[③]本地人与法院人员的密切关系也有可能导致更多的腐败。但这些关系多数并没有直接形成通常认为的那种地方保护主义。法制改革进行了30年之后,随着大量法律法规的颁布和制度建设,一个更注重规则的社会似乎已经成形。存在于改革初期政府机构和国有企业间的那种密切关系,似乎已经被更规范的行为模式所取代。[④]

四、效果有限的司法改革

与发达地区司法改革的明显效果相比,陕西法院的情况要复杂得多。全国性的法制建设已在该法院产生明显印记:基本按照最高人民

---

① Jun Ma and Meili Niu, Modernizing Public Budgeting and Financial Management in China, in Howard A. Frank(ed.), *Public Financial Management*(Boca Raton, FL: Taylor & Francis, 2006), pp. 691 -736.

② 这是于2007年的新的诉讼法费收费办法导致内陆法院经费的严重短缺。

③ 贺欣:“法院的财政不足与司法腐败”,载《二十一世纪》2008年第1期。

④ 关于改革初期地方政府和企业之间关系的分析,见 Jean Oi, *Rural China Takes Off* (Berkeley: University of California Press, 1999)。

法院的要求设立了所有庭局;立案庭现在也与审判和执行彻底分离。法院已采取一些措施加强各类案件,特别是民商事案件的执行。这些措施包括建立相对独立的执行局,将更多资源分配给执行部门。在法定权力上,法院现在有了冻结债务人银行账户的权力,而妨碍执行的罚金也增加了。受访法官反映,在建立了协调机制后,银行和其他政府机构在监督和冻结存款、不动产和重要动产方面也变得比较合作。① 有些法官还提到一些银行工作人员因向债务人泄露消息而被拘留。法官C提到了技术的重要性:现在法院执行人员一抵达银行柜台,计算机系统就开始记录时间,有效阻止了银行人员与债务人的勾结。

但一些影响权力再分配的核心改革措施还没有实施。一个典型例子就是审判长制度。这是最高人民法院促进审判独立的政策。②根据该政策,案件决定权不属于庭长或院长,而属于审判长。但在陕西的这个法院,没有负责院长签字不能出任何判决文书;没有庭长的签字不能出任何调解或撤诉文书。这与发达地区法院的做法截然不同,主要原因是该法院案件量很低——仅为沿海发达地区法院的三分之一。因此庭长和院长们仍能审查所有案件,从而将最终决定权牢牢地掌握在手中。同样,案件分配的最初权力结构也没有改变。当案件从立案庭转到负责审理商事案件的民二庭时,庭长会首先挑选最简单的案件或者与他/她有关系的案件。剩余的案件再分配给普通法官。③ 理由很简单:津贴是基于案件的数量来分配的。庭长当然会选择最简单的和与自己有关系的案件。这与发达地区不同,由于那些地方案件数量多,案件通常由计算机系统随机分配,很少有人为操作的空间。

法官职业化的改革效果也很有限。在新《法官法》颁布后,所有新法官必须通过全国统一的司法考试。由于全国统一司法考试的通过率不足10%,受过很少教育的退伍军人很难通过。于是,他们普遍缺少

---

① 中央政法委:“动员社会力量,切实解决执行难问题”,载 http://news.xinhuanet.com/legal/2006-01/23/content_4090238.htm,最后访问时间2008年12月29日。

② 最高人民法院《人民法院五年改革的纲要》第18条规定:“到2000年,法院决定应当由审判长和独任审判员依法做出。”最高人民法院1999年10月20日颁布。

③ 对法官A和D的访谈。

进入法院的积极性,因而受过法律培训的毕业生的比例应当有所上升。但由于当地人口数量以及当地政府严格控制的财政资源和有限的人事编制指标,陕西省这所法院在过去五年来只招聘了一两个法学院的毕业生。为平衡员工的经济利益,没有法官资格的人员也被允许独立处理案件。总体而言,无论在数量上还是在对法院职能的影响上,退伍军人仍然是法院的重要组成部分,在一二十年内都很难将他们完全淘汰。而对有效运作需要更多专业知识的呼吁的回应,当地党委组织部门在任命地方法院院长的时候也注重考虑上级法院推荐的人员。但是,最高人民法院1999年的改革纲要所建议的、试图打破地方权力影响的法院领导任免体制根本没有实施。不过该法院目前的院长和其前任都受过正规的法律训练。这些领导倾向于让具有法律知识和技能的人担任关键职位。法院人员职业化及其相应的能力可能在潜移默化下有所提高,只是步调比较缓慢而已。

五、对法院相对较差的印象

如表7所示,对审判阶段发表意见的原告中有48%对法院表现持正面态度,只有22%是负面的。就执行阶段而言,回答该问题的18名原告中的50% 对法院执行持负面印象。①这比发达地区的结果要低很多。②在访谈中,很大比例的受访当事人抱怨法官的素质,包括他们与诉讼当事人打交道的态度;而在发达地区,令大多数诉讼当事人吃惊的是,法院人员的工作态度很好、职业化程度很高。这些结果也与更广范围的调查结果一致:中国农村地区法院的情况要比城市的差。③

① 并非所有原告人都能够回答这一问题,理由是其中的一部分人在起诉之后立即就撤诉了。总体而言,只有18件,或数据中的30%进入强制执行阶段。只有这部分原告人体验到法院的真正执行过程。

② 在珠三角调研中,71%的受访人对审判阶段执正面评价,只有32%对执行阶段执负面评价。See He, Enforcing Commercial Judgments, at 455.

③ Michelson, Popular Attitudes towards Dispute Processing.

案卷数据和对诉讼当事人的访问揭示出这些负面印象的几个原因。一是执行结果。通过对诉讼当事人的访问发现,执行结果与对法院印象之间存在着很强的相关性:当法院收回欠款,特别是收回全部债务时,他们对法院的印象比较正面;否则相反。这也与诉讼动机的调查一致。多数受访原告(两例例外)说诉讼的唯一目的是收债,而求助法院是漫长追债过程中的最后一根稻草。所以当法院能够收回债务时,他们通常非常感激。反之,他们不会正面评价的法院表现。一名原告说:"我们自己讨不回债务,所以才诉诸法院。但如果法院连自己的判决都不能执行,我们怎么能对他们有好印象?我们对审判法院没有意见,但对法院在执行方面下的功夫表示怀疑。"可见,实用主义的诉讼当事人似乎更看重实体而不是程序正义。[①]

负面印象的另一主要原因是向他们收取的额外费用。如前所述,法院当时的收费标准比最高人民法院的标准高得多。虽然在实地调查中没有看到2004~2005年的最初收费标准,[②]但调查的案件文书揭示了当时不同案件的收费金额。就一件标的为677,000元人民币的巨额案件(按当地的标准)(见表6),法院判决如下:"13,270元人民币诉讼费及其他诉讼费由原告支付。"所谓的"其他诉讼费"与正常诉讼费金额一样,都按标的额的4%收取。在另一起调解案件中,标的只有856元人民币,而判决是:"50元人民币诉讼费,300元人民币其他诉讼费;原告负担150元人民币,被告负担200元人民币。"本案中"其他诉讼费"是正常诉讼费的六倍,正常和其他诉讼费两者加在一起高达标的额的40%。在很多中型案件中,受访人说费率是标的额的8%。如果原告要求强制执行程序,他们还需要另外预付执行费。法院声明预付费会在案件成功执行后退还,但受访法官反映在2007年国务院废止这一做法之前,法院从未退还过。

不出意外的是,许多受访原告会抱怨这些额外费用;而更令当事人

① 关于美国情境的一项研究,参见 Tom Tyler, *Why People Obey the Law* (New Haven: Yale University Press, 1990).

② 这一标准已被2007年的新标准取代。

不满的是本地的另外一个基层法院并没有收取这笔费用,形成强烈的反差。一些诉讼当事人甚至直接提到这一差别。他们对两方面特别不满:其一,在他们支付了诉讼费以及预付执行费后,欠款也没有收回,“赔了夫人又折兵”;其二,当他们提起诉讼后,案件很快撤回,但他们仍需交费诉讼费。原告认为法院在这种情况下没做什么工作或贡献。比如,一名原告说:“在我们提起诉讼后,对方(债务人)立即同意支付。这个案子与法院一点关系都没有。另外两个案子也是由我们自己解决的,当时法院还没有把相关文件送达给对方。而法院还是收取了我们8%的诉讼费。”公平地讲,法律也没有允许在这种情况下免除费用,但是超额收费显然恶化了原本已经负面的印象。

六、总体有效但使用不多的法院

虽然陕西法院的执行状况不如发达地区那么有效,但其收债的能力不应被低估。与其他在发达国家和发展中国家所作的类似调研相比,陕西省的执行结果总体上还不算太糟。根据Hendley对俄罗斯三家法院100起拖欠付款案件的调研,64%的债权人有所收获,33%完全收回,每个债权人平均收回46.7%的判决金额。①一些经验调研表明,美国和英国的情况甚至更糟。②在本调研中,数据显示不能执行的原因有破产、三角债和计划经济遗留的问题等等。对于这些案件,没有什么

---

① See Kathryn Hendley's study on the Russian courts, Enforcing Judgments in Russian Economic Courts, *Post-Soviet Affairs*, Vol. 20, No. 1 (2004), pp. 46-82.

② 关于英格兰和威尔士小额诉讼的研究,见John Baldwin, *Small Claims in the County Courts in England and Wales: The Bargain Basement of Civil Justice*? (Oxford: Clarendon Press, 1997), p. 129; 对美国小额诉讼的研究,参见Steven Weller et al., American Small Claims Courts, in C J. Whelan (ed.), *Small Claims Courts: A Comparative Study*, (Oxford: Clarendon Press, 1990), p. 16; see also Arthur Best et al., Peace, Wealth, Happiness, and Small Claims Courts: A Case Study, *Fordham Urban Law Journal*, Vol. 28, No. 2 (1994), pp. 343-79; Committee on Post-Judgment Collection Procedures in the Special Civil Part, Report to the Supreme Court of New Jersey, *New Jersey Law Journal*, No. 2 (1993), 转引自Clarke, The Execution of Civil Judgments in China, at 34。

有效的法律方法,法院装备再好也无法解决。在倡导"社会稳定"和"和谐社会"之时,非常清楚的是执行绝对不能影响个人或家庭的生计或者企业的日常运转;否则产生的问题比解决的还多。其实,受访法官不认为收债案件是执行中的主要问题;相反,他们认为小型侵权案件和行政案件的执行更困难。[①] 另外,许多原告也认为法院很有用:有人说债务人在收到法院通知后立即付款;有些甚至还说,早知道法院这么有效,他们就会多求助法院了。

令人奇怪的是:为什么人们长期认为中国法院执行力低下。研究进路或方法是一个较为可信的解释。由于收集数据困难,这方面几乎没有系统研究。虽然有个别基于公开的案例研究,其代表性也存在明显问题。[②]而涉及地方保护主义和司法腐败的反面案例却被反复报道和广泛传播。[③]法律学者也倾向于采用零散的、印象证据或仅对案件的学理分析来突出司法体制的消极一面。[④]另外,官方数据经常缺乏一贯的标准。[⑤]这些数据往往只是衡量了进入强制执行阶段案件的执行结果;而进入审判阶段,包括那些以调解和撤诉结案的,却没有收录在内。[⑥] 如果想评估法院在执行能力,这样统计当然是不准确的。此外,虽然官方数据可以勾画出总体状况,但它们没有区分经济和商事案件等子类别。而正如受访法官所言,商事案件的执行状况总体上也比小型侵权案件好,理由是为侵权案件的受害者追偿财产更加困难。

这并非要否认法院在处理政治敏感案件或涉及国有企业、政府

---

① 对法官 E 的访谈。

② Pei, "Does Legal Reform Protect Economic Transactions?", pp. 180 - 210.

③ Peerenboom, Seek Truth from Facts, pp. 249 - 327.

④ 一个近期的例子,见 Friven Yeoh, Enforcement and Dispute Outcomes, Discussing the Enforcement of Foreign-related Arbitration Awards in China, in Michael Moser (ed.), *Managing Business Disputes in Today's China: Dueling with Dragons* (Kluwer Law International, 2007), pp. 289 - 90.

⑤ 从 China Law and Governance Review 2004 和童济的文章的上下文来看,并不清楚执行率指的是不是全部执行,也不知道剩余的部分是部分执行还是完全没有执行。

⑥ 童济童济:"2003 年中国法院的审判和执行状况",载《人民司法》2004 年第 3 期,第 78 页。

机关的案件时不够有效。但如数据所示,这种案件的比例低至 3% 。对于小标的的普通事件,官员和政府非没有兴趣干预。除少数例外,大多数受访原告表示将来仍然愿意求助法院处理类似纠纷。①

虽然法院执行比较有力,这并没有使案件数量大幅增加。毕竟,对大多数原告而言,起诉不是一个轻松的决定。按双方交易往来的时间,可以将当事人分为两类:包括第一次交易,有 14 对当事人来往不到一年;而 40 对往来两年以上,其中 24 对超过 5 年(见表 8)。这表明如果没有建立长期的贸易关系,他们就不太迟疑于诉诸法院,但对于长期的贸易伙伴就会谨慎得多。只有当他们对继续等待不抱希望时,才会提起诉讼。一名原告的叙述可能颇具代表性:"我们已经做了很多年生意,很顺利,但后来他们拖了很久都没有付清余款。其中老板都换了好几个,企业的业绩越来越差。我们除了起诉没有别的办法。"一家大型国有企业的法律顾问说:"(我们企业有)接近 1 亿的未付债务,我们经常求助法院,几乎一年 30 起。但只收回 1500 万的债务。其他的我们不得不搁置,希望将来得到偿还。"

诉诸法律长期以来被认为与商业规范不符,本调研的发现也不例外。②数据显示,受访当事人在诉讼后再也没有与对方发生贸易往来。诉讼实际上相当于贸易关系的终结。当一起三角债中的被告被问起为什么不起诉其他债务人时,他反问道:"那我们还怎么在生意圈里混?"这也是上文提到的那位法律顾问为什么只能将 1500 万元的债务通过法院收回,仅占公司总债务的 15% 。

与其他国家的情况不同,中国没有信用评级或其他办法来评估商业信誉。商业机构不得不依靠经验来估计潜在的商业风险。调查数据

---

① Landry, The Institutional Diffusion of Courts in China, pp. 207 – 234.

② 关于这一点的经典文献,见 Stewart Macaulay, Non-Contractual Relations in Business: A Preliminary Study, *American Sociological Review*, Vol. 28, No. 1 (1963), pp. 55 – 67; 对转型俄国的最近讨论,见 Kathryn Hendley, Peter Murrell and Randi Ryterman, Law, Relationships, and Private Enforcement: Transactional Strategies of Russian Enterprises, *Europe-Asia Studies*, Vol. 52, No. 4 (2000), pp. 627 – 56; Kathryn Hendley, Business Litigation in the Transition: A Portrait of Debt Collection in Russia, *Law & Society Review*, Vol. 38, No. 2 (2004), pp. 305 – 48。

中没有诉讼当事人曾经到工商局咨询过贸易伙伴的注册资产的详细情况或其他信息。他们通常说,不懂或从未听说过或想过这么做。贸易伙伴多是通过熟人介绍的或者碰巧认识的。同发达地区一样,自我保护的有效方法是分期供货。贸易伙伴关系发展非常宝贵,生意人自然会珍惜这种关系。这就是为什么他们更倾向于要么在竭尽全力、别无他法时,要么在双方的关系还没有完全建立时才诉诸法院。

七、结论

主要基于少量案件的抽样调查和对相关诉讼当事人的访谈,本研究没有奢求符合客观现实的科学标准。通常法官倾向于夸大他们的知识,而诉讼当事人则会根据自己经历的案件过度概括。这些不同来源的记录经常不一致甚至互相矛盾。但在关键的问题上,他们更多的是互相补充而非冲突。虽然方法不同,但不同的信息来源体现出一些基本的共同点。仔细考察该地区的执行情况会发现:这个落后地区的执行情况还可以接受;被现有文献认为猖獗的地方保护主义似乎被控制在法律规则之内。这一鼓舞人心的情况似乎来自市场化和私有化等全国性的经济改革:由于私有企业成为法院的主要使用者,法院和政府没有太多的积极性去干预案件。包括颁布大量实体法律法规以及制度建设在内的法制改革似乎促进了规则社会的形成。

落后地区大致可以接受的执行结果质疑了中国法院普遍低效的观点。其实,法院的情形清楚地证明了案件处理的二元性:政治敏感的案件与普通案件的处理程序不同,结果也不同。①更进一步的问题是:到

---

① Robert Sharlet, Stalinism and Soviet Legal Culture, in Robert C. Tucker (ed.), *Stalinism: Essays in Historical Interpretation*, (New York: Norton, 1977), pp. 155 – 79; 对此问题的一个最近的分析,参见 Yulin Fu and Randall Peerenboom, A New Analytic Framework for Understanding and Promoting Judicial Independence in China, in Randall Peerenboom (ed.), *Judicial Independence in China*, (Cambridge: Cambridge University Press, 2009), forthcoming。

目前为止,中国真的没有有效的法院体系来执行合同判决吗?虽然本研究提出了这些问题和疑问,但在对其他地区和其他级别的法院进行系统经验研究前,尚难明确回答这些问题,或者证实或证伪某些判断。同样迫切需要做的是对改革时期的法院执行能力的纵向研究。只有那时,探讨为什么在缺乏有效的合同执行机制下中国经济会迅猛发展的理论问题才有更坚实的基础。①

但本研究进一步证明了经济发展对法院执行能力有决定性作用。从对发达地区的早期研究中产生的几个假说得到证实:落后地区的总体情况不如发达地区乐观,制度建设和人员职业化的效果有限,诉讼当事人对法院的印象不太满意。对法院相对负面的印象与过度收取的费用直接相关,而这又与该地区的经济发展水平密切相关:由于当地经济发展水平较低,地方政府财政来源有限,迫使法院依赖诉讼费维持运作成本。而且,当经济发展水平较低,促进制度建设和提高职业化水平的改革措施会遇到更大阻力。司法改革措施被有所选择地实施。这种选择最明显的实例就是没有建立审判长制度,案件分配制度也一如既往地与权力相连。停滞的地方经济直接导致相对较低的案件数量,这不仅为维持现存的权力结构提供了“温床”,而且为法外干预提供了途径。较低的案件数量使法院没有动力招募新人,这又导致人员职业化发展水平缓慢。另外,一些案件未能执行的原因与计划经济时期有关。如果市场化和私有化的进程快一些、彻底一些,这些案件可能已经按时执行了。这些调查结果认为经济发展水平会直接影响法院的表现,同时也表明如果落后地区的经济进一步发展,该地区的法院似乎能够克服这些问题。

---

① Clarke, The Execution of Civil Judgments in China, pp. 65 – 81; Randall Peerenboom, *China's Long March Toward Rule of Law* (Cambridge: Cambridge University Press, 2002), pp. 450 – 512; Kenneth Dam, *The Law-Growth Nexus*, (Washington, D. C.: Brookings Institution, 2006); Trebilcock and Leng, The Role of Formal Contract Law and Enforcement in Economic Development, pp. 1517 – 80; He, Enforcing Commercial Judgments in the Pearl River Delta of China, pp. 419 – 457.

表 1　五位受访法官的情况

法官	所在庭室	年龄	法律教育	性别	法院工作经验(年数)
A	商事庭或民二庭	接近 40 岁	硕士学位（远程教育）	女	19
B	法警大队	40 多岁	无（退伍军人）	男	10
C	执行庭	40 多岁	无（退伍军人）	男	10
D	民二庭	接近 30 岁	本科学位	男	6
E	行政劳动庭	40 多岁	本科学位	男	18

表 2　执行结果

	判决	调解	撤诉	总计
数量	18	21	21	60
进入执行程序的数量	14	4		
100% 支付(主动支付)	5(4)	4(7)	7	16(11)
80% ~99% 支付	4	2	8	
50% ~79% 支付			2	
1% ~50% 支付				
没有支付	5	4	4	13（见表 3）

表 3　完全未执行的案件

原因	债务人破产	三角债	计划经济遗留的难题	债务人转移或藏匿财产	其他(债权人原因)	总计
数量	4	3	3	1	2	13

表 4　诉讼当事人的所有权结构和地域

原告的所有权结构	本地	外地	总计	被告的所有权结构	本地	外地	总计
国有	10	2		国有	16	2	
集体所有	8	4		集体所有	2	4	
私有（包括个体工商户）	32	4		私有(包括个体工商户)	30	6	
总计			60	总计			60

表5 本地诉外地案件与外地诉本地案件之比较

	总数	法院决定	执行结果	原告对法院的印象
本地诉外地案件	12	6件调解 4件判决 2件撤诉	8件完全执行; 4件完全未执行	6正面 6负面
外地诉本地案件	10	2件判决 2件撤诉	6件完全执行; 2件执行了80%或以上; 2完全未执行	6正面 4负面

表6 标的额分配(单位:1万元)

数额	< =1	1 -4.99	5 -9.99	10 -49.99	50及以上	总计
数量	22	20	6	8	4	60(100%)

表7 原告对法院的印象

	正面	负面	中立、不清楚或无评价	总计
判决	26(48%)	12(22%)	16(30%)	54(100%)
执行	5(28%)	9(50%)	4(22%)	18(100%)

表8 债务人和债权人的交易来往时间

	第一次	少于1年	1至2年	2至5年	多于等于5年	总计
案件数量	14	4	2	16	24	60

《法律和社会科学》(2013)
第12卷,第153～192页

作为制度的皇帝

苏　力*

摘要:本文试图探讨皇帝制的某些理性因素。不是站在上帝的位置作道德评判,而力求在历史和中国社会语境中展示皇帝制的必然性及其利弊的相对性。本文探讨皇帝对于古代中国的制度意义:不是将皇帝作为古代中国政府的构成部分,不讨论诸如皇权与相权之演变这类有关古代中央政府结构的问题,而关注的是作为古代中国政治文化共同体或称其为文明国家的构成部分的皇帝制度,讨论在什么意义上皇帝是古代中国不可或缺的构成制度之一。

乱莫大于无天子。无天子则强者胜弱,众者暴寡,以兵相残,不得休息。

——《吕氏春秋》①

向公众提一个问题:"你是愿意受一个国王的统治呢,或一部宪法的统治?"这个问题就成了"你

* 北京大学法学院天元讲席教授,长江学者。

① 许维遹[撰]、梁运华[整理]:《吕氏春秋集释》,中华书局2009年版,第296页。

是愿意接受你能理解的方式的统治,还是接受一种你不懂的方式的统治?”法国人会说:“我们愿接受一个我们可以想象的个人来统治,而不是我们无法想象的许多人的统治。”

——白哲特①

一、问题的界定

现代中国的民主革命废弃了皇帝制度,理所当然。但作为一种宪制/政体,世袭皇帝为何发生?仅仅源自历代王朝开国皇帝“家天下”的私欲?从经济学理论上看,仅仅个人私欲不足以构成一个长期的制度,除非这种私欲与某些社会需求吻合,或有某些社会的功能。因此,帝制可能有什么社会的功能吗?是对于谁的功能?仅仅对皇帝吗?而作为制度,其利弊究竟何在?首先的一个问题也许是,它曾有过“利”吗?但最重要的是,今天还有无必要并因何要关心这样的已经过去了的问题?

在现代中国持续了一百多年的有关民主的现代政治意识形态笼罩下,在一个从理论层面看本应最激发人们自由思考的时代,古代中国的这一重要制度,除了接受抨击批判外,几乎成了政治学、法学界研究不允许有其他答案的问题。皇帝成了中国的罪恶、愚昧的代表,是近代落后挨打之渊源,是两千多年来摆满中国悲剧的那张茶几。尽管已废除了一百多年了,今天所有的中国人对于帝制都没有记忆。而一遇到某些社会问题,往往是社会中上层人士,不仅是政客,还常常包括大大小小的知识人,不管有没有根据、有多少根据,总是先拖出皇帝鞭尸,然后就摇旗获胜打道回府了。

如果只是智识的无能,那不是问题,人们有权愚蠢——所谓智慧也许只是一种“极精炼的愚蠢”(罗素语)——也有权不思考一些问题,包

① Walter Bagehot, *The English Constitution*, ed. by Miles Taylor, Oxford University Press, 2001 (original 1873), p.38.

括一些不管什么人都认为重要的问题。但在我看来,这更可能是一种智识的危机。它表明,尽管告别帝制已经一百多年了,告别革命也已三十多年,但中国当代社会的主流文化仍以对于当年的革命非常必要的意识形态话语,处理着中国的历史。不懂得后来者可以,也应当,因此也就未能自觉,借助这一百多年的历史间距为历史后来者造就的特定的优越视角,从智识层面理解皇帝制中隐含的有关国家宪制/政体的一系列有关政治学和法学理论的基本(general)问题,以及其中隐含的某些中国的特殊问题。

“灭人之国,必先去其史”。[①] 由于这种意识形态的话语,当代中国有太多的人在政治学和法学上成功地智识自宫了。他们可以大谈美国宪法、雅典政制、英国大宪章,甚至津津有味地阅读或推荐古罗马皇帝的著作。[②] 但对于中国历代政治,只拷贝了当年鲁迅先生的激愤情绪。[③] 由于对中国历史和制度拒绝理性的考察,自然无法获得历史的提醒和告诫。一旦触及当代中国的制度建设,很容易搞一厢情愿、天真烂漫,或是走极端。

本文试图探讨皇帝制的某些理性因素。不是站在上帝的位置作道德评判,而力求在历史和中国社会语境中展示皇帝制的必然性及其利弊的相对性。即便全都是弊端,也只有从理性视角下方能显现其为弊端,否则就是愚昧——但不是制度的愚昧,而是观察者和评论者的愚昧。而我有理由相信,个人可能愚蠢,人类不可能愚蠢,更不可能长期愚蠢;人类历史上的任何制度,只要是长期的实践,就很少可能只是罪恶或愚昧,而更可能是,相对当时的社会条件,已是足够的明智或合理。尽管未必是“最”,并且很难说“最”,即便在今天的社会条件下,这些实践已断然不合理。

---

① “灭人之国,必先去其史;隳人之枋,败人之纲纪,必先去其史;绝人之材,湮塞人之教,必先去其史;夷人之祖宗,必先去其史。”龚自珍:“古史钩沉论二”,载《龚自珍全集》,上海人民出版社 1975 年版,第 22 页。

② “温家宝的床头放着《沉思录》”,载《成都日报》,2012 年 2 月 7 日第 13 版。

③ “翻开历史一查……仔细看了半夜,才从字缝里看出字来,满本都写着两个字是‘吃人’!”鲁迅:“狂人日记”,载《鲁迅全集》卷 1,人民文学出版社 2005 年版,第 447 页。

其实,即便中国秦汉之后的皇帝制与西方政治学一人治理的君主制全等,那也不丢人。硬套亚里士多德《政治学》的标准,它就是宪制/政体的一种;[①]而直到卢梭之前,君主制一直得到了有史以来最多数量伟大思想家的推崇。[②] 而在名著《英国宪制》中,作者就专门以两章篇幅着重讨论和分析君主(monarchy)这个英国的第三个最重要的宪法制度(constitutional institution)。[③]

本文探讨的是皇帝对于古代中国的制度意义。这意味着,我不是将皇帝作为古代中国政府的构成部分。因此不讨论诸如皇权与相权之演变这类有关古代中央政府结构的问题——这些问题在今天的政治学和法学看来当然是宪制或至少是准宪制问题,研究数量不少,质量也很高。[④] 我关注的是作为古代中国政治文化共同体或称为文明国家(civilization)的构成部分的皇帝制度。换言之,为什么中国古人会说,"乱莫大于无天子"? 在什么意义上皇帝是古代中国不可或缺的构成制度之一(an indispensable constitutional institution)?

我首先,当然也是不得不,讨论为什么古代中国不是民主制。如果承认差异普遍,这其实本不应是一个问题。这种提问几乎就相当于张三总是问自己为什么长得不像李四——一个决心跟自己过不去的问题,并且一定无解。但这种提问在当代中国已不可避免,其中隐含的,尽管提问者本人不一定自觉的是:世界的单线演化,民主制在现代政治意识形态中理所当然且不容置疑的地位,中国的君主制(因此不包括欧洲历史上如英国的君主制)没有价值也没有伦理根据的,不但不正

---

① [古希腊]亚里士多德:《政治学》,吴寿彭译,商务印书馆1965年版,第129~134页。

② 例如,Plato, *Statesman*, ed. by Julia Annas and Robin Waterfield, trans. by Robin Waterfield, Cambridge University Press, 1995; *St Thomas Aquinas Political Writings*, ed. by R. W. Dyson, Cambridge University Press, 2004, pp. 10-11; [古罗马]西塞罗:《国家篇·法律篇》,沈叔平、苏力译,商务印书馆1999年版,第36页。

③ Bagehot, *The English Constitution*, ed. by Miles Taylar, Oxford University Press, 2001 (original 1873), ch. 3-4.

④ 可参见祝总斌:《两汉魏晋南北朝宰相制度研究》,中国社会科学出版社1990年版。

当,而且奇怪,甚至注定就是错误。这种提问还隐含了一个反事实假定:如果当年古代“中国人”知道还有民主制,并真想采取,就一定可以实行民主制,就不但会有一个民主的古代中国,而且今天的中国都会……

但本文不打算抽象地比较民主与君主的利弊,这类研究或“嘴仗”已经很多。所有的认真研究都表明,作为宪制/政体的民主制的利弊,乃至其他各种宪制/政体的利弊,都不是本质主义的,都敏感于各种社会历史条件。我将论证的是,作为大国、农耕大国,及其隐含的其他历史社会条件,令不仅民主制,甚至贵族制,在古代中国都不可能;如果还想要在这片疆域上构成(constitute)一个古代文明国家,还能有较长的和平,只能通过帝制,无论是早期的天子制还是秦汉之后的皇帝制。

除了“大国”这个最主要制度约束外,第三节会从另一个角度讨论一个似乎还未有人讨论的皇帝制问题:当民主制不可能之际,从中国古代的政治经验来看,至少秦汉之后逐渐成型的官僚精英政治有效运转也要求有皇帝作为一个宪法性制度的支持,同时也是一种制衡。这并不是说皇帝这个人比政治精英们优越,而只是说精英政治的稳定和常态运转必须有皇帝这个要件,皇帝本身就是精英政治的组成部分。

第四节分析皇帝制的一个固有麻烦或问题。所谓固有,是说这个麻烦与民主丝毫无关,是皇帝制自身隐含的。这个麻烦有关皇帝制度下的政治权力代际转移。抽象来看,权力转移是一切宪制都必须面对的。但中国的皇帝制令权力转移的麻烦有别于其他宪制,甚至有别于古罗马的皇帝制。中国皇帝制大致是子承父业。这令皇位继承看起来只是皇帝家事,各朝各代也都在制度上这么规定了。但如果真的只是家事,其实就不需要宪制来规定;而之所以会这么规定,就因为牵涉各种利益。“皇帝无私事”,皇位继承就成了国家政治的大事,弄不好就得整个社会和政权为之埋单。但即便这个麻烦问题也不足以否弃皇帝制,因为不能“这山看着那山高”,以为“漏网的才是大鱼”,每种宪制都会有自己权力转移的麻烦;而当没有更好更可靠的现实替代之际,有重大弱点的制度仍可能是当时的最佳制度。

而这些分析都为了说明皇帝一定是一个理性制度。给其贴上"专制"标签也许赋予了或增强了当代人的某种道德和智识优越感,其实既无补于我们的道德,也无益于我们智识。借助历史学者和普通民众对皇帝制自古以来形成的创业者/守成者这样的分类,第五节试图开发其中的学术理论潜力。我试图论证,这对范畴,至少就理论分析功能而言,不仅优于以统治人数多少或是否兼全顾城邦利益的亚里士多德的宪制/政体划分标准,而且可能具有更普遍的理论意义。而这一努力则从另一角度表明,对古代中国皇帝制的智识理解和研究可能具有不限于中国的一般理论意义。

二、就算民主是个好东西,[①]但……

在古代中国,民主却从来不是一个现实和可能的宪制/政体选项。自打有中国这个概念开始,甚至更早,如夏商周,在这片土地上出现的最重要政治实体就始终是个大国。而对于大国,即便是西方的思想家,即便是近代以来第一个为民主高唱赞歌的思想家卢梭,即便是最早提出现代三权分立理念的孟德斯鸠,都一致认为民主不是大国的宪制选项;大国只能采用君主制。[②] 甚至创立了后来托克维尔所谓"美国的民主"的美国国父们,当年也都一致认为不能采取民主制,他们主张和最

① 俞可平:《民主是个好东西——俞可平访谈录》,闫健编,社会科学文献出版社2006年版。

② "一般说来,民主政府就适宜于小国,贵族政府就适宜于中等国家,而君王政府则适宜于大国。"[法]卢梭:《社会契约论》,何兆武译,商务印书馆2003年版,第83页;"如果从自然特质来说,小国宜于共和政体,中等国宜于由君主治理,大帝国宜于由专制君主治理……"[法]孟德斯鸠:《论法的精神》(上),张雁深译,商务印书馆1961年版,第126页。

后采取的是共和制——一种混合的宪制。①

但就算外国人说了，也不可能说了就算，除非他们能就这个事情本身讲出个道理来！大国在古代无法采用民主制首先因为无法操作。设想一下，在“交通基本靠走”和“通讯基本靠吼”的农耕时代，绝大多数人从一开始就几乎注定是“鸡犬之声相闻，民至老死不相往来”。② 若是在今日河南省大约十五万平方公里的土地上，大致散落着三千个村庄，约三百万人口，即便是一马平川，没有太大的山和河的隔阻，也无法首先以民主的方式形成一个国家（人们会质疑为什么要形成一个国家，甚至会问“什么是国家”），然后以民主的方式来决策和治理。无论这个民主是界定为全体成年人投票决策，还是每个成年人轮流抽签参与治理，还是境内各地统一选出政治文化精英（且不论如何界定）来决策治理。

即便神圣智慧如孔子或孟子也定会束手无策。他们如何走遍这块土地，让所有有选举权的成年人都了解他？在一个没有出生年月记录的社会中，甚至如何确认和验证“成年”？甚至如何让这块土地上都知道并能遵守这个有关“成年”的标准？人们又为什么要聆听和了解孔子或孟子？为什么要聆听，且如何能听懂，他们的“克己复礼”或“民贵君轻”的主张？能听懂他们的口音吗？如果有多人竞选，又如何让选民了解并能有效识别每一个希望参政的候选人，和他们各自的政见？如何以文字或其他某种符号准确勾连、识别并在“选票”上标记各位候选人？如何通知并召集各位成年人开全体大会或代表大会？在没有钟表的时代又如何协调各地同时和分别开会和投票？何为“票”？又如何计票？集中还是分散？如何确保计票准确和公正？所有这些在今天看来很简单的事，需要的都不仅仅是“民主是个好东西”的判断或“公平

---

① “民主政体的自然范围是从中心点到达这样的距离：它正好使最远的公民能因公务需要而经常集合，包括的人数不超过能参加那些公务活动的人数。而共和政体的自然范围，就是从中心点到达刚好使代表们能因管理公务需要而集合的距离。”而联邦党人认为合众国的范围没有超过了这个共和国宪制的自然范围。[美]汉密尔顿、杰伊、麦迪逊：《联邦党人文集》，程逢如等译，商务印书馆 1980 年版，第 67 页。

② 高亨：《老子注译》，华钟彦校，河南人民出版社 1980 年版，第 165 页。

正义比太阳还要有光辉”的理念,需要相对便利的交通和通讯,需要文字,需要迅速和有效的信息记录和传递、汇集、分类和保存,需要一批熟悉文字并能有效利用文字传递信息的专业人员,以及最重要的,对上述这一切措施和手段的合法性必须有一种全社会的认可!而所有这些,在古代,在大国,从一开始就注定不可能。

独特的地理条件令民主成为古希腊城邦的现实宪制/政体选项之一。这是一个半岛和海洋群岛地区,多山、可耕地少,不可能形成大规模的农耕业。因此在沿海平坦地带形成了数百个各自独立但不大的“国家”——城邦,其实就一些聚居地,最小的还不如时下中国北方一个稍大的村子,最大的也就像如今中国苏南一个不小的县城。如最大的城邦雅典,其鼎盛期全部住民,包括奴隶和流动人口,也就三十万人;其中公民,即有权参与城邦政治生活即投票决策的成年男子,约四万人。城邦的经济地理结构也类似县城,一个中心居住区加上周边农耕地带;有人务农,但国度太小,耕地太少,很难自给自足,所以更多人经商,城邦之间的以及对古希腊以外地区的环地中海地区的贸易比较发达。①

这种聚居生活不但使城邦治理成为必要,更使得治理的政治构成可以有多种选项。无论一人当政(君主制),少数人管事(贵族制),还是每人都参政当差(民主制),都现实可行,都不过是对已经存在的经济文化社会生活共同体(polis)予以某种政治构成(constitute)。而这个动词“构成”的名词化就成了这个城邦的宪制、政体或宪法(constitution)。② 而公民家中有奴隶劳动、操持家务和抚养孩子,所以,有闲阶级的公民有时间参政,也通过参政积累了各类政治经验。

可以说西方社会自古就有了民主制的传统。但这种说法不过是将西方各地各自独立出现的民主政治现象,放进了一个时间序列,就想出

① 可参见顾准:《希腊城邦制度》,中国社会科学出版社1982年版;[美]萨拜因:《政治学说史》(上册),盛葵阳、崔妙因译,南木校,商务印书馆1990年版,第23页。

② 这几个中文词源自同一个希腊词。可参见王绍光:《理想政治秩序——中西古今的探求》,三联书店2012年版,序。

了其中的承续关系。若较真,这个说法就一定不成立,民主制一定不真的是一个传统!因为,当相关地理和社会条件一变,例如疆域稍大和人口稍多但时空距离古希腊都非常近的罗马共和国就不是民主制;欧洲中世纪的疆域较大人口较多国家没有一个有过民主的实践;18世纪后期,位于北美东海岸的各美洲殖民地,交通通讯颇为发达和便利,科学技术文化也很不错,也已经有了政党这样的选举机器,但全美人口三百万(尽管选民还不到十万),①美利坚合众国宪法也没有选择民主制,重要原因之一就是美国政治家清楚意识到他们建立的是一个大国。② 其实,这个当时的所谓大国还只是以当时的欧洲国家为参照;③若以古代中国为参照,1776年前后的美国,无论疆域还是人口都远不如两千多年前战国后期的秦国和楚国,人口也远不如齐国和魏国。④

从操作层面关注民主制的可行性当然必要,也有一定说服力,但还不够。首先,古代中国不可能一出现就是大国。是什么力量和社会条件使中国由当初的小国变成了大国?"老死不相往来"的人民如何"社会契约",又为何接受了这个变化?而且,如果早期中国也曾是小国,为什么早期政治中有禅让制这样的传说,却从来没有哪怕一丝至少不至于让公知们绝望的有关民主制的传说?还有,西周时期的许多诸侯国也不大,西汉"文景之治"年间也曾"推恩令""众建诸侯以少其力",

① 1796年亚当斯当选美国第二任总统时赢得全国选票35726票;1800年杰斐逊当选美国第三任总统时赢得全国选票41330票。"美国自建国以来55届全国大选的具体资料",载 http://wenku.baidu.com/view/a36b87c558f5f61fb7366686.html。

② 联邦党人之所以撰写了一系列后来汇编成《联邦党人文集》的文章就是因为他们"已经听到在反对新宪法的私人圈子里的私下议论说:对任何一般性制度来说,十三个州的范围过于广阔"。参见[美]汉密尔顿、杰伊、麦迪逊:《联邦党人文集》,程逢如等译,商务印书馆1980年版,第6页。

③ 麦迪逊用来同当时美国比较的是德国、未被肢解的波兰、西班牙、法国以及英国。同上,第67页。

④ 据范文澜[《中国通史简编》(上),河北教育出版社2000年版,第71~72页]和郭沫若[《中国史稿》第二册(上),人民出版社1979年版,第24页],战国时期,楚国人口约为五百万,齐魏两国人口相当,各有三百五十万到四百万,秦、赵两国人口相当,各有约三百万。有关战国时各国疆域比较,没有查到可信的学术研究成果;但从历史地图看,估计楚国疆域超过一百万平方公里,而秦在统一六国之前的疆域也已接近一百万平方公里。

却为什么就是没有哪怕些许准民主制的实践呢？甚至，过去三十多年来中国乡镇基层民主的实践努力也一直令人失望，基层选举中贿选、暴力甚至流血事件不时发生，甚至出现黑社会对农村基层政权和基层组织的渗透和腐蚀现象；包括 2011 年一度得到媒体追捧的乌坎村民主选举如今也陷入了困境。[①] 这都表明，即便人口少、地域小，也不一定导致一种生动有力且有效的民主制。难道民主制真的有基因吗？此外，如果不是太意识形态化，只盯着民主制"朝着光明前行"或是"一条道走到黑"，作为认真的研究者，也还应当并一定要关心，为什么古代中国也从来没有出现贵族宪制/政体。

我们必须重新观察和理解古希腊城邦民主制的发生条件。那就是共同体。由于人口、疆域、聚居和商业等因素令古希腊城邦的生活更像城市，人们在这种生活中已然构成了一个共同体。不仅全体公民对城邦共同体有全面参与，即便他们相互间有许多重大利益分歧，但总体上也会有深刻且可以直接感受的实在的利益共享。这种剪不断理还乱的连带关系令城邦公民有必须共同决策的事务，有必须且可以妥协的空间。共同体使亚里士多德的正宗政体准则——必须兼顾全城邦的利益——不再是对统治者的一个规范要求，而是令城邦政治常态自然而然地贯穿了这一基础性和根本性的规范。[②] 也因为这个共同体，直接

---

① 2011 年 9 月广东省的乌坎事件，曾引起社会广泛关注；2012 年年初，乌坎村通过民主选举产生了新一届村民委员会。但到 2013 年年初，选举产生的村委会工作就陷入了困境。"乌坎事件"被认为是农村基层民主建设的典型案例。"广东乌坎民主自治陷入困境，村主任称后悔维权"，载 http://news. china. com/domestic/945/20130214/17678834. html。相对正面的分析和评价，可参见刘友田：《村民自治——中国基层民主建设的实践与探索》，人民出版社 2010 年版；唐晓腾：《基层民主选举与农村社会重构》，社会科学文献出版社 2007 年版。

② 然而，即便已经有了这个共同体，亚里士多德仍然强调，必须兼顾全城邦的利益方可能有正宗政体([古希腊]亚里士多德：《政治学》，吴寿彭译，商务印书馆 1965 年版，第 132 页)。他似乎担心，由于阶级和党派的利益分化，城邦统治者——无论一人、少数或多数人——会忘记了全城邦的利益；也因此，亚里士多德在《政治学》卷 4 中细致讨论了他心中的理想宪制，混合宪制/政体，其中有君主制的因素(紧急事件由他来临机决断)、贵族制的因素(国家方针大计决策中制度性吸纳政治精英的审慎和综合考量)以及平民制的因素(听取民意中反映的利益诉求"分配正义"，并通过民意来保持稳定持久的道德伦理诉求"校正正义")。

地和间接地，使公民相互间有足够了解，了解各位预备参政者的品质、气质、智力、能力、个性和性格等个人特点。有奴隶干活和操持家务，公民们可以并且也会聚集于街头巷尾，议论些家长里短，传播些流言蜚语。即便并不真关心政治，但百无聊赖中，也会对城邦大事耳濡目染，对所需决策的城邦事务形成自己的利益判断，会在争取自己利益的努力中同气相求，逐渐形成党派。在这样的环境中塑造出的公民，无论是自己参政还是推选贵族或他人参政，就因为自我利益，就因为对自我利益的充分知晓或至少是有点根据的想象，都不是基于无知的中立，相反是充满了知情的偏见，并因此是高度理性的。在城邦共同体造就的信息充分条件下，人在亚里士多德看来，天生就是城邦的动物，天生就是政治的动物。①

但在东亚大陆的农耕地带没有可能产生这种城邦共同体。黄河中下游地区的民众要比爱琴海半岛和群岛地区的居民更严重依赖土地和精耕细作，很少商业贸易。“土里扒食”讨生活的农耕生产方式注定了他们只能聚居在很小的自然村落，散落在辽阔平原上，注定比古希腊人居住更为集中，也更为分散。集中是因为他们更属于家庭，而村落往往就是家庭或家族；分散是因为严重缺少跨越村落家庭、家族这样的血缘和宗法共同体的更大共同体。也不是没有贸易集市，国家出现后，也会出现作为军事和政治中心的“城”，却不大可能出现类似城邦的、更多商业意味的大共同体——“市”。② 这种一盘散沙般的农业社会的组织结构注定了农耕者高度自我关注，只了解、只愿了解和关照自己的亲属和同村居民，且这两者常常等同；他们很难了解、没时间也没有多少必要了解，因此也就不愿了解，更不会关照那些几乎注定不会与自己发生任何关系的陌生人。在这种严重缺乏利益勾连、分享和想象的社会条件下，不可能产生“全城邦”或国家的想象；没有与之相关的整体利益观，有的只是宗法群体的想象，有的只是“胳膊肘向里拐”的利益观。

---

① [古希腊]亚里士多德：《政治学》，吴寿彭译，商务印书馆1965年版，第7页。

② 费孝通：“乡村·市镇·都会”，“论城·市·镇”，载《乡土中国与乡村重建》，风云时代出版公司1993年版，第120~137页。

也并非中国人就更看重亲缘血缘关系;中国人自己早就说过,远亲不如近邻。这其实只是反映了人类的天性和本能。人是视觉动物,也有些想象力,却很难想象并顾及自己直接生活世界之外的、与自己没有任何交往的陌生人的利益。[①] 在毫无日常交往的条件下,要让一个齐国人顾及一个鲁国人的利益,就等于要求一个法国人想象并照顾一个德国人的利益,非常不现实。而只要没有共同体,没有与之相伴的共同归属感,民主制的前提——兼顾全城邦的利益——就不存在,就不可能有民主制的有效运转。这一点,至今在中国的许多村落仍然如此。[②] 散落在古代黄河中下游平原地区的无数农耕宗法村落中的人们的生活状态由此已经注定。

这并不意味着古代农耕中国可以保持一种无政府的"自然状态",无须政治治理,无须一个国家来提供和保障秩序。恰恰相反,正因为没有超越村落的经济文化生活共同体,无法以此为基础构建一种最低限的政治治理秩序,同时也没有古希腊的山区和海洋提供天然防卫,为获得和平和安宁,避免村落之间的利益冲突和争夺,也为抵抗北方游牧民族不时发生的入侵和掠夺,可以推断,散落在黄河中下游平原上的村落民众分享了一种潜在的需求,希望在这片广阔地域有一种政治秩序的强加(imposition),然后是政治的整合。但自生自发的分散的家庭、家族、村落无法满足这种需求,无法为这片辽阔土地上的民众提供大规模

① 关于人类的视觉及其对人的影响,可参见亚里士多德:《形而上学》,吴寿彭译,商务印书馆1959年版,第1页。关于人的有限的利益关注和同情心,孔子指出了"父为子隐,子为父隐"(杨伯峻:《论语译注》,中华书局1980年版,第147页)的合理性;孟子指出了人对他人的关爱大致只能"老吾老,以及人之老;幼吾幼,以及人之幼"(杨伯峻:《孟子译注》,中华书局1960年版,第16页)。亚当·斯密在《道德情操论》中也指出,人同情理解他人的能力有限,且只限于密切交往的人。这种现象,费孝通概括为"差序格局"(费孝通:《乡土中国》,三联书店1985年版,第21~28页)。其生物学的基础应当是社会生物学的包容性利他主义,可参见Edward O. Wilson, *On Human Nature*, Harvard University Press, 2004, pp. 149-167; Richard Dawkins, *The Selfish Gene*, Oxford University Press, 1989。

② 在中国大陆农村宗法至今严重阻碍基层民主运行的状况。可参见党国英:"是什么困扰着乌坎的民主步伐",载《新京报》,2013年3月20日A02版;又参见田刚:"家族化倾向与农村基层民主建设",载《云南行政学院学报》2004年第1期;陈玉:"基层民主进程中的家族问题——家族与村政互动关系研究",载《湖北省社会主义学院学报》2003年第2期。

的和整体的政治秩序，形成有效的政治整合。

在如此众多分散的小共同体之上，不仅民主制的，甚至贵族制的政治治理也不可能。贵族制也必须以共同体为前提，以维护这个共同体为前提；否则贵族们在争夺各自利益之际就同样会肆无忌惮。只有利益分享的共同体才能迫使他们投鼠忌器，不走极端，逐步理性起来。

因此，亚里士多德以降西方学者谈论的君主制与中国的君主制其实一直有根本的区别。不是如古希腊以城邦共同体为基础来建立君主制这种宪制/政体，也不可能以霍布斯和洛克言说的社会契约方式来建立国家。① 古代中国的君主制首先是要，几乎可以说是要无中生有，以"将沙子攥成团"的强力意志，通过当时可行的某种政治架构将一块足够大的疆域内无数散落的农耕村落都"拢"在一起，规定人们生产生活繁衍后代必需的最基本的和平秩序，为在历史中逐步勾连、形成和展开这个后来被称为中国的政治经济文化共同体奠定最基本的政治制度基础；通过提供社会的安定，也通过有效抵抗北方游牧民族的入侵，来逐步赢得这块土地上的农耕者的政治文化忠诚——"归顺"。

至少从商周开始，即便是封建宗法制，在中原大地上出现的就是一种"大国"宪制，而从来不是基于城邦的小国宪制。而到了春秋战国，除了主张"无为而无不为"的道家，所有有为的政治思想家都希望建立一个强大的中央政权。包括成天想着重建东周的孔子也断然认为："天下有道，礼伐征乐自天子出。"②自孔子后，中国的政治文化精英均已认定中央集权是治国平天下的唯一可行的宪制。

到战国时期，中央集权的君主制就已成为农耕中国唯一的实在宪制/政体了。一个代表统一治理的皇权，在这块广袤土地上，以军事力量将之统一，强加("霸道")一系列为历史经验证明了的，并人们有理由相信会有利于并促进和平、交流、经济发展和政治文化整合的基本制

---

① Thomas Hobbes, *Leviathan*, ed. with an intro. by C. B. McPherson, Penguin, 1968. [英]洛克：《政府论》(下篇)，叶启芳、翟菊农译，商务印书馆1964年版。这种社会契约必须预设一个共同体，否则分散的个体和群体又如何可能交流观点并就契约条款达成一致？

② 杨伯峻：《论语译注》，中华书局1980年版，第184页。

度规则,促成和完善这个制度的有效运作,并最终令其能不断地自我再生产("王道")。此后的历史也一再表明,只要没有中央集权,就必定会逐鹿中原;只要没有足够强悍的中央集权,游牧民族就会纵马中原。"宁为太平犬,不为乱世人",中国的亿万百姓认真且沉痛地道出了一个看似犬儒主义,其实与之丝毫无关的共同心声。无论因外患还是内乱,也无论内乱是地方割据还是宫廷政治,只要以天子或皇帝为核心的中央政府弱了,挂不住了,撑不住了,社会秩序的其他基本关系,无论是中央与地方的关系,还是地方与地方之间的关系就一定会乱。本来大致有序的政治经济文化生活就会全面陷入无序,就会陷入全面的政治动荡,频繁的战争,大规模人口死亡和背井离乡以及中华文明/国家的疆域巨大变化。但说到底,就是无数百姓,无论士人还是平民,都在劫难逃。[①] 而只有统一,起码是中原地区的统一,才可能有较长期的和平,才有可能出现长达数十年的"治世"或"盛世"。

从这个角度看,无论天子还是皇帝其实就是一个制度,而不是某个自称或被称为天子或皇帝的个人;它是社会秩序的保障,有着无可替代的社会功能。甚至皇帝制对于古代中国的意义都很难说是大国治理的宪制选择,因为选择必有其他可能的替代,而古代中国从来没有其他替代。这就是为什么《吕氏春秋》断言:"乱莫大于无天子。无天子则强者胜弱,众者暴寡,以兵相残,不得休息。"而这一点,直到1800年后,霍布斯才在西方政治学的不朽经典《利维坦》中以主权之名重现了中国以天子之名展开的这个问题的必然性分析:当没有一个共同权力令所有人全都慑服时,人们就一定处在每个人对每个人的战争中,每个人始终都处于暴死的恐惧和危险中,这样的生活"必定孤独、贫困、卑污、残忍和短命"。[②]

而只有这样理解皇帝或天子,然后才可能理解为什么古代中国的

---

① 可以仅从人口数量来看,只要国家分裂割据,全国人口就一定剧减;而只要皇权强大,就会天下太平,人口也就随之稳定增长。葛剑雄主编:《中国人口史》(全6卷),复旦大学出版社2002年版。

② Thomas Hobbes, *Leviathan*, ed. with an intro by C. B. Mcpherson, Penguin, 1968, pp. 185 – 186.

赫赫皇权与儒家强调的“民贵君轻”丝毫也不矛盾。正是为确保天下太平,才必须有一个强大的以皇权为代表的中央集权。这就是“天之立君,以为民也”的道理,这就是“列地建国,非以贵诸侯而已;列官职,差爵禄,非以尊大夫而已”的道理。[①]

但这还只是政治治理第一步。要能有持续稳定的长治久安,让这个以“武功”统一的辽阔疆域进一步通过“文治”融合和整合起来,让几乎一盘散沙、自给自足的农耕和游牧多样文化在皇权统治下逐渐形成一个文明(civilization),一个有别于现代民族国家(nation/state)的政治实体;这就是政治文化层面的政治构成。而在这个构成中,皇帝仍然是不可缺少的核心要素之一。从全社会的政治心理层面来看,民众需要一个长期稳定、可以集中理解和想象的具有象征意味的聚焦,如同国徽、国旗、国歌这样可以形成认同、建立归宿感的符号;最高政治领导人的频繁更替,就如同三天两头改国徽或国旗一般,绝对不利于这种政治和文化共同体的形成。这就是为什么现代国家出现之前,君主制一直最有影响并被公认为是最好的宪制/政体的原因;这也是许多现代民主国家至今保留了皇室,或是在宪制层面于频繁更替的行政首长之上设定一个比较稳定的国家元首,所着眼的国家和社会的整合功能。并且在相当程度上皇室也确实起到了这种凝聚人心的功能。用中国古人的话来说,大致就是“慎终追远,民德归厚矣”。[②] 用白哲特谈论英国君主制的话来说,人类的天性是情感(human heart)强大而理性薄弱,因此君主制会因呼应了多种复杂的情感而强大,而共和制则会因为呼应的是理性而相对孱弱。[③]

皇帝制在中国发生和持续了两千多年,不可能是我们祖先的愚蠢或错误,不可能是他们持续了两千多年的执迷不悟和软弱无能;事实上,同欧洲相比,在这近两千年间,中国的和平时期更为长久,经济文化

---

① 高长山:《荀子译注》,黑龙江人民出版社 2003 年版,第 538 ~ 539 页。

② 杨伯峻:《论语译注》,中华书局 1980 年版,第 6 页。

③ Walter Bagehot, *The English Constitution*, ed. by Miles Taylor, Oxford University Press, 2001 (original 1873), p. 41.

也长期发达。从制度演化经济学的角度看,我有理由认为皇帝制曾有助于这一成功,即便我无法雄辩地论证。而且即便在今天的道德家或公知看来这断然是一个错误,那么用尼采的话来说,这个有如此强健生命力的错误,正因为历史无法将其否证,无法将其拒绝,它也远远胜过那些没有生命光泽的所谓不证自明的真理。①

三、精英政治的要件

皇帝制不但是古代农耕中国政治治理唯一可行的宪制形式,而且必须指出的是,即便皇帝专制,却从来也不是皇帝一人统治;相反,皇帝在中国是一个组织起来的科层化精英官僚政治中的一个构成要件。这不仅意味皇帝本人有时就是,甚至是其中最核心的,政治精英之一;而且即便平庸,有时甚至是昏庸的皇帝,也仍然是古代中国精英官僚政治的必备要件之一。换言之,在古代中国,若无皇权,不围绕皇帝,精英政治就没法组织、运行,就没有保证,甚至政治会高度不稳定。

为什么?最根本的原因是,精英政治只是指出了“劳心者治人”这一政治规律,但精英政治本身却并非一种宪制/政体,也不是一种国家权力以及政府机构的组织形式。古代中国的精英政治要求有皇帝作为制度的基本前提或保障。

这首先还是有关古代中国的原始构成。农耕中国由无数家庭、家族和村落这样的各自分散孤立的小共同体构成,没有构成一个全国性的政治、经济共同体。这种政治和文化的构成,令当时所的有精英在很大程度上都首先是其故乡当地的精英。由于生活环境和交通通讯的限制,即便他们有足够的才华,也没有渠道将自己自动转化为全国性的政

---

① Friedrich Nietzsche, *Gay Science*, ed. by Bernard Williams, trans. by Josefine Nauckhoff, Cambridge University Press, 2001, pp. 110 – 112, 151; Friedrich Nietzsche, *Beyond Good and Evil*, *Prelude to a Philosophy of the Future*, trans. by Judith Norman, Cambridge University Press, 2002, pp. 5 – 6.

治精英——试想，在古代中国，没有其他通讯工具，他如何可能获得其他地方的精英和民众的普遍承认？因此，在古代中国，每个政治精英，事实上都首先或是依照国家的政治标准选拔获得了晋升，或是以实际行动参与了有全国意义的政治社会实践，获得政治权力中心关注，然后才可能被社会认可，成为属于这个国家的政治精英。而古代中国并没有其他超越地区的政治、经济组织机构或个人，唯一可能代表整个国家和社会的只有皇帝；并且也只有皇帝这样一个人才是普通人可以想象并在社会心理上可接受的统治者，而抽象的议会或宪法则都不可能。①

在这种条件下，如果不附着于皇权，不参与皇权，一个人即便素有大志，也不可能成为政治精英，更不可能被接受为全国的政治精英。渭河边直钩垂钓的姜子牙必须等到周文王，才成为精英，否则就一渔翁！管仲跟错了人，就进了监狱，只因鲍叔牙举荐，获得公子小白的重用，方得以名满天下！而如果不是刘备三顾茅庐，特别是如果不是接受了刘备的邀请，就不可能有"诸葛大名垂宇宙"（杜甫诗句）。只有投身于一个事业，才可能令一些有才能的读书人从一个乡间才子转变为对于这个国家民族有意义的政治精英。在这个意义上，皇帝，特别是开国皇帝，若是从现代经济学角度看，就是今天翻译成企业家的那个"entrepreneur"；他代表的是治国平天下的事业，即便这个事业会失败。

不但政治精英需要皇帝制，而且精英政治也需要皇帝制。即便分享了治国平天下的理想，个人品行也不差，但自古以来"文吏自爱"，许多精英往往缺乏承担政治责任的勇气，因此需要政治领袖人物的决断。② 有时，这种自爱还可能太过，太注重个人的"自由之精神，独立之人格"。③ 许多政治文化精英常常无法自由组织，相互间很难合作和取

① Walter Bagehot, *The English Constitution*, ed. by Miles Taylor, Oxford University Press, 2001 (original 1873), p. 38.

② 司马迁："高祖本纪"，载《史记》，中华书局 1959 年版，第 350 页。又可参见韦伯关于魅力型领导人的社会功能的论述，Max Weber, *Economy and Society, An Outline Of Interpretive Sociology*, trans. by Ephraim Fischoff et al., eds. by Guenther Roth and Claus Wittich, University of California Press, 1978, p. 241.

③ 陈寅恪："清华大学王观堂先生纪念碑铭"，载《金明馆丛稿二编》，三联书店 2001 年版，第 246 页。

长补短、共同完成治国平天下的事业。而才华、智商和远见卓识,这些好词,也不自然导向精英之间有效和成功的合作;相反,这些能力更容易令精英间龙争虎斗,敏感、矫情、激烈、不妥协,因反思能力强而更容易越出得靠习惯和本能遵守的那些道德底线,①甚至会有你无我,不共戴天。所谓"文人相轻",所谓"瑜亮情结"以及"窝里斗"的说法,都是中国人对这类现象的经典概括。也不是没有"管鲍之交"的佳话,但这个佳话本身也只能和必须止步于鲍叔牙向齐桓公推荐管仲;一山不容二虎,"既进管仲,(鲍叔牙)以身下之",之后的历史记录上就不再有鲍叔牙什么事了。② 因此,参透人生的孔子,对道德上优秀的精英(君子)的最佳相处状态也只要求"和而不同"。③ 这一点在中国历代政治中都不鲜见:典型如孙膑与庞涓,李斯与韩非④;后世著名的如王安石与司马光,王安石与苏轼等。⑤ 现代作家圈子中周扬与胡风,周扬与丁玲、冯雪峰⑥等都一再例证了这一点。后世精英读史时屡屡感叹,只是一旦置身其中,又鲜有醒悟,乃至于反叛的王朔看似不讲理,其实是沉痛地,断言"中国知识分子受迫害"这个最大神话不过是"两只狗为争一

① "道德哲学的教诲会使学生既可以制作一份最少约束自己的行为偏好的个人哲学,又可以把自己的违反常规道德的行为理性化。他们有这种灵活的智识,也有这种灵活的心理。……你越有能力读哲学或文学,且越有想象力和分析变化力,你会发现就越容易重新编织自己道德信仰,你就可以做你的'本我'要你做的任何事。道德的同盟者并不是知识,而是无知。"[美]波斯纳:《道德与法律理论的疑问》,苏力译,中国政法大学出版社 2001 年版,第 85 ~ 86 页。

② 司马迁:"管晏列传",中华书局 1959 年版,第 2131 ~ 2132 页。

③ "君子和而不同,小人同而不和。"杨伯峻:《论语译注》,中华书局 1980 年版,第 149 页。

④ 分别见司马迁"孙子吴起列传","老子韩非列传",《史记》,中华书局 1959 年版,第 2162、2146 ~ 2148 页。

⑤ 分别见"司马光传","苏轼传",《宋史》(册 31),中华书局 1985 年版,第 10764 页,第 10802 ~ 10810 页。

⑥ 可参见李辉:《胡风集团冤案始末》,人民日报出版社 2010 年版;秦林芳:"丁玲与周扬",载《书屋》2005 年第 6 期;徐庆全:《周扬与冯雪峰》(长达半个世纪恩怨),湖北人民出版社 2006 年版。

只骨头打架”。[1]

这也并非中国独有。从经验层面看，这更像世界各地政治文化精英自觉且不懈追求的普世价值之一。[2] 西方历史上，无论是雅典，还是后来的罗马，其衰落无一——至少在一定程度上——不与其内部无休止的党争内斗有关。[3] 后世的美国政治家麦迪逊曾总结说“党争的起因植根于人性之中”，因此无法消除，除非毁灭自由；唯一可行的办法就是控制精英内斗的后果。[4] 尽管如此，甚或恰恰因此，作为精英的麦迪逊本人就没法同另一位精英马歇尔“合作”，因此留下了为后世法律人激赏的马伯里诉麦迪逊案。以亚当斯/马歇尔为代表的联邦党人与杰弗逊/麦迪逊为代表的共和党人之间，充分运用公职追求党派利益，在这里几乎达到了极致！[5]

在古代中国，政治文化精英之间的这种竞争有可能更为激烈。首先，在农业社会，政治文化精英的出路就没有多少选项。他们不大可能

---

① “中国有很多神话，最大的神话就是知识分子受迫害。英勇无辜为国为民的知识分子先烈充斥史书文献。那些令人发指的罪行使人无不同情如果称不上是争相效法，结果掩盖了自相残杀的实质。杀知识分子的都是知识分子。说难听点，这就像两只狗为争一只骨头打架，你不能说被咬的那只不是狗咬的。对一只旁观的羊来说，那是狗们的私仇。即便这只狗是牧羊犬，到处跟人说它是为保护羊群受的伤。”王朔：“我的文学动机”，载《无知者无畏》，春风文艺出版社 2000 年版。

② 可参见 Paul M. Johnson, *Intellectuals: From Marx and Tolstoy to Sartre and Chomsky*, Harper Collins, 1988。即便在科学界这类现象也不少，尼采就曾指出，科学的发明和发展不过是科技精英相互较劲的结果（Friedrich W. Nietzsche, *Human, All Too Human*, ed. by Stephen Lehmann, Penguin, 2004, no. 34）。

③ 关于古希腊雅典的党争，参见修昔底德：《伯罗奔尼撒战争史》（下），谢德风译，商务印书馆 1978 年版，第 151 页（“因为[雅典人]自己内部的斗争，毁灭了他们自己，他们最后被迫投降”）；Donald Kegan, *The Fall of the Athenian Empire*, Cornell University Press, 1997, esp. pp. 321 – 322。关于古罗马的党争，可参见 Howard Hayes Scullard, *Roman politics, 220 – 150 B. C.*, Clarendon Press, 1951; Howard Hayes Scullard, *From the Gracchi to Nero: A History of Rome from 133 BC to AD 68*, Routledge, 2011；[古希腊]普鲁塔克：《希腊罗马名人传》，席代岳译，吉林出版集团有限责任公司 2009 年版；[意]马基雅维里：《论李维》卷 1，冯克利译，上海人民出版社 2012 年版。

④ [美]汉密尔顿、杰伊、麦迪逊：《联邦党人文集》，程逢如等译，商务印书馆 1980 年版。

⑤ 参见 Marbury v. Madison, 5 U. S. 137 (1803)；又参见苏力：“制度是如何形成的?”，载《比较法研究》1998 年第 1 期。

选择商业,因为社会地位太低——中国俗话历来是“富不如贵”,而且各种风险太大。也不大可能选择文学——农业社会就没多少人识字,也不需要多少文字,写了诗文——和今天一样——也就只能给其他诗人文人看,相互欣赏;即便有李白杜甫那水平,如果没有家产,没人养着,就必须当个官,才有碗饭吃。也不可能选择学术——农业社会强调“天不变,道亦不变”,没有那么多问题研究,要吃饭,也就只能当个乡村私塾先生;即便只是想给人写封家书或是当个账房,在一个人口流动极少的农业社会,这类需求也不多。因此,如果某位读书人有一分政治文化的天分,最好的出路,能出人头地的,就是学而优则仕,修齐治平;这就需要一个事业,一个可以附着的政治力量。

但如果每个精英都这么想,这个国家也会很危险,这个社会就可能不太平。因为这样的精英太容易(或是被朝廷怀疑)为各地的政治野心家和割据势力利用——淮南王刘安就是一个典型的例子。① 并且在各地野心家割据或试图割据的格局下,越多的精英参政,并不会缓和矛盾、弱化冲突,而也许只会增加政治竞争乃至战争的激烈和残酷,从而生产的是一种公共恶品(public bads),而不是公共善品(public goods)。最多是智力、才华的相互抵消,而几乎没有什么真正的社会正产出。而要避免这种才智的浪费,就需要一个把天下精英都纳入制度的机制,避免这种恶性竞争。因此,历史上才会出现“周公吐哺,天下归心”这样的故事,并成为后世理想的政治家和政治家的理想。② 由此也才可以理解,为什么当年唐太宗看到众多进士参加科举考试时,会高兴地感叹:“天下英雄入吾彀中矣!”③

但众多精英聚到一起,最理想的状态,最平安的时候,也只可能是孔子说的“和而不同”。不说每一个,至少很多精英都趋于自视甚高,都想实现自己的政治理想,想一次性获得甚至垄断政治决策者的信任,

---

① 司马迁:“淮南衡山列传”,载《史记》册10,中华书局1959年版,第3082~3094页。

② 这是曹操的诗《短歌行》中的句子。原故事见司马迁:“鲁周公世家”,载《史记》册5,中华书局1959年版,第1518页。

③ 王定保:《唐摭言》,中华书局1959年版,第3页。

还都想进入核心圈子——喜欢前排就座,成为君主的主要的甚或唯一的建言者,至少也是所谓历史的见证者。姜太公、诸葛亮的故事,萧何月下追韩信的故事,都在一定程度上反映了政治精英的那种"舍我其谁也"的心理。但也正是这种自负又往往使得精英间,尤其在和平时期,内斗是常规,合作反倒是例外。如何促使和保证最起码的合作,确保合作的收益最大限度地超过内斗的消耗,这就成了当时社会条件下精英政治操作化和制度化的核心问题之一。

说理和论证不可能化解麦迪逊说的根植于人性的这种倾向。第一,这样做不效率,至少许多时候政治需要的是当机立断,"当断不断,反受其乱";论证和说理反倒可能引出不良后果甚至灾难。① 第二,有大量的研究和分析表明,理性的辩论和论证,并不如同人们想象的那样,会趋向达成一致;真实的结果常常趋于激化矛盾。② 第三,民主制也并非基于理性的说服,其基础事实上就是表态,不给理由,以点人头代替打破人头的方式来解决分歧。③ 因此在当时的社会条件下,唯一务实的制度性解决措施就是皇帝制。在这种制度下,皇帝是唯一的消费者,所有政治精英都全力向皇帝推销自己——"批发",或是推销自己的某一具体政策主张——"零售",由皇帝来选择和决断。这就是刘邦所谓的"将将",而非"将兵"的问题。由此产生了老庄的君王南面之术,需要"法""术""势"的结合。

在皇帝制下,当皇帝的可以是精英,但不必是精英。但从制度来看,皇帝的最根本、最重要的责任从来不是让自己成为另一个姜太公或诸葛亮,甚或更为高明。他是要通过自己掌握的最后决断权而成为精

---

① 可参见盛洪:"法官裁决与公共选择",载《中国社会科学季刊》1996 年春季卷。

② 这类的例证太多了。如"道不同,不相为谋"(《论语译注》,同前注第 170 页);"不搞争论,是我的一个发明。不争论,是为了争取时间干"(《邓小平文选》卷 3,人民出版社 1993 年版,第 374 页;但邓小平说这话前显然没有梳理相关文献);以及"道德辩论只是加深分歧,而不是沟通分歧"([美]波斯纳:《道德与法律理论的疑问》,同前注第 8 页;拉莫尔:《现代性的教训》,刘擎、应奇译,东方出版社 2010 年版,第 183 ~ 184 页),而拉莫尔的著作中则引证了波德莱尔、蒙田、潘恩、昆德拉以及罗尔斯等来支持或解说释这一命题。

③ James Fitzjames Stephen, *Liberty*, *Equality*, *Fraternity*: *and Three Brief Essays*, University of Chicago Press, 1991, p. 70.

英的核心,使精英们围绕这个决断权组织起来,成为一支合力,而不是一群只能单打独斗的武林高手;要通过群体的合作创造一个目标明确有效率的精英政治,而不是停留在一群相互矫情为真理而斗争并只对真理低头的政治精英。这就是“将将”,民间说法就是“用人”;而用人则包括了用和不用,大用和小用,一时冷落、暂时冷藏、永远弃用甚至还不让别人用,包括在某些具体事项上用等;这也包括允许精英适度争斗,但不得过火,不得误了正事等。

因此,说皇帝制是精英政治的必备要件,只是说精英政治的运转必须有皇帝的参与。精英政治的运作可以没有某个即便是天下第一号政治精英,却不能没有皇帝。即便有再多的精英,没有皇帝和皇权的组织和约束,没有精英政治,整个国家的政治还是可能脱轨,还一定会出现党争、内斗甚至内战。这可以从另一层面来理解为什么古人说“国不可一日无君”;[①]在确保政治权力有效运转的意义上,同样是“乱莫大于无天子”。这里的“君”“天子”“皇帝”都不是某个具体的人,而是整个国家精英政治的制度要素。中国的皇帝制其实是一种官僚政治的组织方式,在很多时候,就是韦伯讨论的理性的政治或法理型的统治,[②]非常类似于今天的法治。

最后,政治精英对皇帝还有一种微观层面的制度依赖。就政治的特点而言,即便有法治的稳定性,甚至在采取了文官制度、区分了政务官和事务官的现代国家,为保证政策法律与时俱进并得到有效贯彻落实,政治在某种程度上都是,也必须是“一朝天子一朝臣”。如果出现“某朝元老”现象,若不是皇权偏弱,就一定是因种种原因皇帝更替过于频繁。在皇帝之下,子继父业,一般每代皇帝会在位大约二十年,甚

---

① 饶宗颐:《老子想尔注校证》,上海古籍出版社1991年版,第37页。

② Max Weber, *Economy and Society*, An Outline Of Interpretive Sociology, *trans. by Ephraim Fischoff et al.*, *eds. by Guenther Roth and Claus Wittich*, *University of California Press*, 1978, pp. 215–230.

至更久。这就令皇帝制比任期最长的定期民主选举制①更为稳定,而这会为已进入体制的绝大多数精英提供一个比较稳定的期待。

这个期待对于古代中国政治精英非常重要。在现代民主制下,“一朝天子一朝臣”对担任政务官的政治精英不是大问题。政权更替后,前一届政府的精英离开政府后,完全可以进入商界、学界,或是以其他方式继续待在政界,继续参与政治。但对于古代中国进入官僚阶层的绝大多数政治精英来说,一旦从政,除非到告老还乡之日,持续从政就会成为其从政的目标。若是家中没有五斗米他就一定会为那份五斗米的俸禄折腰,即便真的很不开心,也只能“摧眉折腰事权贵”。这不是他们卑贱,而是因为他们的人力资本或技能都是专用的,很难转移到其他职业;转移了也无法保证自己和家庭有相对稳定优越的生活,更何况当时社会也没有多少其他职业来接受这些政治精英转岗。这种非常有限的市场,加之人力资本的专用性,都使得——极少数自信皇帝更替自己会飞黄腾达的精英除外——绝大多数政治精英趋于保守,不希望皇帝更替频繁,不希望政治体制变动重大。

这种源自渴望稳定预期的保守未必不利于古代中国。从经济学基本原理来看,即从“有恒产者有恒心”(孟子语)的原理来看,稳定的预期会促使政治精英有更长远的安排;依据韦伯的理论,稳定预期也一定会促使他们的行为和政治都会更理性,更负责任,更少机会主义。② 就此而言,当其他条件不变时,可以预期,并且历史上也有不少证据表明,长期稳定的皇帝制/君主制反而可能比民主制更能促成精英政治。民主制不但容易产生不利于精英的反智主义,想想苏格拉底之死,而且民主政治的更迭频繁还趋于政治的高度机会主义,直至导致政治的极端流氓化。其中的道理就是孔子早就指出的:正直的政治精英一定是

① 1958年9月28日法国通过全民投票建立了法兰西第五共和国,1962年10月28日全民投票建立了总统由全民直接普选产生、任期7年、可连选连任的制度,目的就在于维护法国稳定和复兴。但2000年9月24日,法国就总统任期举行全民公决,改7年制为5年制。

② Max Weber, *Economy and Society*, An Outline Of Interpretive Sociology, *trans. by Ephraim Fischoff et al.*, *eds. by Guenther Roth and Claus Wittich*, *University of California Press*, 1978, *ch.* 3–4.

“天下有道则见,无道则隐”。[1] 政治预期不稳定和高风险往往逼退的是更为正派体面的政治精英,推出的是卑劣、敢冒险且不择手段的政治野心家——这就是中国历来有“乱世枭雄”说法的道理。

而这也再次表明在中国古代的精英政治中,尽管皇帝附着于某个人,但这个职位绝不是一个可有可无的因素。它是中国古代精英政治的构成性要素。

四、皇权继承的麻烦

在任何意义上,皇位继承都是重大的宪制问题,因为这涉及领导人更替。不但成文宪法的国家都在宪法中规定了政治领导人的产生和继承问题,即便在英国这样典型的不成文宪法国家,也有1701年的《王位继承法》的规定以及之后的一系列修正。至于2000年美国大选引发的“布什诉戈尔”案,则让我们看到了,即便在现代民主国家,有相当完备的制度设计,也完全会因无法预测的因素令伴随领导人更替的权力转移引发后果重大的宪制危机。而为避免这个危机,历来号称要努力避开政治问题的美国联邦最高法院也不得不以特定方式果断予以了政治性干预。[2]

由于在古代中国,皇帝对于国家政治统一的重大象征意义,以及对于整个国家精英政治的制度构成意义,皇权继承问题就格外重大。尽管没有明文规定,社会对皇权继承和继承者都有一些最基本的制度期待。

---

① “天下有道则见,无道则隐。”;又见“子曰:‘直哉史鱼!邦有道,如矢;邦无道,如矢。君子哉蘧伯玉!邦有道,则仕;邦无道,则可卷而怀之。’”。杨伯峻:《论语译注》,第87、172页。

② 有关的争论很多,例如 Richard A. Posner, *Breaking the Deadlock: The 2000 Election, the Constitution, and the Courts*, Princeton University Press, 2001; Richard A. Posner, Pragmatic Adjudication: The Case of Bush v. Gore, *Law, Pragmatism and Democracy*, Harvard University Press, 2003, ch. 9。

一个不起眼的期待是，继承人应当是男性。有很多人会说，这反映的是传统中国重男轻女的思想。这当然是一个因素。但这不是答案，问题是为什么会有这种歧视？难道仅仅是男人恶毒吗？皇帝都得了厌女症？这类说法只能解释个别人的行为，却不能解释制度，不能解释人们的制度期待。因此应当想一想，这种歧视在当时历史条件下有无道理，以及有多大的道理。

在我看来，这是一个不无道理的制度选择。从制度层面上看，皇帝这份工作不是一般人干得了的。这份工作所要求的知识、才能、判断力和性格，乃至身体和心理素质通常不是女性通过她们的社会生活经验和教育可能获得和达到的，特别不是皇家女儿可能获得的；鉴于知晓女性通常偏好亲密和安全，①作为父亲，皇帝也不会愿意自己女儿承担这种即便显赫但注定危险和孤独、并因此对女性考验甚至折磨更多的职责；而因怀孕和生育，女性也比男子更难始终坚守在这个"国不可一日无君"的岗位上。从日常经验来看，通常即便有能力并更有责任心，女性本人也不像男子那么看重职务升迁社会和地位。由此可以推定，这种制度选择其实大致顺应了普通女性的偏好。

而很容易想到的期待是，继位者要有足够的能力。不仅是知识的，更重要的是具备政治领袖和政治家的品德和才能；而且，这种才能除后天的历练外，很有可能有部分是天分。但从历代的宪制实践来看，高层官僚和普通百姓对继位皇帝的才能和品行并无特别高的期待。总体而言，对其政治合法性的期待更高，即继位者最好是依据宪制惯例的法定继承人，或是皇帝指定的继承人。而如果皇帝没有儿子，生前也没来得

---

① 几乎所有的女权主义者都强调女性有自己的特点，如更关心他人，更渴望和珍视亲近(intimacy)、更珍重保持和发展同他人的良好关系[例如，Carol Gilligan, *In a Different Voice, Psychological Theory and Women's Development*, Harvard University Press, 1982; Robin West, Jurisprudence and Gender, *University of Chicago Law Review*, Vol. 55/1 (1988); Catharine A. MacKinnon, *Toward a Feminist Theory of the State*, Harvard University Press, 1989]。而这些特点与一人之治的皇帝政治生涯很难兼容。我不否认，并且中国历史也证明，有女性具备这样的素质和能力承担皇帝的政治责任，甚至非常杰出，如吕后、武则天等。但第一，制度通常不以例外为基础，而须于以常态为基础；第二，吕后和武则天都不是出生于皇家，她们的能力至少部分源自她们非同寻常的人生经历。

及指定,那么出于政治合法性的考量,继承人则最好是与皇帝血缘关系非常近的同辈或晚辈年轻男性。政治合法性在现实政治生活中趋于转化为或表现为政治的稳定性,会大大挤压最高权力的觊觎者和其他政治野心家的生存空间,避免高层政治动荡。因此,对继承人合法性的高度关注表明在古代中国,包括皇帝在内的所有政治精英和普通百姓都懂得,就治国理政而言,政权和平转移和政治秩序稳定要比继承人的个人才智和品行更重要。更重视合法性,而不是更重视继承人的个人才能还表明,古代中国宪制的主流一直并非如今天众多法学家批评的那样有"人治"的传统,而是,并一直是,韦伯意义上的传统型法治而非法理型法治。[1] 王朝开创初期的第一、二代皇帝或面临特殊政治危机的中兴君主除外。

对于皇位继承人的另一个重要制度期待也表明整个中国社会偏重政治稳定性和高度理性。这就是,政治精英和普通民众对新皇帝的总体期待是他能在位时间较长。在位时间长并不自然导向政策稳定,但总体说来,却更可能趋于政策稳定,因此有利于政治的稳定,并趋向整个社会的预期稳定。这个期待有一定的行为主义和心理学根据,因为任何人的偏好都会基本稳定,行为会有一定格局,通常都会多一事总不如少一事,因此更少可能折腾,更可能以烹小鲜的方式治国。此外,制度的沉淀成本也可以部分解释"一朝天子一朝臣";朝廷的核心官员的相对稳定,并因此全国各层级的官员也会相对稳定。因此,皇帝在位时间长,一般说来,既有利于作为官僚的政治精英,也有利于民众,还有利于一代皇帝或在皇帝支持下的重臣来完成一些需要足够时间才能完成并见效的政治变革。在位时间长也会有利于皇帝积累政治经验,有效管理朝政和控制官吏,打击权臣、某些官僚集团或强大的地方势力,并可以有较为充裕的时间从底层选拔和培养新一代核心政治精英,从而为下一代政治继承完成人才储备。

---

① Max Weber, *Economy and Society*, An Outline Of Interpretive Sociology, *trans. by Ephraim Fischoff et al., eds. by Guenther Roth and Claus Wittich, University of California Press*, 1978, pp. 226–228.

正由于这些通常看不见的收益,从中国历史上看,长期在位(例如明朝的万历皇帝)并不必然导致"某某之治",但凡是冠以"某某之治""某某盛世"或"某某中兴"的年代,皇帝一般在位时间都比较长。例如,"文景之治"两位皇帝分别在位 23 年(公元前 179 年 ~ 前 157 年)和 16 年(公元前 156 年 ~ 前 141 年),持续近 40 年;汉武帝之所以能完成平定匈奴、打通西域等伟业,一个重要原因就是他在位长达 54 年;"贞观之治"唐太宗在位共计 23 年(627 ~ 649 年);而所谓"开元盛世"则因为唐玄宗在位头 28 年(713 - 741 年)年间政局稳定;中国最著名的"康乾盛世"的重要制度条件之一,就是从康熙经雍正至乾隆长达一百三十多年的政治稳定。而历代凡乱世,重要标识之一就是皇帝在位很短,更替频繁,由此引发了各种形式的政治动荡。并且这种情况也不限于古代中国古代,外国也同样是这种经验和教训,特别是教训。[①] 中国古人面对在世皇帝为什么会高呼"万岁",其实未必尽如今天人们通常理解的那样是对皇帝的祝福。完全有可能,只是借此真诚地表达了他们有一切理由和权利期待的长期的社会政治稳定。

正因为子承父业既可以保证继位者有足够的合法性,且由于父子年龄差距通常也能够保证继位者有望在位较为长久,因此尽管看起来与注重才能和智慧的精英政治相悖,"子承父业"却在历史理性的展开中成了中国皇帝制的常规,一个——如前分析的——更符合政治精英和普通民众利益期待的宪制常规。若就可比较的有限历史记载来看,为了选择有能力和才华的继承人,罗马帝国皇帝混用了养子和亲子继

---

① 例如,罗马帝国的第一位皇帝屋大维在位达 41 年(公元前 27 年 ~ 前 14 年)和第一位信基督教的皇帝的君士坦丁大帝在位 30 年(307 ~ 337 年);安敦尼王朝的五贤帝中也有四位皇帝分别在位 20 年或以上:图拉真(98 ~ 117 年)、哈德良(117 ~ 138 年)、安敦尼(138 ~ 161 年)和马克奥里略(161 ~ 180 年),乃至吉本在《罗马帝国衰亡史》中认为所有人都会选择认为这是世界历史上人类过着最为幸福、繁荣的生活的时代(Edward Gibbon, *The History of the Decline and Fall of the Roman Empire*, Vol. 1, Fred De Fau & Company, 1906, p. 99)。可参见吉本:《罗马帝国衰亡史》(6 卷),席代岳译,吉林出版集团有限责任公司 2011 年版。而前苏联的垮台,固然有其他制度因素,但其最高领导人因去世而频繁更替,1982 年 11 月勃列日涅夫去世,1984 年 2 月安德罗波夫去世以及 1985 年 5 月契尔年科去世,也会是原因之一。

承制;但罗马帝国的政治除了开国皇帝屋大维时期等少数时期外,长期不稳定,涌现了几乎可以无数来形容的自立或军方拥立的僭主,社会动荡,政治混乱,最终导致罗马帝国的彻底衰亡。①

但皇位父子相传只是基本的皇权继承制度,一旦付诸实践,仍然会有很多具体的麻烦。如果皇帝只有一个儿子,没有其他选项,皇权继承的麻烦反而少一些。但皇帝完全可能不止一个儿子,多子多福既是生物本能,也是中国的民间信仰。此外,为选择更好的继承人,皇帝通常会有,甚至无论是或只是为防止疾病或其他事变引发的意外死亡也必须有,多个儿子;而皇子之间总会有或明或暗的竞争,就可能引发出另一类政治动荡,直接毁灭儒家的基本家庭伦理之一——兄弟之情,②甚至迁怒于皇帝,造成皇家的悲剧。而皇位继承牵涉了太多的政治利益、天下的利益,因此成为一个必须从制度层面来处理的宪制问题。

皇位继承问题上,中国人先后实践过三种最基本的继承制——立长、立幼和立贤。在保证权力的和平和成功转移的前提下,尽可能选择有能力且有德行的王子继承皇位,但很难说三种之中何为最佳,甚至各自的利弊也很难算清。

立长(嫡长继承)的优点是:继位的刚性强化了嫡长子的合法性,令其他王子很难挑战和觊觎其位置。以储君身份,嫡长子可以较早并长时间参与国家政治实践,获得只能通过实践获得的必要政治经验和权威,从而保证权力转移的平稳。继承人的确定也会令主要大臣专注于政事,对自己政治前途或人身安全都有比较稳定和确定的期待;这有

① 在 3 世纪的罗马帝国的危机高潮期,出现了吉本称之为“从农舍到皇宫,又从皇宫到坟墓的不断变换”。从 235 年的色雷克斯到 268 年自立为帝的奥雷奥路斯,三十多年间,先后继位或篡权或自立为帝竟然有 29 位!许多皇帝在位甚至只能以天计,并且几乎全部死于非命!可参见 Gibbon, *The History of the Roman Empire*, Vol. 1, pp. 214 - 22, and Vol. 2, pp. 49 - 55。

② 因此历史上在汉文帝刘恒与淮南王刘长之间,民间有“一尺布,尚可缝;一斗粟,尚可舂。兄弟二人不能相容!”的民谣;在魏文帝曹丕和其弟弟曹植之间,则留下了曹植“煮豆燃豆萁”的诗篇。而最著名的要数“玄武门之变”,唐高祖李渊的次子秦王李世民在首都长安玄武门发动政变,杀死了自己的长兄皇太子李建成和四弟齐王李元吉,并将李建成、李元吉的儿子全部赐死,迫使李渊立自己为皇太子,并继承皇位。

利于政治治理。

但嫡长继承的缺点也很显著。在各王子中,嫡长子并不必定聪明和贤良,也可能身弱多病;这都不利于国家政事和长期在位执政。但最大的问题是,有时皇帝与嫡长子之间的年龄相差不太大,因此可能引发一些深刻的政治矛盾和冲突,甚至家庭悲剧。

古代人预期寿命不长,相信早生孩子早得福,因此在位皇帝完全可能在15~20岁时就有了嫡长子;但如果在位皇帝身体好,在位时间持久,嫡长子就必须在比较高的年龄才可能继位(例如在位皇帝75岁退位或去世,嫡长子继位时有可能已有或已接近60岁)。这就可能会出现嫡长子继位后不久去世,甚至先于在位皇帝去世的情况。这会引发两个政治后果,皇位继承很快再次发生,再次出现并且是更大的政治不确定性。这就令本来试图以子承父业方式予以避免的危机不仅未能避免,甚至强化了,令皇位继承制度的功能失效,令政治和平转移的期待落空。如为防止嫡长子意外去世,先皇或者从一开始就必须为储君再备储君。这不但困难,也很容易引发其他不测的政治风险;无论对皇帝本人还是对几位可能的储君均如此。

另一个悲剧因素会是,作为储君的嫡长子等候继位过久,或受权力的诱惑,或受其忠诚但有野心的心腹的蛊惑,甚至仅因为出现了一位真实的或想象的潜在竞争者,储君和或其心腹完全可能密谋谋杀或逼宫在位皇帝以确保或提前继位。这也是政治危机的一种,引发政治动荡。

还有一种可能,在等候继位的漫长岁月中,这位储君也完全可能成为千方百计取代其地位的其他王子政治谋杀的对象。此外还有第三种可能,长期的等候继位还很容易令在位皇帝,即便是他的父亲,很不自在。储君无论什么言行,都容易引发在位皇帝怀疑,导致储君被废。这两种情况都非常容易引发嫡长子阴谋以政变手段夺取政权;但无论成功还是失败,都会是政治的悲剧,也是皇室家庭的悲剧。

第二种继承制是**立幼**。除了同样有预期确定并能有效安抚朝廷重臣这些好处外,立幼的最大好处是可以最大可能地减少一个王朝政治权力转移的次数,从而减少了每一次权力转移中固有的政治风险;一旦继位,各位皇帝在位的平均时间都会更长,整个国家和政府官员都可能因皇帝长久在位而获益;此外,这还大大减少了幼王子早早作为储君参政,受其他王子攻击而失宠,或因过分靠近权力中心与皇帝意见不一致而失宠的可能性。从理论上看,这会大大减少皇室的家庭政治悲剧。

但立幼的缺点也很明显:年幼王子未必足够聪明和贤能,未必健康长寿,事实上若过于年幼则更容易受各种恶疾的威胁。作为皇位继位者,即便不是太年幼,他也会因年幼比其他王子更缺乏政治实践的历练甚至毫无政治经验。这样一来,皇权很容易旁落;无论是旁落于储君的母亲(太后)及其家族(后党或外戚),或是旁落于先皇为制约太后或后党干政而设置的顾命大臣,皇权甚至完全可能被篡夺。而无论何种情况,这都意味着潜在的内部政治混乱,因此是国家政治和民众的灾难。

第三种制度是立贤,即在诸多王子中实行精英选拔制。立贤的好处是(至少理论上如此)储君贤能最终会裨益国家和民众,有益于各高层官员;在理论上,引入了竞争上岗的机制,会激励诸多王子都努力学习、实践、恪守规矩,把心事都花在正事上;这会避免立长和立幼的突出弱点。此外,对于在位皇帝也许最为有利,他可以推迟有关储君的决策,有足够的时间考察,不易出尔反尔;而且也可以避免与储君发生冲突。

但这类收益只是想象的。事实上,作为制度,几乎看不出立贤比其他继承方式优点更突出或弊端更少。最大的问题是继承者不确定,理论上每个王子都有份,因此每个有从政想法的王子都会全力竞争。[①]但竞争会湮灭亲情,直至引发皇室的悲剧。而且这个竞争也并不必定驱使各位王子投资于可用于治国的知识和技能,努力学习和履行相关的政治责任;因为投资与此与能否继位的关系不确定。因此,各王子更可能不择手段地投资于获取在位皇帝的欢心,投资于更好包装自己,使

① “一兔走,百人逐之,非以兔可分以为百也,由名分之未定也。夫卖兔者满市,而盗不敢取,由名分已定也。故名分未定,尧、舜、禹、汤且皆如骛焉而逐之;名分已定,贪盗不取。……名分定,则大诈贞信,民皆愿悫,而自治也。姑夫名分定,势治之道也;名分不定,势乱之道也。”张觉:《商君书全译》,贵州人民出版社1993年版,第265~266页。

自己看起来贤良有才干。由于立贤,皇帝还需要信息和拓展信息来源;这意味着皇帝的决策不可能完全不受其获得的信息和信息渠道的影响,无论这些是来自大臣还是皇帝的亲信。而王子们一定会大量投资于此,力求获得这些大臣或皇帝心腹的政治支持和美言。结果会是,在位皇帝反而更难获得正确决策所必须的真实、可靠和全面的信息。王子与大臣会内外勾结,往往越是缺乏政治底线的王子越可能不择手段勾结大臣;也往往是那些最不正派且更缺乏能力的大臣,更可能在这场竞争中为确保自己的政治和其他利益对他们认为最可能且最可控的王子下赌注,并祭出最无耻的政治权谋。因此朝廷必定从上到下围绕有望继位的王子形成诸多政治派别,内斗激烈。

在这种竞争中,受损的是政治治理和高层的政治秩序,是皇权,是中央集权。即便在皇位继承竞争中的成功者,由于对大臣的依赖,结果也会大大弱化皇权和中央集权,甚至因此可能导致王朝的覆灭;典型的例证就是秦王朝。竞争上岗的立贤制说起来不错,真实情况反倒是最可能引发政治风险的继承制度。

以上仅仅是对中国古代皇位继承的一个理论分类;真实的皇帝继承实践会更多变化,也更为复杂。例如,若皇帝无子,就不得不从皇家另选他人,其政治合法性就会令人质疑,就可能出现较大的甚至连续的政治动荡。此外,每一朝代也常常会针对本朝的一些特点而伴随一些临时性措施或比较稳定的制度。例如,据田余庆考察,在由多个部落形成的部落联盟基础上建立的北魏王朝,储君的母亲一定来自某个部落;但为防止该部落因此对朝廷政治影响过大而引发其他部落的疑心和分裂,导致部落联邦的崩溃,拓跋氏长期坚持的一个基本宪制措施是,一旦某王子被立为储君,就会赐死其母亲。① 这种制度源自汉代为防止"子幼母壮"后党干政,而采取的临时政治实践,但在北魏早期出于政治必要性就制度化了。这种"子贵母死"的制度非常残酷,但残酷从来

---

① 田余庆:"北魏后宫子贵母死之制的形成和演变",载《拓跋史探》,三联书店 2003 年版。

不等于无知的野蛮,残酷恰恰可能是基于理性的选择。[①] 在中国北魏时期,这是一个部族国家为“走向文明”和“走向未来”,转型为疆域国家并有效治理中原而不得已采用的制度。

由此可以更真切地理解为什么皇位继承是一个宪制;即便其属于皇权裁量范围,那也是宪制内的裁量。皇帝制需要一个政治继承制度作为支撑,即便上述三种继承制度都有显著且难以弥补的缺陷。上述分析也还表明,这个制度,既非为了皇帝,也并非仅仅为了皇室,而是因为在皇位和皇权继承上直接寄托了朝廷内外众多中高级官僚的政治理想、预期和利益,关系到高层政治稳定以及中央和地方关系的安定,而最终的获益者是普通百姓。如果从中看到的只是家天下,那就不仅是缺乏足够的学术想象力,更重要的,也是低估了创造皇帝制度的中国古人和历朝历代真正有见识的政治家(包括某些皇帝,特别是开国皇帝)的政治追求和政治智慧。

五、作为学术理论概念的皇帝

中国秦之前的天子制和之后的皇帝制,甚至包括传说中的禅让制,都是一人之治。依照亚里士多德的政体/宪制区分标准,从统治者人数上看,这三种制度都是君主制(monarchy)。但恰恰这些在中国学者看来显然截然不同的制度,在亚氏的分类体系中都成了君主制,因此首先它们各自都一定不是古希腊、罗马的或是中世纪欧洲的君主制——当我们说张三像李四,前提就是,张三不是李四。

其次,实际上更重要的是,亚氏的这个宪制/政体分类体系,尽管为后代西方政治学一直坚守、当成天经地义,但也只是被重复和坚持的一种形式分类。很可能没有什么学理意义,至少是无法用来很有意思地

---

① 可参见,福柯对处死弑君犯之刑罚的细致描述,这些描述充分表明这些残酷的刑罚是由系统的旨在制造痛苦的知识指导下展开的。Michel Foucault, *Discipline and Punish: the Birth of the Prison*, trans. By Alan Sheridan, Vintage Books, 1979, ch. 1.

界分和讨论中国古代的宪制/政体;它从未为中国历史研究拓展什么新的、可能的研究视野。或者说,如果还曾有过任何作用于中国历史研究,迄今为止,这个标准只有政治意识形态的意义:自古以来中国人的宪制选择就错了,至少是太单调了。

因此,如果要真正从宪制层面来理解和研究古代中国的皇帝制,我们首先必须放弃的,恰恰就是亚里士多德的这一宪制分类标准;不再简单地用君主制比附中国的天子或皇帝,然后再依据西方学者对君主的定义,以及其他一系列定语或形容词,如暴君的/僭主的(tyrannical)、专制的(despotic)、绝对的(absolutist)、独裁的(autarchic),以理解的名义,刻舟求剑地同时也是削足适履地修理和裁剪中国的皇帝制和中国的历史。这不是说这些定义在中国历史经验中就无法获得"印证";我相信完全可能从中国历史中发现大量例证,表明中国的某某皇帝制完全符合某个定义或定语,但这不是学术。还是必须认真细致地考察中国古代的皇帝制,有时甚至必须借助某些西学概念,但有时却只能借助在中国社会中形成学术概念。在中国社会语境中,切实从制度功能上来理解。当然,也包括批判,比方说,皇帝制。

若是同中世纪以后的欧洲各国君主制相比,中国皇帝制的一个显著差别是,更强调正统,却不像欧洲君主那么强调血统。当然中国皇帝的正统也常常同皇家血脉相联系,只是,正统的核心是政治规则,而同血统的联系并不真的那么强。支持这一点的最显著证据就是上一节提及的,无子有女儿的皇帝也不会让女儿继承皇位,而是从皇家宗室另选男性继位,尽管女儿的血统要比另选的任何男性都近。

从社会功能上看,正统和血统在中西社会都会强化和支持政权的合法性和稳定性,震慑僭越和篡权,避免或至少是减少由此引发的社会政治动乱。但"血统"是用生物学来支持政治合法性,是本质主义的,也是法条主义的,很容易同种族或是同阶级相联系;而"正统"是一种实用主义的正当化,首先源自成功并最终获得认可的革命,是在时间中形成的政治常规,是制度的沉淀成本,是因此带来的对于各相关利益方的便利和安全,因此是历史建构主义的。无论是早期传说中的禅让制,夏商周三代,或此后历朝历代,中国政治统治的正当性都不来自血统。《周易》就认为"汤武革命,顺乎天而应乎人"。[①] 即便儒家一贯强调"君君臣臣",反对犯上作乱,孟子却还是认为是武王伐纣并非"臣弑君",而不过是"诛独夫民贼"。[②]

这似乎就是中国的政治合法性的传统了。从陈胜的"苟富贵,勿相忘""帝王将相宁有种乎"到刘邦的"大丈夫当如此也"和项羽的"彼可取而代之"都表明了这一点。[③] 这些记录当然不大可能为真;只是,即便均假,司马迁仍频繁引述、传播甚或编造了这类距他还不到百年的虚假言辞,并且他就生活在刘邦创建的汉代,这也足以表明诸如司马迁这样的政治文化精英对皇权的臣服并不因为其血统神圣和高贵,而仅仅因为他是皇帝。后代中国百姓的说法更简单,"成者王侯败者寇"。

这看起来很势利,没有道德是非,很容易令惯于从伦理评判历史黑白的公知们义愤填膺,令主张"死磕"法律原则的宪政学者批评太没立场。但这种情表错了地方,也表错了对象。中国百姓对作为个人的政治家会有道德评价,但对作为政治家的个人却不用道德作为判断标准。对政治家的判断标准是其政治实践的后果,是对于整个天下的利弊。这就是汉文帝概括的,为争夺最高统治权的斗争即便再残酷,但只要"不以私害公",那么"尧舜放逐骨肉,周公杀管蔡,天下(也仍然)称(其为)圣"。[④] 李世民杀了兄弟,逼宫夺嫡,是非常典型的乱臣贼子,但是因为结果好,最终还是被后世视为明君的典范。这其中隐含的是一种来自社会底层的考察和评价政治的视角。它要求有实在效果的政治精英制度,关注的是谁能统一中国,从而为公众提供最直观和最重要的公共品——和平。

也因此,不仅来自社会底层的如刘邦、朱元璋可以当皇帝,而且来

---

① 《周易正义》,王弼注,孔颖达疏,中华书局、北京大学出版社2000年版,第238页。

② 杨伯峻:《孟子译注》,同前注,第42页。

③ 分别见于司马迁:"陈涉世家","高祖本纪","项羽本纪",载《史记》,中华书局1959年版,册5第1949、1952页;册2第344页;册1第296页。

④ 司马迁:"淮南衡山列传",《史记》册10,中华书局1959年版,第3080页。

自文化相对落后的游牧民族，只要有实力，能为普通民众提供长期的和平，照样可以主政中原。儒家政治文化精英坚守的宪法性政治伦理，就是本人不做“贰臣”——在前朝做官，在新王朝又照旧做官。[①] 但为了天下，他们会支持自己的子弟参与新王朝的政治——即便是同他们鄙视的少数民族政权合作。

中国皇帝制度的第二个重要特点是前面已经提及的，尽管总是皇帝最后说了算，因此可谓“专制”，但就因为是大国，至少从秦汉以来，就中国的政治常规和政治伦理规范而言，皇帝制从来也不是皇帝“一人之治”，而是一个由源自各地的国家精英组织成一个延伸到全国各层级政府的，严格依据典章规则运转的官僚政治。因此，在如今被贴上“专制”标签的中国历史才一直会有皇权与相权之争；也因此，才会有下面论及的有为君主和守成君主的区别。

不仅亚里士多德的“一人之治”分标准，而且其关于正宗和变态政体的标准，君主制和僭主制，都没法直接用于古代中国的宪制研究。在没有人拿出有说服力的研究成果来时，我只能暂时先认为亚氏的这个标准属于并是仅限于古希腊的地方性知识。因为若是按照亚氏的这一标准，不仅杰出甚或伟大的政治家唐太宗、明成祖等只能名列僭主，甚至中国每一朝代的开国皇帝也都是僭主。分类总得有点实在的意义吧。而用亚氏的标准来分类中国历代君主，对研究和理解历史毫无裨益。中国普通人，包括常被认为迂腐的传统儒家人士，都从来不这么理解历朝历代的皇帝。对于还未沉迷于亚氏分类的中国人来说，重要的从来都不是某皇帝的权力是源自暴力革命还是阴谋诡计，而在于该皇帝在位是否令国家强大、天下太平和百姓获益。这是一个根据社会绩效来评判的标准。中国人在这方面似乎天然是尼采主义者，坚持的是面向未来而不是回溯起源的进路。[②] 中国人更常使用的，并有颇有学

---

① “贰臣”的说法始于清代乾隆皇帝，但对“贰臣”的贬评却是早已有之。欧阳修编撰的《新五代史》·杂传（第2册，卷39~57，中华书局1974年版）中的传主，都是贰臣。

② 可参见福柯：“尼采·谱系学·历史学”，苏力译，载《学术思想评论》第4期，辽宁大学出版社1999年版。

理意义的概念是有为君主和守成君主(本文不讨论亡国君主)。

有为君主往往是创立了一个王朝的开国皇帝。但其实这只是第一步,更重要的是,建国后,他还要确保天下一统,防止分封割据、内战重起。因此,有为君主往往会以各种真假口实消灭甚或诛杀那些在其身后有能力(而不是有可能)造反的功臣,典型如刘邦和朱元璋。即便皇权强大,也会以略微温和的方式剥夺这些人的军事指挥权,典型如宋太祖的"杯酒释兵权"。如果从一般的道德伦理角度看,完全可以称前者为专制暴君。但将这些中文世界中的伦理概念用于政治生活,就好像让男人穿裙子,不伦不类。因为,开国君主,之所以称其有为,是在于他在世期间必须解决的问题不仅是开国,即通过战争手段完成国家的统一,创制这个王朝长久沿袭的基本制度;更重要的并最重要的是,在完成这个统一之后,他必须清除任何实在和潜在的地方割据势力,清除其他任何可能引发国家分裂、祸国殃民的潜在政治威胁,以确保统一国家之政权的和平转移,为后世的常规性"文治"铺平道路。因此,只有在他死后,整个国家权力基本和平转移了(即便没有转移给他预定的接班人),才表明这一朝的宪制定型,他才算真正谢幕。"盖棺论定"——开国君主的成败通常要以他去世之后的历史来验证和补足。

但在中国历史上,也有少数并非开国的君主被后人视为有为君主。如汉武帝(打败了匈奴)、明成祖(夺取了侄儿的皇位、迁都并营建北京、编撰《永乐大典》以及郑和下西洋等)或雍正(继承康熙的事业,推动了一系列重要变革)。由于历史的机遇和要求,他们成功推行了或完成了具有深远历史影响的政治文化变革。

有为君主在相当程度上都有远见卓识、坚毅果决,不但虚怀若谷、兼听则明,也常常独断专行、说一不二。如果仅仅从类型学上看,属于专制君主和绝对君主——特别是如果仅仅从字面或本来意义上理解专制的话。但中国人的分类系统是后果论的。绝大多数皇帝或是没有这样的能力,或是没有赶上这样的历史机遇,因此历史和社会也就未要求他推进重大的社会革命和体制创新。有些人即便是励精图治,试图甚或成功实行了某些社会变革,包括如汉文帝和汉景帝这样的明君,甚至后者平定了“七国之乱”，但他们在更大程度上依靠的是有为君主开创的基业，借助的是前辈创设的宪制和积累的政治合法性，依靠的是这个宪制选择和聚集的官僚。这就意味着他们会受到并接受宪制和“祖制”（其实不过是另一类宪制）的制约，受到并接受官僚体制和系统的约束，受到并接受社会舆论“天理”和常规的约束。他们可能因某些成就而被后世称为“明君”，甚至“中兴”，但本人却不算有为皇帝，有些还很可比较平庸。在中国传统政治分类中，他们都属于守成君主。即便某些“非亡国之君，而当亡国之运”①的皇帝，如崇祯，事实上也被视同守成者。

守成君主也并非不任性、不专断，但总体而言，他们不等于，也成不了西方近代的专制君主。其中最重要的原因就是，中国一直是“超级”大国，并且，自秦汉之后，常规政治都以是政治精英为基础的官僚政治。官僚政治完全可以糟糕，但不大可能，甚至没法专制。除极少数有为君主外，守成皇帝通常无论知识和能力都不足以独自有效决策和处理诸多军国大事。他必须依赖宰相和其他能臣，必须依赖整个官僚体制。也因此，他就一定会受到官僚政治的限制和官僚体制各种方式的制衡。即便皇帝总是有最后的决策权，可以决定官员的荣辱甚至生死，但皇帝仍然受制于并遵循先皇制定的宪制常规、儒家教训和天理人情，总会受制于官僚机构的消极抵抗，甚至受制于某些官僚的舍生取义（civil disobedience）或沽名钓誉。想想海瑞，想想“文死谏”。有意无意，守成皇帝妥协都是必须的，也是必然的，有时甚至只能不了了之。因此这种受制还一定不是规范要求，不是理想，而是守成君主治理下的常规政治生态。这既是“文治”，也是“法治”。

尽管源于中国历史，但就宪法学和政治学研究而言，有为君主和守成君主的区分，不仅适用于分析中国古代宪制和政体，而且我认为，会比亚里士多德的正宗君主制和变态僭主制更有普世适用价值和智识层面的启发意义。我们可以用两个概念来分析中世纪欧洲的各国君主。

① 张廷玉等：《明史·流贼传》（册26），中华书局1974年版，第7948页。

例如,英国的亨利八世,因其大力推行宗教改革,令英国教会脱离罗马教廷,改革了政府机构,以均势外交保障了英国在欧洲的政治经济利益,使英国最终成为统一集权的近代民族国家;伊丽莎白一世,因其近半个世纪的统治,使英格兰成为欧洲最强大的国家之一。这两位英国君主在中国人看来就属于塑造了近现代英国的有为君主;而如果用亚里士多德的标准,说他/她是君主或是僭主。这告诉了人们什么有政治学实质意义的信息呢?

又比如,俄罗斯的彼得大帝,因其令俄国在波罗的海有了出海口,特别是对俄罗斯的政治、经济、军事、教育和文化进行了大刀阔斧的和面向欧洲的改革;叶卡捷琳娜二世,因其宫廷政变登上皇位,对外作战,打通了黑海出海口,建立了人类历史上疆域空前的俄罗斯帝国。在中国人看来,这两位也应属于俄罗斯的有为君主;而称其为君主或僭主同样没有任何分析意义,在交流上也没有意义。

而如果将有为君主和守成君主进一步提炼为"有为者"和"守成者",则可以用来分析古往今来的中外政治领袖。从这一角度来看,绝大多数美国总统其实是守成者;由于历史的制约,即便他们个人能力出色,也没有机遇来塑造美国。只有少数美国总统,不但有能力,更有历史机遇,才真的塑造了美国,塑造了美国的实在宪法/制,也塑造了美国和世界的关系。只有在这种语境中,阿克曼教授所言的"宪制时刻"(constitutional moments)才并非妄言。[①] 那些成功回应了宪制时刻的美国总统因此会成为美国最具标志性的总统,如华盛顿、杰弗逊、林肯以及大小罗斯福等。而其他国家的政治代表人物如拿破仑、俾斯麦,甚或戴高乐和丘吉尔以及土耳其的凯末尔、印度的甘地等,在中国人看来,也都属于有为者。因为他们对其本国的无可替代的历史贡献,或仅仅

---

① Bruce Ackerman, *We the People*, *Vol.* 1, *Foundations*, Harvard University Press, 1991; *We the People*, *Volume* 2: *Transformations*, Harvard University Press, 2000. 有关的批评,参见 Michael J. Klarman, Constitutional Fact/Constitutional Fiction: A Critique of Bruce Ackerman's Theory of Constitutional Moments, *Stanford Law Review* vol. 44/1991 – 92, p. 759; Richard A. Posner, Legal Positivism without Positive Law, *Overcoming Law*, Harvard University Press, 1995, pp. 215 – 228。

因为在某个历史关键时刻,是他,而不是别人,在那里。[①]

而这一提炼,有为者和守成者的适用范围就可以超越民主制和君主制,近似韦伯的魅力型政治领导人和传统型/法理型政治领导人。[②]但它更为简洁,也更有学理意义和分析功能。因为在需要重大社会变革的历史时刻,对于一个国家的宪制和政治而言,作为政治领袖的有为者的最重要功能,在很大程度上并非法律人所要求的仅仅是严格遵守宪法和法律,而是——如同波斯纳评论马歇尔大法官那样——要作为新体制的伟大创制者,必须是无情的冒险家(buccaneer),其工作不是什么依法办事,而是要带来一个范式变革,创设一个体制,令后来的守成者有法可依、有例可循,可以主张依法办事。[③]

六、结语

我相信,我的分析已部分展现了皇帝制——无论善坏也无论善恶——中的理性;因此,现代以来中国社会流行的关于皇帝专制愚昧的断言,只是现代中国为了必须的社会革命和转型而创造的,并就此而言曾有重大革命意义的意识形态。但有意义的意识形态仍然是意识形态。如果始终不予反省,沉迷于其中,特别是当革命对象失去因此其革命力量也丧失之际,那就会只剩下意识形态,就会成为当代的专制和愚昧了。

---

① “伟人代表的是一个社会的伟大神经中枢,换一种说法,代表的是历史战役中的战略转折,之所以伟大,部分就在于他曾在那里。”Oliver Wendell Holmes, Jr. , John Marshall, in *The Essential Holmes: Selections from the Letters, Speeches, Judicial Opinions and Other Writings of Oliver Wendell Holmes, Jr.* , ed. by Richard A. Posner, University of Chicago Press, 1997, p. 208.

② Max Weber, *Economy and Society*, An Outline Of Interpretive Sociology, *trans. by Ephraim Fischoff et al. , eds. by Guenther Roth and Claus Wittich, University of California Press*, 1978, *Ch. 14, Charisma and Its Transformation.*

③ Richard A. Posner, *Law, Pragmatism and Democracy*, Harvard University Press, 2003, ch. 9, p. 91.

尽管定会有种种误解,本文并不是为皇帝制评功摆好。这其实没必要。本文在一定程度上已经指出,真正能令一个制度获得生命力的,并非多少人为之评功摆好,令其消亡的也不可能仅因为众人的抨击谩骂。而是,在人们的种种想象和尝试,包括“围城”式的自我折腾之后,这个制度是否最终被永不满足于现状、总能挑剔的人们接受。在当时的种种社会条件下,这是最可忍受的制度。这并非一个保守的命题,更是一个变革的命题。

本文关注的只是作为古代中国宪制制度之一的皇帝,只是讨论了几个在我看来还有点理论意味的问题,并不面面俱到。我希望通过这种基于社会背景的制度功能分析和理解,推进从社会科学的视角和层面来研究古代中国的宪制以及其他制度,走出纯道德主义和情感主义的、在我看来太多执着于意识形态好恶的主观评判。我知道这类努力会有争议,但我期待对于我们的古代社会和制度能有更多的争论、反思和批评,从而引出更多更好的研究。而且,如果真的争论多了,其实也就不那么真有争议了。

《法律和社会科学》(2013)
第12卷,第193~201页

维什尼和"法律与金融"学派研究

缪因知*

摘要:罗伯特·维什尼是以LLSV组合为核心的"法律与金融"学派的中坚力量之一。该学派名义上虽然并不属于芝加哥学派的一部分,但高度契合芝加哥学派尊重市场的大方向,强调法律和政府要减少对金融市场的干预,对影响市场运作的政治因素持高度怀疑态度。作为唯一的芝加哥学者,维什尼在其中扮演了重要的角色。

根据罗伯特·维什尼(Robert Vishny)教授在芝加哥大学布斯商学院(Booth School of Business)的主页介绍,[①]其专业领域(area of expertise)是制度金融学(institutional finance),研究范围包括各国公司治理、私有化、政府在经济中的角色等。而其主页上列出的五项代表作(selected publication),有

---

* 中央财经大学法学院讲师,电子信箱:miaoyinzhi@126.com。

① 参见 http://www.chicagobooth.edu/faculty/bio.aspx?person_id=12825899008。

三项与法律与经济的交叉研究有关。①

确切的说,维什尼在法学界受到关注,主要是因为他与哈佛大学的三位经济学家拉泼塔(Rafael La Porta)、洛佩兹·斯兰斯(Florencio Lopez-de-Silanes)、施雷佛(Andrei Shleifer)合作发表的一系列在"法律与金融"领域开宗立派、影响至今的著作。这四人也被合称"LLSV"(姓氏首字母合称)。

当然,需要指出的是,虽然LLSV开拓了当代法律与金融的交叉研究,并形成了以强调法系渊源重要性为特色的一个流派,但他们的组合并非恒定。强森(Simon Johnson)、达加寇夫(Simeon Djankov)、格雷泽(Edward Glaeser)等持类似观点的学者也不时与之合作。维什尼本人也在2002年后实际上暂离了LLSV,所以后期一些署名"La Porta 等"的论文已经不再直接包括维什尼的贡献。为配合本卷主题,本文只涉及对维什尼直接参与的若干文章的评述。

一、LLSV系列论文:勾连起法系渊源、投资者保护程度与金融发展的关联

令LLSV声名大振的论文,是他们在1998年发表的"法律与金融"(Law and Finance)②。这篇文章最早是他们在1996年为美国国民经济研究局(NBER)撰写的同名工作论文,所以尽管其正式发表的时间迟于他们1997年发表的"外部融资的法律决定因素"(Legal Determinants

---

① Robert Vishny, A. Shleifer, Large Shareholders and Corporate Control, Journal of Political Economy (1986). Robert Vishny, A. Shleifer, A Survey of Corporate Governance, Journal of Finance (1997). R. La Porta, F. Lopez-de-Silanes and A. Shleifer, Robert Vishny, Law and Finance, Journal of Political Economy (1998).

② LLSV, Law and Finance, 106 J. Pol. Econ. 1113 – 55 (1998)。中译文见"法律与金融"(上、下),张鸣飞等译,载《经济导刊》2002年第1、2期。张建伟曾对此文做了详细介绍。张建伟:"比较法视野下的金融发展",载《环球法律评论》2006年第5期;张建伟:"法律、投资者保护与金融发展改革",载《当代法学》2005年第5期。

of External Finance①)一文,但还是被认为是该领域的开山之作。

“法律与金融”检视了49个不同法系的国家关于公司股东和债权人的保护规则及执法质量,并认为普通法国家通常(generally)有最强的对投资者的法律保护;法国法系最弱,而德国法系、斯堪的纳维亚法系居中。同时文章指出最大的公众公司中的股权集中度和投资者保护程度呈反向关联;这意味着分散的小股东在那些未能很好地保护他们的权利的国家里不太可能显得重要。

而“外部融资的法律决定因素”则类似地指出49国样本数据揭示,根据法律规则和执法程度所测量的具有低投资者保护程度的国家股票和债券市场都不太发达。例如,在缺乏债权人保护的国家,信贷的大头流向了少数大公司。此文同样强调法国法系和普通法系是两个极端。

在LLSV中,施雷佛和维什尼在此领域是先行者,他们二人合作的1997年的“公司治理概览”(A Survey of Corporate Governance)一文已经集中考察了投资者保护程度和股权集中度的关系。该文指出公司经营者和资金提供者之间的代理成本问题②是危及有效外部融资不足的根本原因。而由于沉淀资本等原因,产品市场竞争不足以约束公司经营者,故公司治理的本质是保障资金提供者的投资回报不被内部人侵蚀。作者认为适度结合投资者保护和通过集中股权进行管理是美德日等成功公司治理体制的经验。

2000年LLSV发表“投资者保护与公司治理”(Investor Protection

---

① LLSV, Legal Determinants of External Finance, 52 J. Fin. 1131 - 50 (1997).

② See Ronald Coase, 1937, The Nature of the Firm, Economica 4, pp. 386 - 405. Michael Jensen and William Meckling, 1976, Theory of the firm: Managerial Behavior, Agency Costs, and Ownership Structure, Journal of Financial Economics 3, pp. 305 - 360. Eugene Fama and Michael Jensen, 1983, Separation of Ownership and Control, Journal of Law and Economics 26, pp. 301 - 325. Eugene Fama and Michael Jensen, 1983, Agency Problems and Residuals Claims, Journal of Law and Economics 26, pp. 327 - 349.

and Corporate Governance①)一文,对其观点进行了一个阶段性的理论总结。文章重申在代理成本存在的前提下,无论是由职业经理人还是控制股东主导着经营,他们都不会自动为投资者权益最大化努力。所以"公司治理在很大程度上就是外部投资者保护他们免受内部人剥削的一套机制"(Investor Protection and Corporate Governance, p. 4)。投资者要有权"更换董事、强迫支付红利、中止以外部投资者利益为代价而使内部人受益的项目或计划、对董事提起诉讼并获得补偿,或者解散清算公司、分配剩余资产"(p. 5),才能有效震慑内部人。"公司资本结构的变化改变了内部人和外部投资者之间的权力配置,因而几乎肯定会改变公司的投资政策"(p. 5),而非公司融资学中所谓 Modigliani - Miller 定理(即 MM 定理)描述的情形。②

在分析各国具体的投资者保护差异方面,LLSV 的这篇文章重申了他们之前的基于法系差异的研究结论。而在阐释法系差异的机理时,作者指出有两种解释,一种是 Coffee、Simon Johnson 等提出的司法理论,③即认为普通法系的法官更愿意灵活保护投资者,而不是墨守成规,任由不法者钻法律空子。但 LLSV 认为这种解释不足以说明为何具有更高能动性的法官是选择保护外部投资者而不是帮着一起侵害投资者。故而政治性解释必须加入进来,即至少从 17 世纪开始,英国法或者说普通法就由珍视私产权的资产阶级而非王室主导;而在德国法

---

① LLSV, Investor Protection and Corporate Governance, 58 J. Fin. Econ. (2000), pp. 3 - 27. 中译文见"投资者保护与公司治理",缪因知译,载《金融法苑》第 78 辑,中国金融出版社 2009 年版。

② 该定理指出在理想的情形下,公司只不过是投资项目及其产生的现金流的集合,采用股权还是债权融资在本质上没有区别。Modigliani and Miller, 1958, The Cost of Capital, Corporation Finance, and the Theory of Investment, American Economic Review 48, pp. 261 - 297. 不过与科斯定理类似,这本来就只是对假想状态的描述。

③ John C. Coffee, Jr., Privatization and Corporate Governance: The Lessons from Securities Market Failure, in Merritt B. Fox & Michael A. Heller eds, *Corporate Governance Lessons from Transition Economy Reforms*, p. 231, Princeton University Press 2006. Johnson, La Porta, Lopez-de-Silanes, F., Shleifer, 2000. Tunneling American Economic Review Papers and Proceedings 90, pp. 22 - 27.

国,政府使用保持着对经济的主导权。①

不过 LLSV 此时对法律改革所持的观点较为温和,可能汲取了美国法学界在世纪之交关于法律的形式趋同、实质趋同、各国公司治理模式是否会维系等的理论成果,②坦言之前"研究所提出的投资者法律保护措施的特别列表既非必要,也不充分"。更有意思的是,他们指出:"关于由历史决定的法律渊源在塑造投资者权利中的重要性至少可试探性的表明:许多规则都需要同时改变才可使一个国家从缺乏投资者保护的国家变为具有最好实践的国家。"(Investor Protection and Corporate Governance, p. 20)

LLSV 的一个重要贡献是提出了一种新的金融体制分类方式。过去的研究者强调区分以证券市场融资为中心和以银行融资为中心的模式。③ 但是,即使在发达国家中,有的国家证券市场和银行业都很繁荣,而有的却都很疲软。如日本又有可影响公司的强大的银行,又有一个拥有数千只上市证券、股权分布广泛、高度发达的证券市场(规模曾是世界第二)。法国、意大利的银行信贷市场和股票市场都不是特别发达。(Investor Protection and Corporate Governance, p. 18)事实上,他们的研究认为这两种融资方式并非此消彼长,往往股票市场大的国家,私人债务占 GDP 的比重也较高。④

---

① S. Finer, 1997,*The History of Government*, Vol. III. Cambridge University Press, Cambridge, UK.

② 早期重要作品包括 Mark J. Roe, Political Preconditions to Separating Ownership from Control, 53 Stan. L. Rev. 539 (2000);John C. Coffee, Jr., *The Future as History: The Prospects for Global Convergence in Corporate Governance and Its Implications*, 93 Nw. U. L. Rev. 641 (1999);Ronald J. Gilson, Globalizing Corporate Governance: Convergence of Form or Function,*The American Journal of Comparative Law*, Vol. 49, No. 2 (2001), pp. 329 - 357 等。后来相关文献多收入 Mark J. Roe & Jeffrey Gordon eds., *Convergence and Persistence in Corporate Governance Systems*, Cambridge University Press 2004。中译本见《公司治理:趋同与存续》,赵玲、刘凯译,北京大学出版社 2006 年版。

③ Allen, F., Gale, D., 2000. *Comparing Financial Systems.* MIT Press, Cambridge, MA.

④ La Porta, Florencio Lopez-de-Silanes & Shleifer, Corporate Ownership Around the World, 54 J. Fin. pp. 471 - 517 (1999).

故而,LLSV提出,外部股东和债权人受到的保护的程度(法律文本和执法质量)决定了股票和债券市场在各个国家不同的繁荣程度。"如果一种融资方法受到法律保护,使融资人能收回投资,那么,这种融资方法就会发展起来。因为德国和其他一些德国法系国家对投资者特别是对有担保的债权人,进行了强大的法律保护,所以它们有发达的银行体系。""因为英国的债权人有广泛的权利与一个大的证券市场,所以它同时有一个大的银行部门和公共债务部门。""意大利和比利时既没有发展起一个债券市场,也没有发展起一个股权市场,因为那里的外部投资者不受保护。"(Investor Protection and Corporate Governance, pp. 18 – 19)

同年LLSV发表了"代理问题和全球股利分配政策"(Agency Problems and Dividend Policies Around the World)①,勾勒出了分红中的两种代理模式:在结果(outcome)模式下,股利是由于少数股东的压力逼迫内部人"吐出"的现金;而替代(substitute)模式下,内部人是为了在日后能顺利发新股而试图通过分红来建立善待少数股东的信誉。第一个模式预测说更强的少数股东权利应当与更高的股利相关联,第二个则相反。为此作者检测了33个有着不同股东权制度的国家的4000多个公司,结果则支持了前一种假设。这间接地证明了作者早前编制股东权指数的正确性,因为这篇文章说明更多股利等好处不能坐等,而必须由少数股东自己去争取。

2002年LLSV发表了"投资者保护和公司估值"(Investor Protection and Corporate Valuation)②,提出了一个模型讨论对少数股东的法律保护和控制股东的现金流所有权(cash flow ownership,即实际持有的股权份额,而不是通过各种方式获得的投票权份额)对企业估值的影响。这篇文章集中于27个富裕经济体的539个企业,发现更好的少数股东保护和控制股东现金流所有权更多的企业有更高的估值。

---

① LLSV, Agency Problems and Dividend Policies around the World, 58 J. Fin. pp. 3 – 27 (2000).

② LLSV, Investor Protection and Corporate Valuation, 57 J. Fin. p. 1147 (2002).

如果对少数股东的法律保护不乐观，则企业控制者应当有较高的现金流权，才能提供公司估值。

这一结论现在已经被法学界广泛接受。实际上从另一个侧面反证了为何投资者保护弱的国家股权集中：不仅是由于非控制股份本身难以被外部投资者接受，还在于控制者本身必须持有足够多的股份才能令外部投资者接受非控制性股份。

二、掠夺之手理论：抵制政府对市场的不当干预

维什尼的另一个重要贡献是对政府治理特别是政府对经济干预的不良影响的研究。

1993年他和施雷佛合作进行了关于腐败的研究。① 1999年LLSV合作的《政府质量》(The Quality of Government)②评估了多国政府对经济的干预度（如监管的数量和质量）、公共部门效率（包括腐败程度和官僚主义的烦琐程序的程度）、公共物品分配、政府规模和政治自由。通过数据指出具有低效的政府绩效的国家一般具有如下一种以上的情形：穷国、靠近赤道的国家、语言文化多元的国家、法国法系或社会主义法系国家、天主教徒或穆斯林人口比例较大。不过，大政府趋向于表现更好。他们认为这一研究的重要性在于探讨外部历史因素对各国政府绩效及经济政治和文化制度的影响。

2002年维什尼与施雷佛出版了《掠夺之手：政府病及其治疗》(The Grabbing Hand: Government Pathologies and Their Cures)③，提出对市场

---

① Andrei Shleifer & Robert W. Vishny, 1993, Corruption, The Quarterly Journal of Economics, MIT Press, Vol. 108(3), pp. 599－617.

② La Porta et al., The Quality of Government, 15 Journal of Law, Economics and Organization, p. 222 (1999).

③ R. Vishny& Andrei Shleifer, The Grabbing Hand: Government Pathologies and Their Cures, Harvard University Press (2002). [美]安德烈·施莱弗、罗伯特·维什尼：《掠夺之手——政府病及其治疗》，赵红军译，中信出版社2004年版。

而言,政府可能是自私自利的“掠夺之手”理论,以补充和完善之前主张政府功能应当最小化的“看不见的手”理论和认为政府是“帮助之手”故功能应当最大化的理论。

其指出无论是中世纪欧洲,还是今天的发展中国家、苏东转轨经济体乃至美国,公共部门实际上给经济生活造成了沉重负担。如高额和任意的税收阻碍了投资,监管养肥了腐败官僚,国企消耗了国家财富,最聪明的人士被迫从事寻租而非创造。这些掠夺性的政策妨碍了企业家的活动,导致经济增长停滞。例如,短缺的出现本质上是政府官僚为了通过限制供应来迫使人们对其求助和行贿,所以即使价格被抬高,短缺依然会存在。

所以,对经济生活的政治控制是很多国家失败的根源。而对策则在于反腐败、国企私有化和经济生活去政治化(depoliticization)。特别值得一提的是,此书相当明晰,可读性极强,数学模型分析之篇幅不大。

这本书可以和芝加哥大学商学院的两位著名经济学家所撰的《从资本家手中拯救资本主义》(Saving Capitalism from the Capitalists)①结合起来看,研究者实际上提出了自由金融市场对打破既得利益集团把持的政治经济停滞局面的意义。如《外部融资的法律决定因素》指出的,在缺乏债权人保护的国家,最大份额的信贷流向了少数有实力的大公司。这些大公司进入了自己的“良性循环”,它们有更多的资金,也有了更多的政治影响力,并能利用这种影响力来维持既有的政治法律体制。竞争者和市场新进者要么难以壮大乃至消亡,要么必须向既有政治经济格局屈服,成为老规则的接受者而非挑战者,即使这种规则并不公平。②故而,对策应当是尽量令市场开放、引入外部压力(如加入世界贸易组织、逐步开放实业和金融业的外资准入、允许企业到境外上

① Raghuram G. Rajan & Luigi Zingales, *Saving Capitalism from the Capitalists: Unleashing the Power of Financial Markets to Create Wealth and Spread Opportunity*, Princeton University Press (2004). [美]拉詹、津加勒斯:《从资本家手中拯救资本主义》,余江译,中信出版社2004年版。

② 例如,我国不少大民营企业家都坦言成功的秘诀是和政府维持良好的关系,即“讲政治”。

市),同时减少政府对经济的干预。资本市场自由化不仅增加了外国投资的流入,①还增加了要求创造外国投资者可接受的金融工具②的经济和政治压力。这些压力产生了多种形式的功能性趋同,如在章程与合同方面施加的、超出法律保护水平的约束。③

三、小结

总之,维什尼和 LLSV 的核心观点包括:(1)法律保护水平深刻地影响了一国金融市场的发展状况;(2)公司治理的目的就是在于提高对外部投资者的保护,法律对金融市场不能放任不管,而是应当积极作为,实现这一目的;(3)过多的、不以投资者保护为导向的政府干预不利于经济和金融的发展;(4)大陆法系国家特别容易陷入政府干预过多、金融发展滞后的泥潭。这些观点对我国的改革与发展都具有的启示意义。

---

① Henry, P., 2000, Do Stock Market Liberalizations Cause Investment Booms? Journal of Financial Economics 58, pp. 301 - 334. Stulz, R., International Portfolio Flows and Securities Markets. Working Paper 99 - 3(1999), Fisher College of Business, The Ohio State University, Columbus, OH.

② 例如,我国企业法重建的第一步就是20世纪70年代末的外商投资企业法。

③ LLSV, Investor Protection and Corporate Governance, 58 J. Fin. Econ. 3(2000), 23.

《法律和社会科学》(2013)
第12卷,第202~219页

法律应当如何对待情感

——读《逃避人性:恶心、羞耻和法律》

王凌皞*

摘要:法律应当如何对待情感?传统的法理学立场诉诸理性的权威,轻视甚至回避情感。而《逃避人性》一书在自由主义法理学的语境之下,独辟蹊径,细致探讨恶心与羞耻两种情感在法律中的意义,为法律实践如何对待这两种负面的情感提供了答案。评论首先从努斯鲍姆的理论核心出发,探讨何谓"情感的认知理论",及其对人类福祉或蓬勃焕发的重要性。主要侧重分析作者如何从自由主义的"平等尊重"理念出发,给出一整套关于法律与情感关系的规范理论。

人们很少谈法律与情感。在许多人看来,这两个概念水火不容。法学院的教育总给人以这样的印象——"法律"与冷冰冰的"理性"联系在一起,"情感"则无足轻重。人们会说:自然法建立在理性基础之上;立法以公共理性为基础;法律推理体现客观公允的理性运作;甚至在守法的领域,正确的

* 浙江大学光华法学院讲师,电子邮箱:wanglinghao@ gmail.com。

守法动机应当是反思性的(理性)态度,情感在这里难当重任。

不但在法学院中如此,法律与情感的疏离,同样也体现在大众文化中。在法律电影《律政俏佳人》中,哈佛法学院教授不断强调"法律基于理性而非情感",还一再地宣称这是希腊先哲亚里士多德的看法——尽管实际上这位思想家并未明确表示过。公共话语中同样体现着法律事务对情感的戒备,即使是那些我们普遍公认的积极情感也不例外。2009 年,拉丁裔女法官索多马约(Sonia Sotomayor)在美国最高法院的补选中,更是因强调自己作为法官对弱势群体的"同情"而被推到舆论的风口浪尖,最后被迫出来向公众澄清和释疑。由此来看,情感在法律中似乎是无足轻重的,甚至不止无足轻重,法律还应当摒除和禁绝人类情感。然而,事情果真如此吗?

芝加哥大学法学院讲座教授努斯鲍姆(Martha Nussbaum)向上述传统智慧提出了挑战。在 2004 年出版的《逃避人性:恶心、羞耻和法律》一书中,她试着让本书的读者相信,法律无法逃避或忽视人类情感;更进一步,她还以密尔[①]与罗尔斯的自由主义政治与法律哲学为批评对象,指出在传统的自由主义政治哲学与法律理论中,对情感的关注是极为欠缺的,而这将导致自由主义的法理学无法为许多社会与法律实践提供充分的理论说明。用我们所熟悉的话来说,努斯鲍姆的这部作品恰恰在这里"填补了空白"。在本书中,除了法理学、伦理学、政治哲学之外,努斯鲍姆还借助古典学、文学、文化批评、认知心理学和临床心理治疗的许多材料,以问题为中心,交叉整合,将不同的研究进路与研究成果熔为一炉,最终展示出法律中复杂的情感维度。

---

① 密尔的自由主义法律与政治哲学是建立在功利主义的基础上的。简单地说,密尔的核心看法就是人类的生活状态好坏是可以用效用来表示的,对效用的理性计算所得的福祉最大化也就因此而成为指引法律与政治生活的根本指南。一言以蔽之,就是"最大多数人的最大的好"。当代的法律经济学很大程度上也有着类似的基础假设,认为人类的生活应当由理性的计算来主导,成本效益的分析同样应当成为法律所追求的根本规范性目标。正是因此,努斯鲍姆在此书中对法律与情感的讨论,同样也构成了对法律经济学的挑战。努斯鲍姆试图论证,所谓的价值,在最根本上乃是来源于人类的情感,而非理智。努斯鲍姆与波斯纳就"法律与文学"这一话题所展开的论战实际上正是"情感"与"理智"之争。《逃避人性》一书正是在处理这个更为基础的理论命题。

一、法律中的“麻烦”的情感

在本书的开篇,努斯鲍姆就提出:法律真的无关情感么?传统的法理学强调“理性”,法律似乎在尽可能地排除情感的作用,但如果仔细观察我们的法律实践,答案并没有那么简单。[①]

以刑法为例,努斯鲍姆指出法律中许多涉及行为人主观心理状态的考量不可避免地带有情感的因素。例如,犯罪中的动机问题,应激后激情杀人的动机显然不同于周详策划谋杀的动机。这里的区别并不仅仅在于理智的状态,更在于情感层面的激励——激情杀人必然涉及犯罪人难以抑制的“愤怒”情感,但周密的谋杀就不同。法律中涉及情感的制度有很多,而这本书的讨论重点在于另外两种“麻烦的情感”:“羞耻”(shame)和“恶心”(disgust)。[②]

美国当下的刑法体系中就有诉诸羞耻情感的刑罚。比如,佛罗里达州的执法者,在酒驾车主的汽车保险杠上贴上“醉酒驾驶”的贴纸;而加州的盗窃缓刑犯,需要穿着印有“盗窃缓刑”字样的 T 恤衫出入公共场所。对这样的做法,中国读者一定不会感到陌生。中国法律史并不缺“耻辱刑”,如“劓刑”、“黥面”。甚至在当代司法实践中,立法者与执法者仍经常诉诸社会性的情感力量来羞辱犯罪人,通过令犯罪人低人一等、耻于见人来达到惩罚的目的。“扫黄打非”时的媒体直播跟拍、卖淫业者的公开游街等,无不彰显着“情感”的惩罚力量。

如果说“耻辱”的情感仅仅关涉到刑罚的手段,那么“恶心”则起

---

① See Martha C. Nussbaum, *Hiding from Humanity: Disgust, Shame and the Law*, (Princeton: Princeton University Press, 2004), p. 5.

② See Martha C. Nussbaum, *Hiding from Humanity: Disgust, Shame and the Law*, (Princeton: Princeton University Press, 2004), p. 13.

到刑罚正当性基础的功能。在法理学史上著名的德伏林爵士[①]与哈特[②]关于同性恋入刑问题之争，在表面上是关于“私人道德”（个人自由）和“公共道德”（社会规范）之争，但究其实质，“公共”和“私人”的界分取决于人们如何看待“恶心”的情感。“恶心”不仅是一种纯粹的私人情感，还具有某种社会性：如果承认让社会大多数人感到“恶心”就是一种类似于伤害的“冒犯”，那么同性恋问题就可以转化为公共道德问题。换言之，“恶心”的情感建构起了某种社会规范或者公共道德，而法律就是在强制地实施这些社会规范或者公共道德。

法律中的情感因素当然并不仅仅限于这两种，然而“羞耻”与“恶心”却对我们的公共政治与法律生活形成极大的挑战，也引起了广泛争议。法律上的道德保守主义者和社群主义者基于这两种情感提出一套法理学，主张借助羞耻的手段惩罚犯罪人，或提出以社会上大多数成员的恶心情感，作为将某种行为的入罪的正当基础。他们对当代的自由主义政治与法律理论构成了严厉的指责。自由主义者试图最大限度地保全个人的自主性，尊重每个人自由意志的运用；而保守主义的看法诉诸这两种情感的社会性，允许人们运用社会力量甚至国家力量来强化这两种情感的表达。自由主义者需要面对的问题就是，法律对人类负面情感的这种运用，是不是会违背自由主义对公民个人尊严平等保护的最基本道德承诺？

为了回应这种挑战，自由主义者有两种选择：第一种选择是直接否弃情感在法律（以及伦理和政治生活）中的意义。经典功利主义者密尔对于伤害原则的论证和罗尔斯的康德式理性建构的正义论，大致就是这样的一种思路。但这样的思路把人看作是冰冷理性的运用者，忽视了情感对人的正面意义，纯粹将情感看作是不具有实践理性权威的

---

① See Patrick Devlin, *The Enforcement of Morals*, (Oxford: Oxford University Press, 1965).

② See H. L. A. Hart, Law, *Liberty and Morality*, (Oxford: Oxford University Press, 1963).

直觉反应。因此,努斯鲍姆认为以密尔和罗尔斯为代表的当代自由主义,固然有能力回击上述道德保守主义的看法,但自由主义者过于强调理性的回应,却忽视甚至回避了情感在法律与政治生活中的重要性这一事实。[①] 这显然是不可取的。另一种更可行的选择是承认情感在法律(以及伦理和政治生活)中的意义,但主流的自由主义政治与法律理论很大程度上忽略了情感的重要价值。基于此,努斯鲍姆提出,我们需要一套更全面更包容的道德、政治与法律理论。这套理论既要看到情感在人类法律(和道德、政治)生活中的重要性,同时又能从情感的角度来充分地诠释并捍卫自由主义的根本立场。而这也是作者对这本书的预期,用她自己的话来说,是致力于探讨"自由主义的心理基础",结合情感来探讨"对人类平等的自由主义式尊重(liberal respect for human equality)的制度条件与发展条件"。[②]

要建构这样一种包容丰富情感因素的自由主义政治与法律理论,努斯鲍姆的第一步的工作是为情感"正名"。在自由主义大陆传统奠基者康德那里,与"偶然性"为伍的情感是靠不住的,臣服于"必然"、"无条件"理性的权威或仅仅"出于道德义务"的行动才具有正面的道德价值;[③]而在自由主义英伦传统缔造者密尔那里,情感同样无足轻重,只有对于效用的精密计算与权衡才具有实践上的权威性。[④] 在努斯鲍姆看来,无论是康德还是密尔,他们都忽视了情感在人类道德生活中的重要性。为了修正康德或密尔式的近代自由主义道德理论,努斯鲍姆回到古典时代,从古典作家那里寻找进一步思考的线索。

---

① See Martha C. Nussbaum, *Hiding from Humanity: Disgust, Shame and the Law*, (Princeton: Princeton University Press, 2004), pp. 5 – 12, 55 – 67.

② See Martha C. Nussbaum, *Hiding from Humanity: Disgust, Shame and the Law*, (Princeton: Princeton University Press, 2004), p. 16.

③ See Immanuel Kant, *Groundwork of the Metaphysics of Morals*, tr. Mary J. Gregor, (Cambridge, U. K.: Cambridge University Press, 1998).

④ See John Stuart Mill, *Utilitarianism*, Indianapolis, I. N.: Hackett Publishing, 2001).

二、情感在人类生活中的意义

伦理学中的古典传统关注“人”的整体性，首要的问题在于“应当成为怎样的人”、“什么样的生活是值得追求的”。对于古希腊的哲学家来说，伦理学最根本的目的在于弄明白人的蓬勃焕发（human flourishing）的状态。无论是亚里士多德还是古典斯多亚哲学家都是以此为基础开始他们的伦理学思考的。而伦理学中的近代传统（或基督教以来的传统）关注“什么样的行动是对的”或“我有怎样做的义务”。[①] 康德提出自我普遍立法的理念作为回应，而密尔以快乐的多寡作为对上述问题的终极解答。

努斯鲍姆在本书中的开拓性工作，可以被看作是古典传统的当代复兴，同时也是古典人文主义的伦理学对于自由主义法政治、法律与道德理论的修正。古希腊的古典作家重视人类情感，反对将情感与理智尖锐对立。在亚里士多德那里，适度的情感是个人自我完善的必要前提，美德是理智与情感的和谐状态。“勇敢”的行动者在“鲁莽”和“懦弱”之间取得完美的平衡。这意味着“恐惧”的情感要不多不少，既不至于让勇者畏缩不前，又不会让勇者失去必要的清醒与审慎。换言之，感到适度的恐惧的能力是一个道德行动者必备的能力，缺乏这个能力，他就不能被叫做“勇敢”的人。而斯多亚主义的哲学家区分了内在的“善”与外在“善”。美德属于内在的善，而友谊、亲情、荣誉、金钱则属于外在的善；情感的反应常常和外在的善联系在一起。斯多亚哲学家教导人们适度地对待与安置情感，只有这样才能过上完满而富有意义的人生。

对于这些古典作家来说，情感是“真实”自我的一部分，是人类境况复杂性的必要构成要素。任何真诚的伦理学必须认真对待人的情

① See G. E. M. Anscombe, Modern Moral Philosophy, Philosophy 33, 1958: pp. 1 – 19.

感,而不是简单粗暴地拒绝它。这种带有温情和人文主义关怀的古典伦理学思路,体现在努斯鲍姆对情感的基本理论看法上。她发展了上述古典作家的思路,在斯多亚学派和亚里士多德的情感学说基础之上提出了情感的“认知——评价”理论(cognitive-evaluative theory of emotions)。[①]

对古典人文主义者来说,悲剧诗人(文学)和哲学家(哲学)是互补的角色。悲剧诗人更多关注人类生活中的偶然性,情感是偶然性的产物;哲学家则更多关注人类生活中的必然性,理性就是对必然性的回应。文学是谈论情感的最佳出发点,因为文学在努斯鲍姆看来就是关于情感的。在扉页中,她引述卢梭《爱弥尔》中的一段话:“人并非生来就是王公贵胄。每个人都是赤条条来到世上;注定要承受生命的苦难,承受悲伤、疾病、需求和各种苦痛的煎熬。最后,我们每个人还命定要死去。”努斯鲍姆告诉我们,就如同卢梭所描绘的,情感的功能在于提醒人类认清自身的脆弱本质。人们正是通过悲伤、苦痛来体会到那些他们所珍视的东西的重要性。因为我们珍视的事物受制于偶然性,因此每个人都是脆弱的。[②] 在这里,“悲伤”、“痛苦”的情感并不是无对象的情绪(如忧郁),也不同于身体的欲求(如饥饿)。[③] 忧郁或者饥饿属于低级情感(或者叫情绪),而悲伤或痛苦却属于高级情感。低级情感并不一定有显著的意向对象,但高级情感总是和某个对象联系在一起。人们总是对于某些他们珍视的事物离他们而去而感到“悲伤”,或是对某些他们强烈而真切欲求但却无法获得的事物而感到“痛苦”。类似于这样的高级情感是有具体对象的,高级情感不同于单纯的生理欲求或情绪体验。这些情感提示我们何物重要、什么东西值得珍视。换句话说,情感具有“认知内容”(cognitive content)与“意向性对象”

① See Martha C. Nussbaum, *Upheavals of Thought*: *The Intelligence of Emotions*, (Cambridge, U. K.: Cambridge University Press, 2001).

② See Martha C. Nussbaum, *The Fragility of Goodness*: *Luck and Ethics in Greek Tragedy and Philosophy*, (Cambridge, U. K.: Cambridge University Press, 1986).

③ See Martha C. Nussbaum, Hiding from Humanity: Disgust, Shame and the Law, (Princeton: Princeton University Press, 2004), pp. 27 - 31.

(intentional object),是一种人自身看待与认识自身所处处境的方式。①

在努斯鲍姆看来,道德哲学必须建立在对人性清醒而全面的认识基础之上。道德哲学家要认识到人的限度与可能性。在这里,就是认识到人的经验的复杂与独特。而情感就是人性的最重要部分之一。情感体验构成人类经验的重要部分,并且时刻提醒我们自身的脆弱性。神是不需要情感的,因为无所不能的神本身是自足(self - sufficient)的,无须倚赖外界的事物就能获得完满的状态。而人之所以为人就在于人的脆弱性,人的善(human good)的实现在很大程度上取决于他所不能控制的外在力量,而"情感"正是这种脆弱本性的体现。那些我们所真正在乎与珍视的东西常常在我们控制之外,因此人类显得尤其脆弱。无论是家人的健康平安、朋友之间的信任还是职业生涯的成就,这些"善"并不在我们完全的控制之下,所以我们失去家人会感到"悲伤",被朋友背叛会感到"愤怒",在开始职业生涯的时候会有"希冀"。无论是悲伤、愤怒还是希冀,这些情感都在提示我们自身的脆弱性。我们生活的状态是否圆满和蓬勃焕发,依赖于那些情感所指示的外在于我们控制之外的"善"。

由于情感具有对象——那些我们所珍视的东西,因此情感以复杂的方式同信念(belief)联系在一起。我们的悲伤或痛苦总是建立在对世界的客观判断之上,只有当一些我们所珍视的东西"真正"无法获得或"确实"离我们而去的时候,我们才应当感到痛苦和悲伤;同时,情感还同价值联系在一起,正是情感让我们很大程度上了解到哪些事物具有价值,让人们能够带着评价性的态度去看待这个外在世界,去爱去恨去欲求。在这两种看法之下,努斯鲍姆提出了情感"认知——评价"理论。情感有认知的功能,是因为情感的合理性建立在真信念的基础上;情感还具有评价功能,是因为情感赋予那些外在于我们的事物以

① Martha C. Nussbaum, Hiding from Humanity: Disgust, Shame and the Law, (Princeton: Princeton University Press, 2004), pp. 24 - 9.

价值。[①]

情感在法律中有时是正面的,例如法官在刑事裁决中的同情心;[②]富有同情心的法官可以更好地权衡被告人的罪责和所应承担的刑罚。情感在法律中还可以具有正当的免责功能,如挑衅所致的激情杀人或合理的正当防卫依赖于我们对"合乎情理的人"(reasonable person)在特定环境所应具有的适当情感反应(如愤怒、恐惧)的评价。[③] 在刑法中,情感为人们揭示那些最重要的事物,并且为法官衡量罪责提供指南;刑法要保护的"法益"在很大程度上就依赖于"愤怒"的情感的指引。所以努斯鲍姆指出,"刑法在整体上展现了这样一幅图景,这幅图景告诉我们可以合理地向哪些行为表示愤怒"。[④]

假设情感真的如努斯鲍姆所说,具有如此重要的意义,那么法律就不得不考虑情感。但同时这也带来另一个复杂的问题:法律应该怎样应对这类情感?

三、"恶心"和"羞耻"的政治和法律风险

犯罪与刑罚的界限固然是通过情感来确定的,但在这些功能之外,法律中的情感因素有时也会带来一些更深层次的疑问和困惑:一个社会能不能因为其中大多数的人对某种行为感到"恶心"来禁止并惩罚某些行为?可否以被惩罚者感到"羞耻"的公开羞辱来惩罚违法者?在后半部分的实质性讨论中,努斯鲍姆从情感的认知评价理论入手,指出法律应当谨慎地对待这两种社会性的情感。

---

① See Martha C. Nussbaum, *Hiding from Humanity: Disgust, Shame and the Law*, (Princeton: Princeton University Press, 2004), pp. 31 – 7.

② See Martha C. Nussbaum, *Hiding from Humanity: Disgust, Shame and the Law*, (Princeton: Princeton University Press, 2004), pp. 52 – 6.

③ See Martha C. Nussbaum, *Hiding from Humanity: Disgust, Shame and the Law*, (Princeton: Princeton University Press, 2004), pp. 31 – 7.

④ See Martha C. Nussbaum, *Hiding from Humanity: Disgust, Shame and the Law*, (Princeton: Princeton University Press, 2004), ii.

就如本书的书名所提示的，恶心、羞耻不同于愤怒、悲伤。因为这两种情感似乎在引导人们"逃避人性"，而不是"直面人性"。如果说愤怒和悲伤是令人们体会到自身的脆弱性和不完美性，那么"恶心"和"羞耻"则刚好反其道而行之，是在掩盖、逃避自身的脆弱性和不完美，也就是"逃避人性"。

首先是"恶心"。那些令人们恶心的行为和事物常常和身体的排泄物、尸体以及体液有关，而这些会提醒人类我们自身具有动物的本性，我们中的每一个人都会趋向死亡和腐朽。在努斯鲍姆看来，人类的动物性和脆弱性，都是人性的一部分。运用上述的"认知——评价"理论以及心理学家的研究成果，努斯鲍姆告诉我们，恶心的认知性内容就在于拒绝正面接受人的动物性本质，通过拒绝秽物，来将自己同那些腐朽、动物性的一面隔绝开来，防止自身受到"污染"。① 除了原生的恶心之外，恶心的情感还具有社会性认知(social cognition)的侧面。② 人们不但对自然性质上令人恶心的事物产生恶心的心理反应，这样的情感还常常通过文化与社会的深刻影响"投射"到社会群体之上。例如，传统印度社会中的低种姓社群、欧洲历史上的犹太人群体和半个世纪前的同性恋者，他们常常也成为恶心的对象。人们不愿意触碰甚至看到他们，因为他们"不洁净"，"污秽"，或者会带来"霉运"。

"羞耻"在这点上同"恶心"具有类似的认知结构，也是在逃避人性。这里的人性是指我们的"不完美"本质。被羞耻的人常常也是因为对自身不完美的认知而有羞耻之心。不完美同样是"人性"的一部分，我们中的每一个都无法做到尽善尽美，世上并不存在"完人"。③ 同样，类似于恶心，羞耻的情感也是社会建构的：残障人士本不该感到羞耻，但强大的社会规范可以令他们觉得自身低人一等，认为自己"不正

① See Martha C. Nussbaum, *Hiding from Humanity*: *Disgust*, *Shame and the Law*, (Princeton: Princeton University Press, 2004), pp. 87 – 98.

② See Martha C. Nussbaum, *Hiding from Humanity*: *Disgust*, *Shame and the Law*, (Princeton: Princeton University Press, 2004), pp. 107 – 14.

③ See Martha C. Nussbaum, *Hiding from Humanity*: *Disgust*, *Shame and the Law*, (Princeton: Princeton University Press, 2004), pp. 177 – 202.

常”;同性恋者本不该感到羞耻,但异性恋主导的性文化压迫他们,令他们感到由衷的羞耻。那些占据强势地位的社会群体设定何谓“正常人”的独断标准,借此令弱势或少数群体感到羞耻。

在分析了恶心和羞耻的认知性内容之后,努斯鲍姆开始以古典人文主义的视角来审视这两种情感。依据斯多亚主义的传统,哲学的任务是在于治疗。这种治疗要求人们合理地放置和看待自己的情感,把情感作为自身的一部分,正面地去面对自己的动物性和不完美性。而无论是恶心还是羞耻都似乎引导人们逃避这样的哲学治疗,逃避正视自我的“人性”。这样的逃避使得人们无法获得真正的幸福,无法合理地应对自己的情感状态,进而无从实现人的完整的蓬勃焕发。

这两种情感的第二个问题也同“逃避人性”有关。这两种情感通过确认“何谓正常、完整的人”来制造社会层级,并且可能导致一个群体对于另一个群体的社会性压迫。就如前面所说的,社会性的羞耻常常来自于不被主流的文化与群体所接受,羞耻者觉得自身不完整,不是一个“正常人”。然而,所谓“正常人”只不过是一个社会的标准,是居统治地位的大多数人所规定的。[①] 恶心情感的社会起源也是如此。当那些不为社会大多数人所容的个体成为“恶心”的对象,他们就沦为这个社会的被压迫者,失去本该属于他们的经济和社会地位,甚至受到各种迫害。[②] 欧洲的犹太人、低种姓的印度人、被贩卖为奴的非洲裔人群,无一不曾是“恶心”的对象。

无论是“逃避人性”还是“社会压迫”的问题,最后都回归到这两种情感所带来的政治道德问题:倘若承认现代社会的基本正义原则是对个人的平等尊重,那么让其中一部分公民成为被“恶心”的对象,或让他们成为被“羞辱”的对象,似乎都有悖于这个社会最基本的“平等”、“自由”、“宽容”和“尊严”等政治道德价值。更何况,如果国家以强制

---

① See Martha C. Nussbaum, *Hiding from Humanity: Disgust, Shame and the Law*, (Princeton: Princeton University Press, 2004), pp. 217 – 21.

② See Martha C. Nussbaum, *Hiding from Humanity: Disgust, Shame and the Law*, (Princeton: Princeton University Press, 2004), pp. 107 – 14.

方式来实施恶心与羞辱的行为,那么后果将更加严重。

这种政治上的道德风险同样体现在恶心与羞耻的认知性对象上。这两种情感不是指向某个具体行为,而是指向个人:被恶心和厌弃的对象是人,而不只是行为。[①] 同性恋行为固然会引起恶心,但更令大众恶心的是做出此类性行为的个人及其身体。被羞辱的对象也是人,是人承受污名、遭受指责,并且活在他人的鄙夷与唾弃中。如果一个社会以恶心和羞耻作为社会惩罚的主要手段,那么将会导致社会过于轻易地驱逐其中的某些成员,而不去追问我们自身是不是也有过错。通过恶心他人与羞辱他人,我们同他们划清界限,以此保持自身(虚假的)的完整性和洁净性,从而制造社会分裂,最终走向不宽容和对自由的侵害,甚至最终践踏个体的人格尊严。[②]

正是体认到恶心和羞耻情感对于个人完善人格的巨大破坏性,努斯鲍姆提议法律应当禁绝“基于恶心”的罪名和“通过羞耻”的惩罚。当然,她也同时承认恶心对于滋扰或妨害罪(nuisance)来说依然具有一定的功用。[③] 例如,将那些令人恶心(而实际上无害)的东西倾倒入公共用水体中。此时,公众的“恶心”情感在这里构成了惩罚的正当基础。但除此之外,基于恶心的罪名与惩罚应该被排除,除非有真正在场的冒犯或损害,法律不得以强制的方式禁止那些以社会标准来看恶心的行为。换言之,“想想就感到恶心”的心理反应,通常不得成为法律惩罚的正当基础。像同性恋行为、非常态的性行为、合法伴侣之间的恋尸癖等行为应当除罪化。

针对运用公开羞耻方式惩罚公民,努斯鲍姆也提出类似的看法,指出法律不应该以羞辱的方式来惩罚公民。公开的羞辱不但使他们的人格尊严受到侵害、个人受到污名化,感到自己低人一等,也不利于他们

① See Martha C. Nussbaum, *Hiding from Humanity*: *Disgust*, *Shame and the Law*, (Princeton: Princeton University Press, 2004), pp. 230 – 39.

② See Martha C. Nussbaum, *Hiding from Humanity*: *Disgust*, *Shame and the Law*, (Princeton: Princeton University Press, 2004), pp. 167 – 168.

③ See Martha C. Nussbaum, *Hiding from Humanity*: *Disgust*, *Shame and the Law*, (Princeton: Princeton University Press, 2004), pp. 158 – 62.

的自我改造和回归社会。只有在政治批评等有限的社会交往领域,羞耻才具有正面的价值。[①] 对于羞辱的负面看法,来自于努斯鲍姆的两点考量:

首先,运用法律羞辱他人违背了自由主义的政治和道德理想,羞辱被运用到那些本不该被羞辱的对象身上。通过公开的"羞耻",社会树立了一个唯一的"正常"标准,那些不符合该标准的就受到边缘化和污名化。而这是和自由主义的价值多元论相悖的,它违背了自由主义的政治与道德哲学基于宽容的多元主义道德观。根据这个理由,有一些行为本身就不该受到污名化。残障者身体的不完美不应当成为他人羞辱的对象,这样的羞辱本身在道德上就不可取。[②]

其次,"羞耻"首先指向个人的"身份"和"出身",而不是具体行为。这侵犯了被羞辱者的个人人格尊严,即便被羞辱者本身的行为本身就是道德上不可取的。[③] 例如,对从事性交易的公民进行公开羞辱就存在巨大的问题。出卖自己的肉体来谋生固然不那么道德,从事性交易者自己有理由感到羞耻,但是这并不能为国家的公开羞辱提供正当基础。国家对于卖淫女个人身份信息的披露和媒体公开的影像传播使得羞辱指向"个人",而不是她们所从事的道德上不高尚的"行为"。羞辱她们的行为是一种"社会驱逐",使她们产生强烈的自我厌弃和自卑感,不利于她们自身的改造和道德转变。

基于上面这些考虑,努斯鲍姆提出,"恶心"和"羞耻"这样的情感不但必须被逐出法律,甚至法律还应当反其道而行之,起到移风易俗的作用,来改造落后的社会成俗与文化,防止"羞耻"伤害社会中的少数群体,保全他们的尊严,保护他们独特但却不为大众接受的生活方式。努斯鲍姆把法律建构出来的这种制度环境叫做"支持性环境"

① See Martha C. Nussbaum, *Hiding from Humanity*: *Disgust*, *Shame and the Law*, (Princeton: Princeton University Press, 2004), pp. 211 - 216.

② See Martha C. Nussbaum, *Hiding from Humanity*: *Disgust*, *Shame and the Law*, (Princeton: Princeton University Press, 2004), pp. 297 - 305.

③ See Martha C. Nussbaum, *Hiding from Humanity*: *Disgust*, *Shame and the Law*, (Princeton: Princeton University Press, 2004), pp. 212 - 217.

(facilitating environment)。①

四、重建自由主义政法理论的情感基础

努斯鲍姆对恶心和羞耻法律功能的看法,和前文提到的以德伏林爵士为代表的保守主义法理学发生了难以调和的冲突。德伏林等学者提议国家支持社会性的恶心与羞辱,但努斯鲍姆不但反对国家以强制力介入恶心与羞辱的行径,甚至还认为国家应当保护个人免于受到恶心和羞辱的伤害。

在1957的《沃尔芬登报告》中,德伏林提出法律应当惩罚同性恋和性交易,因为这样的行为冒犯了大众的情感,让大多数人觉得"恶心",更弱化了社会道德的一致性。② 社会(和国家)有权力以强制的方式来惩罚上述行为。而努斯鲍姆在本书中的讨论则表明,德伏林爵士的错误就在于忽视了"恶心"情感的危险性;这种情感本身就压制并迫害多元的社会道德文化,侵犯少数群体(例如同性恋者)的自由。如果法律更以强制的方式来实施这种基于情感的道德偏见,将这种"不可靠的情感作为指导公共实践的指南",③这将是雪上加霜。

另外,对于那些主张羞耻刑的道德保守主义看法,努斯鲍姆也提出了完全不同的意见。耶鲁的卡恩(Dan Kahan)教授通过一系列的心理学研究论证羞耻刑在执法上的效果,主张支持羞辱刑的有限适用。例如,执法机关在违法者汽车牌照上写明驾车者轻微违规,或者让犯罪人穿上提示犯罪的T恤衫。但即使对这类比较有限和轻微的羞耻罚,努斯鲍姆也明确表示反对。基于类似的理由,努斯鲍姆认为,即便是相比

---

① See Martha C. Nussbaum, *Hiding from Humanity: Disgust, Shame and the Law*, (Princeton: Princeton University Press, 2004), p. 223.

② See Patrick Devlin, *The Enforcement of Morals*, (Oxford: Oxford University Press, 1965).

③ See Martha C. Nussbaum, *Hiding from Humanity: Disgust, Shame and the Law*, (Princeton: Princeton University Press, 2004), p. 13.

黥面、游街来说轻微许多的羞耻罚,仍然对公民的人格尊严构成极大损害。法律不应主动损害公民的人格尊严,而应立足于保护公民免于受到羞辱和侮辱。①

在本书的最后一章,努斯鲍姆回归到康德与密尔的自由主义传统:一方面,捍卫了康德式的基于平等尊严的道德、政治与法律哲学,从免于情感伤害的角度来探讨国家对公民平等人格尊严的保护;另一方面,努斯鲍姆认为自己的工作也补强了密尔式的基于"伤害原则"的自由主义至善论传统。只不过,它背后的道德基础不再是冷冰冰的功利主义计算,而是建立在"认知——评价"情感理论之上。这套理论不是以"最大多数人的最大的福祉"为基础,而是立足于每个社会个体人性的健全和生存状态的蓬勃焕发。

从更为深远的理论贡献来看,努斯鲍姆的这本书最终是致力于沟通近代以来的自由主义传统和古典的美德伦理学传统。近代的自由主义传统将个人的独特本性和自治视作政治与道德生活的核心价值,而法律对于自由的保障最终在于保护每个独特的个体来实践他自己欲求的良善生活。古典的美德伦理学传统强调个人完善性,注重情感与理智的统一与和谐,而这正是近现代的自由主义道德、政治与法律理论所匮乏的。努斯鲍姆提供了一种独特的基于情感的法律与政治理论,将古典的美德伦理学和近现代的自由主义共治一炉,独辟蹊径。

五、进一步的反思和启示

当然,在努斯鲍姆的具体论证中,仍然有许多值得进一步思考的问题需要澄清与反思。

首先是"羞耻"的价值:是不是如努斯鲍姆所说的仅仅具有负面的道德功能?法律对其强制实施是否就绝对地不具有正当的基础?

---

① See Martha C. Nussbaum, *Hiding from Humanity: Disgust, Shame and the Law*, (Princeton: Princeton University Press, 2004), pp. 227-249.

努斯鲍姆似乎倾向于认为羞耻作为一种道德情感，仅仅具有负面的价值。它无助于个人的自我实现，只会加强社会的不平等和不宽容。然而，在古典儒家的道德理论传统中，我们却看到对羞耻的另一种说法。

儒家伦理学赋予"羞恶之心"以极大的道德激励价值。对于孟子来说，羞恶之心构成了"义"美德的基础。"义"要求人们遵循社会规范礼去做正确的事情；"羞恶"或"羞耻"激励着人们遵循社会规范。[①] 进一步来看，羞耻还可以分为"习俗性的羞耻"(conventional shame)和"伦理性的羞耻"(ethical shame)。习俗性的羞耻是一种实用的考量，因为羞耻者耻于被社会所抛弃或为大众的眼光所不容。但伦理性的羞耻是一种反思性的态度，是对自己的行为和品格不完善的深层次体认：即使某些道德上不高尚的事情本身不为人所知，也就不存在社会性羞耻的压力，但道德行动者自身在反思自身行动的时候会感到"羞耻"——为自己品格的低劣而羞愧难当。在这种情况下，羞耻具有正面的意义，可以促使人们对自身的道德品格进行深刻的反省，从而寻求道德提升。

如果羞耻真的如古典儒家所设想的具有道德心理学上正面的意义，那么通过社会性的羞耻来触发违法者的伦理性羞耻，从而促使其认真反思自己的品格并非一无是处。努斯鲍姆对于国家应当在很大程度上保护公民免于受到羞辱和恶心的讨论固然是正确的，例如通过禁止羞辱的运用来保护同性恋者的自由和保障残障人士在公共场所的尊严。但同时，她似乎在这里犯了一个"滑梯谬误"(the slippery slope fallacy)。[②] 那些轻微的社会性羞辱实并不一定会导致巨大的政治风险，也很难谈得上是对行为人人格尊严的侵犯。相反，有可能会促使行

---

① 例如，孟子谈到："恻隐之心，人皆有之；羞恶之心，人皆有之；恭敬之心，人皆有之；是非之心，人皆有之。恻隐之心，仁也；羞恶之心，义也；恭敬之心，礼也；是非之心，智也。仁义礼智非由外铄我也，我固有之也。"(《孟子·告子上》)

② 这是逻辑上的非正式谬误，即最初的一小步必然会导致不可挽回的重大后果。在努斯鲍姆这里，是指她主张任何轻微、克制的羞耻刑必然会导向大规模的强制羞辱行为，从而严重地侵犯公民的人格尊严。

为人反思自己的道德品格,为他获得完善的自我提供了某种良性的契机。

另外,现实中所有对犯罪行为的处罚都带有一定的羞辱意义:我们不能设想所有的刑事判决都匿名进行,也不能想象国家为犯罪者提供舒适的改造环境——让他们穿戴整齐地住在豪华公寓中,可以在闲暇时偶尔面壁思过。在这里,我们似乎并不认为国家强制要求犯罪人理短发、穿囚服就侵犯了犯罪人的"人格尊严"。进一步,如果缺乏任何的社会性羞耻,在"体面"的惩罚中,他们或许根本不会有伦理羞耻感,也就没有机会来反思自己行为的错误和品格的低劣。

对努斯鲍姆整体论证的第二个担忧在于"恶心"的道德意义。努斯鲍姆似乎全盘地否认了恶心的道德意义,认为恶心只能带来偏执、压迫与不宽容,而没有任何正面的值得称许的道德意义。

然而,"恶心"的道德意义是不是仅仅是负面的?例如,在我们反对酷刑的理由中,"恶心"的情感能不能扮演加强(正确)道德判断的角色?我们会说某些刑罚是不可接受的,在于这些刑罚的手段过于"恶心"或者"残忍",因此让我们有充分的理由来主张废除酷刑。在这里,恶心可能起到正面的作用。例如在美军虐待伊拉克战俘的例子中,人们可能基于虐待的行为太过"恶心"而认为他们是错误的,是道德上不能被接受的,从而抗议这种酷刑的使用。在类似的例子中,"恶心"的情感有助于(甚至可以说建构了)我们的正确道德判断。

在上述这类情境中,"恶心"似乎并没有令人们"逃避人性";相反,恶心正是诉诸人性来加强我们的道德判断。更复杂的问题在于刑法中,如果说适当与合理的"愤怒"可以成为刑法的正当情感基础,那么基于"恶心"的二阶情感"愤怒"是不是也可以成为刑法的正当基础?例如,我们对以"恶心"的方式滋扰他人的"行为"感到愤怒,要求刑法在此基础上惩罚滋扰者,这种做法在法律上是否正当?类似于此的问题似乎还有许多进一步讨论的空间。

尽管有上述论证细节上的不同意见,但是瑕不掩瑜,这并不妨碍《逃避人性》成为当代法理学上最重要的当代作品。努斯鲍姆在这本书中展现了无与伦比的理论掌控力，不但巧妙地衔接了古典的美德伦理与现代的自由主义政法理论，还打破了社会科学和人文研究之间的壁垒，运用实证的认知道德心理学研究成果来讨论情感的道德、政治和法律意义。这种跨越学科、跨越历史的研究方法颇值得中国的法理学研究者借鉴。

由于主题的限制，在《逃避人性》这本书中，努斯鲍姆将主要的精力放在讨论恶心与羞耻的道德、政治和法律意义上，而以较少的篇幅来处理情感的一般认知结构。然而在早于此书三年的作品《思想的动荡：情感的智性》[①]中，努斯鲍姆大量地引用了脑科学、认知科学和实证道德心理学的材料来支持她的情感认知评价理论。传统上，人们认为认知科学与道德心理学和法理学并没有太紧密的联系，但是努斯鲍姆的工作却通过人文学科与自然科学的"垂直整合"（vertical integration），[②]在二者之间架起了一座桥梁：一方面，她运用认知科学的实证发现来重新反思传统的道德、政治与法律思想，为经典理论提供了全新的研究视角；另一方面，她又为认知科学上的客观发现提供了深刻的理论视角，以古典的思想资源来诠释科学发现，建构独特的原创性理论。

在她看来，只有"问题"本身具有真正的重要性，不同学科的材料（古典学、文学、道德心理学、文化批评理论、精神治疗学、伦理学、政治哲学等）都是用来理解和解决问题的不同学术路径。对于中国的法理学研究者来说，我们也可以借由这本书来反观自身的研究方法和进路以获得启示。努斯鲍姆的一系列杰出工作都在提示我们，借助于自身丰富的古典思想资源和当下突飞猛进的认知社会科学成果，我们也可能以独特的方式来解决我们自身当下面对的重要理论问题。这或许就是努斯鲍姆《逃避人性》这部作品对于我们中国的法理学研究者最重要的启示。

---

① See Martha C. Nussbaum, Upheavals of Thought: The Intelligence of Emotions, (Cambridge, U.K.: Cambridge University Press, 2001).

② 把努斯鲍姆的方法论称作"垂直整合"是因为传统的法学跨学科研究通常是在相邻社会科学之间的方法论"横向借鉴"，如法律经济学、法律社会学、法律哲学等；而努斯鲍姆的方法论直接纵向地突破了自然科学、社会科学和人文科学的垂直分界。

《法律和社会科学》(2013)
第12卷,第220~226页

建立计划生育指标交易市场

钟瑞庆*

摘要:中国计划生育的推行采取迂回表达的方式。这反映了计划生育政策在表达上的困境,也折射了计划生育政策的正当性论证难题:一方面,限制生育权利必然要求否定胎儿作为人的特性,否则,强制堕胎就变得无法执行;另一方面,超生罚款又要求把人看成是负资产,隐含着人越少越好的奇特结论。本文认为,可从摊薄公共品和公共服务份额的角度去论证计划生育政策的合理性。相应地,必须摆脱通过行政强制手段执行计划生育的思路,通过建立计划生育指标交易市场的方式,实现生育权的合理定价和相关成本收益的合理分配。

计划生育是中国的基本国策,然而,计划生育的实施却面临严重的法律困境和伦理困境。本文试图从法律经济学的角度,对计划生育问题提供一个新的分析角度和新的解决办法。

---

* 浙江大学光华法学院副教授,电子信箱:ruiqingzhong@gmail.com。本文为国家社科基金"法律解释的激励机制研究"的部分研究成果。文责自负,本文仅代表个人观点,与供职单位和资助单位无关。

一、计划生育的表达困境：提倡，还是禁止？

根据国务院《社会抚养费征收管理办法》第3条规定："不符合人口与计划生育法第十八条的规定生育子女的公民，应当依照本办法的规定缴纳社会抚养费。"《人口与计划生育法》第18条规定："国家稳定现行生育政策，鼓励公民晚婚晚育，提倡一对夫妻生育一个子女；符合法律、法规规定条件的，可以要求安排生育第二个子女。具体办法由省、自治区、直辖市人民代表大会或者其常务委员会规定。少数民族也要实行计划生育，具体办法由省、自治区、直辖市人民代表大会或者其常务委员会规定。"很明显，《人口与计划生育法》第18条只说"提倡一对夫妻生育一个子女"，没有明确禁止生育二胎乃至三胎、四胎。然而，根据"符合法律、法规规定条件的，可以要求安排生育第二个子女"这样的表述，又可以认为，只有符合相应的条件，才能生育第二个子女。也就是说，所谓的提倡一对夫妻生育一个子女，就变成只允许生育一个子女的一种隐晦的表述。如果第二个子女都需要符合特定的条件，而《人口与计划生育法》没有规定生育第三个孩子的条件，依照前面的逻辑，生育第三个子女就受到绝对禁止。

但是，这样的表述难以令人满意，因为这个表述的逻辑是"法不允许即禁止"，与法治理念相悖。如果《人口与计划生育法》以生育一胎为原则，就必须明确地宣布："在一般情形下，只允许一对夫妻生育一个子女；符合特定情形允许生育两个子女；在任何情形下都禁止生育第三个子女。"可是，为什么《人口与计划生育法》选择了隐晦而不是直接的表达方式？这实际上涉及计划生育的权力来源的问题。如果公民有生育的权利（《人口与计划生育法》第17条），那么，限制这种权利的依据，也就是说，所谓公民也有依法实行计划生育的义务（《人口与计划生育法》第17条），其依据何在？这并不是单纯制定和发布一个法律那么简单。如果真这么简单，就无法理解《人口与计划生育法》第18

条的表达困境。如果通过法律的明确宣布即表明具备充分的法律依据,《人口与计划生育法》第18条就无须如此隐晦表达,而是完全可以选择直接而清楚地表达独生子女政策的目标。实际上,限制生育权利面临几乎难以逾越的法律上的障碍,并直接体现在对已可独立生存的胎儿的强制流产的处理上。①

二、社会抚养费的表达困境:罚款,还是社会抚养费?

毫无疑问,要实现只生一个子女的目标,必须有相应的法律措施应对多生的夫妇。作为最著名的主张控制人口的学者马寅初认为,实行计划生育最重要的是普遍宣传避孕,切忌人工流产。② 但是,如果法律禁止强制流产,计划生育将演变为空谈。如果人们还是认为多生有益,缺乏人工流产为后盾,超生将不可避免。因此,为了维护计划生育法的权威,强制流产显然是有必要的。在这种条件下,强制流产的时间就变得非常关键,必须尽可能在怀孕的早期流产。但是,在怀孕的早期,外人恰恰不易看出怀孕与否;只有在孕妇体形改变之后才能被外界所知,然而,此时胎儿至少也在三个月以上了。如果体形稍胖,或者正值冬天,那么,等到外界发现,胎儿可能已经六七个月以上了。六七个月以上的胎儿,已经完全长成人形,实际上,此时胎儿即使早产也可以生存,在此时再流产,就必然要面临严重的伦理问题。实际上,孕妇体形改变与计生办获取信息并采取行动之间,必然存在诸多的时间间隔。计生办的人不可能监督每一个育龄妇女,因此,其可采取行动的时间必然是滞后的。这就会进一步加剧强制流产所面临的伦理问题的严重性。

因此,为了让人们能够主动避孕,就不能仅仅依赖于强制流产,而

---

① 中国已发生多起7个月以上胎儿的强制堕胎事件,例如曾引发舆论强烈关注的对陕西省安康市镇坪县曾家镇孕妇冯建梅7个月大的胎儿实施的强制引产,参见 http://news.ifeng.com/mainland/special/ankangyunfu/content-2/detail_2012_06/14/15304028_0.shtml,最后访问时间2013年9月8日。

② 马寅初:《新人口论》,吉林人民出版社1997年版,第21页。

是要加大事后处罚的力度。《社会抚养费征收管理条例》规定的社会抚养费正是在这样的思路下征收的。对于国家工作人员，依照《人口与计划生育法》第42条的规定，还应当依法给予行政处分。实际上的处分都是所谓的“双开”，即开除党籍、开除工作。在这里，计划生育又再度面临表述问题。既然社会抚养费本质上就是对违反计划生育的罚款，直接用“罚款”表达即可，为什么又要用“社会抚养费”这样的词语间接表达？用社会抚养费这个词语表达所存在的问题，在于其隐含的价值观是无法成立的。所谓的社会抚养，似乎出生的胎儿已成为孤儿，社会需承担其抚养费用，但实情当然不是这样。如果解释成多出生一个小孩，增加了社会的负担，[①]如导致医院、学校拥挤，这似乎就更加难以成立。这等于说人都是负资产，医院和学校空无一人才是最佳状态；当然，用“罚款”代替社会抚养费，也不能解决这个论证上的困难。为什么多生一个小孩要罚款？理由只能是，因为给社会增加了负担，最终还是要回到人是负资产的结论上：违反计划生育者给社会增加了负资产，必须通过罚款或者说社会抚养费的方式来补偿。可是，如果人是负资产的逻辑可以成立，那么，惩罚杀人犯也就没有逻辑根据了。杀人者应当获得鼓励才对，尤其是杀死老弱病残者，应当获得奖励，因为他为社会减轻了抚养负担。显然，这样的逻辑是无法成立的。

三、社会抚养费的正当化论证难题

那么，到底该如何论证征收社会抚养费的正当性？马寅初认为：“一般人往往不够了解，一个孩子要求家庭的开支，还抵不上要求国

---

① 前国家计划生育委员会主任张维庆在《关于〈中华人民共和国人口与计划生育法（草案）〉的说明》中直接承认社会负担说：“考虑到不符合法定条件多生孩子，给社会增加了负担，理应对社会给予适当补偿，为了规范现行的经济限制措施，草案依据中发〔2000〕8号文件关于建立社会抚养费制度的精神规定：不符合法定条件生育子女的公民，应当依法缴纳社会抚养费，适当补偿所增加的社会公共投入。”

家的开支大,因此国家理应有干涉生育、控制人口之权。"[①]但这样的逻辑仅仅对小孩阶段是成立的。在小孩成长阶段,需要家庭投入,也需要国家投入。但在小孩长大成人之后,他既对家庭产生回报,也会对国家产生回报。如果国家说,你长大之前要求我负担这么大的开支不合理,那么,国家也就无权在小孩长大之后,要求他报效国家。如果考虑到国家的支出都来自于税收,那么,这样的说法就更加不能成立。

换另一种论证角度,或许可以说明社会抚养费的合理性。我们可以这样理解,多生子女的家庭,客观上导致增加了少生子女家庭的负担:小孩增加,政府支出增加,税收增加,进而导致少生子女的家庭或者个人处于不利地位,相当于未生或少生小孩者在部分程度上在替多生者承担了抚养义务。换言之,在小孩成长阶段,小孩的出生对不生育小孩的人而言,导致了一种负的外部性,摊薄了他可能享有的政府公共品的份额。依此逻辑,每个人为了在这种状态中居于有利地位,较为理性的做法就是多生小孩,这会导致多生小孩的非理性竞争。社会抚养费的目标,就是遏制这种竞争。在这种逻辑下,每个人生小孩的动机是占国家的便宜。[②] 如果这种逻辑成立,顺此逻辑推演,终生未婚,或者结婚后终生不生育者,就当获得国家的奖励。既然国家已从超生者身上征收额外的税收,那么,那些为减少国家负担而不结婚也不生小孩的独身者或者是所谓的丁克家族,就应当获得相应的奖励。并且,这些奖励必须要等于超生者所缴纳的社会抚养费。当然,要政府进行这种转移支付,或许有不少操作上的难度。笔者认为,较合理的办法就是借鉴环境污染中的排放权交易制度,建立一个计划生育指标的交易市场。

---

① 马寅初:《新人口论》,吉林人民出版社1997年版,第21页。

② 虽然这未免过分夸大了我国公民可以享受国家给予福利的程度。

四、困境的解决:建立计划生育指标交易市场

依照《人口与计划生育法》的逻辑,每对夫妇可以生一个小孩,双方均为独生子女者、少数民族者、农村户口者,可以生两个小孩。也就是说,每个人至少享有生1/2个小孩的指标,部分人享有生育1个小孩的指标。换言之,如果某人决定终身不婚且不育,那么,他就可以出售其所享有的1/2个小孩的指标。某对夫妻如果已生一个小孩而希望再出生另一个小孩,就必须去市场买指标。通过这种交易,多生者付出了成本,而少生者也获得了收益。如果某人不买指标而直接超生,那么,社会抚养费的金额也容易确定,就是指标的市场价。这样,关于社会抚养费多寡的争论,也就可以偃旗息鼓了。

当然,这种市场一旦建立,就如欧洲的碳排放交易市场一样,会有域外适用的问题。在碳排放问题上,欧盟认为,因为欧盟已要求欧洲航空公司购买额外的碳排放权利,为了不使欧盟航空公司在与欧盟外的航空公司的竞争中处于不利地位,一切欧盟外飞入的飞机都必须购买碳排放权利。这就是在中国一度炒得沸沸扬扬的碳关税。① 中国计划生育指标市场的运作会有同样的问题。这是因为,中国已经有越来越多的外国人。不管他们是因为什么来到中国,如果他们带来的小孩超过1个,就会给中国社会造成额外负担。因此,必须要求这些外国居民从市场中购买相应的指标,否则,中国政府提供的公共服务,就变成让外国人免费享受,中国人反需付费的不合理局面。

在实际的运作中,指标的交易要区分为城市和农村,不同的大城市也要设置更小的版块来交易。例如,北京市的生育指标就要比南昌市的贵,而浙江农村的生育指标也要比江西农村的贵。这当然可能会衍生出别的问题。例如,张三从江西南昌买到一个生育指标,生完后被北

---

① 参见“欧盟征收碳关税:捡‘芝麻’丢了‘西瓜’”,载《人民日报》(海外版)2012年3月17日版。

京以人才引进的名义引进。理论上,张三必须补交南昌指标市场价格与北京指标市场价格之间的差价。更合理的做法是,江西计生办必须以市场价回购张三让出的指标(然后再以市场价卖出),然后,张三再到市场去买一个北京的指标。

在将来,可以考虑扩张计划生育指标交易市场的交易范围,针对城市化过程中的人口迁移征收城市占用费,设立人口指标交易市场。农村居民如果在城市长期居住,必须去该市场购买在城市居住的权利。在该市场建立后,前例中的张三从南昌迁移去北京,可以让南昌市政府回购其在南昌的居住权,然后到北京购买其全家在北京的居住权。不同的城市,不同的地区,就可以有不同的居住权价格。一旦如此,北京市政府一直担忧的人口增长过快的问题,就可以得到一劳永逸的解决。实际上,有很多北京居民会出售其在北京居住的权利而移居别处,进而实现更为有效的人口居住地的合理配置。①

当然,有人会认为这是很不合理的建议。根据这样的政策,北京将成为有钱人的北京,穷人只能到老少边穷的地方繁衍生息。然而,现有的强制性计划生育,在实际效果上与此并无二致。区别仅仅在于,在指标交易市场设立后,被计生委占用的社会抚养费,就可以转移给独身者和丁克家族,穷人还可以通过居住地的迁移获得更多的生育权。因此,它虽然没有实现最为合理的结果,但至少是对目前政策的一种改进。退一万步,即使因各种原因无法实现设立计划生育指标交易市场的目标,至少也必须依照计划生育的逻辑,把所有的社会抚养费通过补贴的方式按人头发放给独身者、丁克家庭和失独家庭;否则,计划生育的正当性论证难题,将始终飘扬在计生委大门的上空。

---

① 本文的建议与著名的Tiebout的模型有异曲同工之处。Tiebout地方财政的模型的大意是,人们会根据其偏好选择居住地,而不同地区的政府也会根据居民的偏好提供独特的地方公共品,税收则相当于购买这些公共品的价格,最终会形成一个地方公共品的市场。Charles M. Tiebout, A Pure Theory of Local Expenditures, The Journal of Political Economy, Volume 64, Issur 5 (Oct., 1956), pp. 416 - 424.

《法律和社会科学》(2013)
第12卷,第227~246页

科斯与波斯纳:道不同,不相为谋?

艾佳慧*

摘要:科斯和波斯纳的学说,在很大程度上构成半个多世纪以来法律经济学理论的基石。但需要进一步讨论的是,它们之间是一种前后推进、相互补充,还是一种互不关联甚至相互抵牾的关系?从经济学学说发展史的角度,探寻新古典经济学的形成及其不足,进而指出科斯的理论贡献以及与波斯纳的理论分歧,或许可以构成后续研究的起点。

一、引子

2012年夏天,在芝加哥大学的法经济学暑期学校里,面对来自遥远的中国且渴求新知的法经济学学生,科斯和波斯纳作为法律经济学运动中当仁不让的奠基人和学界领袖,分别做了主题演讲,并在演讲后与学生们展开了学术交流。在中国学生眼

* 南京大学法学院副教授,电子邮箱:jiahuiai2004@sina.com。本文受南京大学"985"三期项目资助,同时系教育部一般课题(项目批准号:10YJC820002)的阶段性成果。

中,科斯和波斯纳均是法经济学界的泰山北斗。他们具有原创性理论贡献的学说,在很大程度上共同构成半个多世纪以来法经济学理论大厦的基石。

这个判断看起来大体不差。众所周知,科斯以科斯定理闻名于世,而波斯纳的财富最大化和"成本——收益"分析更是赫赫有名。但需要进一步追问的是,如果科斯和波斯纳的学说同为法经济学学派的理论基础,它们之间是一种前后推进、相互补充,还是一种互不关联甚至相互抵牾的关系?如果是前者,我们需要知晓两者是在何种理论基础上前后推进,又是如何相互补充的;如果是后者,我们更需要了解它们究竟为何又在何种维度上互不关联和相互抵牾。

在很大程度上,这是一个学术史梳理的基本工作,也是一次重新认识法律经济学基本问题的"审视之旅"。鉴于论文篇幅和作者能力,本文注定不是一个成熟完备的学术作品。但从经济学学说发展史的角度探寻新古典经济学的形成及其不足,进而指出科斯的理论贡献以及与波斯纳的理论分歧,或许可以构成后续研究的起点。

二、新古典经济学的形成及其不足

要从经济学学说史的角度探寻新古典经济学的形成及其不足,撰写了《国富论》的经济学之父亚当·斯密是一位绕不开的人物。① 与今天众多专注于特定领域的经济学家相比,斯密的特点就在于全面、综合和统观全局。当然还不只是斯密,早期的古典经济学家,不论是英国的威廉·配第、大卫·李嘉图,还是德国的李斯特,均具有这种综合性的

① See Adam Smith, *The Wealth of Nations*, 1776, Cannan Edition (Modern Library, New York, 1937). 中译本请参见[英]亚当·斯密:《国民财富的性质和原因的研究》,郭大力、王亚南译,商务印书馆1974年版。

开阔视野。[①] 这些生活在现代学科体制尚未建立时代的伟大学者,不仅观察到了经济学理论和现实制度之间频繁而紧密的联系,更试图运用经济学理论对如何完善制度和规则进行具体的研究和思考;不仅愿意将历史的、社会的、政治的和法律的多维度视角,带入对经济制度的研究,更在研究中仔细辨析这些"外生"制度与市场之间的复杂关系,并努力解说之。正因如此,早期的古典经济学又被称为"政治经济学"。

但令人遗憾的是(或者只是一种历史的必然),经济学的发展自19世纪70年代的"边际革命"之后便发生了转向。所谓"边际革命",是指侧重消费者主观感受的边际效用理论和以微积分为研究工具的边际分析方法替代了古典经济学强调生产、供给和成本的总体式研究进路。[②] 随着越来越多的经济学家开始使用数学和微积分工具分析市场中的厂商和消费者行为,以连续性为其研究存在前提的微积分彻底改造了经济学。就连斯密之后第二位堪称伟大经济学家的马歇尔也臣服于其理论魅力之下,其煌煌巨著《经济学原理》在第一版就吸纳了边际分析方法和数学式表达。[③] 在马歇尔看来,由于市场机制的运行背后蕴含着一般的连续性原理,而"没有数学符号或图表的帮助,就不容易完全明白这方面的连续性"。[④]

随着以马歇尔为代表的新古典经济学确立了在经济学界的主导地位,"资源配置成了经济学研究的核心问题,社会制度问题被作为研究

① 早期政治经济学的经典之作,除了斯密的《国富论》,还有大卫·李嘉图的《政治经济学及赋税原理》,威廉·配第的《赋税论》以及李斯特的《政治经济学的国民体系》。这些巨著目前均有中文译本。

② 边际效用学派的代表人物是英国经济学家杰文斯、洛桑学派的法国经济学家瓦尔拉和奥地利学派的门格尔。关于这场边际革命,有兴趣的读者可以去Google一下其产生的历史背景、重要内容以及对当代经济学的革命性影响。

③ [英]阿弗里德·马歇尔:《经济学原理》,廉运杰译,华夏出版社2005年版,第4页。

④ 同上。

资源配置问题的一个既定前提搁置在一旁”了。[①] 可以这样说,在科斯横空出世之前,以边际分析方法统合消费者理论和厂商理论并满足于一般均衡理论框架的现代经济学越来越成为一种隔绝政治、社会和法律背景,不关心真实世界之运行,只顾埋头研究供求均衡和市场制度的“黑板经济学”和“范式经济学”(科斯对新古典经济学的评价)。在科斯看来,这些“理论都飘在空中,就像是一个研究血液循环的人没有躯体一样”。[②]

虽然有些遗憾,但以一种“事后诸葛亮”的学术史眼光来看,边际革命的兴起其实是在学术分工的基础上,对现代学科建制之前相对粗糙的古典经济学的一次成功推进。但问题在于,现代学科建制之后,成功撇开了历史、政治和法律视角的现代经济学(或者新古典经济学)在获得了专业分工好处的同时,其实也就部分失去了对真实世界进行整体考察的可能性。其后果就是仅仅专注于对供求均衡这一市场经济的“血液循环”的研究,而忽视对该循环得以运行的“身体”(主要是作为市场主体的企业)和环境(即政治和法律制度)的研究。而这,正是科斯准备大展拳脚之处。

三、科斯的挑战

在一般均衡的理论框架看来,完全竞争的市场能实现资源的最优配置,而企业不过是一个一头投入生产要素,另一头生产出产品的“黑匣子”(一个投入产出函数)而已。但如果秉承专业分工和自由交易的市场就能实现资源的有效配置,为什么还存在内部服从命令式管理的企业?其生产规模的边界何在?1937年,年仅27岁的科斯在“企业的

---

① 这是史晋川教授为麦考罗和曼海姆的《经济学与法律》一书的中文译本所写序言中的一句话。参见[美]尼古拉斯·麦考罗,斯蒂文·G.曼海姆:《经济学与法律——从波斯纳到后现代主义》,朱慧等译,法律出版社2005年版,第2页。

② Ronald H. Coase, The New Institutional Economics, 140 *Journal of Institutional and Theoretical Economics*, 1984, p. 230.

性质”一文中天才般地创造了“交易费用”(transaction costs)这一概念,并在分析了生产的制度结构后成功地回答了上述问题。①

在这篇文章中,年轻的科斯第一次提出了“交易费用”的概念,认为交易费用既包括发现相对价格的费用,也包括谈判和签约的费用,并指出企业的存在正是为了节约市场交易费用。在科斯看来,只要企业组织生产的成本小于通过市场展开交易的成本,企业就会出现。而企业的规模边界,就在企业内部组织一项交易的成本等于通过市场开展这项交易的成本之处。② 对一个企业而言,必须同时承担横向的市场交易成本和纵向的内部管理成本。由于企业自身特点和面对的市场环境千差万别,作为替代价格机制的“纵向一体化”程度在不同产业和不同企业间必然差别悬殊。③ 不仅如此,以一种更一般性的视野,小到一人公司,大到一个国家,企业的规模和边界其实都只是外部交易费用和内部管理费用的函数。企业的最优规模,一定落在边际交易费用等于边际管理费用(或者最小化交易费用和管理费用之和)之际。依照这一理论视角,如果不存在了解这两项费用的知识局限,就根本不存在垄断的问题,也不存在对反垄断法的制度需求。这也是包括科斯在内的芝加哥学派对市场垄断的看法和对反垄断法的基本态度。④

如果说科斯的交易费用研究就到此为止,或者说交易费用的概念仅仅适用于解释企业为何存在以及市场和企业的边界,科斯的思想和

---

① 这篇文章是1931年科斯仅21岁时完成的,但六年后该文才得以正式发表。See Ronald H. Coase, The Nature of the Firm, *Economica*, New Series, Vol. 4, No. 16, Nov., 1937. 该文已有中文译本,收在科斯的文集《企业、市场与法律》一书中。参见[美]罗纳德·哈里·科斯:《企业、市场与法律》,盛洪、陈郁译校,格致出版社、上海三联书店、上海人民出版社2009年版。

② [美]罗纳德·哈里·科斯:《企业、市场与法律》,盛洪、陈郁译校,格致出版社、上海三联书店、上海人民出版社2009年版,第7页。

③ [美]罗纳德·哈里·科斯:《企业、市场与法律》,盛洪、陈郁译校,格致出版社、上海三联书店、上海人民出版社2009年版,第37页。

④ 正如芝加哥学派的另一员大将斯蒂格勒所言:“对效率的关注和对强有力竞争的恢复,已经大大削弱了反托拉斯政策的理论基础。在纵向一体化的情况下,反托拉斯法的补救措施往往错误地认定了垄断市场的存在。”参见[美]约翰·范·奥弗特瓦尔德:《芝加哥学派》,王永龙等译,中国社会科学出版社2010年版,第50页。

理论就绝没有今天的影响力。幸运的是,科斯是一个习惯长期深挖一个问题且"吾道一以贯之"的杰出学者。时隔30年之后,在"社会成本问题"一文中,科斯进一步深化和阐发了交易费用概念,并指出交易费用对制度形式的影响以及交易费用和权利配置对资源配置和收入分配的重要性。① 如果说在"企业的性质"一文中,科斯的重点是为企业的存在提供一个理论基础的话,在"社会成本问题"一文中,他将重点转向了支撑和保障市场和企业发展的前提性条件——法律制度。换言之,被新古典经济学视为外生变量且搁置一旁的社会制度问题,成功地被科斯转化成经济制度的内生变量,且成为科斯经济学的研究重点。"了解造成损害的企业是否对损害承担责任是必要的,因为如果没有确立这一初始的权利界定,就不可能有市场交易来交换和重组这些权利。但是,假定这个定价制度的运作无须费用,那么最终结果(产值最大化)则不受这个法律位置的任何影响。"②这段话就是后来被斯蒂格勒抽象为"科斯定理"的最原始表述。

其实,在此前发表的"联邦通讯委员会"一文中,科斯已经有了这一思想的雏形,那就是被张五常称为科斯定理第一版本的"权利界定是市场交易的一个必需的前奏"以及第二版本"有了明确的权利界定,在市场交易下资产的使用会导致最高的市场价值"。③ 而上述表述只是对之前思想进一步的一般性阐述和深化,也就是张五常所称的科斯定理第三版本或者不变定理(invariance theorem)。④ 但正如物理学中的无摩擦平面,零交易成本只是一种理论上的假设,在现实生活中是不存在的。因此这一不变定理只是一个理论出发点,人们称之为科斯第一定理。而从这一理论基点出发的逻辑推论必然就是在交易费用不为

① See Ronald H. Coase, The Problem of Social Cost, *Journal of Law and Economics*, Vol. 3, Oct., 1960.

② [美]罗纳德·哈里·科斯:《企业、市场与法律》,盛洪、陈郁译校,上海三联书店1990年版,第83页。

③ See Ronald H. Coase, The Federal Communications Commission, *Journal of Law and Economics*, Vol. 2, Oct., 1959.

④ 张五常:《经济解释》,香港花千树出版公司,第164~165页。

零的真实世界中，不同的权利界定会带来不同的资源配置效率，其引申的政策寓意就是要利用法律制度（包括立法和法庭判决）最大限度地降低交易费用（虽然不可能完全消除这些费用）。这一推论我们称之为科斯第二定理。

由于涉及了有关外部性的经济学传统和有关侵权和侵扰的普通法传统，这一源于一系列案例的、看似平淡无奇的理论表述却是极富想象力和革命性的。围绕这一理论基点展开的相关研究不仅构成了20世纪后半叶蓬勃发展的法律经济学的基础，而且强有力地挑战了以庇古（Pigou）为代表的传统福利经济学①和忽视具体制度研究的新古典经济学。

四、个体最优 vs. 社会最优

自马歇尔（Marshall）提出了外部性问题之后，百余年来私人成本与社会成本（或者说个人最优和社会最优）之间的分离，就一直是经济学内部的大问题。按照庇古的理论，如果私人成本和社会成本有分离，那就是市场的失败，因此需要政府出面采用征税和补贴的方法进行干预。这也是后来大行其道的福利经济学的理论基础。② 但科斯认为庇古大错特错了。对于外部侵害而言，如果权利能清楚的界定，只要交易费用为零或者权利交易的成本小于双方交易后的获益，双方就可以自愿的方式实现私人成本与社会成本的一致而无须政府的干预。即使在交易费用很高的情况下，也最好是通过有效的事前立法和公正的事后判决

① 庇古（A. C. Pigou，1877～1959年），英国经济学家，不仅是显赫一时的剑桥学派的代表人物（马歇尔是该学派的创始人，而宏观经济学的创始人凯恩斯则是该学派的另一位杰出代表），更开创了影响深远的福利经济学，其学术生涯中的代表作品就是出版于1920年的《福利经济学》。该书目前已有中文译本，具体内容参见[英]庇古：《福利经济学》，金镝译，华夏出版社2007年版。

② 该理论出现在《福利经济学》一书的第九章“边际社会净产量与边际私人净产量之间的差异”，具体请参见，[英]庇古：《福利经济学》，金镝译，华夏出版社2007年版。

尽可能地降低交易成本,并通过促进交易而获得效率。因此,科斯定理推翻了庇古关于外部侵害的政府干预理论,动摇了福利经济学的根基,并大大增强了经济学对世事的解释力。这是科斯定理对经济学的贡献。对于传统普通法特别是传统侵权法而言,只要有侵害,一定会有一个"加害人"和一个"受害人",也一定有一个损害行为和损害结果之间的因果关系。因此,常规观点就是谁导致了损害,谁就要为这一损害承担责任和成本。但由于天才地发现了侵害行为中的权利相互性,科斯的观点却是由于所有相关的人都应该对造成的损害负责,因此不能用传统的因果关系理论,只能根据权利界定如何确保较大的社会利益(或减少随后的交易成本)来决定案件的判决。这是对传统侵权法理论的一次挑战。

在"社会成本问题"一文中,科斯借用一系列英美法上的侵权案例,表明了法官往往比很多经济学家更能认识到问题的相互性,不仅能了解其判决可能的经济效果并能提前在判决中考虑这些因素。这样,科斯定理的洞见就从根本上削弱了"因果关系"在侵权法中的核心地位,而代之以降低交易费用的考量。更重要的是,这一观点以及稍后卡拉布雷西的侵权法研究,还使得传统的侵权法目标从一种"事后的责任承担"转移到了一种"事前的行为激励"。这是一个革命性的转变,标志着对法律功能的一个崭新认识。而且不仅是侵权法,科斯之后的后继学者在科斯定理基础上,对财产法、合同法、知识产权法、公司法、刑法,甚至婚姻家庭法和社会规范进行了令人印象深刻的研究,在20世纪后半叶造就了发展迅猛的法律经济学或者法律的经济分析学派。① 不夸张地说,科斯定理就是法律经济学的理论基石。

更进一步,科斯的贡献在于指出市场、企业、法律和政府各有其运行的成本。没有哪个机制是无成本且完美的,一切都需要依据哪种机

---

① 以威斯曼主编的《法律经济学文献精选》为例,该书精选了30篇法律经济学发展历史上的经典论文。但在仔细地阅读和深入思考之后,读者自可以发现,作为该书开篇论文的"社会成本问题"在很大程度上其实就是后面29篇论文的底色和背景。而不管是批评、推进、完善或整合,科斯定理都毫无疑义地成为后续论文的理论基础。请参见[美]唐纳德·A.威特曼:《法律经济学文献精选》,苏力等译,法律出版社2006年版。

制的运行成本更小这种比较的视野实施具体问题的具体分析。在这种理论视野下，在高度分工的现代社会，法律（在大陆法系，此法律多为立法；而在普通法系，多为法官制定的判例。当然，今天的两大法系已有交融之势）为市场和企业提供初始产权界定的制度前提，个体随后展开交易并在个体最优的追求下，依据市场交易成本和企业管理成本的高低选择市场或者企业。如果社会相对稳定且不存在对他人、社会和国家权益的侵犯，这种初始的产权界定足以构成市场经济正常运行的基本前提。

但问题在于，第一，如果时代的发展使得社会变迁加速，原来的产权界定已不能达成降低交易成本的目的，此时就需要法院重新界权；第二，"损人利己"和机会主义行为的普遍存在，往往使得基于"个体最优"的行动选择损害了他人（当然也包括社会和国家）的权益，带来了外部成本。在这种情况下，落实"规则之治"的法院担当了通过内化外部成本的赔偿和惩罚实现社会最优的制度功能；第三，根据夏维尔的研究，当私人主体不具备赔偿能力和容易逃避诉讼的情形下，来自政府的行政规制比法院诉讼更能消减个体最优和社会最优之间的"鸿沟"。[①] 在科斯看来，一个相对完美的社会必然是这四种机制有效搭配并配合有度的社会。虽然他看重市场的资源配置功能，但科斯并不是一个绝对的市场主义者。这是我们需要特别注意的一点。

因此，对于法律经济学，甚至一般法学理论而言，科斯定理不仅提供了一个看待法律规则和法律制度的崭新视角——降低交易费用，而且提供了一个比较不同制度下交易费用的，既具有指导意义又具有内在一致性的系统性原则（即一种边际的、替代的和总体的比较原则）。科斯以法学家的态度分析财产法案例，又用微观经济学理论来指导这一分析。他的研究表明，虽然经济学能提供许多如何解决问题的有效

① See Shavell, Steven, (1984) Liability for Harm versus Regulation of Safety, 13 *Journal of Legal Studies*, pp. 357 – 374. 其精简版也有了中译本，参见史蒂芬·夏维尔："损害赔偿责任抑或安全规制"，罗玥译，载唐纳德·威特曼编：《法律经济学文献精选》，法律出版社2006年版，第99页。

思路,但法律对资源配置的影响作用无论如何是非常直接和有前提性的。因此,虽然“社会成本问题”是一篇经济学论文,其在法学中的引证率却出乎意料的高。可以预期,这种引证格局还将继续保持下去。①

五、波斯纳的理论及其与科斯的差异

如果说科斯本质上就是一位经济学家,其更在意其理论在经济学界的应用和影响力的话,将科斯开创的法律经济学全面引入法学和司法实践的波斯纳就是一位典型的法学家。他关心的永远是如何以现代微观经济学原理(尤其是其中的价格理论)来彻底解说法律,特别是美国的普通法,追求一种有效率的法律。②

和科斯一样,波斯纳也认为法律的许多原则、规则、程序和制度都可以看作是为了回应交易费用问题。在波斯纳看来,法律的功能就是努力使得市场运作起来,并当市场失败时努力模仿市场;或者,如果因市场交易成本过高而抑制了交易的发生,法官的工作就是将权利赋予那些最珍视它们的人。这就是隐含了财富最大化倾向的波斯纳定理。③ 正是在这里,科斯和波斯纳之间出现了严重的意见分歧。

让我们将视野再次拉回到科斯的世界。在信奉市场竞争和边际分析的新古典经济学家看来,只要给定了供求,在价格信号的指挥下,一个完全竞争的市场就是一个有效运行且能自动达到资源最优配置(或

---

① 据波斯纳和兰德斯的引证率研究,在1976~1990年间,引证科斯的全部文献中,超过1/3的引证是出自法学期刊,而且这种比例还在逐年增长。See William M. Lands and Richard A. Posner, The Influence of Economics on Law: A Quantitative Study, 36 *Journal of Law and Economics*, 1993, p.385.

② 波斯纳在其《法律的经济分析》第一版序言中明确指出:“本书是对两本优秀而又难读的价格理论教科书的介绍。”参见理查德·A.波斯纳:《法律的经济分析》,中国大百科全书出版社1997年版,第2页。

③ “波斯纳定理”的提法最初见于《法律的经济分析》一书的中文版译者序言,具体内容请参见理查德·A.波斯纳:《法律的经济分析》,蒋兆康译,林毅夫校,中国大百科全书出版社1997年版,第20页。

者帕累托效率）的社会装置。但这仅仅是市场主义者的一种理想。现实的情况是，本应平滑运行、供求均衡的市场经济却常常出现程度不同的、表现为供求严重不一致的经济危机。该如何解释这一现象？“市场失灵”理论因此应运而生。在相信政府力量的经济学家看来，市场垄断、外部性问题和公共物品的存在都会导致程度不同的“市场失灵”，解决的办法就是政府的干预和介入。在他们的眼中，不管是制定反垄断法，对外部性征税或者补贴，还是主持公共工程的修建，政府的干预之手（不同于“看不见”的市场之手，政府的干预之手是一只“看得见的手”）都是解决“市场失灵”的灵丹妙药。

但科斯坚决反对这种政府干预以及支持这种干预的理论主张。①他雄辩地指出，在交易费用为正的现实世界里，不论是垄断问题、外部性问题还是公共物品问题，“所有解决的办法都需要一定成本，而且没有理由认为由于市场和企业不能很好地解决问题，因此政府管制就是有必要的”。②这里再次重复前文的判断，科斯的贡献在于指出市场、企业、法律和政府各有其运行的成本，没有哪个机制是无成本且完美的。因此，重要的是根据不同情况和各种社会安排（不论是市场、企业、法律还是政府）的操作成本大小，来选择适当的制度安排或制度组合来解决之。至于市场、企业、法律和政府的边界应该划在哪里，科斯的观点是必须以一种边际的、替代的和总体的角度具体地辨析市场交易费用、企业管理费用、法律运行成本和政府管制成本之间的大小，然后在各种方案和制度中选择一种总成本相对较小的施行。与张开双臂欢迎政府介入的福利经济学主张相比，这是一种更务实也更有智慧的理论。

就科斯定理在司法实践中的运用而言，科斯同样秉承其边际、替代

---

① 科斯学术生涯中最重要也是最著名的三篇文章的主题分别对应着新古典经济学认定的三大市场失灵现象——“企业的性质”对应纵向一体化问题和垄断问题，“社会成本问题”对应外部性问题，而“经济学中的灯塔”对应公共物品问题——并对新古典经济学中隐含的希望政府介入的福利经济学倾向一一展开了理论批判。

② ［美］罗纳德·哈里·科斯：《企业、市场与法律》，盛洪、陈郁译校，格致出版社、上海三联书店、上海人民出版社2009年版，第116页。

和总体的视角。在他看来,首先需要尊重既有法律对权利的界定,只有当市场交易成本很高且双方合意很难改变此前法律确立的权利安排之际,法官才必须重新界定权利(在很大程度上,这就是霍姆斯法官所称的"空隙处立法")。由于判决直接影响着此后的经济行为,在此情形下,"法官应当了解其判决的经济后果,并在判决时考虑到这些后果,只要这不会给法律本身带来过多的不确定性"。[①] 明乎此,我们才能了解在科斯的眼中,财富最大化和市场逻辑并不是法官判定这类案件的毫无疑义的最好选择,法院的判决当然也并不一定就要模拟市场。虽然科斯一直致力于对福利经济学和政府干预的理论批判,但他并不绝对。市场也好,法律也罢,只有在总体意义上考察和比较了双方具有操作性的边际成本和替代成本后才能定夺。

但波斯纳的思考角度与科斯的大不一样。作为一名联邦上诉法官,一位自学成才的经济学家,他认为法律经济学就是经济学,只不过是"建立在某些法律领域具体知识基础之上的一系列经济研究"。[②] 在他看来,"作为经济学中的一个运动来看,独特于这一运动的是它的研究对象;只是作为法律中的一个运动而言,它在方法论上才是激进的"。[③] 不同于科斯的"谨小慎微"和对盲目抽象的不信任,[④]波斯纳主张将微观经济学理论(主要是价格理论和成本——收益分析)全面运

---

① [美]罗纳德·哈里·科斯:《企业、市场与法律》,盛洪、陈郁译校,格致出版社、上海三联书店、上海人民出版社2009年版,第117页。

② [美]理查德·A. 波斯纳:《法律的经济分析》(下),蒋兆康译,林毅夫校,中国大百科全书出版社1997年版,第906页。

③ [美]理查德·A. 波斯纳:《超越法律》,苏力译,中国政法大学出版社2001年版,第502页。

④ 之所以说科斯"谨小慎微",是因为科斯一直试图将自己的研究限制在经济学领域;对经济学界盲目抽象的不信任乃至不满更是科斯的一贯态度。在很大程度上,科斯的学术贡献正是建立在对注重抽象的边际分析和数学论证的新古典经济学的批判之上。想要了解科斯对抽象理论的更多评论,可参阅本文附录的科斯对波斯纳批评的回应,或者Ronald. H. Coase, Coase on Posner on Coase: Comment, *Journal of Institutional and Theoretical Economics*, Vol. 149. No. 1, pp. 96–98。

用于对法律制度的分析，[①]并且偏好更数理化的抽象理论。在他看来，由于“数学可能为理论提供精确性，可以暴露前后矛盾，可以生成假说，可以使表述更为简洁甚至使之更容易理解，并可以把复杂的互动加以分类”，因此抽象理论有其价值，而数学理应成为现代经济学，甚至法律经济学的基本语言。[②]

如同对世间万物都存在连续性的认知，使得马歇尔认同和接纳了以连续性的存在为分析前提的边际分析方法一样，对数学和抽象理论的偏好，使得波斯纳找到了财富最大化这一脱胎于边沁的功利主义哲学但可计算也更具操作性的价值目标，并努力将之正当化。[③] 虽然前期是基础主义的，后期是工具主义的，但不容否认，财富最大化就是波斯纳牌号的法律经济学的规范基础。[④] 在波斯纳看来，“一旦理解了普通法最精髓的经济学特性，许多普通法原则看起来就太肤浅了。只要有少数原则，例如成本收益分析、预防搭便车、不确定条件下的决定、风险规避、推动双方受益的交换等，就可以解释大多数普通法原则和决定”。[⑤] 他认为，普通法通过承认产权、保护合同、确立程序规则等多种方法便利了财富最大化的交易，因此是有效率的；而财富最大化作为一

---

① 1973 年，彼时还是芝加哥大学法学院教授的波斯纳出版了《法律的经济分析》一书。该书将传统的价格理论（也即成本/收益方法）娴熟运用于财产法、侵权法、合同法、税法、家庭法、刑法、宪法乃至程序法等几乎所有的法律领域，给当时的美国法学界来了一次“革命”。该书的中文译本，请参见［美］理查德·A. 波斯纳：《法律的经济分析》，蒋兆康译，林毅夫校，中国大百科全书出版社 1997 年版。

② ［美］理查德·A. 波斯纳：《超越法律》，苏力译，中国政法大学出版社 2001 年版，第 480 页。

③ 在《正义/司法的经济学》一书中，波斯纳花了大量篇幅论证不是功利主义的效用最大化而是更好度量和计算的财富最大化才能作为法律经济学之规范基础。具体内容，请参见［美］理查德·A. 波斯纳：《正义/司法的经济学》，苏力译，中国政法大学出版社 2002 年版，第三章“功利主义、经济学与社会理论”和第四章“财富最大化的伦理和政治基础”。

④ 在《法理学问题》一书中，虽然否定了前期视财富最大化为基础性伦理基础的理论努力，波斯纳仍然认为“如果对财富最大化作实用主义的理解，财富最大化就是工具性的，而不是基础性的，这一点并不是否定以财富最大化来指导法律和公共政策”。参见［美］理查德·A. 波斯纳：《法理学问题》，苏力译，中国政法大学出版社 2002 年版，第 483 页。

⑤ ［美］理查德·A. 波斯纳：《法理学问题》，苏力译，中国政法大学出版社 2002 年版，第 451 页。

种普适的规范性价值,虽不太令人满意,但法官按照此规范指引的方向来塑造普通法却仍然是有吸引力且可辩解的。①

绕了这么大一个弯,是想说明虽然都是法律经济学运动的创始人和领军人物,但作为经济学家的科斯和作为法学家的波斯纳是很不一样的。科斯看待市场、法律和法官工作的眼光是边际的、比较的、替代的和总体的;市场并不是必然好的,财富最大化当然就更不是立法、司法(即法官判案)和行政必须追求的唯一价值。一切都需要在具体情形下权衡不同方案的潜在交易费用后才能定夺。而波斯纳不论是在个人气质上,还是看待法律的视角上都与科斯迥异。作为一位不满于兰德尔形式主义法学的法学家,在法学方法论相对匮乏的20世纪六七十年代,经济学的理性人假定和成本——收益方法以其简洁但却极具一般性的解释力成功"虏获"了波斯纳的学术之心。在此之后,波斯纳的核心关注是,如何借用新古典经济学的常规理论改造陈腐不堪的法学理论,并以此指导普通法法官们的司法实践。

因此,与"谨小慎微"的科斯相比,波斯纳运用微观经济学理论对法学理论的方法论改造是"大刀阔斧"的。具体表现在:其一,逻辑清晰、表达简洁的边际分析和数学表达在科斯那里是现代经济学的弱点和"七寸",但在波斯纳那里却是对含糊不清的普通法实践和理论的出色替代。其二,在科斯那里,指出普通法法官在判决中注意到了权利的相互性只是想显示经济学家的无知,认为法官只有在既有法律不足以有效界定产权和处理纠纷之际,才应根据交易费用孰大孰小来重新界权。而在波斯纳那里,财富最大化俨然已成为法官判案的价值取向和伦理基础。与更注重具体差异也更柔性的科斯经济学相比,波斯纳牌号的法律经济学是有些简单粗暴了。也正是因此,科斯对波斯纳的批评是不置可否的,他更专门撰文回应波斯纳对他的严重误读。②

---

① [美]理查德·A. 波斯纳:《法理学问题》,苏力译,中国政法大学出版社2002年版,第464~466页。

② Ronald. H. Coase, Coase on Posner on Coase: Comment, *Journal of Institutional and Theoretical Economics*, Vol. 149. No. 1, pp. 96 - 98.

六、对波斯纳理论的一点反思

在理论的世界中,谨慎有其收益,洞察到理论有其力量但更有限度是一种明智。相反,胆大未必成功,而简洁必有代价。

就科斯而言,虽然自科斯定理诞生之日起,对该定理的反驳、质疑和挑战就没有停止过。但即便如此,如盛洪教授所言,科斯定理在经济学的理论进程中扮演的却是一个最为积极的角色,因为"谁能批评它,谁也许就站在了理论创新的起点上;谁能超越它,谁就把经济学推向了一个更新的高度"。[①] 想想埃里克森和库特的挑战,前者借此开创了社会规范学派,[②]而后者就此提出了看似反科斯定理、实则与科斯定理形成理论互补的"霍布斯定理"。[③] 因此,虽然免不了许多误解,20 世纪 60 年代以来围绕着科斯定理的争论以及后继学者对其进一步的阐发、修正和完善其实构成了新制度经济学和法律经济学得以形成和发展的核心。可以说,科斯定理就是半个世纪以来法经济学内部各种新理论和新思想的源泉。

反观波斯纳法官,其法律经济学理论的成功之处是将新古典经济学价格理论中的成本——收益方法和其原创的财富最大化原则全面运

---

① 盛洪:"社会成本的问题",载盛洪主编:《现代制度经济学》(下卷),北京大学出版社 2003 年版,第 11 页。

② [美]罗伯特·C. 埃里克森:《无需法律的秩序——邻人如何解决纠纷》,苏力译,中国政法大学出版社 2003 年版。该学派的代表性成果包括:Robert Ellickson, 1991, *Order without Law* , *How Neighbors Settle Disputes*, Cambridge, MA: Harvard University Press; James Coleman, 1990, *Foundations of Social Theory*, Cambrdge, Mass and London: Harvard University Press; Jon Elster, *The Cement of Society*, Cambridge: Cambridge University Press; Eric Posner, 2000, *Law and Social Norms*, Cambridge, MA: Harvard University Press; Richard McAdams, 1997, The Origins, Development and Regulation of Norms, *Michigan Law Review*, 96: p. 338; Paul Mahoney and Chris Sanchirico, Norms, Repeated Games and the Role of Law, 2003, *California Law Review*, Vol. 91: pp. 1280 – 1329.

③ See Robert, Cooter, 1982, The Cost of Coase, 11 *Journal of Legal Studies*, pp. 1 – 29.

用于财产法、合同法、侵权法、家庭法、刑法乃至市场规制法和诉讼法等传统法律的所有部门,实现了其运用经济学逻辑统一各个法律部门的夙愿,甚至还不只是具体的部门法。在2001年出版的《法律理论的前沿》一书里,波斯纳甚至想用财富最大化和成本——收益逻辑来整合诸如经济学、历史学、心理学、认识论等多个学科的前沿研究成果来展现法律理论与法律制度研究的外在视角,完成用波斯纳牌号的法律经济学整合所有法律理论的勃勃雄心。① 可以毫不夸张地说,在迄今为止的法律经济学发展史上,波斯纳法官凭借其超常的学术热情、学术想象力和学术创造力,运用新古典经济学的常规武器——价格理论中的成本——收益分析,几乎以一人之力改造了以道德哲学和决疑术为核心的美国法理学传统,这绝对是一个了不起的贡献。

但需要在此反思的是,同样都是"吾道一以贯之"的大学者,波斯纳的法经济学研究范式与科斯的研究范式究竟有何不同?更进一步,面对纷繁复杂、价值多元的现实世界,哪种研究范式更具有解释力?

首先,虽然前文已有所指,但还是需要在此简单概括科斯和波斯纳各自的研究范式并比较其优劣。就科斯而言,其分析世事的眼光是总体、比较、替代和边际的,市场、企业、法律和政府各有其适用的范围和边界。因此,他既反对唯市场主义的新古典经济学,又反对主张政府管制的福利经济学。在司法层面,他认为法官的判决应该根据减少交易成本的目的重新界权和分配责任,以实现矫正正义和预防性威慑的功能。就波斯纳的法经济学而言,财富最大化和成本——收益分析是其核心概念和理论基础,其法律经济学的研究范式在很大程度上是市场中心主义的,即法官的判决应该以市场为调校标准,努力在市场失败(交易成本太高)的地方模拟市场并促进市场的运转。② 用波斯纳的话来说,"有许多普通法看来都是设计用来(无论是否明显)在市场交易

① [美]理查德·A. 波斯纳:《法律理论的前沿》,武欣、凌斌译,中国政法大学出版社2003年版。

② 笔者对波斯纳法官的法经济学思想有过深入的反思和讨论,详尽分析请参见艾佳慧:"单向度或互动的法律经济学——与波斯纳法官的跨洋对话",载《北大法律评论》2013年第14卷第1辑,北京大学出版社2013年版,第63~85页。

费用太高、因此用市场进行资源配置不可行的情况下,像实际市场可能的那样来配置资源",而"在许多情况下,一个法院可以对会带来财富最大化的资源配置问题作出合乎情理的精确预测"。①

很明显,波斯纳的研究范式完全不同于科斯的研究范式。在某种程度上,波斯纳以新古典经济学价格理论为基本工具的市场中心主义研究范式其实是科斯所极力批判的。那种基于想像世界之问题——完美市场、均衡供求、均衡价格、理性的效用最大化等的盲目抽象和数学化表达正是科斯所讽刺的"黑板经济学"。明乎此,我们才能明白附录所载论文中科斯对波斯纳的批评源于何处,并进而反思波斯纳法经济学的不足。

其次,值得反思的还有波斯纳法官运用的理论工具——成本——收益分析未免失之单调。在笔者看来,"经济学帝国主义"之所以能横扫整个社会科学,"趋利避害"的人性假设具有普适性是一个方面,经济学理论的自我突破和推陈出新是另一个方面。但波斯纳法官的经济学装备自始至终基本上是新古典经济学的价格理论。因此,这些年,我们眼见他手持成本——收益分析的利器从人性的规制、初民社会的相关制度、老龄化问题一直到言论市场和最优证据如何取得,虽然所向披靡,但手中的武器似乎太过单一了。不仅如此,运用单一的成本——收益分析工具横扫法学部门的后果,就是在一般人的心目中形成了法律经济学就是成本——收益分析,一个贴上了改良功利主义标签的、缺乏"高贵"伦理的杂学。② 这个对法律经济学的坏印象虽非波斯纳法官所愿,但在一定程度上恐怕也有责任。

---

① [美]理查德·A.波斯纳:《正义/司法的经济学》,苏力译,中国政法大学出版社2002年版,第62页。

② 台湾地区的林立教授就曾专书批判波斯纳的法律经济学,以其缺乏人道关怀和伦理价值为由,彻底否定了经济分析作为法理论的正当性。我们当然可以指责林立根本就没有读懂波斯纳和法律经济学,但让外行人误认为成本——收益分析就是经济学,波斯纳法官也许也有责任。参见林立:《波斯纳与法律经济分析——一个批判性的探究》,生活·读书·新知三联书店2005年版。一个就该书所批对象的辩护回应,请参见简资修:"波斯纳与法律经济分析——一个辩护性的说明",载简资修:《经济推理与法律》,元照出版有限公司2005年版,第35~43页。

最后,仅考虑单个主体、单个制度或单一视角的成本——收益分析已被研究互动和策略行为的博弈论扬弃和超越。正如我在一篇讨论国家法与民间法之关系的文章中指出的,虽然相比于形式主义的传统法理学,对法律进行成本——收益分析已经是一个革命性的突破和进步,但成本——收益理论不仅无法解说弥散在我们周边的大量策略行为,更很难解释有效规制我们行为的强力法律究竟来自何处。相比而言,由于更贴近互动和信息不对称的现实世界,现代博弈理论和信息经济学不仅能为那些希望理解法律是如何影响人们行为的人提供洞察力,还能帮助我们更好地解释在信息不完全、不对称情形下人与人、人与制度,甚至制度与制度之间复杂的互动关系以及解释这种互动可能带来的诸多制度困境。① 可以这样说,借由博弈论,法律经济学在很大程度上已经"更新换代",其在法学研究领域的所向披靡就更显示出缺乏互动视角的传统成本——收益方法的内在不足。

正是基于以上反思,即使波斯纳本人,也承认其主张的财富最大化标准有伦理上的缺陷以及不可能以此作为法官行为的伦理基础,因而不得不退守工具主义和实用主义的"堡垒"。② 不仅如此,波斯纳甚至承认其一直坚持的形式主义法律经济学其实严重脱离现实,而有效的解毒剂就是实用主义和最低限度的自由主义。③ 因此,不论是简单化的财富最大化标准还是以此为基础的波斯纳牌号的法律经济学在很大程度上都不能算是一种成功。也因此,波斯纳才在其学术生涯的中后期将学术重点转向了实用主义哲学并以此为基础建构了具有美国本土特色的司法法理学。在《超越法律》一书的序言中,没有了年轻时的心高气盛,波斯纳语气平和地指出:"我不相信经济学家掌握着回答法律理论问题的所有钥匙。我只认为经济学是三柄钥匙之一,其他两柄是

① 参见艾佳慧:"博弈论视野下的国家法与民间法——从埃里克森和小波斯纳的学术贡献切入",载《政法论丛》2009年第5期,第4页。

② [美]理查德·A. 波斯纳:《法理学问题》,苏力译,中国政法大学出版社2002年版,第483页。

③ [美]理查德·A. 波斯纳:《超越法律》,苏力译,中国政法大学出版社2001年版,第2页。

实用主义，但没有后现代主义的那种过分，以及自由主义，特别是古典传统的自由主义……这样理解的实用主义与自由主义以及经济学相吻合，联手构成一个强有力的光束，可以阐明法律中的理论问题。”①

在这里，我们看到了波斯纳的妥协，也透过其妥协看到了当面对纷繁复杂、价值多元的现实世界之时，立基于新古典经济学价格理论的市场中心主义范式的内在局限。

七、简短的结语

文章写到最后，本文开篇所指出的问题似乎已经有了答案。即虽然科斯和波斯纳的学说同为法经济学学派的理论基础，它们之间完全不是一种前后推进和相互补充的关系，而更多是一种互不关联，甚至相互抵牾的关系。科斯视法律为市场的前提和支撑，当交易成本太高、无法达成交易而诉至法院时，法院的作用或者是在单边行为的情形下内化故意侵权的外部成本以实现矫正正义和预防性威慑，或者是在双边行为的情形下（比如在事故法和妨害法中）最小化损害费用和预防费用之和以实现最佳的预防和责任分担。不管怎样，在想象的世界中实现了帕累托效率的完美市场不可能是科斯分析法律问题的基础和标准。但波斯纳却视同时实现了个体最优和社会最优的完美市场为法官判案的基本标准，要求法官们掌握一种猜想市场如何行事的能力并以此模拟市场，实现一种以事后补偿和惩罚方式达成的卡尔多——希克斯效率。在很大程度上，这是两种完全不同的法经济学研究范式。

在法经济学的发展历程上，科斯不仅是毫无疑问的奠基人，其理论追随者更是众多。相比而言，波斯纳虽然著述甚多，但其法经济学方法和观点却屡屡招致批评（附录中科斯的批评即为一例）。不仅如此，由于市场中心主义研究范式的内在局限，即使在波斯纳自己创建的理论

① ［美］理查德·A. 波斯纳：《超越法律》，苏力译，中国政法大学出版社2001年版，第2页。

体系中,建立在价格理论基础上的法经济学的地位也不免呈现日益下降的趋势。[1] 在很大程度上,如何吸取波斯纳理论的有益成分并将之融合在科斯经济学的框架之内以有效解释复杂多变的中国问题,将是中国法经济学者未来研究的一个方向。

---

① 笔者在一篇文章中专门讨论过这一变化,相关内容请参见艾佳慧:“单向度或互动的法律经济学——与波斯纳法官的跨洋对话”,载《北大法律评论》2013年第14卷第1辑,北京大学出版社2013年版,第67~68页。

《法律和社会科学》(2013)
第12卷,第247~251页

科斯论波斯纳论科斯：评论

罗纳德·H.科斯 *

读完理查德·波斯纳的论文,我感觉我不能再保持沉默了。当这次研讨会结束之时,鲁道夫·里克特(Rudolf Richter)请我为杂志写点评论,因此我必须从笔记中重新组织我在会议上说过的内容。一个人的口头陈述往往不适宜于发表和出版,但在这个时候,我感到我有必要答应里克特的请求。

我阅读波斯纳文章的第一个反应是觉得很好笑。它让我想起埃里奥特小姐描述阿弗里德·马歇尔(Alfred Marshall)关于亨利·乔治的演讲。她说马歇尔让她想到一条蟒蛇在吞下它的腹中之物之前先要欣赏把玩一番。这样说的时候,我无意将波斯纳等同于马歇尔,更无意将之等同于任何种类的蛇。尽管我必须承认当我停止发笑转而更仔细地研究他的文章之时,这个邪恶的念头确实在我的脑海中一闪而过。波斯纳说他文章的第一部分描述"由

---

* 原文为"Coase on Posner on Coase: Comment", *Journal of Institutional and Theoretical Economics*, Vol. 149, No. 1, pp. 96 - 98。科斯为芝加哥大学法学院荣休教授;译者艾佳慧为南京大学法学院副教授。

罗纳德·科斯控制的(新制度经济学)领域的概念”。[①] 阅读其论文的这部分内容,让我想起贺拉斯·沃波尔(Horace Walpole)在其论理查三世的著作中开头部分的评论:“对伦敦以外的各地,大部分历史学家就他们所担任的工作职责而言,是不能胜任甚至是失职的。即使逝去的历史重新来过,他们能否仔细地考察他们所在时代的诸多事件,并将它们全面、真实、准确地传递给我们,也仍然是一个问题。”[②]在这之前我仅仅对波斯纳的观点有些不同意见,但他的这篇发表文章让我有了回应和评论的欲望。[③] 贺拉斯的这段话很适合帮助大家准确地理解波斯纳对我学术观点的严重误读。我无法在此讨论他所有的误读之处,仅挑选其中最严重的几点加以反驳。

波斯纳声称我“想回到更早期、更简单、更自由放任且非数学化的亚当·斯密理论上去”,[④]但这与事实相悖。我并不想回到更早期、更简单、更自由放任且非数学化的亚当·斯密的理论上去,我只是想指出我们只是发展了一套类似于自然科学基础的经济学理论。与波斯纳说的相反,我认为我们太依赖亚当·斯密了。正如我曾经指出的,自斯密以来,我们看到的经济学“只不过是一场巨大的学术扫尾行动,在其中,经济学家们致力于填补漏洞、纠正错误并进一步推进《国富论》的分析”。[⑤] 这对斯密而言是好事,对我们而言却未必有益。哈罗德·德姆塞茨认为自《国富论》发表以来,经济学家的主要任务就是对亚当·斯密的“看不见的手”理论加以形式化的证成。这是我在我的诺贝尔奖演讲中非常赞同的一个观点。正如他正确地指出的,经济学生产的

---

① See Posner, R. A., 1993, The New Institutional Economics Meets Law and Economics, *Journal of Institutional and Theoretical Economics*, Vol. 149. No. 1, p. 79.

② See Walpole, H., 1768, *Historic Doubts on the Life and King Richard the Third*, J. Dedsley.

③ 为了语义的前后通顺,这句话采意译。原文为“在这篇文章发表之前,我只有一条腿迈进了门槛,但这篇文章应当是进门前的最后一拽”。

④ See Posner, R. A., 1993, The New Institutional Economics Meets Law and Economics, *Journal of Institutional and Theoretical Economics*, Vol. 149. No. 1, p. 75.

⑤ See Coase, R. H., 1977, The Wealth of Nations, *Economic Inquiry*, Vol. 15, No. 3, p. 312.

是一个支持极度分散化的理论体系。我认为该理论是非常不完整的，因此我想要做的是推进亚当·斯密的理论而不是回到它。

波斯纳还提及我“不喜欢抽象”。① 这是错误的。我在沃伦·纳特尔讲座中说过我们的假设应当是现实的，这没错。“现实的假设迫使我们分析真实世界的问题，而不是一些并不存在的、想象世界中的问题。”②但我又继续说到：“当然，我们的假设也不应当是完全现实的，有些因素因为我们不知道如何处理它而不得不放弃。另一些因素被排除在外，是因为我们感到一个将这些因素包含其中的更完整的理论所能获得的收益不抵其成本。比如，包含了这些因素会导致分析更复杂，且无法就正在发生的事给予我们更多更好的理解。再重复一遍，假定中那些不需要现实的因素是因为它们完全无关。如果我们希望展示最低工资法的实施将导致那些生产能力较低的工人的失业。我们就没有必要精确了解资本利润以何种确切的方式纳税。这是一个表明一个理论假定为何不应当完全现实的好理由，但这并不意味着我们应当失去与现实的联系。”③正如以上引证所暗示的，我并不是不喜欢抽象，但是抽象程度的正确与否取决于被分析的问题。我反对的是盲目抽象或者无助于我们分析经济体系运转的那种抽象。我的目标是形成一种有坚实基础的经济学理论。我无法想象波斯纳是如何将我的学术立场解释成反理论的，但这一判定肯定是不真实的。

在波斯纳的论文中，我不同意他的地方还有很多，如他断言我反对计量经济学的研究。④ 实际上，我的很多早期研究就是计量经济学的。逐点逐段地检查波斯纳的论文是不太合适的，不过，我必须提及他在论文结尾部分提到的问题。他说他很“困惑”于我一方面反对“理性的效

---

① See Posner, R. A., 1993, The New Institutional Economics Meets Law and Economics, *Journal of Institutional and Theoretical Economics*, Vol. 149. No. 1, p. 76.

② See Posner, R. A., 1988, How Should Economics Choose?, in: *Ideas, Their Origins and Their Consequences*, American Enterprise Institute, p. 65.

③ See Posner, R. A., 1988, How Should Economics Choose?, in: *Ideas, Their Origins and Their Consequences*, American Enterprise Institute, pp. 65 – 66.

④ See Posner, R. A., 1993, The New Institutional Economics Meets Law and Economics, *Journal of Institutional and Theoretical Economics*, Vol. 149. No. 1, p. 79.

用最大化”这个概念(他称之为新古典经济学理论的基石),另一方面又将大多数情况下相对高的价格会导致需求量减少视为理论出发点。① 要解释我为什么认为“理性的效用最大化”概念无甚意义需要太多笔墨,此处不再赘述。但波斯纳继续争论说一个更低价格导致更大需求量的假定暗示着存在一个理性的最大化效用,这是不正确的。加里·贝克尔(Gary Becker)早就指出即使人不是理性的,他也会预期更高的价格将导致需求量的减少。②

接下来的这一段在研讨会上没提到,但我觉得应当在这里提出来。波斯纳怀疑有多少合约安排的最新研究应归功于“威廉姆森的思想或者科斯的重要性”。③ 我不评论涉及我的部分,但是涉及威廉姆森的部分我会稍作回应,不然会让人觉得我似乎心胸狭隘。我和该领域诸多研究者的讨论已清楚地表明我认为威廉姆森的影响是巨大的。在真正意义上,是威廉姆森通过写作和教学创造了交易成本经济学。波斯纳反对威廉姆森赞同的一些概念,比如“有界理性”。我也对此概念持有保留意见。正如我对包含“理性”一词的任何经济学概念所认为的一样,我也对威廉姆森将“机会主义”处理成解释纵向一体化的重要基本理论的有效性表示怀疑(当然,将之视为一种解释其他合约安排的理论工具则不然)。但是这些差异是可以通过更多的经验性工作,或更多讨论来加以澄清的。不管结论如何,威廉姆森的基本进路将不会受到影响。

在这次研讨会上,就波斯纳在评论我观点的写作过程中没有就这些观点与我有过沟通一事,我表达了我的吃惊。此处引用《凯龙的钱包》(the Wallet of Kai Lung)中的一句俗语:“花费时间在劣等茶叶店

---

① See Posner, R. A., 1993, The New Institutional Economics Meets Law and Economics, *Journal of Institutional and Theoretical Economics*, Vol. 149. No. 1, p. 85.

② See Becker, G., 1976, Irrational Behavior and Economic Theory in: *The Economic Approach to Human Behavior*, pp. 151 – 158.

③ See Posner, R. A., 1993, The New Institutional Economics Meets Law and Economics, *Journal of Institutional and Theoretical Economics*, Vol. 149. No. 1, p. 81.

寻找神圣皇帝，这件事本身就表明此人意图不纯。”①我作出如此推断对波斯纳似乎不太公正。套用弗兰克·赖特的一个句式，对波斯纳而言，这个麻烦不在于他不知道什么而在于他知道什么“不是如此”(ain't so)。

按照研讨会的惯例，批评一篇论文后要表达对作者工作的钦佩之情。我很高兴这样做，我很赞赏理查德·波斯纳的写作，尽管并不总是如此。

① 转引自 Guiliebaud, C., 1937, Davenport on the Economics of Alfred Marshall, *Economic Journal*, 47, p. 21。

《法律和社会科学》(2013)
第12卷,第252~273页

科斯经济学方法评述
——理论假设现实性的视角

茹玉骢*

摘要:本文对科斯所秉持的基于"理论假设现实性"的经济学研究方法进行了较为系统的讨论,分析了这种研究方法的一般特征。本文发现这种研究方法与逻辑演绎研究方法的区别主要有以下三个方面:一是现实性理论假设的确立和以之为基础的理论命题提出是有机的整体;它以研究对象实际运行制度的调查为基础。二是以理论假设现实性为基础所提出的理论命题是可以被事实验证的;理论命题的获得是反复证伪的过程。三是它要求对研究对象运行的具体制度安排进行考察;这决定了研究方法和理论假设的独特性而非一般化,特定的研究方法内生于具体的研究对象,两者之间具有内在的一致性。最后本文还指出了这种研究方法的历史传承和对未来经济学发展的意义。

* 浙江财经大学经济与国际贸易学院副教授,浙江大学科斯经济研究中心兼职研究员,电子信箱:ruyucong@163.com。本文受国家社科基金项目12BJL018资助。感谢美国亚利桑那大学王宁教授、重庆工商大学刘昌用博士对本文所提的富有建设性的修改意见,以及浙江大学科斯经济研究中心赖普清博士对相关参考文献的建议。文责自负。

一、引言

人们通常把罗纳德·H. 科斯与“企业的性质”、“社会成本问题”两篇文章中所涉及的两个重要概念“交易成本”、“科斯定理”和两大经济学流派“新制度经济学”、“法经济学”紧密联系起来。这似乎给人们一个错误的印象,即科斯教授作品少而精,唯有“企业的性质”、“社会成本问题”两篇重要的文章最为精要。而实际上科斯经济学研究主题广泛,对于其他作品的忽略有可能会导致我们无法全面认识其所秉持的“基于理论假设现实性”研究方法的内在一致性性和独特性。对科斯经济学方法论过于简单的理解,对科斯经济学思想的传播产生了负面的影响。在这个背景下,本文试图通过对罗纳德·科斯研究文本的解读,对其一生所秉持的“基于理论假设现实性”经济学研究方法特征、假设现实性的基本含义、现实性假设确立等内容开展讨论,从而对科斯经济学研究方法做一次整体性的回顾。

已有学者从不同的角度对于科斯经济学方法论展开了研究。Zerbe 强调了科斯在“社会成本问题”中隐含的把零交易成本作为基准,来说明外部性讨论过程没有考虑到交易成本的存在。① Hsiung 进一步阐述了这种观点,并把它归结为一种与加里·贝克尔(Gary Backer)最大化方法(Maximizing approach)相对应的设立基准点方法(Benchmark approach),认为科斯的分析方法更具有一般性,也更容易为公众所接受。② 但这种观点似乎很容易产生这样的错觉,即基准点方法不为新古典经济学所用,而为科斯所特有的研究方法。事实上,主

---

① Coase, R. H. and R. F. Fowler. ,1935, Bacon Production and the Pig-Cycle in Great Britain, *Economica*, New Series, Vol. 2, No. 6, pp. 142 – 147.

② Coase, R. H. and R. F. Fowler. 1935, The Pig-Cycle: A Rejoinder, *Economica*, New Series, Vol. 2, No. 8, pp. 423 – 428.

流经济学中基准模型分析方法是一种通用的方法。* 科斯在“社会成本问题”讨论无交易成本情况,主要是说明庇古提出的用税收和赔偿等解决外部性的方法在逻辑上没有必然性,而并非对零交易费用与产权关系无关论的强调。科斯关注的是交易费用的存在时产权制度选择的重要性,因为制度作为交易成本节约的装置,会对生产组织结构产生影响。因此,用基准点的方法来概括科斯研究方法的特征并不是很完整,似乎忽略了科斯的真意。

也有学者从研究对象角度解读科斯经济学方法论。Wovng 比较了科斯经济学方法论和其他经济学者的方法论,强调理解科斯经济学方法论的一个前提是,科斯所强调的经济学研究对象必须是以制度和经济系统运行为本,研究对象和研究方法具有密切相关性,假设现实性研究方法必然导致新制度经济学的兴起。① 这一点符合科斯强调的经济学研究方法必须考虑研究对象特殊性的观点,以具体制度为对象的经济学研究必然要求一种具体的而非抽象的经济分析方法。此外,Maki 采用垂直分离和水平分离(vertical isolation and horizontal isolation)等抽象概念,讨论科斯如何从现实中抽象出理论命题的一般方法论。② 这只能作为事后的方法描述,而非科斯本人在研究中秉持方法的刻画。与本研究相近的,周其仁认为科斯经济学研究方法由三要点构成:第一,在真实世界里找学问;第二,重点调查问题的约束条件;第三,把从实例中得到的认识一般化。③ 这三点对于理解科斯如何从经验调查中

---

* 例如信息经济学(或激励理论)中信息不对称的条件下资源配置与作为基准点的完全信息状况下资源配置状况的比较,这种忽视生产制度结构的比较方法恰恰是科斯批评的。因为完全信息是想象世界,基于想象和现实世界的比较所给出的政策建议会出现较大偏差和误导,而应该对不同生产制度结构下的资源配置结果比较。科斯对主流经济学研究方法的批判无疑具有穿透力,而目前的主流分析方式中大量充斥着这类根据想象世界与现实世界比较提出的政策建议。

① Coase, R. H. and R. F. Fowler., 1937, The Pig-Cycle in Great Britain: An Explanation, 4 *Economica*, New Series, Vol. 4, No. 13, pp. 55 – 82.

② Coase, R. H., 1937, The Nature of the Firm, *Economica*, Vol. 4, No. 16, pp. 386 – 405.

③ Coase. R. H., 1946, The Marginal Cost Controversy, *Economica*, New Series, Vol. 13, No. 51, (Aug., 1946), pp. 169 – 182.

获取经济学理论的一般过程作了较好的概括，但等于如何把问题转化为可观察事实、如何基于假设现实性提出研究问题等未作具体展开。上述文献大多从比较的角度讨论科斯经济学的方法论，对于科斯所强调的理论假设现实性问题虽有涉及，但并未作系统性讨论。

本文以科斯本人的研究文本为例对其方法论开展讨论，结构安排如下：第二部分讨论科斯提出的经济学研究“理论假设现实性”的含义；第三部分讨论“理论假设现实性”对于理论问题提出的重要性；第四部分讨论如何通过调查确立“现实性理论假设”，强调假设确立是以现实世界调查为基础；第五部分讨论如何基于“现实性假设”提出理论命题；第六部分讨论基于假设现实性的经济学研究方法和研究对象的内在联系；第七部分为总结部分。

二、理论假设现实性的含义

假设是经济理论的基础。在“企业的性质”一文中，科斯开宗明义指出经济学家“考察其理论基础……是不可或缺的，因为这不仅可以避免因对这些假设缺乏了解而造成误解或引发不必要的争论”。在完成“企业的性质”一文的过程中，科斯对罗宾逊夫人提出的经济理论的假设条件两大因素：一是假设是否使经济学变得易处理，二是假设是否符合现实世界——予以了关注。科斯则要求自己关于企业的假设——企业是市场价格机制的替代物——“既是易处理，同时也是符合现实……本文对企业的定义不仅是符合现实的，也就是与现实世界厂商的含义相互吻合；而易处理，即是可以用由马歇尔所发展起来的最强有力的经济学工具，边际与替代的概念来分析，合在一起就是边际替代”①显然科斯强调了两者的可协调性和一致性，并且对于“理论假设的现实性”

① Coase, R. H. ,1974a, Economists and Public Policy, p. 47 in Coase, R. H. 1994 Essays on Economics and Economists, Chicago, University of Chicago Press.

尤为重视,并贯彻于其整个学术生涯。①

科斯对理论假设现实性的强调常被一些经济学家误解。Posner错误地认为科斯继承了一种反理论的传统,并对抽象假设怀有敌意。②对此科斯专门撰文,引用自己的《经济学家该如何选择?》一文中关于假设现实性的观点予以了强烈的反驳:③"毋庸置疑,我们的假设不应该完全是真实的,因为我们并不清楚如何处理而把某些因素剔除,也有因为我们从成本和收益角度看如果把一些因素纳入会觉得不划算,一旦纳入会使得我们对于现实世界分析变得更为复杂,当然假设非现实性的其他因素还可能是因为它们压根就不相关。"④科斯实际上"并不是不喜欢抽象,但是抽象的程度是否恰当取决于问题的本身,反对的是不分青红皂白的抽象或者那种对我们理解经济系统运行并无益处的抽象"。⑤ 可见科斯强调的假设现实性也可能是基于现实世界的抽象,因此这种抽象并不完全是以服务理论发展为宗旨,而主要是以加深对现实经济系统运行理解为目的。可见提高对现实世界认识是现实性假设的本质含义之一。

除此之外,科斯强调的理论假设现实性还有无其他的含义呢? 在

---

① 在"企业的性质"发表50年后,科斯谈道:"众多的现代经济学家……相信我们应该在预言准确性的基础上选择我们的理论,认为假设是否现实是毫不相干的。我在30年代不信这一套,现在我仍然不信……经济学家……不应该在预言准确性的基础上选择它们的理论。"[Coase, 1988(b)]这当然也是他在1984年在纪念他弗吉尼亚大学故友沃伦纳特教授演讲"经济学家如何选择"中所秉持的看法。

② Coase, R. H. ,1974b, The Lighthouse in Economics, *Journal of Law and Economics*, Vol. 17, No. 2, pp. 357 - 376. Also p. 187 in Coase, R. H. 1988 The Firm, the Market and the Law, Chicago, IL, University of Chicago Press.

③ Coase, R. H. ,1975, Marshall on Method, *Journal of Law and Economics*, Vol. 18, No. 1, pp. 25 - 31, p. 167 in Coase, R. H. 1994 Essays on Economics and Economists, Chicago, University of Chicago Press. (中译本《经济学经济学家》罗君丽、茹玉骢译,上海三联出版社2010年版)

④ Coase, R. H. ,1976, Adam Smith's View of Man, *Journal of Law and Economics*, Vol. 19, No. 3, pp. 529 - 546, also p. 95 in Coase, R. H. 1994 Essays on Economics and Economists, Chicago, University of Chicago Press.

⑤ Coase, R. H. ,1977, *The Wealth of Nations*, *Economic Inquiry*. Vol. 15, Issue 3, pp. 309 - 325, also p. 75 in Coase, R. H. 1994 Essays on Economics and Economists, Chicago, University of Chicago Press.

“企业的性质”一文发表前，经济学对企业存在现象的解释有若干版本，其中包括马歇尔的生产第四要素假设、克拉克和奈特的企业家经理协调假设。它们虽然刻画了企业功能的某个部分，却缺乏企业内在特性的一致性描述。科斯提出的关于企业存在的理论假设是：企业内部命令式资源配置的方式是对市场价格机制配置方式的替代。与已有理论相比，这一假设更具有一般化，包含了上述其他经济学家的观点。更为重要的是，它刻画了企业内部协调关系替代市场合约关系的本质。由于边际替代是微观经济学的基本分析工具，因此关于企业合约本质的理论假设是既现实又易处理的。

这种易处理性不仅意味着可以用已有的简单的经济学概念对理论进行阐述，也意味着理论本身是能够被检验的。科斯对于企业存在性的解答是“市场的运作需要一些成本，如果组成一个组织，并授权某人支配资源，就能节省一些使用市场的成本”。[①] 他认为企业作为市场交易成本节约的装置而存在，于是企业替代市场这一假设基础上获得的企业理论，可以通过变动企业边界的约束条件——市场交易成本——来进行考察。他认为企业的规模“会扩张至一笔额外的交易由企业安排在内部进行的成本，等于公开市场进行同一笔交易的成本，或由另一家企业来处理的成本为止”。因此市场交易成本的大小会影响到企业的规模大小，对此科斯专门作了讨论。[②] 综上所述，科斯秉持的理论假设的现实性至少有三层含义：一是有助于加深对现实世界运行的认识；二是一般性（能刻画研究对象本质特征）；三是据此推导出理论的可观察性与可检验性。从这些含义来看，基于理论假设现实性的研究方法本质上是一种经验主义的研究方法，理论命题的可证伪性决定了这种方法的科学特性。

---

① Coase, R. H. ,1978, Economics and Contiguous Disciplines, *Journal of Legal Studies*, Vol. 7, No. 2, pp. 201 - 211 (also p. 34 in Coase, R. H. 1994 Essays on Economics and Economists, Chicago, University of Chicago Press).

② Coase, R. H. ,1982, How Should Economists Choose? G. Warren Nutter Lecture in Political Economy, American Enterprise Institute, 1982. Also see in Coase, R. H. ,1988, The Firm, The Market and The Law, Published by the University of Chicago Press.

三、基于假设现实性提出理论问题

对于理论假设现实性的长期关注,构成了科斯在诸多研究中提出重大理论问题的基础,也直接帮助科斯找到了所讨论的具体问题或研究对象。理论假设和现实经验观察往往矛盾重重。科斯很多研究大都是从对现有理论假设的现实性提出质疑和问题开始的,用经验观察提出现实性的假设,对现有理论进行检验和证伪,获得相应的理论命题,改变了人们对经济系统如何运行的认知水平。其中代表性作品包括"英国的熏肉生产与生猪周期"、[1]"企业的性质"、[2]"边际成本定价论战"、[3]《社会成本问题》[4],以及后来的"经济学中的灯塔"、[5]"经济学的误导:以费雪车体和通用汽车为例"[6],等等。每篇文章都从假设现实性出发提出了有意义的理论问题。

在20世纪30年代早期,关于"企业的性质"研究中,科斯就以理论假设现实性作为起点,发现了现实经验观察和理论假设之间的一个重大漏洞。即如前面提到的理论上对企业有若干种假设,而现实世界中资源配置既以市场价格机制形式来配置。同时又以企业内部行政命令

---

① Coase, R. H. ,1988a,The Nature of the Firm: Origin,*Journal of Law, Economics, & Organization*, Vol. 4, No. 1, pp.3-17.

② Coase, R. H. ,1988b,The Nature of the Firm: Meaning,*Journal of Law, Economics, & Organization*, Vol. 4, No. 1, pp.18-32.

③ Coase, R. H. ,1988c,The Nature of the Firm: Influence,*Journal of Law, Economics*, & Organization, Vol. 4, No. 1, pp. 33-47.

④ Coase, R. H. ,1988, The Firm, The Market and The Law, Published by theUniversity of Chicago Press.

⑤ Coase, R. H. ,1990, Accounting and the Theory of the Firm,*Journal of Accounting and Economics* , Vol. 12, issue 1-3, pp.3-13.

⑥ Coase, R. H. ,1992, The Institutional Structure of Production, American Economic Review, Vol.82, No.4, pp. 713-719.(也收录于科斯论文集 Essays on Economics and Economists, the University of Chicago Press, 1994;中译本《经济学经济学家》,罗君丽、茹玉骢译,上海三联出版社2010年版)

方式来配置,已有关于企业的假设无法解释这种现实,“经济体系是靠价格体系来协调运作……管理是在协调厂商内部生产要素。这两种歧异的观点该如何调和?”。基于以上困惑赴美国对企业行为进行调查开展研究,就调查的结果撰写了“企业的性质”这一鸿文。①

此外,基于对现实的观察,在20世纪30年代科斯和罗纳德·福勒(Fowler)还对英国生猪市场价格波动周期问题进行了一系列研究,凸显出科斯对理论假设现实性的重视。科斯等对当时流行的用于解释价格波动的“蛛网理论”(Cobweb Theorem)进行了批判性检验,发表了关于英国生猪生产周期形成原因和生产者预期行为经验研究方法的一系列文章,其中包括“英国的熏肉与生猪周期”、②“生猪周期:一种反驳”、③“英国生猪周期:一种解释”④和“生产者预期的分析”⑤等。“蛛网理论”在解释价格波动方面的核心观点是,认为生产者只会根据当前的价格而非未来预期而作出反应;需求发生变动时,生产者会根据市场价格调整产量;非均衡产量的调整导致市场价格调整而呈现价格波动。当需求价格弹性大于供给价格弹性,价格调整幅度就会收敛,并最终形成市场均衡;反之,如果供给价格弹性大于需求价格弹性,价格调整幅度就会发散,于是就不能形成市场均衡。这种对价格波动成因的解释固然逻辑自洽,但它是基于一个重要的非现实性假设:即生产者只对当前价格作出反应,而不会对未来价格变动作出预测。显然这个假设和经验观察并不一致。科斯等提供一种基于生产者预期进行生产调整的新价格波动理论。他们调查和统计方法相结合的研究结果表明:“养猪业者并没有假设目前的价格会在未来维持不变。当价格高得异

① Coase, Ronald H. ,1993, Coase on Posner on Coase: Comment, Journal of institutional and Theoretical Economics(JITE), Vol. 149, No. 1, pp. 96 – 98.

② Coase, R. H. ,1994, Essays on Economics and Economists, theUniversity of Chicago Press.

③ Coase, R. H. ,1995, My Evolution as an Economist, in Lives of the Laureates 227, William Brent and Roger W. Spencer eds, the MIT press, Cambridge, MA.

④ Coase, R. H. ,2002, Why the Economics Will Change, Remarks at the University of Missouri, Columbia, Missouri, USA, April 4, http://www.coase.org/coaseremarks2002.htm.

⑤ Coase, R. H. ,2006, The Conduct of Economics: The Example of Fisher Body and General Motors, *Journal of Economics & Management Strategy*, Vol. 15 , No. 2, pp. 255 – 278.

常时,他们预期价格会下跌;而当价格低得离谱时,他们预期未来价格会上扬。”①因此他们认为农户非理性预期假设是错误的,相应的蛛网理论应该予以抛弃。当后人误认为科斯反对经济理论形式化的时候,殊不知科斯教授是较早将统计学引入经济学研究的开创者之一。

科斯对于理论假设现实性的强调也反映在“边际成本论战”(The Marginal Cost Controversy)一文。不完全竞争定价问题的讨论是20世纪30年代理论界的热点。对于平均成本递减情况下的定价问题或者说公共事业部门的定价问题,包括豪泰林(H. Hotelling)、勒纳(A. P. Lerner)、米德(James Meade)、佛莱明(John Fleming)等经济学家都认同一种对公共事业部门采用边际成本定价原则,具体的观点包括:“(1)单位产品所支付的价格等于边际成本;(2)由于平均成本递减,以至于边际成本小于平均成本,因而支付给该产品的总金额小于总成本;(3)总成本超过总收入的部分应由政府支付。”②而这种最优定价方法能够有效实施需要三个重要的假设:一是政府提供产品作为市场机制的一种替代,它的运作成本至少不比市场成本要高;二是政府能够低成本地获知企业亏损相关信息,即有关边际成本与平均成本的差价,以便提供恰当的政府补贴;三是政府的税收不会带来严重的收入重新分配的效应。然而现实中,政府收税方式提供服务的方法替代市场交易方式时,“如果没有价格机制,政府需要支付组织成本”。③后面两个假设需要政府有足够的信息,但是信息收集本身需要耗费资源,所以这几个假设在现实世界中是不能满足的。边际成本定价方法在政策可实施性上成了问题。在此背景下,科斯对上述颇为流行的不完全竞争产品的最优定价问题予以了重点考察,“边际成本论战”一文由此而生。科斯教授

---

① Hsiung, Bingyuan, 2001, A Methodological Comparison of Ronald Coase and Gary Becher, Americal Law V3 N1, pp. 186 – 198.

② Hsiung, Bingyuan, 2003, An Interpretation of Ronald Coase's Analytical Approach, *History of Economics Review*, pp. 12 – 32.

③ Klein, B., R. G. Crawford and A. A. Alchian, 1978, Vertical Integration, Appropriable Rents, and the Competitive Contracting Process, *Journal of Law and Economics*, 21, pp. 297 – 326.

提出了运用“多步定价”(multi-part pricing)方法(在该文中提出的是两步定价法),即消费者根据平均固定成本支付一笔钱抵消固定成本(运费),然后再根据边际成本来收费。这样可以避免成本定价法的一系列缺点。而数十年后多步定价法才成为产业组织理论教科书的内容。

类似地,科斯在“社会成本问题”一文中的分析表明,如果不考虑交易成本,那么就没有必要非得通过庇古所提出的征税方法来纠正外部性的问题。产权的重新界定本身也同样可以达到目的,显然无交易成本的假设是不现实的。因此当交易成本存在情况下,法律对于产权的界定是非常重要的。错误的产权界定,可能使得那些明显可以以低成本改进资源配置效率的交易无法实现。在科斯撰写“经济学中的灯塔”①一文以前,一些著名教科书中把灯塔想当然地作为纯公共产品代表,其假设是认为灯塔服务不具有排他性,收费的困难性使得灯塔服务只能依靠政府征税来提供。对于这一公共产品经典案例,科斯对这种假设和理论提出了异议,因为这种理论仅仅是一种逻辑的推演,没有任何事实的根据。科斯希望弄清楚,现实世界中灯塔服务究竟能否由市场或私人来提供;如果能,那么又是以什么样的方式提供的。为此科斯翻阅了大量英国灯塔建造的历史资料,意外地发现,在英国灯塔建造的早期历史中,很多灯塔不仅是私人出资建造的,并可以通过一定的组织向过往船只收费。从而驳斥了流行的认为公共产品供给市场失灵时(无法收费或收费成本太高)需要政府供给的经典论断。如果离开了真实制度体系整体运行方式的考察,仅凭借逻辑很可能获得很完美的理论,但可能是极端错误的完美理论。

假设的现实性是获得正确理论的基础,科斯另外一篇近作——“经济学的误导:以费雪车体和通用汽车为例”②为我们提供了另一个范例。Klein、Crawford 和 Alchian 提出了目前在理论界流行的一种解释企

---

① Maki, U., 1998, The Problem of Social Coase: Between Regulation and Free Market in Economic Methodology, p. 249 in Coasean Economics: Law and Economics and the New Institutional Economics, Edited by Steven G. Medema, by Kluwer Academic Publishers.

② Ning Wang, 2003, Coase on the Nature of Economics, *Cambridge Journal of Economics*, 27, pp. 807 – 829.

业纵向一体化行为的观点:即当上下游企业之间存在投资专用性投资导致的敲竹杠问题时,企业会通过兼并的方式解决这个问题,以提高生产和投资的效率。[①] 该理论的一个假设是专用性投资会产生敲竹杠的情况,同样,在科斯看来这个假设非现实性的,并非基于事实本身的考察。科斯教授基于他20世纪30年代对于通用汽车收购费雪车体厂(Fisher Body)的实地调查,证明收购并不是由于专用性投资的问题,而是为了降低运输成本,保证车体厂能够位于通用汽车流水线附近。这说明该文所假设的资产专用性导致敲竹杠理论并不真实,其中的理论逻辑链条存在严重的误导性。科斯对A. O. 斯密斯工厂与通用汽车长期合约关系进行考察,发现当时的商人对于资产专用性带来的风险也不以未然,认为可以通过"另外一些合约设置予以解决"。[②] 那么为何如此众多著名而诚实的经济学家会相信这"诚实的错误"呢?科斯教授认为一个深层次的原因是"经济学已经变成一个由理论推动的学科,按照斯蒂格勒的话,'自从发明效用最大化理论以后,经济学就很少关注事实'……所研究的系统是存在于经济学家头脑中而不是存在于这个地球……克莱因他们文章中讨论的只是一种逻辑,而没能发现事实"。[③] 理论假设现实性是提出有现实解释力理论命题的必要条件之一,"当他们的理论不是基于企业是如何行为的调查结果,结论错得离谱便不足为怪了"。[④]

四、如何提出现实性理论假设

正如上一小节分析的那样,现实性的理论假设在科斯全部的经济

---

① Posner, Richard A. ,1993a, Nobel laureate Ronald Coase and methodology, *Journal of Economic Perspectives* 7(4), pp. 195-210.

② Zerbe, Richard O. ,1980, The Problem of Social Cost in Retrospect, *Research in Law and Economics*, Vol. 2, pp. 83-102.

③ Zerbe, Richard O. ,1980, The Problem of Social Cost in Retrospect," *Research in Law and Economics*, Vol. 2, pp. 83-102.

④ Zerbe, Richard O. ,1980, The Problem of Social Cost in Retrospect," *Research in Law and Economics*, Vol. 2, pp. 83-102.

学研究中具有举足轻重的地位,那么如何提出现实性的理论假设呢?从前面讨论中我们可以知道,它以大量事实调查为基础。无论是对于生猪价格周期中“生产者”理性预期假设也好,还是企业理论中企业合约性质的假设选择也好,都说明了这一点。科斯的研究方法在现实性理论假设提出和理论命题获得之间本身是密不可分的整体。假设的选择和理论命题提出都是经验调查的产物,假设真实性特征决定了所推导理论具有可观察与可检验性。这和主流经济学用形式化逻辑演绎出命题的研究方法迥然不同。本节主要围绕“企业性质”一文假设确立过程为例,说明如何在调查中确立具有现实性的理论假设。

具体到科斯所提出的“既然市场机制可以发挥资源配置作用,为何会存在企业这种组织形式”这样的问题时,如何在现实世界中去寻找问题的答案,或者说如何寻找问题的约束条件?一旦找到了问题的约束条件,答案便唾手可得。因此首先要把问题转化为可观察的研究对象,需要找到分析问题的角度。科斯是以企业垂直一体化决策因素为研究对象开展调查和研究的,并基于他对成本理论的解悟,很自然地将企业一体化决策行为和成本节约问题联系起来。“一体化决策”和“成本节约”联系起来开启了寻找问题答案的正确方向。①

其次是寻找问题的约束条件。影响企业的一体化决策最重要的因素有哪些?为此,科斯需要尽可能准确地收集研究对象(企业一体化决策)的信息。这种调查风格和方法为科斯教授一生所坚持,淋漓尽致地展现在企业的性质、英国的广播业、美国联邦通讯委员会、英国灯

---

① 这种联系的建立基于两方面的背景:一是受老师普兰特课程的影响。“普兰特谈到过诸产业中以不同方式加以组织,激发我的兴趣是我们似乎缺少说明这些产业为什么按现行方式组织的任何理论。”(Coase,1988a, p.17)科斯教授赴美国考察对象是产业组织的纵向和横向一体化。二是科斯对于成本(机会成本和边际成本)问题的关注密切。科斯教授为对于成本问题的深刻理解体现在了日后“社会成本”一文中,也体现在他在1937年和福勒合作发表的有关会计数据和机会成本概念应用方面的小册子(Published Balance Sheets as an Aid to Economic Investigation—Some Difficulties, Accounting Research Association, 1938,with R. S. Edwards and R. F. Fowler),以至于一直到1990年科斯教授还专门撰写了一篇文章呼吁经济学家利用会计数据进行经济问题研究,希望能发展出会计经济学(accounting economics)的领域(参见Coase, 1990)。

塔的运作机制等案例调查中。在对企业一体化决策约束条件的考察中,科斯教授的信息来源主要有两个方面:一是直接对企业和商业单位的实地考察和访谈;[①]二是相关商业期刊的阅读。他通过走访深入美国企业,了解企业是如何处理上下游企业间生产关系。[②] 他还利用美国联邦贸易委员会的报告、贸易期刊,甚至是诸如电话黄页、商业期刊广告这样特殊的原始资料,并从中注意到了常人所忽略的重要事实:制造业企业存在自己销售和寻找代理商销售的两种模式。科斯注意到交易不仅可以在一体化的企业内部完成;在现实中交易更可能在上下游专业化公司之间完成;一体化方式和市场交易方式是并存的。

然后是在调查中需要同时完成信息的抽取,即剔除与研究对象(一体化决策)不太相关的因素,从保留信息中抽取出可以研究的事实,为理论化做准备。在调查过程中,科斯十分注意诱导受访者对事实的陈述,希望得到一些能够用于研究的事实性陈述。科斯教授关注的事实内容包括中上下游企业之间采购活动是如何开展的、自己生产或采购决策是否为了节约成本等问题。因此他对福特汽车公司开展调查时称自己"像律师那样注意提问的技巧,使得我能够套取一些成本情况,同时又不让他们觉得他们被套取了……我所要的是那些和一体化理论相

---

① 他考察的行业包括电气行业、化工制造行业(橡胶轮胎制造业)、汽车行业、钢铁行业等,具体包括通用电气公司(General Electric)、联合碳化物公司(Union Carbide)、底特律的福特汽车公司(Ford Motor Company),汽车的上游企业,包括位于喀利(Gary)、西尔斯罗衣布尔(Sears Roebuck)、蒙哥马利华德(Montgomery Ward)等地的钢铁厂和位于芝加哥的堆料场,被通用汽车公司收购的费雪车身工厂(Fisher Body),全美最大的车架制造商A. O. 斯密斯,并购煤矿的位于比兹堡的杜基斯恩电力电灯公司(Duquesne Power and Light Company)。

② 他在留美期间(1931~1932年)"很少上课,虽然参观了许多大学,但大部分时间都用于参观商店和工业的工厂……参观给了我一种关于替代可能性的生动感受"(Coase, 1988a, p. 7),他关于企业与市场之间替代性关系的认识直接来源于实地调研。例如他着重考察了福特汽车公司费雪车体厂,A. O. 斯密斯车架生产商上下游企业关系,以及很多公司的采购与一体化运营的案例。这为科斯确立企业理论的基本假设和完整理论的提炼做了充分准备。为了保证信息的准确性,对于同一信息,科斯教授会从不同方面加以验证;为避免信息的片面性,科斯教授还特意到福特公司的供应商那里印证从福特公司获得的信息。

应的观点所隐含的陈述”,[①]对福特汽车的采购着重了解了与一体化有关的供应合同、采购计划等情况。

通用汽车收购的费雪车体厂6个月以后,1932年科斯参观了费雪车体厂,观察到另外一个事实:并购只是确保车身工厂设在装配工厂附近,而并非因为资产专用性。这个事实表明资产专用性问题并不必然会导致上下游企业之间纵向一体化行为的发生。数周以后,科斯参观了当时世界上最大的,也是最先进的A. O. 斯密斯车架厂。除了该厂高度自动化的一次成型技术外,它与通用公司之间的长期合作关系无疑也给科斯留下了极为深刻的印象。科斯得到如下的事实:A. O. 斯密斯作为汽车沉重而重要的部件生产商是“通过昂贵的和高度专业化设备完成的,并运送到千里之外的通用汽车装配线,但是显然A. O. 斯密斯和通用汽车之间有着和谐的关系”。[②] 这里科斯注重考察市场交易中上下游企业合约关系——一种区别于一体化安排的市场长期合约关系。专用性投资企业之间和谐合约关系给科斯留下印象深刻,成为其确立企业替代市场价格机制假设的关键一环。

科斯对于研究事实具有很强的信息抽取能力,使得他能够根据事实进一步提出诸如“为什么看来脱离专业化的活动却更有效?……为什么某些活动集结在一起置于一个控制之下可以降低成本?”等深刻的问题。[③] 尽管对这些问题,科斯当时还是有些迷惑不解,但这种企业替代市场交易行为如何对企业成本产生影响的思路无疑和后来科斯所找答案之间存在实质性联系。至少这里已经涉及市场与企业两类组织方式“相互替代”、“成本节约”这些重要的元素。无论是科斯自己的实地调查,还是政府的调查报告,或者自己的间接调查和对可研究事实的信息抽取,为科斯教授确立关于企业的基本假设和理论的最后突破起

---

① Coase, R. H. ,1988a,The Nature of the Firm: Origin,*Journal of Law*, *Economics*, & *Organization*, Vol. 4, No. 1, pp.3 – 17.

② Coase, R. H. ,1988c,The Nature of the Firm: Influence,*Journal of Law*, *Economics*, & Organization, Vol. 4, No. 1, pp. 33 – 47.

③ Coase, R. H. ,1988c,The Nature of the Firm: Influence,*Journal of Law*, *Economics*, & Organization, Vol. 4, No. 1, pp. 33 – 47.

到了关键作用。这里我们可以看到科斯确立理论假设的过程和理论的形成是同时推进的一个整体,而非从假设推出理论的先后线性逻辑关系。

五、基于现实性假设的理论命题提出

从科斯对企业性质问题的探寻过程中,我们会发现经验观察到一般化命题提出之间的“跳跃”①是对可观察研究对象反复调查和思考的结果。具体包括对各种理论猜想和备选方案加以排除的过程,即是以下过程的反复:理论猜想——事实检验——事实证伪——推翻假设——重新提出理论猜想……这个过程和目前流行的数据检验理论正确性的经验研究方法有很大差别。后者在很多情况下只能说明理论可能是正确的,并不构成说明判断理论正确性的充分条件,而通常只是一个必要条件,即存在其他正确的理论解释也为相同的数据所验证。

在考察资产专用性对促进纵向一体化的作用过程中激发了科斯新的思考。科斯认为他在 1932 年 3 月和数理经济学家瓦西里 · 莱昂剔夫关于双边垄断风险和一体化问题的讨论,使得他意识到调查企业之间的长期合约关系的重要性。② 科斯把焦点再次回到市场合约问题:当设备的专用性投资面临的风险很高(买者转向其他生产者)时,一体化可以作为另外一种替代性手段来消除风险。科斯意识到市场中企业相互交易是需要成本的,而一体化是可以降低这种交易成本的手段;这是非常关键的一步。尽管这个观点有待完善,因为除了企业内部生产以外,依然存在大量的市场交易。随后对通用汽车公司和 A. O. 斯密斯车体制造公司之间长期合作关系的考察,使科斯意识到资产专用性

---

① 周其仁(1997 年)认为从实例的研究到得出对真实世界里经济制度、经济组织和人的经济行为的理解,中间还须完成一个思想的跳跃,这就是把实例一般化。

② Coase, R. H. ,1988a,The Nature of the Firm: Origin,*Journal of Law*, *Economics*, & *Organization*, Vol. 4, No. 1, pp. 3 – 17.

未必会带来企业的纵向一体化。他得到的一般性结论是:“存在着避免风险的‘许多合约手段’,用于避免只有一个买主情况下与资本投资相关的风险……A. O. 斯密斯工厂提供了这方面的例子。”[1]这使得他放弃了从资产专用性角度来解释一体化或企业的存在的思路。科斯的观察表达了两层含义:一是市场合约完全可以替代企业内部一体化的生产方式;二是专用性投资风险并不会导致一体化的形成。从资产专用性和企业一体化关系的考察中,科斯关于市场交易配置资源和企业内部交易配置资源两种方式的相互替代性的观点得到进一步的强化。那么什么情况下采用企业之间通过市场合约方式来组织生产,什么时候用企业内部的合约关系来组织生产必然取决于何种生产方式对企业更有利,或何种形式更有助于成本的下降。科斯找到了两种机制之间的替代性关系,这离最终的答案——提出“交易费用”概念解释企业内部协调与市场价格机制的相互替代已经只有一步之遥了。

科斯最终在1932年夏天的某个时候找到了市场价格机制配置资源以及组织内部行政命令配置资源这两种方式并存的一致性解释的答案。即市场价格机制运行需要交易成本,交易是在企业内部完成,还是由独立的订约人在市场上进行交易,取决于“进行这些市场交易的费用与在组织(即企业)内部进行这些交易的费用的对比”。[2] 科斯关于企业一体化存在原因的多种理论解释中,最后想到了价格机制交易成本这个为经济学家所忽略的因素,较为圆满地解释了企业存在性问题。科斯教授在理论构建中所利用的分析工具只涉及微观经济学的两个易处理的核心概念:成本和边际替代。理论假设现实性和易处理性的一致性在科斯企业理论中得到完美的诠释。

---

① Coase, R. H. ,1988a,The Nature of the Firm: Origin,*Journal of Law*, *Economics*, *& Organization*, Vol. 4, No. 1, pp. 3 – 17.

② Coase, R. H. ,1988, The Firm, The Market and The Law, Published by theUniversity of Chicago Press.

六、基于假设现实性的研究方法和研究对象内在联系

科斯在经验研究中所确立的现实性假设和提出的理论命题并非是假设到理论的线性逻辑关系,而是呈现出整体性的特征,假设和命题都依赖于现象本身的调查与发现。科斯经济学研究方法要求研究者了解现实世界是如何运行的,而不能凭想象确立研究对象的理论假设。这和主流经济学重视数理形式逻辑演绎的研究方法不同,这意味着特定的研究对象和现实性理论假设之间有内在的联系。

科斯在晚年对于研究对象和研究方法之间的关系予以了反思。在他看来,20世纪70年代以后的经济学帝国主义倾向(用经济学方法研究其他相邻学科)本质上是经济学研究对象和研究方法相分离的结果。他认为这种分离造成的不良后果之一就是"经济学家的研究对象并不是他们所要分析的主体,以致他们的分析缺乏任何具体的内涵……交易的发生与特定的制度背景无关……有厂商而没有组织,甚至有交易而没有市场"。①② 即这种分离使得经济学沉浸于理论演绎的方法,却忽视了对现实世界存在的各种制度如何运作进行正确考察。对此,科斯批评道:"经济学家的专业兴趣越来越专注于更加形式化、更技术化、数字化的分析。这种更形式化的分析越来越趋于一般化,它对经济体系谈得越来越少"。③ 研究方法过于一般化的处理虽然看起来能更加容易地应用于其他社会科学的研究,但往往也由于忽略经济运行的具体制度背景而导致分析空洞化。他认为只有当对其他制度的

---

① Coase, R. H. ,1988, The Firm, The Market and The Law, Published by theUniversity of Chicago Press.

② 类似的观点见 Coase, 1994, p.43.

③ Coase, R. H. ,1988, The Firm, The Market and The Law, Published by theUniversity of Chicago Press.

研究有助于理解经济现象时,对其他领域研究的扩张性研究才有意义。①

造成这种分离的根本原因就是假设的非现实性。以消费理论为例,科斯认为理性消费者追求效用最大化的假设是没有必要的,因为“某个东西的(相对)价格上涨,对该物品的需求量就会下降,我们只了解这么多就够了……并不需要假定人们是理性而且在追求效用之极大化”。②③效用极大化和相应的效用函数的构造虽然方便了数学的应用,但是却并不是一个现实性假设,因为“我们没有理由假定,大部分人都在设法追求极大化什么东西,除非我们指的是烦恼”。④ 科斯对经济学帝国主义倾向的批判涉及经济学研究对象的确定问题。科斯认为经济学家的专长并不在于其独特的方法,而在于其特定的研究对象本身。

科斯在研究中发现组织或者制度的存在是基于节约交易费用的目的,而真实世界中交易费用的存在使得产权的界定对于资源配置的效率改进非常重要,因为“交易赖以发生的制度背景会影响对生产的激励和交易的成本,因此对经济学家而言,如果没有对制度背景进行具体说明就来讨论交换过程则毫无意义”。⑤ 他认为关于其他社会体系对经济体系运行会产生影响,经济学家除了研究价格制定,还要研究“社

---

① 事实上,科斯大部分论文都直接或间接地反映了以理论假设现实性为基础的经济学研究方法问题。为了试图说服经济学家“改变他们在微观经济学里分析某些重要课题的方法”,1988 年科斯在芝加哥大学出版了《企业、市场与法律》一书,收录了包括“企业的性质”、“社会成本问题”、“边际成本论战”等在内的几篇最为重要的学术论文。该书的第一章介绍性质的“企业、市场与法律”一文中,科斯提纲挈领地论述了目前经济学研究方法的一些弊端。该文一开始便对经济学研究方法假设的非现实性及其研究方法与研究对象分离所造成的弊端作了非常精彩的分析。

② 科斯不无讽刺地说:“事实上,人并不是唯一会作选择的动物,老鼠、猫与章鱼等,也与人类一样在设法最求效用最大化,因此同一套分析方法也可以应用到这些动物身上。”(Coase, 1988,p.3)

③ Coase, R. H. ,1988, The Firm, The Market and The Law, Published by theUniversity of Chicago Press.

④ Coase, R. H. ,1988, The Firm, The Market and The Law, Published by theUniversity of Chicago Press.

⑤ Coase, R. H. ,1994, Essays on Economics and Economists, theUniversity of Chicago Press.

会制度的运行,它们把企业、商品和服务市场、劳动力市场、资本市场、银行系统、国际贸易等粘联在了一起构成经济体系”。[①] 因此在诺贝尔奖演讲词“论生产的制度结构”中,科斯呼吁经济学研究对象应该是为主流所忽视的“决定交易过程的制度安排……因为这些制度在很大程度上决定了生产什么”。[②] 科斯认为经济学和其他学科的区别不应该是研究方法的区别,而是以研究对象为区别的。“如果研究对象是(区别学科的)主要因素,那么理论或方法很大程度上是由研究对象决定的。”[③]即方法是为研究对象服务,不能忽略具体的制度背景考察,用一种空洞的方法去解构研究对象。基于假设现实性的研究方法要求对现实世界中的制度背景作细致考察。研究方法内生于研究对象,因此这种研究方法和制度为重心的研究对象是一种共生关系,两者具有内在的一致性。

对于研究方法和研究对象问题的讨论并非无关紧要,恰恰是经济学研究对象以及相应的研究方法本身决定了经济学科的发展方向和发展速度。科斯教授一直对自然科学的发展及其研究方法保持浓厚的兴趣,认为经济学和自然科学两者的研究方法并没有本质性的区别,同时他也注意到了经济学发展和其他自然科学发展的差距。[④] 在2002年美国穆苏里大学(University of Missouri)合约研究中心成立大会上他发表了题为“为何经济学将发生变化”的演讲。科斯谈道:“经济学具有某种静态的特征,它讨论的主体依然是亚当·斯密所创建的那些东西……但是……物理学现在讨论的文献并不一定是基于伊萨克、牛顿,

① Coase, R. H. ,1994, Essays on Economics and Economists, theUniversity of Chicago Press.

② Coase, R. H. ,1994, Essays on Economics and Economists, theUniversity of Chicago Press.

③ Coase, R. H. ,1994, Essays on Economics and Economists, theUniversity of Chicago Press.

④ Coase, R. H. ,1994, Essays on Economics and Economists, theUniversity of Chicago Press.

化学也不一定要回到拉瓦锡,生物学也未必要回到达尔文。”①科斯指出造成目前经济学问题的研究依然要回到诸如马歇尔和萨缪尔森老一辈的经济学家理论的“根本原因在于经济学的研究对象没有发生本质性的变化”,②在微观经济学理论研究方面主要是在讨论价格的确定、企业规模等问题;在经验研究方面通常只是在既定理论框架下讨论一个变量的变化对另一个变量的影响。而他本人期待这种研究对象的变化,认为经济学要加强对包括法律制度和政治制度、教育制度和社会制度在内的研究,帮助我们理解经济系统究竟是如何运作的。而相应的经验研究也应该为这一目标的实现而服务,即为了对交易成本有比较深入的讨论,需要“那些能真正改变我们看法的经验研究”。③ 如果仅仅是以人类行为选择作为经济学的研究对象,会出现前面提到的种种弊端,无论是理论还是经验研究都会产生相当大的局限性,并最终妨碍人们对于支配经济现象内在规律的认识。从行为选择为重点研究对象的范式转换到以制度为重点研究对象的范式,及相应研究方法调整将大大改善经济学目前的这种形式多于内容、变量之间关系讨论多于内在机制研究的尴尬状况。

七、结束语

本文研究了罗纳德·科斯以现实性理论假设为核心的研究方法的一般特征,区别于逻辑演绎研究方法的三个本质性特征:一是现实性理论假设确立过程和以之为基础的理论命题提出并非单向的线性逻辑关系,需要以研究对象交易的实际运行制度的调查为基础。二是以理论

---

① Coase, R. H. ,2002, Why the Economics Will Change, Remarks at the University of Missouri, Columbia, Missouri, USA, April 4, http://www.coase.org/coaseremarks2002.htm.

② Coase, R. H. ,2002, Why the Economics Will Change, Remarks at the University of Missouri, Columbia, Missouri, USA, April 4, http://www.coase.org/coaseremarks2002.htm.

③ Coase, R. H. ,2002, Why the Economics Will Change, Remarks at the University of Missouri, Columbia, Missouri, USA, April 4, http://www.coase.org/coaseremarks2002.htm.

假设现实性为基础所提出的理论命题是可以观察和验证的;理论命题的获得是一个反复证伪的过程。三是这种研究方法会要求对研究对象运行的具体制度安排进行考察;这决定了研究方法和理论假设的独特性而非统一性,特定的研究方法内生于研究对象,两者之间具有内在的一致性。

从经济学研究方法的继承上来看,科斯教授基于理论假设现实性的研究方法实际上继承了英国经验主义研究传统,与亚当·斯密、马歇尔的研究方法一脉相承。经验主义研究方法更强调的是一种归纳的研究,理论假设的确立和研究对象的详细考察密不可分,或者说现实性假设本身是正确理论的必要组成部分。亚当·斯密在《国富论》中从制针工厂提炼出分工理论便是一种典型的归纳方法。科斯认为"马歇尔本人当然是一位伟大的经济事实收集者……他所掌握的事实信息显然令人敬畏"(Coase, 1975, p.28)。科斯还引用马歇尔一处对于经济学与经济理论关系的论述,从侧面重申了他一贯强调的经济学必须直面现实世界的立场。马歇尔认为经济学并不等价于经济理论:"理论是重要的,但它也只是正确的(proper)经济学的一小部分,我以为最糟糕的莫过于将理论经济学视为正确经济学,理论经济学对我而言是重要的……但是,对事实的广泛而深入的研究同样重要……结合了这两个方面研究的经济学才是唯一正确的经济学。"①这表明了马歇尔本文在经济学研究中对于事实本身研究的重视;这也是科斯本人的一贯主张。

从现实出发,考察真实世界约束人类行为制度运行及其与人类行为互动,进而改善人类的福祉,这是这些伟大经济学家的共同旨趣。科斯在巨人的肩膀上更进了一步,提出了这种关注的必要性理由——价格机制的运行会产生交易成本,制度是作为节约交易成本而存在的,制度本身就是经济系统密不可分的一部分。由于人类经济生活并不是在

---

① Coase, R. H,1975, Marshall on Method, *Journal of Law and Economics*, Vol. 18, No. 1, pp.25 - 31,p. 167 in Coase, R. H. 1994 Essays on Economics and Economists, Chicago, University of Chicago Press.(中译本《经济学经济学家》罗君丽、茹玉骢译,上海三联出版社2010年版)

假设的真空世界中展开的，对人类经济行为和政策作用的正确理解必须借助于人类所面临的现实制度约束展开分析。经济学的进展有赖于斯。纯粹在演绎的道路上经济理论的发展虽然在形式上日臻完美，但只会将经济学带向黑暗的深渊，经济学家很容易掉入以想象杜撰故事的陷阱，开出不切实际的济世药方。理论的现实性和易处理性必须取得某种一致性，重归以现实性假设为基础的制度为核心的经济学研究是一条光明大道。经济学家中的智者罗纳德·科斯教授为我们指明了这一点。

《法律和社会科学》(2013)
第 12 卷,第 274 ~281 页

实用主义地拒绝实用主义
——对批评波斯纳的反批评

张芝梅*

摘要:波斯纳所倡导的法律实用主义历来容易引起争议。引起争议的主要原因是这个概念本身有多个层面的涵义。法律实用主义可以在一种理论、一个立场、一套方法以及这三者的混合这几种不同的语义背景下使用。如果抽离语境,很容易产生误解。波斯纳基本上认为实用主义审判只适用于美国,因此,中国的司法部门采用实用主义的方法并不可取。这没有违反他的实用主义的基本立场。对波斯纳观点的批评一定要放在他讨论的语境中,否则可能无的放矢。

2012 年 7 月 12 日,波斯纳为参加芝加哥大学法学院为中国学者举办的暑期班的学员们作了一个小时的演讲。对波斯纳的那次演讲,我当时的总体印象就是他只不过是老调重弹,重述他一向坚持的实用主义的一些基本立场和观点,似乎没有其他什么新主张。当听说《北大法律评论》要组文章专

* 中国社会科学杂志社编审,电子信箱:Changzhimei@ 163. com。

门批评他的演讲，并且与《法律和社会科学》联合举行“批评波斯纳”讨论会时，我颇有些意外。[①]“批评波斯纳”多少隐含波斯纳的某些观点已经或者即将对中国的读者产生（严重）误导的意思。事情果真严重到那个程度，需要“以正视听”吗？另外，世界各地著名法学家很多，波斯纳只不过是其中之一；从暑期班授课的老师来说，也都是著名人物，甚至包括科斯。他也和波斯纳法官一样，给大家作了一个小时的演讲，而且他演讲的内容涉及中国的更多。可似乎大家对和他拍照的兴趣比对他演讲内容的兴趣大。这么隆重地批评波斯纳，是否太把波斯纳当回事了？他真的对中国有那么大的影响，或者说他那天的话真的很深地刺激了我们？

一、波斯纳何以成为靶子？

对波斯纳的批评，直接源于波斯纳认为在中国“实用主义风格的司法部门，或者至少是特别倾向于实用主义的司法部门是不可取的。对其而言，更好的选择是保持抽象和形式主义，而实质上远离实践性和实用主义的考量”。[②] 有人认为这似乎和一向标榜自己是实用主义者的波斯纳一贯的立场不符合，也有人对波斯纳不提倡在中国采取实用主义的司法不以为然。

对于前一种观点，我认为这是对波斯纳实用主义的误解。波斯纳从来没认为实用主义是普适的，他在以前的著作中也提到，他不想给人们留下这样一个印象，以为他主张实用主义是所有法院都可以采用的正确方法，因为这样就陷入普适主义的谬误中。比如，大多数人通常把英国和美国相提并论，认为它们都属于普通法国家，司法特点比较接近，但波斯纳并不赞同这样的观点。他认为英国和美国，相对而言，由

---

① 具体内容参见“主题研讨：批评波斯纳”，《北大法律评论》第14卷第1辑，北京大学出版社2013年版，第1~85页。

② 参见《北大法律评论》第14卷第1辑，北京大学出版社2013年版，第6页。

于英国的司法部门比美国的更加同质,因此,它们更可能使用形式主义的方法处理法律问题。[1] 因此,我们对波斯纳认为实用主义并不适合中国不要太敏感,他并不主张在美国之外的国家使用实用主义的立场和方法。他认为,实用主义基本上是一种美国的哲学,可能并不适宜在其他国家使用,实用主义的审判同样如此。[2] 他甚至认为,即使是在美国,实用主义也是一种修辞,只不过是一种比形式主义更好的修辞。[3] 这并不意味着他改变立场,不坚持实用主义了,恰恰相反,这是实用主义者的典型立场。如果他认为实用主义是普适的,那反而是形式主义的而不是实用主义的。

对于后一种观点,既然不论在普通法系国家还是在大陆法系国家,大多数案件其实都是可以通过形式主义的判决来解决的,那么为什么在中国不行呢?普通人对中国法院的一些判决的不满,究竟是因为法官只会机械司法,还是因为法官把他们自己基于某种非法律原因希望获得的判决结果伪装成法律认可的形式?问题的关键可能不在于法官有没有考虑判决后果,而是法官考虑的后果和民众对司法后果的预期有差距。这不是争论究竟采取实用主义还是采取形式主义的司法能解决的。如果认为中国因为法律规定有漏洞(有没有漏洞的法律体系吗?),而认为中国没有采取形式主义司法的基础,那基于同样的原因,中国其实也没有采取法律实用主义的基础。另外,同样不能把他这段话理解为中国的司法就不要考虑后果(事实上也不可能),而是应该理解为波斯纳根据他的判断,认为采取形式主义司法比采取实用主义司法在中国更好。

当然,这只是对波斯纳观点的一个弱的辩护。关于实用主义和形式主义的诸多争论,可能和这两个概念本身有多个层面的涵义有关。实用主义、形式主义都可能是在一种理论、一个立场、一套方法以及这

---

① [美]波斯纳:《法理学问题》,苏力译,中国政法大学出版社2002年版,第162页。

② [美]波斯纳:《道德和法律理论的疑问》,苏力译,中国政法大学出版社2001年版,第307页。

③ Richard A. Posner, *Law, Pragmatism and Democracy*, Harvard University Press, 2003, p.1.

三者的混合这几种不同的语义背景下使用。这种使用有时不可避免会带来含混性,但这是自然语言本身的一个特点,有时元语言和对象语言无法区分,会产生混乱甚至悖论。① 但如果我们能够根据语境进行区分,那么这种混乱是可以消除的,比如,波斯纳的上述那段话可以理解为从实用主义的立场出发,拒绝实用主义的理论和方法。

如果以上的理解可以接受的话,那么这次对波斯纳的批评就有些无的放矢了。当然,这不是说波斯纳不能批评。实际上,在《芝加哥法律评论》的那期纪念专号上,②在通常我们认为应该唱赞歌的场合,更多的人似乎也批评波斯纳。不过,那次主要针对的是他的司法意见。

如果我们仅仅把波斯纳看作当今世界著名法学家之一,我们给他这么多的关注似乎没有太大必要。由于苏力主持翻译的波斯纳系列丛书,很多中国的法学研究者对波斯纳的名字并不陌生,但究竟有多少人受波斯纳思想的影响很值得怀疑。另外,每个人肯定不止受一个人思想的影响。如果某个人的某个或者某些思想对你有启发,你吸收就是了;如果你不赞同其中的某些观点(我相信对于任何一个有独立思考能力的人来说,这是必然的),你大可不必搭理。再者,谁不偶尔说几句错话,哪怕波斯纳说错了,又有多大影响?如果不是这次的专题文章,恐怕我们这些当事人都不一定有几个清楚记得波斯纳说了什么,其他人恐怕就更不关心了。另外,如果我们非要给自己树立一个偶像,然后盲目相信他的话都是真理,但有一天,忽然发现你的偶像的某些言行惹你不高兴了或者让你不喜欢了,就认为是"偶像的黄昏"或者偶像倒了,那是我们自己的错还是"被偶像"者的错?如果我们不以娱乐界粉丝看明星的态度看待波斯纳,其实就很简单了。如果你觉得波斯纳说的有道理,你接受;如果觉得他说的是一派胡言,一笑而过就是了。所以,我的意思不是说波斯纳不可以批评,而是认为按照成本——收益分

① 参见[美]塔尔斯基:"真理的语义学概念和语义学基础",载涂纪亮主编:《语言哲学名著选辑》(英美部分),三联书店 1988 年版,第 244 ~ 285 页。当然,我们对实用主义或者形式主义概念的使用所产生的混乱,还没严重到悖论的程度。

② Celebrating Judge Posner's 25 Years on the Bench Essays, *The University of Chicago Law Review*, Vol. 74, Special Issue, 2007.

析,这不太划算。当然,从刊物的角度,这其实是划算的。我并不反对他们组这样的专题,因为波斯纳有卖点,这如同我们看球赛都愿意看有我们喜欢的体育明星一样。因此,这样的批评还是有市场的,是值得的。

波斯纳在演讲中说:“各位需要思考一个问题,在中国是否存在能够容纳对法律进行经济分析的制度结构和法律文化。在场的诸位很多都给出了肯定的回答,但是它却是一个棘手且重要的问题。”可见他不仅对实用主义是否在中国适用持怀疑态度,还对法律的经济分析的方法在中国司法实际上起多大的作用有所保留。对于同样一个文本,这组文章的作者对波斯纳那段话的理解和我理解有比较大的分歧。可见,不同的读者对同一文本的解读是可能出现很多分歧甚至对立的。这涉及解释学对读者和作者关系的分析,争论起来不会有什么太大价值的结果。因此,笔者不打算争论,只表明一种不同的看法。我更关心的是我们应该如何进行更有学术价值的学术批评。

二、如何进行有效的学术批评?

中国的学术界目前很缺乏严肃认真的学术批评。有些人把人身攻击当作学术批评,以诛心之论代替学理分析;而有些严肃的学术批评也很可能被理解为人身攻击,导致学者很难对同行的观点进行批评。从这个角度来看,批评波斯纳可能没什么风险。如果能因此对波斯纳的一些观点进行更深层次的理论分析,还会有更多的效用。

从一般意义上来说,如果能以实证的材料证伪某个学者的某个结论,这样的学术批评可能针对性强而且批评是否合理也比较容易检验。但社会科学,特别是法学领域,这样的批评恐怕比较少见。另外一类是以某种理论对其他学者的论证过程或者结论进行重新阐释,得出不同的结论。这种批评在某种程度上是可接受的,但其他人不必然要接受。还有一类在中国社会科学研究在很常见但实际上不太具有说服力的批评,那就是对一个体系的公理性假设的批评。这里以对理性人假设的批评为例。

对理性人假设的批评很多是建立在这样一种简单粗暴的三段论推理上:因为有很多科学上和事实上的证据证明人不是完全理性的,有很多非理性的行为,因此,理性人的假设是错的,建立在理性人假设基础上的法经济学分析方法就是错误的,而以法经济学方法分析得出的结论也是错误的。这类批评实在太多了,但这么多的批评都忽视了一个最简单、最基本的问题。在中学学物理学时,我们一定还记得用牛顿定律进行计算时,都有这样一个前提:“不计摩擦力”。或者我们说到自由落体时,也都是指在真空状态下。可是这样的情况在我们的真实世界中从来都不存在,我们因此怀疑牛顿定律的科学性了吗?我们也都知道伽利略在比萨斜塔的实验,我不知道大家对这个实验质疑过没有。试想,如果他拿是一个铁球和一片羽毛,实验的结果会怎么样?难道能证明自由落体定律是错的?其实理性人假设就像物理学中的牛顿定律,虽然现代物理学的发展早就超出了牛顿的范围,但没人因此说牛顿理论就不对了。也没人因为非欧几何的出现就认为欧几里得几何是错的。我个人认为理性人假设在经济学中的作用就如同物理学中的“不计摩擦力”或者“在真空状态下”的假设,摩擦力或者空气阻力的存在不等于说在假设这两者不存在情况下的牛顿定律是错的。同样的,人是有限理性的也不等于说理性人假设是错的。经济学家要做的应该像物理学家在考虑存在摩擦力或者空气阻力的情况下研究物体的运动规律一样。其实我们可以把行为法经济学和芝加哥法经济学(我姑且称之为古典法经济学)之间的关系与牛顿物理学和现代物理学的关系进行类比。经济危机的发生不能归咎于这个基本假设,而应该归咎于经济学家的研究没有物理学家做得好。同时接受理性人假设和承认人的有限理性之间并不矛盾。这样的批评放错重点了。而且波斯纳还明确指出:“经济学的目的并不是要把人类行为都简约为某种生物学天性、某种理性的本能,更不想证明,在我们的内心深处,左右我们一切的,是那个丑陋的、渺小的‘经济人’。它所要做的只是,构建并验证一些人类行为的模型,目的在于预测和(在恰当的时候)控制这种行为。经济学想象的个体并非一个'经济人',而是一个实用主义者。"[①]

还有一类批评以某些著名人物对某个人的批评作为自己批评某个人的证据,这种论证方式在一定程度上可以加强自己结论的可靠性,但不必然如此。思想史上充满基本立场完全相反的各种理论,以某种立场反对另一种立场的争论也不会有什么效果。你不能指望诺齐克赞同麦金泰尔的观点,也不能指望麦金泰尔接受诺齐克的理论。波斯纳批评过很多人,他也遭到很多人的批评。以科斯、德沃金或者爱泼斯坦对波斯纳的批评来论证波斯纳错了,不构成充足的理由;同样的,以波斯纳的观点论证科斯、德沃金或者爱泼斯坦错了,也不一定成立。

以科斯和波斯纳为例,虽然波斯纳认为科斯对他以及芝加哥的法律经济学都有很大的影响,但科斯本人似乎并不喜欢波斯纳及其理论,他也不赞同波斯纳对他的一些评论,[②]并作了回应。[③] 很难说是波斯纳误解了科斯还是科斯误解了波斯纳,我觉得他们不是一类人,相互不喜欢或者误解都是正常的。詹姆士说过:"哲学史在极大程度上是人类几种气质冲突的历史……他的气质给他造成的偏见,比他那任何比较严格的客观前提所造成的要强烈得多。"[④]科斯是个典型的英国绅士,[⑤]他和亚当·斯密气质比较接近,他们会关心或者希望道德的价值;而波斯纳是个冷峻的美国实用主义者,他更多地接受尼采对道德等价值的怀疑。但有意思的是,波斯纳成为美国法律经济学协会设立的科斯奖(Ronald H. Coase Medal)的首位得主。可见他们个人的偏好可能并不影响他人对其理论价值的判断。

---

① [美]波斯纳:《超越法律》,苏力译,中国政法大学出版社2001年版,第19页。

② [美]波斯纳:《超越法律》,苏力译,中国政法大学出版社2001年版,第465~487页。

③ R. Coase, Coase on Posner on Coase, *Journal of Institutional and Theoretical Economics*, Vol. 149, No. 1, Mar. 1993.

④ [美]詹姆士:《实用主义——一些旧思想方法的新名称》,陈羽纶、孙瑞禾译,商务印书馆1983年版,第7页。

⑤ 波斯纳也提到科斯的"英人气质",参见[美]波斯纳:《超越法律》,苏力译,中国政法大学出版社2001年版,第477页。

对任何人理论主张的批评都要放在他/她所坚持的基本立场中看，否则批评其中的某一点可能反而导致他/她的某个观点和其整个理论的不协调。作为读者或者后来人，我们接受某种理论归根结底可能只能用康德的“信仰”或者皮尔士的“信念”来说明。你可以基于你自己的判断喜欢人的理论，但不能强求其他人和你有同样的喜好。

《法律和社会科学》(2013)
第 12 卷,第 282 ~304 页

反思波斯纳的实用主义

伊卫风*

摘要:本文从反思的角度尝试理解波斯纳的实用主义。首先厘清了哲学实用主义与波斯纳的"日常实用主义"概念界分。然后指出他的司法实用主义存在的两个问题:结果主义和反理论。最后分析其实用主义民主学说;他对观念 I 民主的反对没有根基,而对观念 II 民主的捍卫又是反实用主义的。本文的目标是承认其学说的贡献,但也要认识到相应的局限。

一、引言

2012 年 7 月,芝加哥大学法学院举办了"财产法、私法和法律经济学"的暑期班,来自中国大陆和港澳台的教师、学生、律师和法官参与了该活动。理查德 · 波斯纳(Richard Posner)还作了《法律经济学与法律实用主义》的专题讲演,并且提到了中国:"中国还是一个民主制度尚未健全的国家,法治

* 北京大学法学院博士生,哥伦比亚大学访问学生,电子邮箱:antipedant@ gmail. com。

的观念尚属薄弱(在西方的政治历史上,也能找到很多类似的例子),希望我对中国政治文化面貌的刻画是准确的。那么可以说,在这种政治文化中,实用主义风格的司法部门,或者至少是特别倾向于实用主义的司法部门是不可取的。对其而言,更好的选择是保持抽象和形式主义,而实质上远离实践性和实用主义的考量。"①针对波斯纳的讲演,《北大法律评论》与《法律和社会科学》于2013年4月3日在芝加哥大学北京中心联合举办了"批评波斯纳"的席明纳,多位参会人提交了主题论文。②其中比较有代表性的是艾佳慧和陈若英的论文。艾文中就波斯纳的学说提出了三个有待商榷之处:经济学与实用主义的关系、财富最大化的困境和中国法官是否远离实用主义。陈文讨论了"法院与规制部门的竞争",认为当前中国的法院与规制部门存在一种市场化的竞争,即法院与规制部门在正当性和权威性上存在竞争。陈文的结论是,当前中国的政治竞争市场还不完善,所以法院在正当性、权威性、司法资源等方面与规制部门的竞争不应该采取"超脱"的立场,而要积极介入。

尽管主题是"批评波斯纳",艾文根本上却在诠释波斯纳,尤其波斯纳对面暑期班的中国学员所讲的客套话,也被艾文奉为至理名言,用大量篇幅认真阐述,并非真正地"批评"波斯纳。陈文同样没能就波斯纳的学说展开批评,反而还用其学说来解释中国现实。事实上,以上情形也能理解。苏力自20个世纪90年代以来致力于推广波斯纳的学说,以其在法学界的号召力,使得波斯纳在中国拥有了众多的铁丝铁杆粉丝,宣扬传播其学说。此次"批评波斯纳"的席明纳似乎也变成了某种噱头。就本文而言,无意批评其全部学说,只是挑选其学说中一个重要主题——实用主义,尝试分析其问题所在。

① [美]理查德·A.波斯纳:"法律经济学与法律实用主义",陈铭宇译,载《北大法律评论》2013年第14卷第1辑。

② 《北大法律评论》第14卷第1辑的主题就是"批评波斯纳",有多位作者撰文。此次席明纳的发言人也主要是这些撰文者们。

二、何谓"法律实用主义"?

波斯纳学说中一个核心概念就是实用主义。无论是他的批评者还是支持者,也都在使用这个概念,但它却相当令人困惑。例如爱泼斯坦指出,实用主义并不受人待见,也没有特别明确的含义。有时候它是个贬义词,例如一个商人或国家私下或故意为了实用的理由而违反合同或条约;有时候它又意味着实践的、现实的、感性的、实事求是的、接地气的,与理想的、天真的、不现实的、浪漫的、不切实际的或乐观的等含义相对立。①在另外一篇文章中,爱泼斯坦还别有意味的说道:"'实用主义'在威廉·詹姆士和奥利佛·温德尔·霍姆斯那里有明确的含义,但经过波斯纳大量渲染,我们应该审慎使用它,即使它曾经是一个在哲学和法律词典具有褒义的术语。"②苏珊·哈克追溯的更加遥远:"在 18 世纪,说一个人是实用主义者时会说他是个实践者,大忙人。但 19 世纪后期以及 20 世纪,该词具有了贬义的成分,'实用的'意味着'好用权威的、好发表意见的'以及'实用主义'相应地是'利用权威好口舌之争的(officious opinionated)'。"③总而言之,无论该词是褒义的还是贬义的,厘清它的含义对于理解波斯纳的学说是有助益的。

实用主义有哲学的、法律的两种形态,其中哲学实用主义又有新旧之分。旧实用主义,也称为古典实用主义,要追溯到 19 世纪 70 年代坎布里奇的"形而上学俱乐部",至少皮尔斯在《如何让我们的观念清楚》一文中详述了该词的含义。皮尔斯和詹姆士都把实用主义作为一种回答哲学问题的方法,而不是一种哲学理论。皮尔斯强调"实用的"与康

---

① Richard A. Epstein, The Peril of Posnerian Pragmatism, *The University of Chicago Law Review*, Vol. 71, No. 2 (Spring, 2004) pp. 639 – 640.

② Richard A. Epstein, A Farewell to Pragmatism, *The University of Chicago Law Review*, Vol. 71, No. 2 (Spring, 2004), p. 682.

③ Susan Haack, On Legal Pragmatism: Where does "The Path of the Law" Lead Us? *Pragmatism Today*, Vol. 3, Issue1, 2012, p. 10.

德的"pragmatische"的联系,后者即经验的、相对于先验的(*a priori*);詹姆士则强调"实用的"与古希腊的"praxis",即行动(action)之间的关系。尽管皮尔斯在逻辑学、符号学、形而上学、宇宙学、科学哲学等领域都有涉猎,詹姆士也在形而上学、宗教哲学、思维哲学、伦理学等领域颇有贡献,可惜他们都没有谈到法律问题。①他们二人的实用主义思想经过杜威的进一步发展壮大之后,遂成为美国本土的哲学,并且名声大噪。总体来说,古典实用主义强调效用:"实用主义是这样一种学说,它主张,思想的意义和真理性是由(通过某种方式)实际效用标准决定的。"②古典实用主义在七八十年代受到来自欧陆哲学的影响而衰落,是理查德·罗蒂拯救了它。"在20世纪的最后25年中经历了非凡的复兴,并且首次吸引了欧陆学者,特别是尤根·哈贝马斯,他承认自己与美国实用主义者的密切关系。"③因而罗蒂以来的实用主义被称为新实用主义,是在批判基础主义、本质主义和科学主义的基础而发展起来的。④罗蒂自己也认为新旧两者的界限是清楚的:"我对新旧实用主义差别的回答是新实用主义与旧实用主义有两个方面的不同,但只有一个方面吸引了大量非哲学家教授的兴趣。第一是我们新实用主义讨论语言,而不像就旧实用主义那样讨论经验、思想、意识。第二是我们所有人都读了库恩(Kuhn)、汉森(Hanson)、图尔敏(Toulmin)和费耶阿本德(Feyerabend),因此都怀疑'科学方法'。"⑤

尽管哲学实用主义有新旧之分,然而它们似乎都与法律的实用主义有一定距离,所以波斯纳才说"哲学实用主义与法律实用主义是共

---

① See Susan Haack, On Legal Pragmatism: Where Does "The Path of the Law" Lead Us? *Pragmatism Today*, Vol.3, Issue1, 2012, p.10.

② D.J.奥康诺编:《批评的西方哲学史》,洪汉鼎等译,东方出版社2005年版,第825页。

③ Richard A. Posner, Legal Pragmatism, *Metaphilosophy*, Vol.35, No.1/2(January 2004), p.149.

④ See Susan Haack, On Legal Pragmatism: Where Does "The Path of the Law" Lead Us? *Pragmatism Today*, Vol.3, Issue1, 2012, p.10.

⑤ Richard Rorty, The Banality of Pragmatism and the Poetry of Justice, 63 *S. Cal. L. Rev.* 1811(1991), p.1813.

同发展的”。[①]他的意思是哲学实用主义与法律实用主义存在两套逻辑进路:“正如我前面所言,尽管哲学实用主义与法律实用主义共同发展,但如下意义上的说法是错误的,即对哲学实用主义的批判必然是对法律实用主义的批判,法律实用主义要依靠哲学实用主义。法律实用主义并不是奠基于实用哲学而是奠基于美国法的需要和特质。”[②]波斯纳的“微言大义”被后来研究者进一步解释,认为法律实用主义包含三个方面的含义:(1)“对形而上学实体(‘现实’、‘真相’、‘本质’等)的不相信被视为对认识论、伦理学或政治学的不相信”;(2)“坚信问题能够通过结果验证,不同问题有不同结果”;(3)“坚信我们的目标,无论科学的、伦理的、政治的或法律的,要与社会需求或人类需求吻合,而不是与‘客观的’、‘非个人化的’标准吻合”。[③]该研究者还追溯了波斯纳实用主义的渊源,“波斯纳对于导向道德基础主义或本质主义的法律学说充满了不耐烦。考虑到霍姆斯的著名论断——法律的生命不是逻辑而是经验,卡多佐法官宣称的‘法律的最终原因就是社会福利’,波斯纳更加强调‘实践理性’和社会经验,很少强调‘崇高’的道德概念或政治概念。‘实用主义司法的核心’是‘根据事实和结果而不是观念和概括作出的政策判断’”。[④]波斯纳自己对实用主义的概括与这个总结不谋而合:“法律实用主义的核心是判决的实用主义,判决实用主义的核心是强化司法结果的意识和关注,进而将政策判断植根于事实和结果而不是观念和抽象。”[⑤]

波斯纳对事实和结果的强调总会让人把他的观点和霍姆斯大法官

---

① Richard A. Posner, Legal Pragmatism, *Metaphilosophy*, Vol. 35, No. 1/2(January, 2004), p. 148.

② Richard A. Posner, Legal Pragmatism, *Metaphilosophy*, Vol. 35, No. 1/2(January, 2004), p. 149.

③ Edward Cantu, Posner's Pragmatism and the Turn Toward Fidelity, 16 *Lewis & Clark L. Rev.* 69 (2012), p. 77.

④ Edward Cantu, Posner's Pragmatism and the Turn Toward Fidelity, 16 *Lewis & Clark L. Rev.* 69 (2012), p. 79.

⑤ Richard A. Posner, Legal Pragmatism, *Metaphilosophy*, Vol. 35, No. 1/2(January, 2004), p. 150.

的"预测论"和"坏人论"联系起来,借此表明法律实用主义也是"师出名门"。不幸的是,霍姆斯与实用主义的关系并非想象中的轇轕不清。他的确参加了詹姆士等人在坎布里奇的"形而上学俱乐部",却并没有与他们"沆瀣一气",反而"霍姆斯把其对詹姆士思想的反对也扩展到对皮尔斯的批判"。①虽然霍姆斯对杜威赞誉有加,声称其《经验与自然》是"一本伟大的著作",但有人认为"霍姆斯对《经验与自然》的赞誉可能不完全归因于对杜威观念的钦佩"。②理由是杜威在书中把霍姆斯法官誉为美国的伟大哲学家之一,而且杜威的《逻辑方法与法律》一文也主要依靠霍姆斯的学说。最近的研究也清楚地表明了霍姆斯对实用主义的立场:"我们知道霍姆斯从未正式地把他和实用主义联系起来,而且他对皮尔斯,尤其詹姆士的观念有些保留;我们知道有许多其他因素影响了他的思想——其中包括密尔、边沁、奥斯丁等。"③霍姆斯之所以被误解为与实用主义关系密切,很大程度在于他对道德问题的看法:"当读到他的文章,他并不是一个道德怀疑论者,而是错误地理解了道德问题,即从经验的、实验的层面理解伦理。"④

三、波斯纳实用主义与司法

如前文所述,波斯纳牌实用主义强调事实和结果,反对抽象概念和理论。为了避免争议,波斯纳还特别指出:"在概括实用主义的特点时我所用的形容词(实践的、工具性的、向前看的、能动的、经验的、怀疑的、反教义的、重视经验的),都不是在考查——比方说——德沃金的著

---

① Thomas C. Grey, Holmes and Legal Pragmatism, *Stanford Law Review*, Vol. 41, No. 4 (April, 1989), p. 867.

② Thomas C. Grey, Holmes and Legal Pragmatism, *Stanford Law Review*, Vol. 41, No. 4 (April, 1989), p. 869.

③ Susan Haack, On Legal Pragmatism: Where Does "The Path of the Law" Lead Us? *Pragmatism Today*, Vol. 3, Issue1, (2012), p. 28.

④ Susan Haack, On Legal Pragmatism: Where Does "The Path of the Law" Lead Us? *Pragmatism Today*, Vol. 3, Issue1, (2012), p. 23.

作时你脑海里会跳出来的形容词。”①为了强化自己的观点,他重申了实用主义的特质:“在古典美国实用主义里,或者在正统或异议派现代实用主义哲学里,我几乎没有找到什么法律能利用的东西。但实用主义的情绪,即托克维尔所描述的实用主义文化,业已引发了一种不同的实用主义,我称之为‘日常实用主义’,它会对法律有很大贡献。”②后来的研究者进一步指出:“日常实用主义是‘实用’一词的大众用法,意味着实践的和实务性的,‘合理的’,鄙视抽象理论和装腔作势的学问,轻视道德论者和乌托邦空想者。”③这也符合普通人的认知,“即一种思考方式,能反映‘实用主义’一词大众的、常识性的用法——如此大众、如此日常,因而被波斯纳描述为‘多数美国人无需理论化的文化立场’”。④故而,以日常实用主义为根基的司法活动,也毫无疑问地鄙视抽象道德和政治理论在司法判决中的应用,欢迎注重经验事实的判决。⑤这样的司法实用主义受到了研究者的质疑。

(一)结果主义

无论波斯纳是否预料到,强调事实结果反对抽象理论的实用主义司法都注定要遭到非议,只不过矛头最先指向了结果主义。“在法律实用主义最固执的批评者当中,实用主义被认为是一种机会主义的‘结果导向’,除此之外什么也不是。例如大卫·鲁本(David Luban)坚称‘法律实用主义是结果导向的或工具性的’。它着眼于共同体的福利,而不顾法律学说的一致性或统一性。对鲁本而言,法律实用主义几

---

① [美]理查德·A.波斯纳:《超越法律》,苏力译,中国政法大学出版社2001年版,第13页。

② [美]理查德·A.波斯纳:《超越法律》,苏力译,中国政法大学出版社2001年版,第63页。

③ Michael Sullivan and Daniel J. Solove, Can Pragmatism Be Radical? Richard Posner and Legal Pragmatism, *The Yale Law Journal*, Vol. 113, No. 3(December, 2003), p. 693.

④ Douglas Lind, The Mismeasurement of Legal Pragmatism, *Washington University Jurisprudence Review*, Vol. 4, No. 213(2012), p. 266.

⑤ See Michael Sullivan and Daniel J. Solove, Can Pragmatism Be Radical? Richard Posner and Legal Pragmatism, *The Yale Law Journal*, Vol. 113, No. 3(December, 2003), p. 693.

乎允许司法判决中为所欲为，只要结果能够指向共同体的善就可以。”①如果“最好的结果”成为行为合法与否的标准，许多违法行为将需要重新认定，例如战争罪和反人类罪。所以爱泼斯坦讽刺道：“所有这些都表明任何对实用主义感兴趣的人都应该是某种形式的结果主义者，换言之，法律规则或个体行为的好坏应根据它们的结果来衡量。”②

在批评结果主义的声音当中，德沃金尤其引人关注。他先肯定了实用主义的贡献：“在一定程度上，实用主义者的声音也有合理（如果不是振聋发聩）之处。它提醒我们，做事或思考时要尽可能的获取信息，并注意结果。”③随后话锋一转：“我完全确信我关于波斯纳学说的讨论，即他的实用主义形式没有内容，是空洞的，因为波斯纳认为法官应该为了产生最好的结果而审判案件，却没有具体说明法官应该如何审判才能达到最好的结果。”④除此之外，德沃金还指出：“实用主义坚持法官应该总是以一种向前看的、结果主义的风格处理面前的案件。”⑤其潜在的问题是司法判决的“向前看与向后看”之间会存在冲突，法律的稳定性和理性预期会受到威胁。

波斯纳试图用合理性（reasonableness）的概念为自己辩解。“实用主义司法的最终标准仅仅是与社会政策相关的合理性。实用主义者所理解的法律是一种指向社会目标的社会工具。”⑥迫于学界的批评和质疑，波斯纳引入了合理性的概念，结果给自己带来了更大的麻烦。他曾经批评正义、公平等抽象概念含混不清，此时就遭到了报应。“比起

---

① Douglas Lind, The Mismeasurement of Legal Pragmatism, *Washington University Jurisprudence Review*, Vol. 4, No. 213(2012), pp. 214 – 215.

② Richard A. Epstein, The Peril of Posnerian Pragmatism, *The University of Chicago Law Review*, Vol. 71, No. 2(Spring, 2004), p. 649.

③ Ronald Dworkin, *Justice in Robes*, Cambridge: Harvard University Press, (2006), p. 136.

④ Ronald Dworkin, *Justice in Robes*, Cambridge: Harvard University Press, (2006), p. 24.

⑤ Ronald Dworkin, *Justice in Robes*, Cambridge: Harvard University Press, (2006), p. 21.

⑥ Richard A. Posner, Legal Pragmatism, *Metaphilosophy*, Vol. 35, No. 1/2(January, 2004), p. 151.

'公平'和'平等'这些概念,'合理性'一点也不清楚明确,而波斯纳却批评公平、平等'没有明确的含义'。"①或许正是因为"合理性"概念的模糊性,才让波斯纳能够自圆其说。但把法律的"合理性"当成包罗万象的社会合理性标准会令人恐惧。即使在法律中,"合理性"也是容易引起冲突的概念。"判例法中的常见情形是陪审团根据事实问题作出的任何一个裁决都是合理的。同样被允许但也备受指责的是,两个或多个完全不一致的法律理论中任何一个都是合理的。法律的关键是要在其中进行选择。"②波斯纳对此无言以对。

除了"合理性"的问题之外,"波斯纳牌实用主义的根本问题过于强调法官的智力活动,却没有足够重视司法过程形成的法律规则的贡献"。③事实上,无论在英美法还是欧陆法的司法活动中,为了防止法官的专断,都要求法官要尊重法律规则;英美法中有"遵循先例"而欧陆法则是"据法司法"。波斯纳的实用主义司法显然背离了法律规则。"实用主义并没有迫使法官把遵循先例(或服从立法判断)作为一个原则。相应地,德沃金把实用主义视为一种令人忧虑的法律解释,即牺牲原则和整体性来满足'将来最好的结果,而不考虑过去'。在德沃金看来,法律实用主义只给法官提供了一种导向,即'对共同体未来是最好的无论什么判决都可以,不考虑与过去保持一致的价值'。"④如果从这样的趋势继续发展,必然危及整个普通法的秩序,因为法律的理性预期和整体性完全被放弃了,司法活动变成了法官的个人秀场。

波斯纳显然反对这样的批评:"这也存在一种幻象,即实用主义给法官的判决留下了很大余地以致法官能凭借喜好判决。实用主义法官相比形式主义法官更少受到学说和理论的限制。但与形式主义法官一

① Ilya Somin, Richard Posner's Democratic Pragmatism and the Problem of Ignorance, 16 *Critical Review* 1, (Winter,2004),p.7.

② Richard A. Epstein, The Peril of Posnerian Pragmatism, *The University of Chicago Law Review*, Vol. 71, No. 2(Spring,2004),p.643.

③ Richard A. Epstein, The Peril of Posnerian Pragmatism, *The University of Chicago Law Review*, Vol. 71, No. 2(Spring,2004),pp.650 - 651.

④ Douglas Lind, The Mismeasurement of Legal Pragmatism, *Washington University Jurisprudence Review*, Vol. 4, No. 213(2012),p.215.

样，资源的、心理的、制度的制约对实用主义法官也是很大的，并且限制了实用主义法官完美的自我意识的权衡。"①波斯纳想要表达的是，实用主义法官在实践中并非为所欲为，职责要求、立法或宪法修正案都会对其构成限制。那些权力欲很重的人以及非常"政治的"人在法官遴选时都会被排除。即使偶尔出现了一些新案件，没有可资利用的先例时，法官仍不可能在审判中恣意妄为，更为真实常见的办法是用既有先例涵盖新的案例和主张。例如宗教人士把新现象称为奇迹时，科学家却会利用现有的知识来解释新现象，而他们所利用的解释不会对现有的信仰结构产生灾难性影响，他们重新编制信仰结构将新想象所导致的混乱降到最低。法官面对新的洞见和要求同样会尽可能地采取此种办法。这种方法论上的保守性从相反的方面看会保证法律的稳定性，使每个新案件都能通过演绎推理得出结果。②

基于认识论上的保守性，波斯纳认为法官在司法活动能把新问题与"旧知识"勾连起来以便保证司法活动的稳定性，但"什么是最好结果"仍然悬而未决。"如果波斯纳能给我们提供如何评价结果的具体理论，那么该理论，不仅实用主义本身，必然对决定既有案例的判决处理具有根本性的作用……但实用主义的其他理论或本身除了预测结果之外，没法提供可行的结果评估。"③

（二）反理论

波斯纳实用主义的另一罪状是"反理论"，其志同道合者包括他的同事凯斯·桑斯坦，因而德沃金指出："这些学者共同形成了一个反理论、着眼于实际的芝加哥法学派。"④波斯纳对此直言不讳，而且还刻意强调："法律实用主义者不喜欢的理论并不限于抽象的哲学理论，他们

① Richard A. Posner, Legal Pragmatism, *Metaphilosophy*, Vol. 35, No. 1/2 (January, 2004), p. 154.

② See Richard A. Posner, Legal Pragmatism, *Metaphilosophy*, Vol. 35, No. 1/2 (January, 2004), pp. 154 – 155.

③ Ilya Somin, Richard Posner's Democratic Pragmatism and the Problem of Ignorance, *Critical Review*, Vol. 16, No. 1 (Winter, 2004), p. 7.

④ Ronald Dworkin, *Justice in Robes*, Cambridge: Harvard University Press, (2006), p. 51.

也不喜欢宪法教授们所迷恋的较低层次的、但仍旧抽象的理论。这些理论用法律行话中常见的抽象概念,比如公平、正义、自主和平等,来评价判决。"[①]在波斯纳看来,抽象理论除了留下空洞的说教之外,对实际的司法实践没有任何作用。"对波斯纳而言,理论很少有助于实践,因而他一直致力于攻击理论家们。"[②]在《法律与法律理论的疑问》中反对法律理论和道德理论,在《公用知识分子》中认为公共知识分子无助于法律政策和公共政策,甚至认为哲学成为司法活动的障碍,在《法律、实用主义与民主》中用"日常实用主义"论证经济学、社会学等经验科学对司法活动的贡献。质言之,"波斯纳的实用主义核心要义就是反对'神圣性'和'种种概念论'"。[③]

除了反对,波斯纳的实用主义也有建树。"法律实用主义都是经验主义的,因而法律实用主义者对以宪法之名干预社会试验的做法存有保留。相反法律实用主义敌视运用抽象的道德和政治理论处理司法问题。但它绝非敌视所有的理论,法律实用主义对某些理论形式的偏好要多于对法律形式主义的偏好。这些理论会导向经验探索,例如经济学。"[④]"法律的经济分析"甚至被视为他最重要的建树之一。然而该领域的奠基人物罗纳德·科斯却对"法律的经济分析"不以为然。科斯确实倡导经济学关注真实世界中的问题,波斯纳因此把科斯归入了"反理论"的阵营。科斯对此强烈反对:"波斯纳也提到'我讨厌抽象'。这是完全错误的。确实在沃伦·纳特(Warren Nutter)讲座中我说过我们的理论假设应当现实些。'假设中的现实主义促使我们分析现存的世界,而非想象中的世界。'但我继续说:'当然,我们的假设不可能是完全现实的。我们遗漏了一些因素,因为我们不知道如何处理它们。

---

① [美]理查德·A. 波斯纳:《法律、实用主义与民主》,凌斌等译,中国政法大学出版社 2005 年版,第 96 页。

② Michael Sullivan and Daniel J. Solove, Can Pragmatism Be Radical? Richard Posner and Legal Pragmatism, *The Yale Law Journal*, Vol. 113, No. 3(December, 2003), p. 697.

③ Michael Sullivan and Daniel J. Solove, Can Pragmatism Be Radical? Richard Posner and Legal Pragmatism, *The Yale Law Journal*, Vol. 113, No. 3(December, 2003), p. 692.

④ Richard A. Posner, Legal Pragmatism, *Metaphilosophy*, Vol. 35, No. 1/2(January, 2004), p. 152.

我们还排除了一些因素，因为我们无法预知建立一个更为完备的理论值得引入这些因素。例如它们包含非常复杂的分析无法让我们更好地理解将来的情形。再次，其他因素的相关假设并不需要现实化，因为它们毫不相关。如果我们想显示最低工资的实施会导致生产效率较低的工人的失业情况，没有必要精确到对资本征税的具体方式。还有更好的理由说明某人的理论假设不应该完全现实，但这并意味着我们应该脱离现实。’承上所述，我并非讨厌抽象。但抽象的适当程度取决于要研究的问题。我所反对的是不加思考的抽象或者无助于我们理解经济制度运行的抽象。我的目标是把现实作为理论的根基，波斯纳却把我的立场解释为令人难以想象的反理论。这当然是不对的。”①

面对科斯的批评，波斯纳似乎“虽败犹荣”，因为能让科斯老爷子忍不住回应的人毕竟是少数的。也许正是如此，他继续对抽象理论进行攻击。此次遭到反攻的则是芝大的同事爱泼斯坦教授。爱泼斯坦热衷于侵权法理论，因而他的批判就是从侵权法切入。他也按照波斯纳的逻辑，从具体问题入手，然后指出波斯纳“反理论”的谬误。最为典型的批判是他对一个纵火犯的分析。某人放火导致建筑物毁损或人员伤亡，那么纵火者就要承担相应的责任。这是我们通常关于法律行为中因果关系的说法。然而波斯纳的“真知灼见”是：“我们说纵火犯引起了火灾，而不是说火柴或空气中的氧气引起了火灾，因为我们想要纵火犯承担法律责任。”即使我们忽略了他不被允许使用“我们”的自称，那么归责理论作为一种有意义的理论会彻底终结，因为一旦有相反倾向的要求，归责理论就被告为何是实际上的纵火犯或为何任何人都要让他负责的问题难以提供独立的解释。②波斯纳的意思是因果关系在归责之后成立，而不是在归责之前成立，否则法律责任就无从谈起。由于波斯纳根本上是反理论，所以通过理论反驳他绝非明智之举。于

① Ronald H. Coase, Coase on Posner on Coase: Comment, *Journal of Institutional and Theoretical Economics*, Vol. 149, No. 1, (March, 1993), p. 97.

② Richard A. Epstein, A Farewell to Pragmatism, *The University of Chicago Law Review*, Vol. 71, No. 2 (Spring, 2004), pp. 680 – 681.

是爱泼斯坦又举出了另外相似的例子:“如果一个人生了一堆火,第二人给它扇风直到烧了第三个人的房子,谁实施了这个坏行为,理由又是什么?类似问题的案例很多,并经常给出了错误的分析。波斯纳并没有提供一个线索关于如何处理一个具体行为后果引发的结果。”①爱泼斯坦用这个例子说明因果关系理论的复杂性。当我们在建立因果关系的同时,还须考虑某些意外事件,例如不可抗力或第三方的行为。波斯纳似乎对这些分析毫无兴趣,所以爱泼斯坦最后总结说:“部分原因上,我认为他对法律和哲学领域的概念完全没有耐心。”②

除了德沃金、科斯和爱泼斯坦之外,还有学者从概念辨析的角度批评了波斯纳的“反理论”。波斯纳反对抽象理论的主张完全混淆了概念。“他将哲学完全等同于大学中学术部门的工作,进而从整体上反对哲学。然而哲学的实践比学术结构中教授的实践要宽泛的多,甚至学术机构的哲学也绝非那么简单划一。一个人是否是哲学家取决于他的问题和他的著作,不在于他是否在哲学系工作。哲学不是学院哲学家独有的领域;它是为解决现实经验问题而发展出来的智力的、批判的、重构性的方法。哲学是每个人所做的或至少能做的事,不是一个排他的俱乐部而只允许象牙塔中的人参加。因此,尽管哲学的学术实践经常过于严谨和脱离社会问题,但这并意味着哲学应该被放弃。”③波斯纳反理论的另一表现是坚持传统的二元论立场,即理论与实践是分立的,反对用理论来指导实践。从实用主义哲学本身来看,波斯纳是完全错误的。“波斯纳对于实用主义的叙述正如他反对哲学理论一样,部分是对理论与实践关系的实用主义重建存在误解。在理论与实践关系的传统模式下,哲学理论被认为给实践提供了基础。人们应该学习理论然后将其诉诸实践。但诸如杜威这样的实用主义者从来不会期望

---

① Richard A. Epstein, A Farewell to Pragmatism, *The University of Chicago Law Review*, Vol. 71, No. 2(Spring, 2004), p. 681.

② Richard A. Epstein, A Farewell to Pragmatism, *The University of Chicago Law Review*, Vol. 71, No. 2(Spring, 2004), p. 680.

③ Michael Sullivan and Daniel J. Solove, Can Pragmatism Be Radical? Richard Posner and Legal Pragmatism, *The Yale Law Journal*, Vol. 113, No. 3(December, 2003), p. 700.

理论以这样方式进入实践,他们也从来不会假设实践独立于理论。古典实用主义者不接受二元论,而试图让实践更多智力性和批判性,部分原因是他们认为实践具有理论的维度。”①因此波斯纳反对理论其实也预示他在反实践。以杜威式的实用主义者来看,正义、平等之类的概念并不独属于学术界,普罗大众也同样会适用它们,他们甚至会从实践中提炼出种种抽象的概念学说。在这个意义上,“波斯纳实用主义的缺陷很大程度上是因为他把正义、平等、自由仅仅作为空洞的抽象概念,结果他拒绝使用它们。这是一种理论与实践的二分法,它无法支撑日常实践中的保守观念,诸如适当的分配机会和资源。他特别热衷攻击狭隘的学院派哲学理论,波斯纳含混地反对一般概念意义上的哲学问题。但日常实践也存在理论维度;引导性的概念是我们实践的内在概念,并不是抽象的概念。波斯纳式的实用主义把批判性省察局限在现存的实践,从而限制了变革它们的能力”。②

四、波斯纳实用主义对民主的误读

尽管波斯纳对司法的实用主义分析受到批评,但这些批评大多来自法学界的同行,也都集中在法律问题上。当他继续以此分析民主问题时,招致的批评不再局限于法学界,而且批评的力度更加猛烈。

波斯纳把民主分为两类:观念 I 民主是“审议民主”(deliberative democracy)的高级版,杜威的民主观念属于这种;观念 II 民主来源于“精英民主”,熊彼特是这种民主的杰出理论家。经过一番论证之后得出了如下的结论:“观念 II 民主比观念 I 民主更接近实用主义的根

---

① Michael Sullivan and Daniel J. Solove, Can Pragmatism Be Radical? Richard Posner and Legal Pragmatism, *The Yale Law Journal*, Vol. 113, No. 3(December, 2003), p. 701.

② Michael Sullivan and Daniel J. Solove, Can Pragmatism Be Radical? Richard Posner and Legal Pragmatism, *The Yale Law Journal*, Vol. 113, No. 3(December, 2003), p. 714.

基。”①“观念II民主,‘是实用主义者的民主,更为确切地说日常实用主义者的民主’。”②

(一)审议民主的批评与反批评

波斯纳比较了两种民主的观念之后认为,观念I民主也即审议民主是不可行的。“波斯纳强烈坚持审议民主与现实的民主政府相距甚远,也无法通过任何可行的改革而实现。它从根本上说是乌托邦的。”③在《法律、实用主义与民主》一书中,他进行了如下论证:“这是因为审议民主,至少是杜威所设想的那种,同柏拉图的护卫者统治一样纯粹是雄心勃勃而不切实际的。由于一般人口的IQ低于100(但是,这并不是杜威本人,作为一个自由主义这、一个‘湿派’,所愿意提出的观点),由于现代政府面临着高度复杂的问题,由于普通人对于复杂政策问题的兴趣同他们在这方面所具有的天资一样稀少,由于利益集团和差额选举压力对人们选举出来的官员们造成的冲击,期望好的理念和明智的政策可以通过一个被适当称为审议过程从民主政治的智识混乱中产生出来,是不切实际的。”④按照波斯纳的逻辑,可以顺理成章地推出如下结论:“我们从这段引文中能确切地得出两个独立批评。第一个认为审议民主的失败在于公民缺乏足够的政治兴趣;第二个认为,基于当代政治问题的复杂性,公民缺乏从事审议民主的天赋。换言之,审议民主的第一个缺陷是普通公民被要求从事政治活动在一定程度上是不现实的;第二缺陷是当代公民被安排从事审议民主,他们能力有限,只会导致公共审议得出愚蠢的结论。”⑤由此可见,波斯纳认为审议

---

① Michael Sullivan and Daniel J. Solove, Can Pragmatism Be Radical? Richard Posner and Legal Pragmatism, *The Yale Law Journal*, Vol. 113, No. 3(December, 2003), p. 690.

② Michael Sullivan and Daniel J. Solove, Can Pragmatism Be Radical? Richard Posner and Legal Pragmatism, *The Yale Law Journal*, Vol. 113, No. 3(December, 2003), p. 717.

③ Ilya Somin, Richard Posner's Democratic Pragmatism and the Problem of Ignorance, *Critical Review*, Vol. 16, No. 1 (Winter, 2004), p. 9.

④ [美]理查德·A. 波斯纳:《法律、实用主义与民主》,凌斌等译,中国政法大学出版社2005年版,第129页。

⑤ Robert B. Talisse, Deliberative Democracy Defended: A Response to Posner's Political Realism, 11 *Res Publica* 185, (2005), p. 188.

民主不可行的理由是公民没有能力参与政治、没有兴趣参加以及引发社会不稳定。

波斯纳的第一个观点是“人尽其才，物尽其用”。聪明人当然要从事高智商的工作，例如政治活动；普通人的智商太低，无法理解复杂的政治问题，即使勉力参与政治，只会得出荒唐可笑的结论。从这个意义上，波斯纳与柏拉图有相似之处；后者同样认为人的天赋不同，因而才要从事与天分相称的工作。然而波斯纳的这个观点与美国的建国精神背道而驰。“正如凯斯·桑斯坦(Cass Sunstein)所指出的，美国宪法的设计就是要产生一个‘理性的共和国’，它的公民、议员、选举者和政府官员都从事与其职责相关的决定。”①无论在国家层面上还是地方社会层面上，国会议员与地方公民协会的工作并没有太多的差别。换言之，美国宪法从未对公民进行智力上的等级划分，只是区分了不同的工作职能。波斯纳却认为“提倡观念I民主如同上天揽月”，毕竟审议活动本身对智力和抽象能力都有相当高的要求；而美国社会又是“极其无教养的社会”，公民“很少对抽象问题感兴趣”，所以普通公民过于无知而无法驾驭审议民主。这个说法受到了实证研究的有力反驳。“詹姆斯·菲什金(James Fishkin)的审议投票实验和约翰·加斯蒂尔(John Gastil)关于公民陪审团的相关研究表明，公民不仅有能力理性地讨论重大问题，而且他们的意见和选举行为能够与信息变化程度保持协调。更为重要的是，菲什金的实验参与者发现公共审议的经验是有价值的，令人满意的。而且其他的数据表明，审议投票实验的参与者更有可能参与未来的政治活动。”②因此，“公民没有能力参与政治”的说法在实践中完全被证伪了。

波斯纳反对审议民主的第二理由是公民没有兴趣参与政治活动。“审议民主的失败在于它不合理地要求公民对政治问题拥有足够的兴

① Robert B. Talisse, Deliberative Democracy Defended: A Response to Posner's Political Realism, 11 *Res Publica* 185, (2005), p. 189.

② Robert B. Talisse, Deliberative Democracy Defended: A Response to Posner's Political Realism, 11 *Res Publica* 185, (2005), p. 190.

趣并促使他们公开审议。”①波斯纳的意思是政治充满了尔虞我诈,报纸、电视等新闻媒体沦为政治宣传的工具和帮凶,所以公民对政治家保持戒心,也对政治活动保持冷眼旁观。“如果波斯纳的这个说法能成立,那么为何伪善和修辞是必要的。或者说,审议的自我形象或许仅仅是修辞的或战略设计,但它的流行也显示了其有效性。这种有效性则表明审议形象对公民的正面作用。”②由于现代媒体行业的竞争压力,报纸、电视或网络一旦沦为政治宣传的工具,那它在行业市场也会随之丧失竞争力,因而媒体也会履行揭露事实真相、曝光政治丑闻等监督职能。但波斯纳只看到政治修辞消极的一面,忽略了它积极的一面。退一步说,“缺乏参与政治的兴趣”并非人天性如此,而是社会制度造就了公民的政治冷漠。真正的实用主义是解决问题的,而不像波斯纳那样看热闹。“实用主义者试图理解美国政治生活的结构如何影响人们的政治参与。相反考虑当前已有的‘现实’,实用主义者通过不同的方式加强政治参与的意义。政治活动的匮乏或许不是对政治缺乏内在的兴趣;可能是缺乏方式以应对公共生活中的意义。一个实用主义的方式将集中并承认需要创造适合人们参与政治的条件。”③可见波斯纳是一个选择性的实用主义者。

波斯纳批评审议民主的第三理由是导致社会的不稳定。“由于美国社会在意识形态上的多元化,宗教根基和道德根基处于深刻的分裂之中,审议政治会‘使它们成为公开的对立’而易于引发不同信念之间的冲突。”④审议民主中各方的讨论涉及各自的意识形态、宗教信仰、道德基础等问题。审议民主的参与者会加剧这些冲突,从而引发不稳定和社会混乱。“那么审议民主就是不可取的,因为它把当前隐性的冲

① Robert B. Talisse, Deliberative Democracy Defended: A Response to Posner's Political Realism, 11 *Res Publica* 185, (2005), p. 191.

② Robert B. Talisse, Deliberative Democracy Defended: A Response to Posner's Political Realism, 11 *Res Publica* 185, (2005), p. 192.

③ Michael Sullivan and Daniel J. Solove, Can Pragmatism Be Radical? Richard Posner and Legal Pragmatism, *The Yale Law Journal*, Vol. 113, No. 3 (December, 2003), p. 725.

④ Robert B. Talisse, Deliberative Democracy Defended: A Response to Posner's Political Realism, 11 *Res Publica* 185, (2005), p. 193.

突诱发成公开的敌对。”[①]在这个意义上，波斯纳把政治竞争视为一场你死我活、两败俱伤的斗争。他的论据是桑斯坦关于群体极端化的研究。桑斯坦认为，在一个需要集体做决定的活动中，志趣相投的人经过一番讨论之后易于达成一个较为极端的结论。波斯纳继而认为：“‘商业让人紧密团结’，‘审议使人彼此分离’，因为‘志趣相投的人一起审议易于引发部分成员更极端的观点，因为他们有着更加明确的观点’。因此审议结果‘使得具有不同意识形态的集体更加彼此分离，公共意见两极分化’。”[②]他显然曲解了桑斯坦（他也曾曲解了科斯，引发后者激烈地批评）。“桑斯坦的发现表明，志趣相投的集体审议因缺乏反对声音，从认识论上是不稳定的——他们易于集中而走向更大的极端。当有新理由、证据或论证出现时却不会发生这种情况。”[③]桑斯坦强调在缺乏批评者和异议者时，审议政治的集体成员易成为极端人物中的一员，才会得出一个比他们审议之前更为极端的结论，但审议政治恰好存在反对方才会避免上述的问题。“正如桑斯坦所建议的，为了避免对立的极端者发生了冲突，我们必须更加发展审议政治。”[④]也就是给更多的反对派和异议者提供表达言论的集会。这不能只靠法律来保证，更需要培养一种文化氛围。“当然桑斯坦认为通过法律来干预并不是有效的；他认为‘一个行之有效的民主要有言论自由的文化，不仅是法律对言论自由的保护’。言论自由的文化要求公民展现‘一系列态度’，例如‘思想独立’、‘挑战流俗观念的意愿’、‘准备倾听那些不被正常思想接受的言论’。因此桑斯坦承认审议民主不仅仅是一种程

---

① Robert B. Talisse, Deliberative Democracy Defended: A Response to Posner's Political Realism, 11 *Res Publica* 185, (2005), p. 193.

② Robert B. Talisse, Deliberative Democracy Defended: A Response to Posner's Political Realism, 11 *Res Publica* 185, (2005), p. 193.

③ Robert B. Talisse, Deliberative Democracy Defended: A Response to Posner's Political Realism, 11 *Res Publica* 185, (2005), p. 194.

④ Robert B. Talisse, Deliberative Democracy Defended: A Response to Posner's Political Realism, 11 *Res Publica* 185, (2005), p. 195.

序,更对公民有要求,尤其要求公民发展适当的认知习惯。”①可见波斯纳像曲解科斯一样再次曲解了桑斯坦。

综上所述,波斯纳认为参与审议民主的公民能力有限,而且毫无兴趣。即使兴趣相投的人聚在一起,只会造成更加极端行动,因此审议民主在实践中是不可行的,是乌托邦的。他对审议民主的实用主义分析,被逐一批驳之后没有一个能够站得住脚。

(二)反驳“观念 II 民主”

观念 II 民主以熊彼特的“精英民主”为根基。相比观念 I 民主,波斯纳认为观念 II 民主更好地描述了当前美国的政治制度,也立足现实,是自下而上的、实用的。它保证了私人追求自我利益,维持政治稳定;它不是自治的,而是由公民选举的官员来治理的。如果官员渎职,大众最终会迫使其离开岗位。最后,“波斯纳的结论是,实用主义者应该拥护观念 II 民主,因为它比观念 I 民主更加现实、更加实践,也能更好地发挥作用”。②在批评者看来,“波斯纳正当化观念 II 民主的方式并不是实用主义的,因为它不仅与波斯纳自己的实用主义不一致,更与古典实用主义者的某些核心概念相背离”。③

波斯纳指出,日常实用主义意味着“实践的、务实的,不被观念背后的空想幻觉所愚弄”,观念 II 民主完全符合它的内在要求;观念 II 民主来自于熊彼特的精英理论,波斯纳则认为“熊彼特也是实用主义者”。以上结论能否成立要看作者的论证。精英理论承认“人本性是不平等的”,因而主张政治活动由专家而不是普通人来实施。波斯纳由此推演出,“社会由狼和羊组成。狼是天生的领袖。狼在每个社会都身处高位。政治的挑战就是提供一条通往高位的途径,让狼不再通过暴力、篡

---

① Robert B. Talisse, Deliberative Democracy Defended: A Response to Posner's Political Realism, 11 *Res Publica* 185, (2005), p. 195.

② Michael Sullivan and Daniel J. Solove, Can Pragmatism Be Radical? Richard Posner and Legal Pragmatism, *The Yale Law Journal*, Vol. 113, No. 3 (December, 2003), p. 718.

③ Michael Sullivan and Daniel J. Solove, Can Pragmatism Be Radical? Richard Posner and Legal Pragmatism, *The Yale Law Journal*, Vol. 113, No. 3 (December, 2003), p. 692.

夺、征服和压迫就能光明正大地获得高位”。[①]波斯纳继续道:“熊彼特的民主理论是现实主义的,因为它承认这些人的存在。无论政府结构如何,他们都将成为统治者。”[②]在“天生的领导者”问题上,按照波斯纳的逻辑,狼与羊的区别是与生俱来的,社会无法让羊成为统治者而狼成为被统治者,反之亦然,所以只能承认它们的先天身份。换言之,天生的统治者就是“龙生龙凤生凤”。但波斯纳又强调个人才能也需要特定环境的辅助。“实用主义者的取向是历史主义的而非永恒的,他们会反对如下的说法,即从历史上看,好法官的特质是一成不变的。正是约翰·马歇尔法官的诸多特质与他所处的多变历史环境之间的完美结合,造就了他的成功与伟大。”[③]这样一来,他一方面认为“天生的英雄”,另一方面又认为“时势造英雄”,其逻辑矛盾毫无疑问。即使原谅他的这个矛盾,“社会中每个人都被归类为‘狼’和‘羊’的说法是非常草率的。波斯纳的结论并没有社会学或经验上的支持。它显然是波斯纳式形而上学的一部分,即人类从本质上就是狼或羊中的一种”。[④]

波斯纳认为观念Ⅱ民主比观念Ⅰ民主更符合美国当期的民主现实,甚至是“罗马帝国以来最成功的政治制度”。它成功的关键是促成了一系列目标的实现,例如私人花费少量的钱可以追求利益,惩罚渎职官员,确保公职的有序更迭等。总之,它能够“(1)促进人民自由地追求他们的私人利益;(2)促进政治的稳定性”。[⑤]在波斯纳看来,稳定的社会才能保证人们在自由市场下自主地追求个人利益,也能保证人们不受权力的侵害。他通过观念Ⅱ民主要论证经济生活优于政治生活。

---

① [美]理查德·A.波斯纳:《法律、实用主义与民主》,凌斌等译,中国政法大学出版社2005年版,第217页。

② [美]理查德·A.波斯纳:《法律、实用主义与民主》,凌斌等译,中国政法大学出版社2005年版,第218页。

③ [美]理查德·A.波斯纳:《法律、实用主义与民主》,凌斌等译,中国政法大学出版社2005年版,第111页。

④ Michael Sullivan and Daniel J. Solove, Can Pragmatism Be Radical? Richard Posner and Legal Pragmatism, *The Yale Law Journal*, Vol. 113, No. 3(December,2003),p. 722.

⑤ Michael Sullivan and Daniel J. Solove, Can Pragmatism Be Radical? Richard Posner and Legal Pragmatism, *The Yale Law Journal*, Vol. 113, No. 3(December,2003),p. 730.

换言之,自由市场具有正面意义、优先的地位,因而商业活动和私人生活不仅创造财富和幸福,也能产生和平,两者还可以相互促进。"商人最不想做的事情就是同顾客争论根本性的问题。这种争论会挑战人们的生活方式,从而使人们不安。市场可以使相互格格不入的陌生人彼此平和交易;而表面化的关系是同陌生人交易的最有建设性的基础。"①与商业生活相比,政治活动"经常是一个零和(zero-sum)或负和(negative-sum)博弈。经济竞争更有可能是一个正和(positive-sum)博弈"。②所以政治生活是令人不快,具有破坏性的,就像某种战争,相反市场行为却是建设性的、鼓舞公民关系的。如果上述说法能够成立,那么自由市场对政治的贡献何在呢?波斯纳对此保持沉默,因此批评者认为,"波斯纳错误地假设了商业生活与政治生活的二分法,把市场视为自足的天堂,事实上市场总是与政治轇輵不清"。③

从古典实用主义,尤其杜威的实用主义来看,波斯纳正当化观念II民主的方式完全背离了实用主义的主张。古典实用主义者强调民主参与的重要性,因为它能促进社会共同体共享某些价值。"民主参与的价值是教育大众,使他们承认共同利益,并把自身视为共同体的一员。"④但波斯纳却认为:"如果参与不是为了个人的自我利益,那么参与将毫无价值。"⑤在观念II民主的问题上,古典实用主义者也有明确的立场:"杜威式的民主并不反对精英,只要他们能扮演好引导和建议

---

① [美]理查德·A.波斯纳:《法律、实用主义与民主》,凌斌等译,中国政法大学出版社2005年版,第40页。

② [美]理查德·A.波斯纳:《法律、实用主义与民主》,凌斌等译,中国政法大学出版社2005年版,第206页。零和博弈指博弈论中的一个概念,指的是在严格的竞争下,一方获益意味着另一方受损,博弈各方的收益和受损相加总和为零;负和博弈指最终总和为负,造成"两败俱伤"的结果;正和博弈指两方利益增加,或至少一方利益增加而另一方利益未受损。凌斌的译文未将这一术语译出。

③ Michael Sullivan and Daniel J. Solove, Can Pragmatism Be Radical? Richard Posner and Legal Pragmatism, *The Yale Law Journal*, Vol. 113, No. 3(December, 2003), p. 731.

④ Michael Sullivan and Daniel J. Solove, Can Pragmatism Be Radical? Richard Posner and Legal Pragmatism, *The Yale Law Journal*, Vol. 113, No. 3(December, 2003), p. 736.

⑤ Michael Sullivan and Daniel J. Solove, Can Pragmatism Be Radical? Richard Posner and Legal Pragmatism, *The Yale Law Journal*, Vol. 113, No. 3(December, 2003), p. 736.

公众的角色，而不是将公众参与减到最低。因而知识分子要避免自说自话的讨论，尝试涵盖范围更广的公共议题。"①但波斯纳对古典实用主义者的主张完全弃之不顾，唯有让精英发出响彻宇宙的声音，普通人自然就是"沉默的大多数"。"波斯纳的观念Ⅱ型民主理论成了民主现实主义的标准形式。"②在波斯纳看来，公民不太关注政治，他们不太聪明，对政治讨论毫无兴趣，因而"民主最好被认为是'消费者主宰的'市场，那些'天生的领导者'会从'绵羊'那里竞争选票"。③所有的政治活动都是基于现实的考虑，"政治争论仅仅是修辞上讨价还价，政治讲演仅仅是蛊惑人心，政治评论仅仅是盲目的利益表达，政治行动仅仅是偏好的表现"。④波斯纳对观念Ⅱ民主的讨论不仅与古典实用主义有很大距离，更与他的日常实用主义背道而驰。"尽管日常实用主义反对宏大理论、学术抽象和中立的预测，却成为民主现实主义尴尬的盟友。民主现实主义是否能成为一种可行的政治理论仍有争议，但无论何种意义上，它都不是波斯纳意义上的实用主义理论。"⑤

五、结论

波斯纳作为联邦法院第七巡回区的法官，同时身兼芝大法学院的教授，也是美国法学界引证率最高的学者之一。在芝大的暑期班上，尽管他对中国的法治民主状况发表了看法，但他也坦承自己对中国问题

---

① Michael Sullivan and Daniel J. Solove, Can Pragmatism Be Radical? Richard Posner and Legal Pragmatism, *The Yale Law Journal*, Vol. 113, No. 3(December,2003),p. 739.

② Robert B. Talisse, Deliberative Democracy Defended: A Response to Posner's Political Realism,11*Res Publica*185, (2005),p. 196.

③ Robert B. Talisse, Deliberative Democracy Defended: A Response to Posner's Political Realism,11*Res Publica*185, (2005),p. 196.

④ Robert B. Talisse, Deliberative Democracy Defended: A Response to Posner's Political Realism,11*Res Publica*185, (2005),p. 197.

⑤ Robert B. Talisse, Deliberative Democracy Defended: A Response to Posner's Political Realism,11*Res Publica*185, (2005),p. 198.

就是个“门外汉”。①其潜台词是他针对中国的那番评论就是“说说而已,不要当真”。说者虽无心,听者却有意。再次表明他在中国的影响力,结果其学说中值得反思之处,也在中国被故意地回避了。

波斯纳声称自己的“波斯纳牌实用主义”与哲学实用主义没有太大关系,而与“日常实用主义”关系密切;后者的核心要义是“务实的、不空谈的,蔑视抽象理论和智力上的造作,轻视道德化的人和乌托邦空想者”。他以此为基础形成了他的实用主义司法学说和实用主义民主思想。他的司法学说重视结果,反对抽象理论。这样的主张受到了全面的批评,尤其是德沃金、科斯、爱泼斯坦等分别指出其存在的问题。他用日常实用主义分析两类民主概念,即“观念Ⅰ民主”和“观念Ⅱ民主”。前者也称为“审议民主”,是不现实的、乌托邦的,并从三个方面解释了原因;后者也称为“精英民主”,完全符合美国的现实需要。经过仔细的分析,观念Ⅰ民主不适合美国的三个理由完全不能成立,而他对观念Ⅱ民主的论证又背离了实用主义宗旨,落入了民主现实主义的窠臼。

本文通过对波斯纳牌实用主义学说的批判性分析,主要针对中国如火如荼的“波斯纳研究”反思其理论上的局限,可以让我们更加全面地认识他的学说。然而波斯纳的学说在美国法学界占有多大的份额,能否代表美国法律研究的主流以及在美国的司法实践中有多大解释力等问题都没有涉及,以待未来的研究。

---

① [美]理查德·A.波斯纳:“法律经济学与法律实用主义”,陈铭宇译,载《北大法律评论》2013年第14卷第1辑。

《法律和社会科学》(2013)
第12卷,第305~320页

从波斯纳到科斯的回归

吴建斌*

摘要:科斯与波斯纳均为法律经济学说史上的标志性人物。无论从历史的还是逻辑的角度考察,法律经济学均是沿着从科斯到波斯纳的轨迹展开的。但因后者将前者含有“局限条件下合约选择”的科斯定理本源思想,简化为价高者得、赢者通吃的权利优化配置进路,并对我国法律人产生广泛而深刻的影响,其正当性和解释力也备受诟病,故很有必要提倡从波斯纳到科斯的回归,以澄清法律经济学理论的本来面目,进而更好地发挥其在解释中国法律问题上的积极作用。

一、引言

“立法应有促进社会经济发展的作用”,“司法力求兼顾法律效果与社会效果的统一”。这些隐含

---

* 南京大学法学院教授、博士生导师。电子信箱:wjb4898@163.com。基金项目:教育部人文社会科学研究规划基金项目(11YJA820083),江苏省社科基金重点项目(11FXA002),南京大学“985”三期基金项目。

着朴素的法律经济学思想的法律政策导向,早已为国人所熟知。近年来,司法解释、指导性案例以及个案裁判体现法律经济学思想的例证也不少。前者如最高人民法院《关于适用〈中华人民共和国公司法〉若干问题的规定(二)》有关公司清算义务人责任的界定。该院资深法官著书解读时阐述道:“清算义务人及其民事责任的确立,除了有事后救济的价值外,更多的价值在于警示、引导作用。清算义务人在对借解散逃废债务(后果是承担上述清算义务人民事责任)和依法清算了结公司债务(享受有限责任庇护)进行利益权衡的基础上自行作出对其有利的抉择(隐含着理性经济人利益最大化选择的经济学思想——笔者注)。因此,无须担心对清算义务人责任追究力度过大而损害其权利(实际上此时不存在清算义务人的权利问题)。”[①]中者如最高人民法院指导案例10号“李建军诉上海佳动力环保科技有限公司公司决议撤销纠纷案”。[②] 该案中董事会成员均由股东兼任,原告持股比例46%为第一大股东并担任总经理,但因另外两个股东兼董事联手通过董事会决议解聘其经理职务引发董事会决议撤销之诉。终审法院认定解聘理由是否成立并不影响解聘决议本身的效力(当然域外法也有同样法例),原告并无不受解聘之权,故改判驳回起诉,产权界定明晰。最高人民法院指导案例15号“徐工集团工程机械股份有限公司诉成都川交工贸有限责任公司等买卖合同纠纷案”,[③]则将现行《公司法》有关股东滥用公司人格的公司法人格否认规则,类推适用于姊妹公司法人格混同的情形,以便衡平保护债权人的合法权益。后者的例子更多。比如,2013年4月下旬上海市第一中级人民法院对轰动一时的上海外滩地王股权

---

① 奚晓明主编:《最高人民法院关于公司法司法解释(一)、(二)理解与适用》,人民法院出版社2008年版,第336~338页。

② 参见2009年12月8日上海市松江区人民法院(2009)松民二(商)初字第1052号民事判决书;2010年9月1日上海市第一中级人民法院(2010)沪一中民四(商)终字第1302号民事判决书。

③ 参见2011年4月10日江苏省徐州市中级人民法院(2009)徐民二初字第0065号民事判决书;2011年10月19日江苏省高级人民法院(2011)苏商终字第0107号民事判决书。

纠纷案作出一审判决,①认定被告之间签订的股权转让合同,因合同标的为持有原告享有股东优先购买权的公司股权的公司股权、规避了《公司法》第72条有关股东优先购买权的规定、“以合法形式掩盖非法目的”而无效。该案的判决词充斥着法律经济分析的内容,只是理解上出现重大偏差,需要重新审视而已。

有鉴于此,我国当今法学研究不能停留于要不要承认法律经济学的应有地位,以及探讨它是否适应中国特定环境的问题。法律经济学已经渗透到立法、执法、司法等各个环节,成为法律人无法回避的一种显学。我们甚至常常会不经意地听到很多深受大陆法国家法学传统熏陶的学者随口说出一堆法律经济学的术语词汇。不过,法律经济学在中国不但应用效果并不尽如人意,而且社会各界对此仍是褒贬不一,误解误用的情况随时可见。前些年有的著名学者的认知偏差就尚未澄清;②近来也有年轻学者根据波氏晚近逐渐减少运用法律经济学方法的动态,推断波斯纳版本法律经济学本身不具有普适性,进而怀疑其对

① 具体案情参见2013年4月23日上海市第一中级人民法院(2012)沪一中民四(商)初字第23号“浙江复星商业发展有限公司诉上海长烨投资管理咨询有限公司等六被告股权转让合同纠纷案”民事判决书,载 http://www. a – court. gov. cn/platformData/infoplat/pub/no1court_2802/yzy/2012m4sc23. htm,最后访问时间2013年5月5日。其中原告浙江复星商业发展有限公司、案外人复地(集团)股份有限公司(港交所代码02337,2011年1月退市)和案外人复星国际有限公司(港交所代码00656)为关联企业。被告上海长烨投资管理咨询有限公司、被告上海长昇投资管理咨询有限公司和案外人SOHO中国有限公司(港交所代码00410)为关联企业;被告上海证大置业有限公司、被告上海证大五道口房地产开发有限公司和案外人上海证大房地产有限公司(港交所代码00755)为关联企业;被告浙江嘉和实业有限公司、被告杭州绿城合升投资有限公司和案外人绿城中国控股有限公司(港交所代码03900)为关联企业。

② 典型的如苏力:“‘秋菊打官司’案、邱氏鼠药案和言论自由”,载《法学研究》1996年第3期;苏力:“‘海瑞定理’的经济学解读”,载《中国社会科学》2006年第6期。拙文(“科斯法律经济学本土化路径重探”,载《中国法学》2009年第6期)对此曾有评述,但在法学界仍未形成共识。

于中国现实问题的解释力。① 当然,这一看法还得到了波斯纳本人演讲的佐证,而问题的症结何在却仍是认识不一。② 2013年4月底南京大学法学院举办的经济法沙龙"从科斯到波斯纳——关于法律经济学的反思与对话"上,更有数位教授直指法律经济学的不科学性。有人甚至明确表示在今后的法学研究中不会吸收运用该种方法。这种理论热点所遭遇的现实冷遇,似乎有点出人意料,但又并非毫无缘由。以我之见,它多少与国内法律人深受波斯纳的影响,而更为本源的科斯理论受到忽略甚至冷落有关。③ 这导致在我国法律人眼里,少有张五常所概括的"局限条件下合约选择"的科斯法律经济学思维习惯,而波斯纳价高者得、赢者通吃的权利优化配置的进路印记深刻。这种蕴含着强权政治或者社会达尔文主义倾向的所谓法律经济学思想,在面对来自社会各界的广泛指责时,法律经济学信奉者不能不陷入捉襟见肘、无言以对的尴尬境地。因此,很有必要提倡从波斯纳到科斯的回归,以澄清法律经济学理论的本来面目,进而更好地发挥法律经济学在解释中国法律问题上的积极作用。有谚云:不能将孩子与脏水一起泼掉。去除污垢一身洁净的孩子会更加茁壮地成长。

本文分为五个部分,首先以引言提出问题;其次以典型案例说明法律经济学在最新公司纠纷案件裁判中的误解误读;再次重新梳理法律经济学的本源思想;复次比较分析波斯纳套路与科斯范式的不同之处;

---

① 参见艾佳慧:"当法律经济学'遭遇'中国问题——梳理与挑战",载《南京大学学报》(哲社版)2013年第3期;艾佳慧:"单向度的还是互动的法律经济学?——与波斯纳法官的跨洋对话",载《北大法律评论》第14卷第1辑,北京大学出版社2013年版。

② 参见[美]理查德·A.波斯纳:"法律经济学与法律实用主义",陈铭宇译,《北大法律评论》第14卷第1辑,北京大学出版社2013年版。

③ 科斯理论自1937年发表《企业的性质》以后被埋没数十年,其本身也有生不逢时的原因。科斯形成其交易成本决定制度选择的基本思想时,20世纪30年代大危机尚未发生,而其成文的1934年凯恩斯《就业、利息和货币通论》也未面世。1936年凯恩斯著作甫一出版就引起巨大轰动并吸引了无数人的目光,翌年发表的科斯论文不为人注意,当在情理之中。而1960年的《社会成本问题》则将主要目标对准更早一些的庇古理论,凯恩斯主义主张的国家干预理论所导致的"政府失灵"弊端未能充分显现,科斯本身也对其着墨不多,故很难为世人所普遍理解。20世纪70年代石油危机后西方各国纷纷陷入"滞涨"泥潭,以及威廉姆森、德姆塞茨、张五常等人的后续研究逐渐发现其理论的普世价值,并广泛传播开来。

最后以结语结束全文。

二、法律经济学裁判考量的重新审视

尽管我国各级法院用法律经济学思维裁决的案件不少，应用得当的例子却并不常见。完全理解错误而又得到学界赞赏的有前引《秋菊打官司》的官司一审判决；①有关"小肥羊"商标权纠纷案也可以归入缺失局限条件的权利优化配置进路思维的裁判，因获权人未向失权人作出补偿而招致非议。② 限于篇幅，本文不能一一展开分析，而仅以前述上海外滩地王股权纠纷案判决中的法律经济学考量为例进行探讨。

该案原被告双方涉及前引所示五家内地香港联合交易所（以下简称港交所）上市公司的七家关联企业，争议标的额高达数10亿元人民币。详情可查阅前述法院判决书原文，以及笔者另文《"上海外滩地王案"的二维解析》未定稿。当事人双方围绕持有2010年上海外滩地王项目全资控股公司上海海之门房地产投资管理有限公司（以下简称海之门公司）50%股权的股东公司的股权转让合同的效力展开讼争。原告原先持有海之门公司50%股权居于实际控制地位，其余50%股权分别为其他三家公司持有并有意整体转让，而原告仅愿意部分受让并压低价格，第三方港交所上市公司SOHO中国旗下的公司有意整体受让。为避开原告的股东优先购买权给交易带来的法律障碍，交易双方实际签订股权转让合同的标的并非海之门公司股权，而是持有该公司股权

---

① 后来2010年10月张艺谋携《山楂树之恋》参加韩国釜山国际电影节之余作讲座时，也坦承："《秋菊打官司》和《一个都不能少》用了很多偷拍的镜头，如果是现在恐怕不行。中国讲法治了，老百姓莫名其妙发现自己出现在电影里，估计会告我们。那时还不太有关于肖像权的讨论。"参见"张艺谋釜山开课 直言对中国文学现状不满"，载http://ent.sina.com.cn/m/f/2010-10-09/04313106753.shtml，最后访问时间2013年5月26日。

② 参见凌斌："肥羊之争：产权界定的法学和经济学思考"，载《中国法学》2008年第5期。

的转让方公司股权。据SOHO中国在港交所公告披露,交易双方通过《框架协议》、《框架协议之补充协议》以及《股权转让协议》的约定,最后由长昇公司受让持有海之门公司另外50%股权的被告证大五道口、绿城公司全部股权,并剥离该两个公司其他资产以实现单独间接持有海之门公司其余50%股权的目的,有关股权过户登记手续业已完成。

原告并未诉请行使股东优先购买权,而是诉请确认前述股权转让合同无效并恢复证大五道口、绿城公司在海之门公司的股东地位。原审判决认定被告在"交易前,海之门公司的原有股权结构实际由三方核心利益集团构成,即原告所属方持有50%,被告证大五道口所属方持有40%,被告绿城公司所属方持有10%。原告处于相对控股地位,海之门公司内部的人合性、股权结构的合理性、股东之间的信赖关系相对稳定,经营管理相对正常"。交易发生后,仅从形式上研判似乎并不违法。但"从交易行为的实质上判断,上述交易行为——最终结果直接损害了原告的利益,即原告对于海之门公司的相对控股权益受到了实质性地影响和损害。海之门公司股东之间最初设立的人合性和内部信赖关系遭到了根本性地颠覆"。系争交易绕开"股东优先购买的法定程序……完全规避了法律赋予原告享有股东优先购买权的设定要件,通过实施间接出让的交易模式,达到了与直接出让相同的交易目的……客观上确实剥夺了原告对于海之门公司另50%股权的优先购买权。"并以事实认定部分没有质证确认的情节,"目前双方对于海之门公司的董事会成员改组事宜已经发生争议",推导出"各持50%的股权结构的不利因素已经初见端倪。海之门公司未来的经营管理和内部自治的僵局情形也在所难免"。进而断定,"显然,上述交易后果的发生,不利于海之门公司以及项目公司的实际经营和运作,也难以保障外滩8-1地块项目的正常开发"。最后,原审判决以《合同法》第52条第3项有关"以合法形式掩盖非法目的"的合同无效规定为依据,认定"被告之间关于股权交易的实质,属于明显规避了《公司法》第72条之规定……应当依法确认为无效"。

该案所遇到的特殊问题是，被告之间的股权转让合同并未直接侵害原告的股东优先购买权，但对原告的该项法定权利造成了实际影响。依循传统的法律解释学推理方式判决驳回原告诉请，会导致原告的“损害”无法得到有效救济的不公平结果。有的律师还向记者表达了更多的担忧：“如果这种设计不受制约，《公司法》关于原股东优先（购买）权的规定就形同虚设了。”①照此理解，被告的行为除了损害原告的权益之外，还会破坏现行法制秩序，具有更大的负外部性，故须予以制止。也即无论在主审法官还是部分律师眼里，该案均有一个预设前提：原告控股地位是合法且不可动摇的；被告之间市场交易的结果即使仅改变目标公司海之门公司中转让方股东公司的股权归属，并不涉及原告享有优先购买权的股权的变更，也是损害原告合法权益的非法行为。但这是错误的。因为该案中原告的行为以及法院判决其胜诉的结果，也会对被告造成损害，甚至打乱已经履行完毕的股权转让合同所形成的经济秩序。即出现了科斯 1960 年《社会成本问题》中早已关注并详细论证过的损害交互性问题。按照科斯的理解，不能如庇古那样单方面考虑如何制止被告，必须决定的真正问题是究竟允许谁损害谁。在该案中，是允许被告损害原告，还是允许原告损害被告，关键在于如何避免较为严重的损害。确定谁有损害权利之所以重要，是因为它直接决定交易的合法性以及排除受质疑遭否定的可能性，以免花费更大的社会成本，也决定讼争案件的胜负。

本来，该案实质为原告依据《公司法》第 72 条提起的股东优先购买权确认之诉。从传统的法律解释学角度判断，因前述被告之间达成的交易标的并非原告享有优先购买权的股权，故原告的诉请不应得到支持。原告似乎意识到上述诉讼思路的法律障碍，故转而提起无效合同确认之诉，同时附加恢复原状的诉讼请求。但其要想获得胜诉的结果，同样须证明被告之间的股权转让合同不但违法而且无效。原审判决适用前述《合同法》的规定，是冒着易遭诘难的风险的。该案判决词

① 陈姗姗、曾新达：“郭广昌潘石屹外滩地王舌战：母协议或成关键”，载《第一财经日报》2012 年 12 月 3 日版。

也没有充分阐述被告的交易为何形式合法而目的非法。事实上的确难以证明被告的交易有什么非法目的,笔者另文甚至主张其形式和目的均无非法之处。故判决词只好用较多的篇幅论证被告的交易客观上导致原告无法行使股东优先购买权,目标公司海之门公司的股权结构在表面上并未改变,实际上发生了间接变化,原告控股地位不保,公司治理格局受到影响,甚至有陷入公司僵局之虞。但这种在市场竞争中通过自愿交易价高者得的优胜劣汰机制形成的股权格局的变动,就一定因其损害了原告的某种权益。或者导致原告不利益而不具有正当性,从而非要以法院裁决加以否定吗?答案也许是否定的。我们不能撇开个案本身的是非曲直、合法非法的前提条件,简单地以该案裁决书所采取的立场,预设维持原告控股地位就能实现权利配置最优化;或者相反,因受让方出价较高就不顾原告既有的合法权益,而是应当首先判断通过什么样的配置方式取得权利其合法性正当性如何,界定应受法律保护的权利边界,然后再决定将讼争的权利配置给哪一方,诉讼当事人谁输谁赢。个案裁决必须尊重当事人的选择以及市场竞争的结果,而不能轻易地裁决否定通过正常的市场交易形成的权利(资源)配置结果。这就涉及仅仅将法律经济学理解为单纯的效率最大化进路,还是局限条件下合约选择的基本方法。

三、法律经济学的理论内核

科斯与波斯纳均为法律经济学说史上的标志性人物。无论从历史的还是逻辑的角度考察,法律经济学均是沿着从科斯到波斯纳的轨迹展开的。但正如前述,因后者将前者含有“局限条件下合约选择”的科斯定理本源思想,[①]简化为波斯纳定理所倡导的价高者得、赢者通吃的

① 笔者另文有过简要归纳。参见吴建斌:“探寻法律人化解法律经济学难题的蹊径”,载《南京大学学报》(哲社版)2013 年第 3 期。

权利优化配置进路,①并引发了诸多负面效应,故有必要重新理解和认识法律经济学的理论内核。

波斯纳定理表面上似乎与科斯有关冲突权利有效配置的原创性思想十分相近,②实际上两者有着本质性区别。科斯获得诺贝尔经济学奖的成就为交易成本理论和产权经济学两方面的开创性研究。他通过间隔23年先后发表的《企业的性质》、《联邦通讯委员会》以及《社会成本问题》论证其一以贯之的思想,即市场合约交易安排、企业科层结构设计、政府及其所代表的行政管制、立法安排、司法裁决。这均是理性经济人在局限条件下基于不同成本和效益考量的行为选择,不能从一般意义上笼统地谈论不同制度安排的好坏优劣,而须针对实际情况周延考虑各种影响因素,从总体的、边际的和替代的不同角度进行详细分析后,才能得出符合实际的可行结论。具体而言,1937年《企业的性质》最大的理论贡献在于揭示了新古典经济学所没有纳入分析框架的交易成本是企业与市场之间替代关系的内在原因,两者之间的边界(边际、切点、临界点)也是可以确定的。1959年的《联邦通讯委员会》一文,则论证了产权界定的极端重要性,并提出了在当时乃至今天仍为多数人接受,并为几乎所有国家所采纳的具有稀缺性及效益性特征的无线电频率分配行政管制体制并非必要也可能并不适当,而完全可以改变思路,在界定产权的基础上通过拍卖方式这样的市场机制,实现价高者得的资源(权利)优化配置结果(实际上也是配置方式或者途径)。在该文中,科斯明确提出明晰产权是私营企业制度正常运行的先决条件,并以一个新发现的山洞的所有权的例子来说明后来被称为"科斯定理"的观点。③ 只是因该文对于科斯定理的表达并不十分清楚,故在

---

① 波斯纳定理的含义为:"如果市场交易成本过高而抑制交易,那么,权利应赋予那些最珍视它们的人。"参见[美]理查德·A.波斯纳:《法律的经济分析》(第七版),蒋兆康译,法律出版社2012年版,第52页。

② 参见科斯《社会成本问题》最后一节,有关传统经济学分析对象为资源配置效率而忽视了其背后权利配置实质,应当实行研究方法的改变的论述。

③ [美]罗纳德·哈里·科斯:《生产的制度结构》,盛洪、陈郁译校,三联书店上海分店、上海人民出版社1994年版,第71页。

载入1980年版《企业、市场与法律》一书的《社会成本问题的注释》中,科斯作了如下解释:“我最初在《联邦通讯委员会》一文中提出了现已众所周知的‘科斯定理’的观点……用于解释我观点的例子是一个新发现的山洞的所有权。我得出结论:尽管山洞的归属由财产法决定,但山洞是用于储存银行账簿,还是作为天然气贮存库,或种植蘑菇,并不取决于财产法,而取决于银行、天然气公司和蘑菇企业哪一个能为使用山洞支付最高价。”①“法律体系的目标之一就是建立清晰的权力界限,使权利能在此基础上通过市场进行转移与重新组合。”②在1991年诺贝尔奖获得者演讲《生产的制度结构》中,科斯对此作了进一步说明:声名狼藉的零交易费用版本的“科斯定理是通向分析具有正交易成本的经济的道路上的阶石”,“假如我们从零交易成本的王国迈向正交易成本的王国,在这个新世界中法律体系的重要性立刻清晰起来”。“个人拥有的权利,以及他们的责任和特权,在很大程度上都由法律决定。结果就是法律体系将会对经济体系的运行产生深远的影响,并且在某些方面可以说是前者控制后者。将这些权利应该配置给那些能够有效地使用它们的、具有引导他们这样做的动力的人是可取的。发现(且维持)这样的权利分配,应通过法律的明确和减少有关转让的法律要求方面的麻烦,因为转让费用应该很低。”③这就是后来被经济学界和法学界理解为立法或者裁判应当通过模拟市场交易的方式实现资源(权利)优化配置思想的理论渊源。

当然,系统完整阐述上述思想的是《社会成本问题》一文。该文主要是为了回应一批经济学名家对《联邦通讯委员会》的质疑而作的。科斯指出工商企业对他人产生有害影响的庇古式解决方法既非必要,也不一定理想之后,点出了问题的本质是损害具有交互性,关键在于决

① 参见[美]罗纳德·哈里·科斯:《企业、市场与法律》,盛洪、陈郁译校,格致出版社、上海三联书店、上海人民出版社2009年版,第168页。

② [美]罗纳德·哈里·科斯:《生产的制度结构》,盛洪、陈郁译校,三联书店上海分店、上海人民出版社1994年版,第71页。

③ [美]奥利弗·E.威廉姆森、西德尼·G.温特:《企业的性质——起源、演变和发展》,姚海鑫、邢源源译,商务印书馆2007年版,第304~305页。

定允许谁损害谁,以及如何避免较为严重的损害。接着两节用牛损害邻地庄稼的假设性例子,证明无交易成本的世界中资源配置的效率与产权界定、法律制度无关。第五节则引用思特奇斯诉布里奇曼等4个案例重新说明无交易成本的世界的资源配置结果。第六节进入正交易成本的真实世界,阐述交易成本对市场机制、企业机制、政府(法律包括立法、司法机制)选择和安排的影响。然后在第七节中以英美两国的大量判例为素材,论证交易成本(局限条件)考量之下对具有损害交互性效应行为的制度安排及其演变。在该节的最后,科斯总结道:"我们在处理有妨害后果的行为时所面临的问题,并不简单地是限制那些有责任者。"通过立法、司法配置资源(权利)必须考虑成本效益,"在由法律制度调整权利需要成本的世界上,法院在有关妨害的案件中,实际上作的是有关经济问题的判决,并决定各种资源如何利用"。"我们还发现了对问题交互性性质的评价的证据。""当法律规定增加妨碍事项的清单时,诉讼也使那些本来在普通法上构成妨碍的事情合法化了。经济学家所考虑是要求正确的政府行为的情形,实际上常常是政府行为的结果。"①之后,科斯在第八节详细考察庇古在《福利经济学》中的研究,并在指出其错误(第九节)的基础上,用最后一节归纳出传统经济学方法的三大缺陷,呼吁"研究方法的改变",主张在追求趋利避害、得大于失的行为时,切记"改善某些决策的现行体系的变化也可能会恶化其他决策",且"必须考虑各种社会安排(不论是市场机制还是政府部门)的操作成本。在设计和选择社会安排时,我们应考虑总的效果"。②

四、波斯纳套路和科斯范式的区别

透过对表面现象进行仔细分析,波斯纳套路与科斯范式所传递的

① 参见[美]罗纳德·哈里·科斯:《企业、市场与法律》,盛洪、陈郁译校,格致出版社、上海三联书店、上海人民出版社2009年版,第127~128页。

② 参见[美]罗纳德·哈里·科斯:《企业、市场与法律》,盛洪、陈郁译校,格致出版社、上海三联书店、上海人民出版社2009年版,第147页。

经济学思想完全不同,甚至后者并无基本的新制度经济学思维。理由为:前者是在交易成本为零故权利界定无关资源(权利)配置效率的假设条件下,论证正交易成本的真实世界中产权清晰法律制度法律环境的极端重要性,并进一步论证一旦权利边界清晰之后,法律应当创造可以将权利优化配置的机制,也即通常的市场机制,以便让当事人在经济理性引导之下通过自愿交易实现权利(资源)配置最优化,而非通过立法甚至政府行政干预直接(强制)配置资源(权利)。立法确定能够引导资源(权利)配置最优化规则,与立法直接(强制)配置资源(权利),两者均体现政府的地位和作用,但其性质完全不同,效果也会大不一样。“没有理由认为由于市场和企业不能很好地解决问题,因此政府管制就是有必要的。”“经济学家和决策者(岂止他们——笔者注)一般都有过高估计政府管制的优点的倾向。但我的这种信念即使成立,也只不过是建议应减少政府管制,它并没有告诉我们分界线应定在哪里。似乎在我看来,必须通过对以不同的方式解决问题的实际结果进行深入的研究才能得出结论。但结果(译文多出的“结果”一词似为笔误,应移入本句后段——笔者注)以有缺陷的经济学分析工具进行这种研究(其结果)是不理想的。”①可见,科斯范式的最大特点在于分析问题的思路非常清晰,考虑问题十分周延:在权利归属不明,谁都有机会争取时,公权力不宜直接介入,而只要确定各种主体平等竞争的规则,谁胜谁负则由市场竞争决定,以实现价高者得的优胜劣汰结果。而当因产权不清导致市场交易无法进行、竞争秩序混乱不堪,以至于谁都无法有效利用资源时,政府管制或者直接决定资源配置也非唯一的有效途径。而是可由公权力先厘清产权如宣布无线电频率为国家所有,再通过拍卖方式实现价高者得的优化配置结果。科斯和其助手王宁在其新作《变革中国:市场经济的中国之路》一书中,以新中国尤其是改革开

---

① 参见[美]罗纳德·哈里·科斯:《企业、市场与法律》,盛洪、陈郁译校,格致出版社、上海三联书店、上海人民出版社2009年版,第116~117页。

放30年的制度变迁史为例,再次论证了这一思想。[①] 尽管上述思想主要适用于制度选择的总体考量,在个案中因为局限条件发生变化,应尽可能严格地局限在有证据证明的事实依据上,围绕当事人的具体讼争依法作出裁断(实际上是"以事实为依据,以法律为准绳"的法律解释学语境转化为法律经济学语境的一种翻版)。不是当事人所有的权利均须保护,而是在其诉请的权利有事实和法律依据的条件下予以保护。即使对当事人而言裁判的最终结果并未达到最优化,但只要它是合法裁判即具有正当性。因为加入社会成本因素,片面追究最大化结果而随意改变现有制度安排的格局,则有可能会导致更大的社会成本。即使重新配置资源(权利),也须补偿遭受损害的合法权利一方;假如因有限理性、信息不对称、合约不完全等原因导致次优或者次次优结果,也仍然不能否定上述传统法学方法所没有的经济分析思路及其结果的合理性。而波斯纳定理"如果市场交易成本过高而抑制交易,那么,权利应赋予那些最珍视它们的人"的含义,则已经离开了竞争性市场交易的条件或者语境。且主张市场机制条件下"交易成本过高而抑制交易"甚至无法达成交易,即"看不见的手"市场失灵时,则应由政府(包括行政措施、立法规定、司法裁判)"看得见的手"出面将"权利赋予那些最珍视它们的人",也即片面的肤浅的甚至蕴含有强权政治思想的公权主导而非市场竞争结果导致的价高者得、赢者通吃的一根筋思维,则势必会导致社会分配更加不公平的结果。这也与弱者特别保护的文明社会法制理念、实定法条相悖。

两者的根本性区别在于:第一,科斯范式主张公权力的角色主要在于界权或者确立游戏规则,最优化配置的过程通过市场机制从而实现价高者得的结果。当然,界权本身也并非不计成本不讲效率,故如何界权必须谨慎。后者则主张直接通过"看得见的手"强制配置冲突权利。只要满足"市场交易成本过高而抑制交易"的条件,政府即可模拟市场

---

① 参见[美]罗纳德·哈里·科斯、王宁:《变革中国:市场经济的中国之路》(2012年的英文原版题目为"*How China Became Capitalist*"),盛洪、陈郁译,中信出版社2013年版,特别是其最后两章。

交易机制配置资源(权利),即将“权利赋予那些最珍视它们的人”,从而为政府强力甚至非法介入资源(权利)配置提供理论依据。其本意正好与科斯相左。第二,科斯也非市场拜物教,因为现实中交易成本往往大得出奇,致使在零交易成本假设条件下不成问题的交易无法达成,故可以组成企业或者由政府直接主导。但后两者的成本可能更高,故不能笼统地说哪种机制更好。一切均须从现实情况出发,在尽可能周延地考量各种影响因素对各种待选方案进行总体的、边际的、替代的研究之后,得出符合实际的结论。后者只是简单、表面的价高者得的一根筋思维,甚至落入科斯所批判的庇古福利经济学方法的窠臼,根本没有张五常所精辟概括的科斯超出常人“局限条件下的合约选择”的新制度经济学与法律经济学思想。第三,无论是科斯的《联邦通讯委员会》还是《社会成本问题》,均是在冲突权利主体行为导致交互性损害影响的基础上讨论如何寻求对策的。其前提是权利边界不清,除了前述界权重要以及如何界权总体思路即经济学是选择科学的思想外,蕴含着同样重要的观点,即对于改变既有的权利配置或者制度安排格局持有非常谨慎的态度。假如这样的改变损害既定的合法权利,应当花费尽可能少的代价,政府行为或者立法变化也不例外;假如这样的变化别无选择,也要尽可能补偿受害方的损失。假如无法补偿或者不能实际补偿,则尽可能减少这样的干预行为;假如无法回避,则采取科斯所没有明确提出的公正公开程序。这也是当今行政法学界已经得到公认的程序正义原则的应有之义。波斯纳视野中既无周延考量待选方案的思路,也无合法权利受损时应当得到补偿的私权保护含义,更无公权力行使应该受到节制的有限政府理念。在此意义上说,前者为创设法律经济学的经济学大师,后者为擅长运用简单的经济学词汇加上行云流水般的高超语言能力描述法律问题的经济学业余爱好者;两者不在同一个层次上。

五、结语

上海外滩地王股权纠纷案件,反映了我国企业在市场经济环境下面对大量不确定因素进行重大交易所遇到的风险和困惑。因利害关系重大争讼双方权利冲突严重，该案当事人失去了诉前和解的机会。但仔细分析，从法律解释学考量的争议实际上并不存在，也即不是法律规定不明确。我国《公司法》第72条所规定的股东优先购买权不是不受保护，而是受到保护的只能是目标公司原股东且是其享有优先购买权的该公司股权，主体和客体均不能随意扩大。不享有股东优先购买权的人既不得主张该项权利，更不能行使诉权。在此意义上，该案就不应该立案，更何谈原告胜诉？原审法院轻率界定权利边界的错误十分明显。而《合同法》第52条有关以合法形式掩盖非法目的的合同无效的规定，也只能适用于形式合法目的非法的交易合同，同样不能扩及形式非法目的合法或者两者均合法的交易合同。尤其是商事主体间涉及面广泛的交易，不宜轻易认定交易或者合同无效，以免阻碍交易自由且扰乱正常的交易秩序。该案的原告与受让方是通过市场竞争优化权利配置的，受让方设计了绕开原告优先购买权法律障碍的交易结构，最终间接获得了系争股权，并无违法之处，而是棋高一着。因无力竞争而失去权利包括商业机会的人无权要求得到补偿甚至否定整个交易结果，除非竞争对手破坏竞争秩序或者真的“以合法形式掩盖非法目的”，否则就应当依法承认交易结果。该案属于系争交易本不违法而因利害关系人理解偏差引发的讼争。原告因第三人的行为受到有害影响，没有理清其享有依法应予保护的权利，还是应当认可市场交易的结果之间的界限，由此引发争议。这就需要对《公司法》有关股东优先购买权的规定以及理念的精深理解，并清楚认识合同法上“非法目的”的真实含义。假如仍然无法释疑，似可借助于科斯法律经济学的知识以及分析思路。本文就是这方面的研究尝试。根据产权界定和保护规则，应受保护的合法权利和因他人的有害影响而遭受损害或者不利益，只是不受法律的直接保护因而不可诉，但不是不可以通过其他途径得到救济。包括该案可采取私力救济权利之间，其权利性质及保护方式判然有别。我们有理由相信，假如该案终审法院维持原判，原审判决所称“三方核心利益集团”之间的关系势必会陷入“剪不断、理还乱”案结事难了的境地,社会成本难以估量。而一旦终审改判驳回原告起诉,海之门公司的股权结构仍可保持不变。但因SOHO中国一方替代转让方成为证大房地产和绿城公司的股东,凭其合计持有海之门公司50%股权的地位,继续依法要求更换选派到海之门公司的董事人选,原告一方也没有理由拒绝接受,进而形成双方代表共同治理海之门公司的局面。这样的产权格局一旦界定清晰,原告为了自己的商业利益,也会改变原来的敌视态度,采取与新的合作者合作的方式。原审判决词所担心的系争交易负面影响会随之消除。由此可以推论,法院不必代替企业进行商业判断,司法能动主义可以休矣。

《法律和社会科学》(2013)
第 12 卷,第 321 ~329 页

编辑手记

2012 年 7 月的一个下午,芝加哥大学法学院首届“法律经济学暑期学校”迎来了一位特殊的讲座嘉宾:诺贝尔经济学奖得主、百岁老人罗纳德·科斯(Ronald Coase)。科先生发言完毕,在座全体学者起立致敬,顿时掌声雷动,让人有穿越时间之感。此时,侯猛轻声对我说:“我们办一卷芝大法律经济学专号如何?算是对暑期班的纪念。”一年后的今天,《法律和社会科学》第 12 卷终于与大家见面了。没能赶在科先生仙逝之前把这卷带给他看,留下了终生的遗憾;但以科先生的学术志趣和人生态度看,这也许是他最乐于接受的纪念方式。

法律经济学已经成为重要的研究方法,其在法学研究、教学、司法裁判和公共政策制定中具有的一定的影响力和地位已是不争的事实。因此,这卷出版的目的并非是为了重申法律经济学的重要性。除了纪念之外,更是为了反思和发展。法律经济学被介绍进入中国已愈数载,在相当程度上拓宽了法学研究和教学的思路,但也逐渐显现出一些值得反思的问题。最突出的也许可以被概括为两个“隔膜”:对于部门法研究的隔膜和对于经济学者的法律经济学研究的隔膜。希望本卷的出版能有助于这些问题的反思和出路的寻找。

迄今为止,除了个别学者将法律经济学运用于商业组织法和证券法的教学研究之外,我国的绝大多数部门法学者似乎并不认为法律经济学与其部门法研究和教学具有相关性。他们在感到陌生的同时,也缺乏足够的动力和激励去了解法律经济学对部门法研究和教学所可能发挥的独特功能。主流学术期刊中鲜见成功运用法律经济学对部门法问题进行解释的成果。法律经济学对于规则的解释力和对于受法律规则影响的法律行为的预测力因此未得以展现,对部门法学者缺乏吸引力,更谈不上说服。长此以往,我国的部门法研究和教学将错失一个有用的解释和分析工具。我国司法裁判和政府监管受到部门法研究和教学主导,会因此更难以精准地对接涉及法律的诸多市场行为,甚至可能影响司法制度和监管制度的有效性和正当性。而这是无论使用何种研究工具的法律同仁都应当关注的问题。

在我国的法律经济学研究中,还存在另一层隔膜:法学者和经济学者之间的隔膜。中国的法律经济学尚未成为法学者和经济学者共同的研究和教学平台。尽管两个学科的学者常常将类似甚至相同的法律规范和行为作为研究对象,却较少分享、交流各自的研究成果,以启迪日后的研究和教学。法学教育、科研和司法裁判也不时因为对经济学原理和商业逻辑的误解而出现偏差。与此同时,经济学者也难免因为缺乏对法律制度的精准把握而未能使自己的研究成果发挥出应有的影响力。更令人担忧的是,诸多司法判决和政府监管规则对市场和法律主体造成的激励效果并未得到法学者应有的关注。司法裁决和法律规则的有效性因此未得到验证,其正当性也因此受到影响。我国的经济学者对法律经济学的研究和教学与美国更为接轨,针对本土的法律制度和法律行为也积累了相当的实证研究,但这些成果大部分未能进入法学者的视野。因此,有必要重拾法律经济学作为一门跨学科研究和教学方法的传统,并为此推进法学者与经济学者联合研究和写作,改变现状,建立适合中国国情的跨学科学术制度。

本卷由论文、评论和一个特别的批评栏目三个部分组成,其中既包括暑期学校同仁的来稿,也有长期关注法律经济学发展的诸位学者的参与。最难得的是,此番有幸获得了数位经济学者的鼎力支持,还收录了一篇法学者和经济学者合著的文章,望能由此翻开跨学科学术交流与合作的新一页。在研究方法上,部分文章体现出了法律经济学关注真实世界、注重实证和经验研究的特征。同时,本卷还特辟了一个批评栏目,汇集了数篇对科斯和波斯纳学术思想的评议,以推动对一个关乎学术共同体发展的重要问题的讨论:何为有价值的学术批评和论辩?

第一篇和第二篇论文均围绕土地财产制度展开,契合了第一届法律经济学暑期学校的主题:财产问题。第一篇文章来自台湾学者张永健。在从事法律经济学研究的华人学者中,张永健可谓实证研究的翘楚。他对于财产法,特别是土地制度的研究曾多次被美国法律经济学年会和这一领域最有影响力的英文期刊所收录。此次,他贡献了《芝大法律经济学与中国物权法》一文。他选取了一个非常具有挑战性和高度技术化的问题:芝加哥学派的法律经济学与中国物权法制度研究之间的关系。通过对芝加哥四位法律经济学者研究路径的剖析,他肯定了两者的关联性:法律经济学对财产法制度的诠释可以帮助解决中国物权法所面临的急迫问题;与此同时,中国物权法制度对法律经济学理论的发展也将产生影响。

第二篇论文是经济学者李杰伟的《中国土地征用中的强制性因素研究》。相对于规范研究和法释义学,经济学者对法律问题的实证研究无疑让人耳目一新。这篇文章发端于暑期班授课老师在课堂上就高速公路选址提出的一个实例,落脚于中国目前最具争议的土地制度问题:集体土地的国家征收。作者以相关法律法规和对上海市近两千个案例的实证研究为基础,生动地描述了政府如何在征地中使用强制措施,并将讨论引向一个超越中国且更具普遍性的问题:政府强制力的使用与经济增长的一般关系。

本卷收录的第三篇文章,是法学者刘庄和经济学者冯时合作的《法律教育与法律决策的内在一致性——基于实验的研究》。该文延续了前两篇实证研究的路径,作者用实验的方法试图为一个长期存在的假说提供本土化的例证:在作出与法律相关的决策时,人们会系统性地背离内在一致性,此为个人理性局限性的表现之一。实验发现,受过法律教育的人群也仍然不可避免地会如此决策。由此,作者认为,这个实验研究的结论不仅可以帮助律师理解影响决策的因素并据此改进辩护策略,还据此质疑现有法律决策公正(“同等情况,同等对待”)的可能性。最后,作者指出,如果不改进法律决策的过程,人的理性局限将很可能导致系统性的不公正。实验的研究方法本身即存在固有的局限性:由于实验对象和实验场景都只能是个别的,无法将结果自然且普遍地推及大多数人。但这些研究开启并支撑起了当今一个重要的经济学和法律经济学分支:行为经济学。正是基于大量的心理实验结果,心理学家和经济学家开始对法律经济学的诸多前提和假设提出了不少质疑,甚至是挑战,尤其是关于“理性人”的假设。然而,这些研究迄今为止并未动摇理性人假设的普遍合理性,也因为其发现不具有普遍性而被认为无法据以提出明确的制度和政策改革措施。但法学家们基于这些质疑和挑战对于法律制度和公共政策的变革提出了新的方向,特别是在消费者权益保护和金融监管等方面。衷心希望这篇文章能够启发更多的学者尝试运用这一前沿的方法研究法律现象和制度,提供本土化的解释和建议。

2012年和2013年两届“法律经济学暑期学校”的课程中都有一门关于公共选择理论的课程,并在学员中引发了热议。因此,王佐发博士的《破产法实施中的利益集团博弈》一文,或许是对这门课程最好的纪念。虽然这一理论的基本前提是美国的立法和司法模式,但他还是成功地将其用于分析中国的新破产法。文章将传统的立法分析模式发展为对法律实施过程的解读,在指出博弈的不同主体及其各自的激励后,揭示出我国新破产法所面临的困境和挑战。伴随改革开放30年,不同利益集团的存在和壮大已经成为难以回避的现实,而立法、司法和行政管理的诸多制度特征亦使得我国的利益集团博弈更加隐蔽和频繁。此文将启发更多的学者对中国制度运行中利益集团的博弈及其后果进行实证观察,以解决最为现实和紧迫的社会问题。

用经济学的基本工具来分析法律制度是法律经济学对法学研究的

重大贡献之一，其代表人物是波斯纳法官。与此同时，以科斯为代表的学者则更关注法律制度及其运行与市场行为的因果和关联等问题。廖志敏和陈晓芳的《手机生产准入管制为何废除——技术革新的影响》一文，即生动地展现了后者的独特视角和研究进路：创造了巨额租金的手机生产准入制度为何被废除？作者深入分析了手机市场的变化和原因，并揭示出市场变动对于监管制度的影响，为我们理解和评估政府管制政策开辟了一条新的路径。就政府监管（政府规制）的数量和密度而言，中国可谓是“大国”。由此，研究监管制度及其运行的实际效果和其与市场主体行为的相互影响等问题，无疑具有明显的必要性和重要的意义。这样的研究也是法律制度评估和制度变革所不可或缺的理论基础。

本卷收录的第六篇论文同样反映了实证和经验研究的思路与价值，且来自我国最早将跨学科研究和经验研究方法运用于法学研究的学者——贺欣。在《合同执行的变化——来自西部某区法院的经验研究》一文中，他精确地运用了法律经验研究的方法，挑战了一个长期存在的论断：中国法院的案件执行不力。通过对西部某地区六十多个案例样本的详尽调查，贺欣指出了经济发展水平与法院案件执行状况之间可能存在的关联性，为理解我国法院执行情况和司法改革都提供了重要的线索。

在中国讨论法律经济学，离开了苏力似乎就不可能完整。他与芝加哥法律经济学的渊源自不必多言：他翻译的大部分著作是波斯纳（Richard Posner）的作品，且从未吝惜对科斯的称赞和推崇。苏力的这篇文章——《作为制度的皇帝》，无论是在选题还是论证上，都一如既往地出人意料，具有爆发力。他试图探讨中国封建帝制的理性因素，“力求在历史和中国社会语境中展示皇帝制的必然性，及其利弊的相对性”。在此，苏力启发大家反思一个几乎被法学界一致诟病，且早已被社会道德评判打入冷宫的社会制度，理性且细致地剖析了这一制度在中国的利弊。其冷峻的现实主义风格与波斯纳当年主张“代孕”交易合法化的风采有异曲同工之感。

本卷的第二部分由三篇精彩的评论组成。

在法律经济学研究和教学中,经济学家们劳苦功高,将法律制度作为分析对象更成为主流经济学家的家常便饭。因此,经济学家对法律制度的研究成果理应得到法学界的更多关注。第一篇评论是法学者缪因知写作的《维什尼和"法律与金融"学派研究》。本文聚焦于维什尼这位法律金融学领域的经济学家,介绍了他的主要研究成果:投资者保护与金融发展,以及政府作为监管者的掠夺效果。在方法论上,这些研究反映了经济学家研究法律制度的一般路径:提出一个有关法律制度运行结果的假说,对实际结果进行实证性的分析,从而对法律制度予以评价并对制度变革提出建议。同时对于部门法学者而言,维什尼所关注的问题也是当今中国最亟须解决的问题之一。

芝加哥大学法学院一直是法律经济学研究和教学的重镇,但这也掩盖了一个在美国法学界不争的事实:该院教师中有对法律经济学最犀利的挑战者们。玛莎·努斯鲍姆(Martha Nussbaum)教授即是代表人物之一。2012年暑期学校,她就如何衡量社会福利和确保个人平等发表了演讲。王凌皞一向对努斯鲍姆推崇有加,在《法律应当如何对待情感——读〈逃避人性:恶心、羞耻和法律〉》一文中,他围绕法律与情感的关系,对努斯鲍姆的代表作《逃避人性:恶心、羞耻和法律》展开了评述。这一组关系对理解和评判法律经济学无疑具有重要意义,因为理性人是法律经济学的基本假设。个人和群体的情感(特别是激情)并不是法律经济分析中的独立变量,由此常被标以"不稳定偏好"(unstable preference)的标签。也正是基于此,法律经济学受到了来自哲学、伦理学、行为学等学科有力和持续的质疑。而这篇文章无疑为我们了解和评价这些质疑展示了一条路径。

第三篇评论是钟瑞庆的《建立计划生育指标交易市场的设想》。此文直指当今中国最尴尬的政府管制制度:计划生育。如果说苏力文章挑战的是以道德评判替代理性分析的思维方式,本文则在一定程度上试图颠覆我们对于市场机制和法律权利义务的传统认识。我国的计划生育指标既代表权利又施加义务,作者由此主张应当允许个人将其视为一种商品在特定的市场中买卖,以解决在社会变革过程中这一制度的执行所面临的诸多困境。同时,这一研究也揭示出市场机制作为一种有效的监管手段的巨大潜力。这一潜力已经被旨在延缓气候变暖的温室气体交易市场所展现,而世界上第一家碳排放交易所正是在科斯理论的启发下诞生的。[①] 我们不能期待这样的机缘巧合经常出现,但这至少是一个关于理论指导实践的旁证。

本卷的第三部分是一个“批评”栏目,一共收录了六篇文章,探讨有关科斯和波斯纳的一系列理论问题。

说到比较研究,对学术流派的界定和比较并非文字游戏,而是理解和辨析学术理论的重要方法。我们因此收录了艾佳慧的这篇有关科斯和波斯纳的比较研究:《从科斯到波斯纳:道不同,不相为谋?》。在文中,艾佳慧对比了科斯和波斯纳这两位法律经济学开山鼻祖在研究路径上的异同,追溯了波斯纳理论的演化过程,澄清了一个普遍存在的误解,指出了科斯和波斯纳“之间完全不是一种前后推进和相互补充的关系,而更多是一种互不关联甚至相互抵牾的关系”。法律经济学本身并不是铁板一块,而是由不同时代的诸多学者持续构建的理论框架,其开放性和发展速度恰是其区别于以往法律理论的重要特征。尤为难得的是,作者将科斯回应波斯纳批评的文章首次翻译成了中文,让我们得以一睹何为直率而坦诚的学术论争。

科斯以关注“真实世界”的经济问题而著称。经济学者茹玉骢敏锐地注意到了这一点,在《科斯经济学研究方法评述——理论假设现实性的视角》一文中,他聚焦于科斯对理论假设现实性的强调,将科斯一派的经验研究方法总结为三个步骤:一是现实性理论假设确立过程和以之为基础的理论命题提出并非单向的线性逻辑关系,需要以对研究对象交易的实际运行制度的调查为基础;二是以理论假设现实性为基础所提出的理论命题是可以观察和验证的,理论命题的获得是一个反

① 世界上第一家温室气体交易所的创始人是理查德·桑德尔博士(Dr. Richard Sandor)。他最近向芝加哥大学法学院捐款一千万美元,并将法律经济研究所更名为“科斯——桑德尔法律经济学中心”。

复证伪的过程;三是这种研究方法会要求对研究对象运行的具体制度安排进行考察,这决定了研究方法和理论假设的独特性而非统一性。如此,既"有助于加深对现实世界运行的认识",具有"一般性"(能刻画研究对象本质特征),还可"据此推导出理论的可观察性与可检验性"。在当今中国,经济学者和法学者可能少有人会像科斯那样去关注灯塔和熏肉价格这样鸡毛蒜皮的问题,但恰是蹲下来观察真实世界的谦恭和细致,才能开启新的认知和理解。

张芝梅的《实用主义地拒绝实用主义——对批评波斯纳的反批评》对我们的启发不仅在于如何批评波斯纳,更在于去探讨如何进行学术批评。2013年4月,《北大法律评论》、《法律和社会科学》编辑部与"暑期学校"校友在芝加哥大学北京中心共同组织了一场题为"批评波斯纳"的学术研讨会。学者们对波斯纳在2012年"暑期班"上的讲话进行了"批评",《北大法律评论》为此也出版了一期专辑。[①] 针对这些批评以及学界对法律经济学理性人假设的质疑,张芝梅提出了尖锐的"反批评",并将讨论引向更具普遍性的问题:学术批判的形式和价值。在这一点上,芝加哥法律经济学研究乃至整个芝加哥大学法学院享有独特的发言权。该院最独特的学术传统之一即是犀利而频繁的学术批评。无论是课堂讨论、正式学术会议还是工作论文讨论,乃至饭桌上的闲聊,学者们都在以芝加哥独有的风格磨砺学术批评的利器。精准、直接和犀利的风格带来大量的信息和高速的思想交流,被美国法律经济学学会的现任会长且同为芝加哥大学一员的道格拉斯·贝尔德(Douglas Baird)教授风趣地比喻为"速配"。

无独有偶,伊卫风也在《反思波斯纳的实用主义》一文中对"波斯纳牌实用主义"进行了批评性分析。文章指出波斯纳对法律哲学兴趣匮乏,其实用主义是一种日常使用主义;它与哲学实用主义有所区别,

① 《北大法律评论》第14卷第1辑,北京大学出版社2013年版。此辑收入波斯纳"法律经济学与法律实用主义",于明"法条主义、实用主义与制度结构——基于英美的比较",田雷"波斯纳反对波斯纳——为什么从来没有学术的自由市场这回事",陈若英"超脱或应对——法院与市场规制部门的竞争",艾佳慧"单向度或互动的法律经济学——与波斯纳法官的跨洋对话"。

其核心是关注事实和结果,强调经验主义,重经验科学,反对抽象概念和理论。但伊卫风认为,波斯纳的司法实用主义存在两个问题:结果主义和反理论。这也是波斯纳实用主义司法受到诟病的主要原因,波斯纳与其他学者诸如爱泼斯坦、德沃金、科斯理论的分歧也多在此。伊卫风对波斯纳的另一个批评是针对其实用主义民主理论。在他看来,波斯纳对观念 I 民主的反对无法成立,对观念 II 民主的捍卫又是反实用主义的。

最后,吴建斌的《从波斯纳到科斯的回归》再度着眼于科斯与波斯纳的比较研究。他指出,无论从历史的还是逻辑的角度,法律经济学均是沿着从科斯到波斯纳的轨迹展开的。但因后者将前者含有"局限条件下合约选择"的科斯定理本源思想,简化为价高者得、赢者通吃的权利优化配置进路,并对我国法律人产生广泛而深刻的影响,其正当性和解释力也备受诟病,故很有必要提倡从波斯纳到科斯的回归,以澄清法律经济学理论的本来面目,进而更好地发挥其在解释中国法律问题上的积极作用。

诚如芝加哥大学法学院"科斯桑德尔法律经济学研究所"负责人欧米·本·沙哈尔(Omri Ben - Shahar)教授所言,让大家在暑期学校相聚的目的,不是为了膜拜名家,而是要和前辈及同仁一同磨砺研究工具和拓宽研究视野,启发对中国问题的思辨。本卷付梓,并无如释重负之感,也无告别的感伤,心中却满是思考的火花被点燃、酝酿的观点被挑战所获得的兴奋与幸福。怀着这些,我们热切期待各位读者和同仁的反馈和批评。

陈若英

2013 年 9 月 8 日

图书在版编目(CIP)数据

法律和社会科学.第12卷/苏力主编.—北京:法律出版社,2013.12

ISBN 978-7-5118-5993-8

Ⅰ.①法… Ⅱ.①苏… Ⅲ.①法律—文集 Ⅳ.①D9-53

中国版本图书馆CIP数据核字(2014)第021749号

法律和社会科学(第12卷)　苏　力 主编

责任编辑 董　飞
装帧设计 马　帅

© 法律出版社·中国

开本 720毫米×960毫米　1/16
印张 21　**字数** 276千
版本 2013年12月第1版
印次 2013年12月第1次印刷
出版 法律出版社
编辑统筹 学术·对外出版分社
总发行 中国法律图书有限公司
经销 新华书店
印刷 三河市龙大印装有限公司
责任印制 陶　松

法律出版社/北京市丰台区莲花池西里7号(100073)
电子邮件/info@lawpress.com.cn
销售热线/010-63939792/9779
网址/www.lawpress.com.cn
咨询电话/010-63939796

中国法律图书有限公司/北京市丰台区莲花池西里7号(100073)
全国各地中法图分、子公司电话:
第一法律书店/010-63939781/9782
西安分公司/029-85388843
重庆公司/023-65382816/2908
上海公司/021-62071010/1636
北京分公司/010-62534456
深圳公司/0755-83072995

书号:ISBN 978-7-5118-5993-8
定价:50.00元
(如有缺页或倒装,中国法律图书有限公司负责退换)